新公司法实务教程

▶主 编◎黄永新

西南财经大学出版社

中国·成都

图书在版编目(CIP)数据

新公司法实务教程/黄永新主编.--成都:西南
财经大学出版社,2025.5.--ISBN 978-7-5504-6277-9

Ⅰ.D922.291.91

中国国家版本馆 CIP 数据核字第 2024AG157 号

新公司法实务教程

XIN GONGSI FA SHIWU JIAOCHENG

主编　黄永新

策划编辑:孙　婧
责任编辑:廖术涵
责任校对:周晓琬
封面设计:墨创文化　张姗姗
责任印制:朱曼丽

出版发行	西南财经大学出版社(四川省成都市光华村街55号)
网　址	http://cbs.swufe.edu.cn
电子邮件	bookcj@ swufe.edu.cn
邮政编码	610074
电　话	028-87353785
照　排	四川胜翔数码印务设计有限公司
印　刷	郫县犀浦印刷厂
成品尺寸	185 mm×260 mm
印　张	17.625
字　数	418 千字
版　次	2025 年 5 月第 1 版
印　次	2025 年 5 月第 1 次印刷
书　号	ISBN 978-7-5504-6277-9
定　价	58.00 元

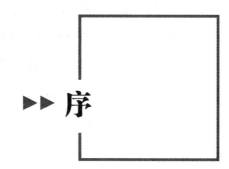

▶▶ 序

《中华人民共和国公司法》（以下简称《公司法》）于 1993 年制定，之后在 1999 年、2004 年对个别条款进行了修订；2005 年进行了全面修订；2013 年、2018 年进行了两次重要修订。尤其是 2013 年实行的认缴制推动了公司制度的进一步完善发展，公司注册登记数量由 2013 年的 1 033 万家增加到 3 800 万家，对于建立健全现代企业制度，激发大众创新创业的热情，促进社会主义市场经济持续健康发展，发挥了重要作用。

随着我国法治化进程的不断深入，《公司法》（2018 年修订）显现出一些与改革和发展不适应、不协调的问题，比如公司监督制衡、责任追究机制不完善，中小投资者和债权人保护需要加强等。《公司法》修订日益成为急切的议题。2019 年年初，人大常委会法制工作委员会成立由中央有关部门、部分专家学者参加的《公司法》修改起草组，并组成工作专班，抓紧开展起草工作。2021 年 12 月，十三届全国人大常委会第三十二次会议审议了由委员长会议提请审议的《公司法修订草案》。2022 年 12 月，十三届全国人大常委会第三十八次会议对修订草案进行了二次审议。2023 年 8 月，十四届全国人大常委会第五次会议对修订草案进行了三次审议。2023 年 12 月，十四届全国人大常委会第七次会议对修订草案进行了四次审议并通过新《公司法》。

修订后《公司法》共十五章二百六十六条，在原《公司法》十三章二百一十八条的基础上，实质新增和修改七十条左右，对有限责任公司认缴登记制度、公司资本制度和控股股东、经营管理人员的责任等方面进行了重大修改。为了尽快把

《公司法》修订的最新内容介绍给读者，编者决定以《中华人民共和国公司法》（2023 年修订）为蓝本，以"法条+条文释义+关联案例与评析"的结构构建本书的内容体系。在案例的选取上，原则上以中国裁判文书网的案件作为基本素材，尽可能选取有典型意义的由最高人民法院发布的指导性案例和典型案例及裁判生效的案件。在编写体例和要求上，每一章按照法条、条文释义、关联案例与裁判评析等部分依次展开，帮助学生或读者全面、准确地掌握《公司法》的基本内容和基本法理，提升其实务能力。本书不仅可供各层次法律专业学生使用，也可供公司法学教学科研人员、审判人员、律师等理论和实务工作者参考使用。

本书由黄永新独立提出研究设想、研究思路和研究框架，撰写了前序和部分的章节，并负责最后的统稿和修改完善。广西民族大学的研究生李水连、廖冬琴、滕皓琳同学对本书做出了一定的贡献，她们负责撰写了部分章节并在案例收集、整理方面做了工作。在此，对她们的辛勤付出表示衷心的感谢！

《公司法》是我国社会主义市场经济的基础性法律，对《公司法》条文的解读和相关案例的评析，需要具备较高的理论和实务水平。限于编者水平和能力，以及紧迫的时间，本书对《公司法》的实务研究还处于初步探索的阶段，必然有需要改进的地方，恳请各位专家学者及实务工作者对本书不吝批评指正！

编著者

2024 年 12 月

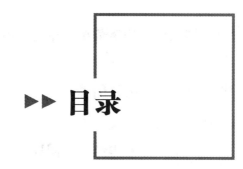

目录

第一章

总则

第一条 为了规范公司的组织和行为，保护公司、股东、职工和债权人的合法权益，完善中国特色现代企业制度，弘扬企业家精神，维护社会经济秩序，促进社会主义市场经济的发展，根据宪法，制定本法。

条文释义

本条是关于《公司法》立法目的的规定。

公司是市场经济条件下、适应社会化生产而产生的现代企业组织形式。作为市场主体，其设立和行为是否规范，治理结构是否科学合理，直接关系到公司能否以最有效的方式从事经营活动、创造社会生产力。制定公司法，即力求通过为公司提供切实可行的制度设计，以规范公司的组织和行为，使公司能够按照法律的规范设立并进行活动，以充分发挥其优势、促进市场经济的发展。

公司是以资本联合为基础的经济组织，享有独立的法人财产权；股东是出资者，享有股权；其他经济主体在经济活动中与公司发生经济往来，可能成为公司的债权人，他们的合法权益都应当受到法律的保护。制定公司法，就是要明确规定公司的权利和义务：对内规范公司与股东的关系，对外规范公司与交易对方的关系；并通过对违法行为的民事、行政制裁措施，切实保护公司、股东和债权人的合法权益。

新增"公司法应保护职工权益"的要求；新增"完善中国特色现代企业制度，弘扬企业家精神"为公司的立法宗旨；明确宪法系公司法的立法依据。制定公司法的根本目的是要通过规范公司的组织和行为，保护公司及有关利害关系人的合法权益，将公司的活动纳入法治轨道，形成良好的社会经济秩序，为市场主体提供公平、有序的发展环境，从而促进社会主义市场经济的发展。

第二条 本法所称公司，是指依照本法在中华人民共和国境内设立的有限责任公司和股份有限公司。

条文释义

本条是关于公司形式的规定。

本法所称公司包括有限责任公司和股份有限公司。有限责任公司是指公司的股东对公司以其认缴的出资额为限承担有限责任的公司；股份有限公司是指公司的资本划分为等额股份，公司股东以其认购的股份为限对公司承担有限责任的公司。根据我国的实际，我国公司不采用无限公司和两合公司等股东对公司承担无限责任的公司形式。

有限责任公司的特点是：①是一个资合公司，但具有较强的人合因素。股东人数不多，相互间的合作建立在信任的基础上。②各股东的出资共同组成公司的资本，但这些资本不需划分为等额股份。一般来说，股东各自以他们的出资额承担责任，分取红利。③不对外公开发行股票，设立程序相对简单，设立成本较低。④有限责任公司的治理结构相对灵活；小的公司可以不设立董事会或者监事会，只设执行董事或者监事。⑤有限责任公司因具有人合性，其股东的权利转让一般受到章程的限制，不能像股份有限公司股票那样可以自由流通。

股份有限公司的特点是：①是典型的资合公司；公司通过发行股票筹集资金，其资本划分为等额股份，股东通常较多，绝大多数股东不参与公司的经营活动，而通过股东大会对公司产生影响。②股份有限公司的设立需履行相对严格的程序，如应有一定数量的发起人，发起人应签订发起协议，从事公司的筹备工作；对公司的最低注册资本额有较高的要求；募集设立的公司，还应当遵守有关证券法律的规定等。③股份有限公司一般须有健全的内部组织机构。公司必须设股东大会、董事会和监事会，法律对公司各机构的职权、议事规则均有较明确的规定；在我国上市公司的实践中还有独立董事的规定。④如果章程不予限制，公司的股份一般可以自由转让。股份的转让不需其他股东同意。当然，法律对特定主体如发起人等所持股票转让有限制的，应当遵守法律的规定。

第三条 公司是企业法人，有独立的法人财产，享有法人财产权。公司以其全部财产对公司的债务承担责任。

公司的合法权益受法律保护，不受侵犯。

条文释义

本条是关于公司的法律地位、公司对外承担责任形式的规定。

公司是企业法人，具有民事权利能力和民事行为能力，依法独立享有民事权利和承担民事责任。根据我国民法通则的规定，公司作为企业法人，应当具备以下条件：①依法成立；②有必要的财产或者经费；③有自己的名称、章程、组织机构和场所；④能够独立承担民事责任。确立公司的独立法人地位，也就从法律上保证了公司可以独立地享有财产权及其他权利，独立地从事生产经营活动、与其他经济实体发生权利义务关系，同时也要求它独立承担民事责任。

公司的法人地位决定了公司必须有自己独立的财产，享有法人财产权，包括物权、知识产权、债权和对外投资的股权等。公司法人财产权的客体由物、智力成果、行为、股份和一些法定权利等构成。公司有自己独立的财产是公司能够自主经营、自负盈亏、对外独立承担责任的物质基础。公司享有法人财产权才能体现公司的法人人格，实现公司的权利能力和行为能力。公司作为独立法人，应当独立承担民事责任。公司承担民事责任的范围是其所有的全部财产；其财产不足以清偿到期债务时，将面临破产。

公司股东的合法权益受法律保护。保护股东的合法权益不受侵犯是制定公司法的重要立法宗旨。公司是独立享有法定权利的法人，法律对其合法权益应当予以保护，防止受到侵犯。侵犯公司合法权益的，将受到法律追究。针对实践中存在的问题，本法注意保护中小股东的合法权益，在维护资本多数决的前提下注意平衡股东利益。如规定：公司股东不得滥用股东权利损害公司或其他股东的利益，如果滥用应承担赔偿责任；有限责任公司的股东可以查阅会计账簿；有限责任公司的股东对公司不分配股利的，可要求公司收购其股权从而退出公司；公司合并、分立、转让主要财产，股东有异议的，也可以要求退出公司。同时，在许多方面给予公司章程更高的自由度，使中、小股东在公司设立之初，制定公司章程时可以通过平等协商来维护自己的权利。这些制度将对切实保护股东权益，维护公平、公正起到积极的作用。

关联案例

某工集团工程机械股份有限公司诉成都某工贸有限责任公司等买卖合同纠纷案[①]

案情：

某工集团工程机械股份有限公司（以下简称某工机械公司）、某工贸有限责任公司（以下简称某工贸公司）与某路公司三个公司的管理人员存在交叉任职的情形，在工商行政管理部门登记的经营范围均涉及工程机械且部分重合，在对外宣传中区分不明，共用结算账户，在某工贸公司向其客户开具的收据中，有的加盖其财务专用章，有的则加盖某路公司财务专用章；在与某工机械公司均签订合同、均有业务往来的情况下，三个公司于2005年8月共同向某工机械公司出具《说明》，称因某工机械公司业务扩张而注册了另两个公司，要求所有债权债务、销售量均计算在某工贸公司名下，并表示今后尽量以某工贸公司名义进行业务往来；2006年12月，某工贸公司、某路公司共同向某工机械公司出具《申请》，以统一核算为由要求将2006年度的业绩、账务均计算至某工贸公司名下。2009年5月26日，卢某在徐州市公安局经侦支队对其进行询问时陈述：某工贸公司目前已经垮了，但未注销。又查明某工机械公司未得到清偿的货款实为10 511 710.71元。

评析：

某机械公司、某路公司应当对某工贸公司的债务承担连带清偿责任。公司人格独立是其作为法人独立承担责任的前提。《公司法》第三条第一款规定："公司是企业法人，有独立的法人财产，享有法人财产权。公司以其全部财产对公司的债务承担责任。"公司的独立财产是公司独立承担责任的物质保证，公司的独立人格也突出地表现在财产的独立上。当关联公司的财产无法区分，丧失独立人格时，就丧失了独立承担责任的基础。《公司法》第二十条第三款规定："公司股东滥用公司法人独立地位和股

---

① 审理法院为江苏省高级人民法院，案号为（2011）苏商终字第0107号民事判决书。

东有限责任，逃避债务，严重损害公司债权人利益的，应当对公司债务承担连带责任。"本案中，三个公司虽在工商登记部门登记为彼此独立的企业法人，但实际上相互之间界限模糊、人格混同，其中某工贸公司承担所有关联公司的债务却无力清偿，又使其他关联公司逃避巨额债务，严重损害了债权人的利益。上述行为违背了法人制度设立的宗旨，违背了诚实信用原则，其行为本质和危害结果与《公司法》第二十条第三款规定的情形相当，故参照《公司法》第二十条第三款的规定，某机械公司、某路公司对某工贸公司的债务应当承担连带清偿责任。

第四条 有限责任公司的股东以其认缴的出资额为限对公司承担责任；股份有限公司的股东以其认购的股份为限对公司承担责任。

公司股东对公司依法享有资产收益、参与重大决策和选择管理者等权利。

条文释义

本条是关于股东对外承担责任的形式、股东权利的规定。

公司的财产包括股东在公司设立时所认缴的出资。股东已经向公司缴纳的出资在公司成立后无权抽回；如果股东在公司成立后抽回已缴纳的出资，则侵犯了公司的财产权，必须将有关财产退还公司或给予其他补偿；股东已向公司认缴了出资及承诺了出资期限而到期未实际缴纳的，则构成了股东对公司的债务，公司应当追回。

公司的股东对公司承担有限责任。结合本法第三条第一款的规定，当公司发生债务责任时，股东并不直接对债权人负责，而是由公司以自己的全部资产对公司债务承担责任。股东对公司的债务所承担的责任，体现为股东对公司的出资，股东须以其全部投资，也仅以该投资额为限，对公司债务承担责任。也就是说，股东在依照有关法律和公司章程的规定履行了出资义务后，对公司行为将不再承担责任。股东对公司的有限责任是公司制度的基础。这一制度有效地降低了投资风险，极大地鼓励了投资，促进了市场经济的发展。

股东是公司的投资者。股东将其财产投入到公司后，即以对公司的投资享有对公司的股权。股东享有股权，主要体现为资产收益权及参与公司重大决策和选择管理者的权利。资产收益权是指：股东按照其对公司的投资份额通过公司盈余分配从公司获得红利的权利。获取红利是股东投资的主要目的；只要股东按照章程或股东协议的规定如期履行了出资义务，任何一个股东都有权向公司请求分配红利。一般而言，有限责任公司的股东应当按照其出资比例分取红利；股份有限公司的股东按照其持有的股份比例分取红利。参与公司重大决策权是指：股东对公司的重大行为通过在股东会或股东大会上表决，由股东会或股东大会做出决议的方式做出决定。公司的重大行为包括：公司资本的变化，如增加或者减少注册资本；公司的融资行为，如发行公司债券；公司的对外投资、向他人提供担保、购置或转让主要资产、变更公司主营业务等行为；公司合并、分立、变更组织形式、解散、清算等行为。上述有些权利，在不违背法律强制性规定的前提下，股东会可以授权董事会行使。选择管理者的权利是指：股东通过股东会做出决议的方式选举公司的董事、监事的权利。选择管理者的权利也包括决定管理者的薪酬。公司的所有权和经营权相分离，投资者个人不必参与经营，是现代公司制度发展的趋势；特别是对股份有限公司而言，股东作为投资者，对公司重大决策和选择管理者的权利均应越过股东会来行使，股东个人没有决定权。为了提高公司的经营效率，股东会的权限应有所限制，对公司一般的经营决策，股东和股东会不应干预。

第五条 设立公司应当依法制定公司章程。公司章程对公司、股东、董事、监事、高级管理人员具有约束力。

条文释义 ├───────────────────────────────────

本条是关于公司章程及其约束力的规定。

设立公司，应当依法制定公司章程。公司章程是关于公司组织和行为的自治规则，设立公司应当有公司章程。章程是公司设立的法定必备文件之一。公司章程必须依法制定。根据公司法的规定，章程应当包括如下绝对必要记载事项：公司的名称、住所；经营范围；注册资本、股份总数及每股金额；股东的姓名或者名称、认股数；股东的出资方式、出资额和出资时间；公司的机构及其产生办法、职权、议事规则；公司法定代表人。公司章程的修改程序必须遵守公司法的有关规定。

公司章程是公司的行为准则，对公司具有约束力。公司的董事、监事及其高级管理人员因其执行公司职务，而受到公司章程的制约。同时，公司章程又具有契约的性质，体现了股东的共同意志；因此，对股东也具有约束力。公司及其股东、董事、监事、高级管理人员必须遵守和执行公司章程。

关联案例 ├───────────────────────────────────

杨某源等与江西省高安市某房地产开发有限公司股东资格确认纠纷、合资、合作开发房地产合同纠纷上诉案①

案情：

起初，杨某源与雷某波、邹某兴、刘某伦四人（均为江西省高安市人）签订了一份《关于共同开发某市房地产项目合作协议》。《项目合作协议》约定：该项目目前由江西省高安市某房地产开发有限公司与湖南省某市城市建设集团有限公司签订意向协议书，项目运作由雷某波、杨某源、邹某兴、刘某伦四人组成，即股份合作债权人；股权分配：四名合作人各占25%；资金筹集：竞拍所需的定金500万元由雷某波垫付，项目须筹资金1亿元，每名股权人出资2 500万元，组建项目部，任何一方资金不到位造成该项目流产或保证金毁约产生的损失由责任方承担，股份协议则随之发生变化而改变。具体策划运作由雷某波负责，邹某兴负责对外事宜，杨某源、刘某伦负责工程开发事宜。因公司变名产生的费用由项目部负责；若土地更名，在不违反国家有关政策法规的原则下由变更人负责。以上协议均需与国家法律法规相符和建设集团意向协议一致而产生法律效力。

───────────────

① 审理法院为江西省高级人民法院，案号为（2016）赣民终458号。

评析：

《公司法》第十一条规定："设立公司必须依法制定公司章程……"换言之，公司章程是公司成立的必备文件，也是公司行为的基本准则，还是公司对外的信誉证明，更是第三者了解公司组织和财产状况的重要法律文件。公司章程是以规范未来公司本体结构为目的而形成的公司股权结构、治理结构等内容，不是以股东相互之间的权利义务为规范对象，更不是以吸收、变更、消灭或概括转让股东协议内容为目的。因此，公司成立之后，股东协议并不被公司章程当然所取代，在没有被修改、变更、解除之前，股东协议的效力并不自然终止，相反，它与公司章程一同客观存在着，各自发挥着不同的法律作用。在个案诉讼中，股东协议与公司章程具有不同的证明对象，不存在以哪个为准的问题。

第六条 公司应当有自己的名称。公司名称应当符合国家有关规定。

公司的名称权受法律保护。

条文释义

本条是关于公司名称的规定。

公司是法人，应当有自己的名称，以标明主体及权利义务的归属。为了使人们能够通过公司名称，了解公司的性质、责任形式，评价公司的信用，维护公司及交易相对人的合法权益，保障交易安全，维护社会经济秩序，选定公司名称应当真实反映公司的种类。

公司的合法名称受法律保护。本条是新增法条，首次在公司法中提出"公司名称权"的概念。公司可以不受他人妨害，将其登记名称作为营业名称使用。如有妨害其使用者，这种妨害行为构成侵权，公司可以请求妨害者排除妨害，若公司因此而产生损失，即产生对妨害者的损害赔偿请求权。与此同时，公司不得擅自使用他人有一定影响的公司名称（包括简称、字号等）、社会组织名称（包括简称等）、姓名（包括笔名、艺名、译名等）。公司名称经过登记机关登记后，公司享有专用权。公司名称应当依法进行规范，一个公司只能登记一个名称，经登记的公司名称受法律保护。

关联案例

成都同某福合川桃片有限公司诉重庆市某区同某福桃片有限公司、余某华侵害商标权及不正当竞争纠纷案（指导案例 58 号）[①]

案情：

同某福斋铺先后由余某春、余某光、余某祚三代人经营，享有较高知名度。1998年，某市桃片厂某分厂获准注册了第 1215206 号商标，核定使用范围为第 30 类。2000年 11 月 7 日，前述商标的注册人名义经核准变更为成都同某福公司。2002 年 1 月 4日，余某祚之子余某华注册个体工商户，字号名称为重庆市合川区老字号同某福桃片厂。2007 年，其字号名称变更为重庆市某区同某福桃片厂，后注销。2011 年 5 月 6 日，

[①] 审理法院为重庆市高级人民法院，案号为（2013）渝高法民终字第 00292 号。

重庆同某福公司成立，法定代表人为余某华。

评析：

个体工商户余某华及重庆同某福公司与成都同某福公司经营范围相似，存在竞争关系，同某福斋铺先后由余姓三代人经营，尤其是在余某光经营期间，同某福斋铺生产的桃片获得了较多荣誉。余某华基于同某福斋铺的商号曾经获得的知名度及其与同某福斋铺经营者之间的直系亲属关系，将个体工商户字号登记为"同某福"具有合理性。余某华登记个体工商户字号的行为是善意的，并未违反诚实信用原则，不构成不正当竞争。基于经营的延续性，其变更个体工商户字号的行为以及重庆同某福公司登记公司名称的行为亦不构成不正当竞争。

第七条 依照本法设立的有限责任公司，应当在公司名称中标明有限责任公司或者有限公司字样。

依照本法设立的股份有限公司，应当在公司名称中标明股份有限公司或者股份公司字样。

条文释义

本条是关于公司名称的具体规定。

公司名称中应当标明其组织形式，不能只标明公司。根据本条规定，依照本法设立的有限责任公司，应当在公司名称中标明有限责任公司字样，也可简化为有限公司；依照本法设立的股份有限公司，应当在公司名称中标明股份有限公司字样，可简化为股份公司。非依公司法设立的经济组织，不得使用"有限责任公司"或者"股份有限公司"的名称。

第八条 公司以其主要办事机构所在地为住所。

条文释义

本条是关于公司住所的规定。

公司是法人，应当有住所。从法律上确定公司住所，具有多重意义：第一，可以据以确定诉讼管辖。我国民事诉讼法规定，对企业事业单位、机关、团体提起民事诉讼，由被诉单位所在地人民法院管辖。公司是企业的一种形式，以公司为被告的民事诉讼，归公司住所地人民法院管辖。第二，可以据以确定法律文书的送达处所。根据我国民事诉讼法的规定，人民法院送达诉讼文书时，应直接送交受送达人；直接送达法律文书有困难的，可以邮寄送达。对公司来说，无论是直接送达还是邮寄送达，均以公司住所地为受送达处所。第三，可以据以确定债务履行处所。按照民法通则的规定，履行地点不明确的债务，给付货币的，在接受给付一方的所在地履行；其他标的，在履行义务一方的所在地履行。对公司来说，其履行所在地应为其住所地。

按照《中华人民共和国民法典》（以下简称《民法典》）的规定，法人以它的主要办事机构所在地为住所。所以，本法进一步明确，公司以其主要办事机构所在地为住所。公司住所不同于公司的一般生产经营场所：公司住所只有一个；而生产经营场所是直接从事生产经营的地点，营业场所、生产车间、销售网点等都包括在内，可以有多个。公司住所依法确定后，不得任意变更；如果需要变动，应当依法办理变更登记。

第九条 公司的经营范围由公司章程规定。公司可以修改公司章程，变更经营范围。

公司的经营范围中属于法律、行政法规规定须经批准的项目，应当依法经过批准。

条文释义

本条是关于公司经营范围的规定。

公司的经营范围是公司章程中的法定记载事项。要求在公司章程中写明公司经营范围，主要因为：一是根据公司的正常经营规律，设立公司应当有一个主营范围；这一主营范围应当由公司设立时的股东确认。二是便于公司的债权人及其他交易方了解公司的营业范围，起到公示的作用。公司的经营范围应当符合法律、行政法规的规定；属于法律、行政法规规定禁止经营的项目，公司不得经营；在经营范围中，有法律、行政法规限制经营的项目的，必须依法经过审批，未经批准不得将该项目纳入公司经营范围。

公司在经营过程中，根据需要可以变更经营范围。变更经营范围必须符合以下要求：一是依法变更的经营范围不能超出法律、行政法规的限制；增加的内容如果属于法律、行政法规限制的项目，必须经过批准。二是变更经营范围必须依照法定程序修改公司章程，依法变更公司经营范围。

第十条 公司的法定代表人按照公司章程的规定，由代表公司执行公司事务的董事或者经理担任。

担任法定代表人的董事或者经理辞任的，视为同时辞去法定代表人。

法定代表人辞任的，公司应当在法定代表人辞任之日起三十日内确定新的法定代表人。

条文释义

本条是关于公司法定代表人的规定。

公司的法定代表人是指依照法律或法人组织章程的规定，代表法人行使职权的负责人。一个自然人按照公司法和公司章程规定的程序被确定为法定代表人，即具有了公司法定代表人的身份。公司法定代表人的行为构成公司的代表行为。法定代表人虽然由自然人担任，但应当以公司的名义，并在法律、法规规定和公司章程规定的权限范围内从事活动。法律、法规规定公司的某些行为必须由法定代表人做出的，应当由法定代表人做出。

公司的法定代表人为一人，但可以依照公司章程的规定，概括性规定由代表公司执行公司事务的董事或者经理担任。新《公司法》第十条规定了"法定代表人的职务担任"。我国法律实行单一法定代表人制，一般认为法人的正职行政负责人为其唯一法定代表人。新《公司法》优化了法条的表述，文义表示更加科学简洁，扩大了法定代表人的选任范围。

某梦公司与王某确认劳动关系纠纷案①

案情：

2009年7月某梦公司成立，王某为该公司法定代表人，同时系公司控股95%的股东、董事长。2018年3月王某提起诉讼，请求判令某梦公司向其给付拖欠工资268 702元。法院认为，《公司法》第十三条规定，公司法定代表人依照公司章程的规定，由董事长、执行董事或者经理担任，并依法登记。法定代表人是法人的代表机关，法定代表人与公司并非劳动关系，而是代表关系，此代表关系由《公司法》直接规定。因此，双方之间并不存在一般意义上的劳动关系，该案不属于劳动争议案件的受案范围，遂裁定驳回起诉。

评析：

现实中，股东或法定代表人与公司之间是否存在劳动关系不可一概而论。依据不同的法律，同一个人在用人单位中会形成不同的身份，是否存在劳动关系，还要根据《中华人民共和国劳动法》（以下简称《劳动法》）和《中华人民共和国劳动合同法》（以下简称《劳动合同法》）等相关法律规定，从劳动关系的特征综合分析判断。劳动关系具有隶属性和人身性，劳动者不仅要接受用人单位的安排提供劳动，还要遵守用人单位内部的规章制度，受用人单位管理和指挥。本案中，王某的身份有别于接受用人单位管理的劳动者一方，其自称系公司控股95%的股东、法定代表人、董事长，身份有别于一般职工，系代表公司意志、实际行使管理权的一方，而不是普通的劳动者，其与公司之间不具备"人身依附性"和"经济从属性"劳动关系的特征，不应认定为劳动关系。

第十一条 法定代表人以公司名义从事的民事活动，其法律后果由公司承受。

公司章程或者股东会对法定代表人职权的限制，不得对抗善意相对人。

法定代表人因执行职务造成他人损害的，由公司承担民事责任。公司承担民事责任后，依照法律或者公司章程的规定，可以向有过错的法定代表人追偿。

条文释义

本条是关于法定代表人行使职权的法律后果的规定。

本条是新增的规定，与《民法典》第六十一条、第六十二条②关于法人的法定代表人执行职务的规定一致。主要规定法定代表人以公司名义从事的民事活动或因执行职务造成他人损害的，由公司承受其法律后果并承担民事责任；公司承担民事责任后，

---

① 案件来源：徐州法院发布2019年度劳动者权益保护十个典型案例。
② 《民法典》第六十一条规定："依照法律或者法人章程的规定，代表法人从事民事活动的负责人，为法人的法定代表人。法定代表人以法人名义从事的民事活动，其法律后果由法人承受。法人章程或者法人权力机构对法定代表人代表权的限制，不得对抗善意相对人。"《民法典》第六十二条规定："法定代表人因执行职务造成他人损害的，由法人承担民事责任。法人承担民事责任后，依照法律或者法人章程的规定，可以向有过错的法定代表人追偿。"

可以向有过错的法定代表人追偿。依据公司章程或者股东会可以对法定代表人职权进行限制，但不得对抗善意相对人。

关于相对人善意的认定，参考《九民纪要》第十八条，是指相对人不知道或者不应当知道法定代表人超越权限代表公司从事民事活动。相对人对公司机关决议内容的审查一般限于形式审查，只要求尽到必要的注意义务即可。《公司法修订草案》第三十四条规定，公司章程应当通过统一的企业信息公示系统进行公示，如获得通过，查阅公司章程将得到极大的便利。公司章程在统一的企业信息公示系统后，是否查阅了公司章程，应成为判断相对人是否善意的事项，相对人对此应有注意义务。

关联案例

肖某仲诉重庆某坊商贸有限公司委托合同纠纷案①

案情：

重庆某坊商贸有限公司（以下简称某坊公司）成立于 2011 年 5 月 10 日，李某阳担任总经理。2011 年 5 月 14 日，某坊公司发出《告投资某县业主书》，介绍了某县投资政策和预期回报等情况。2011 年 5 月 18 日，肖某仲为甲方、某坊公司为乙方签订委托协议书，2011 年 5 月 8 日，肖某仲向李某阳预交土地款 2 万元。5 月 20 日，肖某仲向李某阳缴纳土地活动费 1 000 元；同日，肖某仲向某坊公司缴纳土地代收款 8 万元。2011 年 6 月 16 日，某县人民政府为甲方，某坊公司为乙方，签订中国某皮鞋城（中国皮鞋民族品牌设计中心）项目投资协议书，载明："甲方与项目各业主书面委托、全权代表各业主的乙方本着合法、自愿、平等、互利、诚实信用原则，经充分协商，达成协议。"2014 年 11 月 8 日，肖某仲以委托人名义，某坊公司以受托单位名义，签订了委托书，载明："委托人因有事不能亲自办理入场建设及相关手续。特自愿委托重庆某坊商贸有限公司代为办理。"

评析：

本案最大的争议焦点是肖某仲与某坊公司之间系民事代表关系还是委托合同法律关系。委托合同关系的委托权限是根据双方签订的委托合同确定的，且受托人所为系民事法律行为。民事代表关系的代表权限依照法律规定可以分成两类，一类是代表人享有概况性代表权，法律明确规定不能代表的除外。这一类主要表现在法人或其他非法人组织的法定代表人权限上，在对外关系上，这一类法定代表人对外以法人或非法人组织名义进行民事活动时，他们是代表关系，代表人对外职务行为即为法人或其他非法人组织行为，法人或其他非法人组织承担行为后果，且不得以对法定代表人的内部限制对抗善意第三人。如《民法典》第六十一条规定："法定代表人以法人名义从事的民事活动，其法律后果由法人承受。法人章程或者法人权力机构对法定代表人代表权的限制，不得对抗善意相对人。"另一类是法律明确规定了代表人的代表权限，没有法律规定不享有代表权。

---

① 审理法院为重庆市第一中级人民法院，案号为（2017）渝 01 民终 7164 号。

第十二条 有限责任公司变更为股份有限公司，应当符合本法规定的股份有限公司的条件。股份有限公司变更为有限责任公司，应当符合本法规定的有限责任公司的条件。

有限责任公司变更为股份有限公司的，或者股份有限公司变更为有限责任公司的，公司变更前的债权、债务由变更后的公司承继。

条文释义

本条是关于公司形式变更应遵守的条件及变更后债权、债务归属的规定。

在实际生活中，公司根据经营活动的需要及投资者的要求，可能需要变更组织形式。根据公司应当依法设立的原则，公司变更组织形式，其变更后的公司形式应当符合本法有关对该组织形式的设立条件的规定，并符合有关变更程序的法定要求。

有限责任公司变更为股份有限公司，应当符合本法有关股份有限公司设立条件的规定。其具体是：①应当有两个以上二百个以下的发起人，发起人半数以上应在中国境内有住所。有限责任公司的原股东为新公司的发起人，不足二人的，应当吸收新的发起人，并应符合上述发起人人数上限及住所的规定。②有限责任公司经评估、验资后的净资产额和募集的股本总额达到法定资本最低限额。③股份发行、筹办事项符合法律规定。④发起人制定公司章程，并经创立大会通过。其他还包括有股份有限公司的名称、建立符合股份有限公司要求的组织机构、有固定的生产经营场所和必要的生产经营条件等。

股份有限公司变更为有限责任公司，应当符合本法有关有限责任公司设立条件的规定。相对于股份有限公司而言，有限责任公司设立的条件相对较低，如最低注册资本只为三万元；但应当注意，股份有限公司变更为有限责任公司后，股东人数不得多于五十人。

公司变更组织形式，应当依法到公司登记机关办理变更登记。有限责任公司变更为股份有限公司，采用向社会公开募集方式设立股份有限公司或者向二百人以上定向募集设立股份有限公司的，还应当经证券监督管理机构核准，并应遵守证券法的有关规定。

公司依法变更其组织形式后，原公司不再存在；但原公司的债权、债务不会因为原公司的不存在而自动消失。为了有效保护债权人的合法权益，从法律上确认公司变更组织形式后的债权、债务的归属，避免纠纷，本条明确规定，有限责任公司和股份有限公司依法变更公司形式后，原公司的债权、债务由变更后的公司承继。

第十三条 公司可以设立子公司，子公司具有法人资格，依法独立承担民事责任。公司可以设立分公司。分公司不具有法人资格，其民事责任由公司承担。

条文释义

本条是关于有限责任公司的子公司、分公司的规定。

有限责任公司根据生产经营的需要可以设立子公司。子公司是相对于母公司而言的，它是独立于向它投资的母公司而存在的主体。子公司具有如下特征：一是其一定比例以上的股份被另一公司持有或通过协议方式受到另一公司实际控制。对子公司有控制权的公司是母公司。二是子公司是独立的法人。子公司在经济上受母公司的支配与控制，但在法律上，它具有独立法人资格，其独立性主要表现为：拥有独立的公司名称和公司章程；具有独立的组织机构；拥有独立的财产，能够自负盈亏，独立核算；以自己的名义进行各类民事活动；独立承担公司行为所带来的一切后果和责任。根据子公司的特征，本条规定明确规定了子公司的法律地位：子公司具有企业法人资格，依法独立承担民事责任。根据本法的规定，被他公司百分之百控股的公司，既是他公司的子公司，也是一人公司，应遵守本法关于一人公司的规定。

有限责任公司根据生产经营的需要，可以设立分公司。分公司是相对于总公司而言的，它是总公司的组成部分。分公司不论是在经济上还是在法律上，都不具有独立性。分公司的非独立性主要表现在以下方面：一是分公司不具有法人资格，不能独立享有权利、承担责任；其一切行为的后果及责任由总公司承担。二是分公司没有独立的公司名称及章程；其对外从事经营活动必须以总公司的名义，遵守总公司的章程。三是分公司在人事、经营上没有自主权；其主要业务活动及主要管理人员由总公司决定并委任，并根据总公司的委托或授权进行业务活动。四是分公司没有独立的财产。其所有资产属于总公司，并作为总公司的资产列入总公司的资产负债表中。基于上述特性，本条明确规定了分公司的法律地位：分公司不具有企业法人资格，其民事责任由公司承担。

关联案例

孟某生等与李某国等建设工程施工合同纠纷再审案[①]

案情：

长春某亚建筑工程有限公司（以下简称某亚公司，系某祥公司的前身）成立于1993年7月9日，经营范围为承揽国内外建筑工程。2006年3月，某亚公司向吉林省长春市工商行政管理局申请设立分支机构某亚公司某和分公司（以下简称某和分公司）后，长春市工商行政管理局颁发了某和分公司营业执照，经营范围为在所隶属的公司经营范围内，从事工程承包经营，其民事责任由所属的公司承担。某和分公司成立后，与某亚公司签订长春某亚公司工程有限公司内部承包合同，约定承包范围为资质证书中规定的工业与民用建筑承包范围；某和分公司每年向某亚公司缴纳3万元业务费用，每年向某亚公司缴纳10万元工程费用。2013年5月29日后，某和分公司的负责人为李某国。2011年3月4日，某亚公司与某军区空军军官住房发展中心长春办事处签订某军区空军建筑安装工程承包合同书，承建蓝天佳苑二期工程，合同价款为8 356.177 2万元。该工程实际由某和分公司及李某国承建。

评析：

本案中孟某生认为某和分公司为某祥公司的分公司，其账户内的财产被法院作为某祥公司的财产予以执行合法有据，李某国与某和分公司之间并不存在承包关系。从表象上看，某祥公司、某和分公司与李某国之间，并未签订过相关承包、租赁合同，

---

① 审理法院为最高人民法院，案号为（2016）最高法民再149号。

李某国主张其系某和分公司的承包人，欠缺合法、合理的合同依据；而反观孟某生所主张的债权权益，既有合同依据，且经生效判决加以确认，其形式上的合法性、合理性更为充分。李某国举示的内部承包合同，存在名不符实情形。李某国主张，其与某祥公司关于某和分公司经营模式以及权责划分存在内部约定，应遵从其约定；而对于孟某生而言，其属于李某国所称内部约定之外的第三人，因某祥公司、某和分公司注册登记显示，某和分公司为某祥公司的分公司。因此，根据商事外观主义原理，李某国所称之内部约定，显然不足以对抗公司注册登记的公示效力，亦不具有对抗案外第三人的法律效力。综上分析，从争议及其法律依据来说，李某国所主张的理据显然不及孟某生更为充分。

第十四条 公司可以向其他企业投资；法律规定公司不得成为对所投资企业的债务承担连带责任的出资人的，从其规定。

条文释义

本条是关于公司对外投资责任限制的规定。

公司可以向其他企业投资。这是因为公司是法人，享有自主经营的权利，能够自行承担责任。运用自己的财产进行投资是公司发展的正常要求，法律是允许的。按照这一条规定，公司不仅可以向其他有限责任公司或者股份有限公司投资，也可以向公司以外的其他企业投资。一般来说，公司对外投资只能承担有限责任；法律规定不得成为对所投资企业的债务承担无限连带责任的出资人，要遵从法律的规定。这样规定主要是考虑到公司对外投资有营利的机会，同时也有风险：对外投资失败，如果允许投资的公司承担无限责任，有可能直接导致公司破产或利益受到重大损失，进而损害公司股东和债权人的利益，直接危害社会经济秩序的稳定。在我国现阶段部分公司信誉不佳、公司经营情况不透明、信息不畅通的情况下，为了保护债权人的利益、维护市场秩序，不宜允许公司对所投资企业债务承担无限责任。

现行公司法规定，公司原则上是不得对所投资企业的债务承担连带责任的，除非法律另有规定。此次修改公司法，调整了公司对外投资承担连带责任的限制条件，将原来的"法律另有规定除外"改为"法律规定公司不得成为对华投资企业的债务承担连带责任的出资人的，从其规定"。修改后公司可以对所投资企业的债务承担连带责任变成原则，将法律另有规定变成例外。也就是说，修订前公司对外投资不得成为承担连带责任出资人是原则，修订后"不得成为对投资企业的债务承担连带责任的出资人的"不再是原则，而是例外。本条拟将现行公司法中关于公司不得成为对所投资企业的债务承担连带责任的出资人的一般性规定，更改为例外性规定，给予公司自治权，允许公司成为对所投资企业的债务承担连带责任的出资人，除非法律规定不允许。

第十五条 公司向其他企业投资或者为他人提供担保，按照公司章程的规定，由董事会或者股东会决议；公司章程对投资或者担保的总额及单项投资或者担保的数额有限额规定的，不得超过规定的限额。

公司为公司股东或者实际控制人提供担保的，应当经股东会决议。

前款规定的股东或者受前款规定的实际控制人支配的股东，不得参加前款规定事项的表决。该项表决由出席会议的其他股东所持表决权的过半数通过。

条文释义

本条是关于公司担保的规定。

本条规定，公司可以为他人提供担保。这里的"他人"指除公司自身以外的一切民事主体，包括自然人、其他法人和组织，也包括本公司股东或者实际控制人。

公司能否提供担保要看公司章程的规定。公司章程可对公司是否提供担保进行约束，也可对提供担保的条件、限额、程序等事情作出规定。

公司提供担保，应当由公司机关做出决议。

一般规定，即非关联担保：公司可授权股东会，也可授权董事会，公司章程予以明确即可。

关联担保特别规定：公司为公司股东或者实际控制人提供担保的，必须经股东会决议，并限制了受益股东和实际控制人的投票权。董事会无权对公司为公司股东或实际控制人担保作出决议，也限制了公司控股股东和实际控制人通过董事会滥用公司担保的可能。

关于"实际控制人"，本次修订措辞也有了新变化。第二百六十五条规定："实际控制人，是指通过投资关系、协议或者其他安排，能够实际支配公司行为的人。"删除了"虽不是公司的股东"，表述更为严谨，因为实控人也可能是股东。

第十六条 公司应当保护职工的合法权益，依法与职工签订劳动合同，参加社会保险，加强劳动保护，实现安全生产。

公司应当采用多种形式，加强公司职工的职业教育和岗位培训，提高职工素质。

条文释义

本条是关于保护公司职工权益的规定。

公司职工是直接从事生产经营的劳动者，公司在生产经营过程中，有义务保护职工的合法权益。如果公司违反法律规定侵害了职工合法权益，就要承担相应的法律责任。保护职工的合法权益，主要体现在：①依法与职工签订劳动合同。公司应当本着平等自愿、协商一致的原则，与职工签订劳动合同，确立劳动关系、明确双方的权利和义务，充分尊重和保障职工的劳动权益。劳动合同应为书面形式。②依法为职工办理社会保险。根据劳动法的规定，国家发展社会保险事业，建立社会保险制度，设立社会保险基金，使劳动者在年老、患病、工伤、失业、生育等情况下获得帮助和补偿；《劳动法》规定："用人单位和劳动者必须依法参加社会保险，缴纳社会保险费"。因此，依法为职工办理社会保险，缴纳保险费是公司的一项法定义务。③加强劳动保护，实现安全生产。劳动保护的基本要求是，为劳动者提供安全、卫生的劳动条件，并不断加以改善，要消除和预防生产经营过程中可能发生的伤亡、职业病和其他伤害劳动者的事故，保障劳动者能以健康的体力参加生产经营活动。加强对职工的劳动保护，有利于保护社会生产力，调动劳动者的积极性，实现安全生产。根据法律的要求，公司在组织生产经营过程中，应当采取各项保护措施，对劳动者进行保护。

公司职工素质对公司的发展具有重要影响。随着公司的发展，对公司职工素质的要求也越来越高。公司应当加强职工的职业教育和岗位培训，才能适应公司发展对职工素质的要求。对职工利益来说，公司应当为职工提供接受专业知识和技能培训的机会，使职工能掌握所任岗位的基础知识、实用知识和技能技巧，胜任本职工作。将加强职业教育和岗位培训作为公司的一项法定义务，有利于促使公司积极采取措施，提高职工素质，提高劳动生产率和工作效率。

第十七条 公司职工依照《中华人民共和国工会法》组织工会，开展工会活动，维护职工合法权益。公司应当为本公司工会提供必要的活动条件。公司工会代表职工就职工的劳动报酬、工作时间、休息休假、劳动安全卫生和保险福利等事项依法与公司签订集体合同。

公司依照宪法和有关法律的规定，建立健全以职工代表大会为基本形式的民主管理制度，通过职工代表大会或者其他形式，实行民主管理。

公司研究决定改制、解散、申请破产以及经营方面的重大问题、制定重要的规章制度时，应当听取公司工会的意见，并通过职工代表大会或者其他形式听取职工的意见和建议。

条文释义

本条是关于公司职工依法组织工会和参与民主管理的规定。

公司职工有权依照工会法的规定组织工会，开展工会活动。根据工会法的规定，在中国境内的企业、事业单位、机关中以工资收入为主要生活来源的体力劳动者和脑力劳动者，不分民族、种族、性别、职业、宗教信仰、教育程度，都有依法参加和组织工会的权利。所以公司职工依法组织工会是受到法律保护的。公司职工依法开展工会活动，参与管理法律规定的事务，可以更好地代表和维护职工的合法利益，并为调动职工的积极性，促进公司的发展提供支持和帮助。为此，公司应当提供必要的条件，支持工会的工作。

维护职工合法权益是工会的基本职责。其中一个重要的体现是工会代表职工与企业进行平等协商，签订集体合同。集体合同所涉及的事项应包括职工的劳动报酬、工作时间、休息休假、劳动安全卫生和保险福利等涉及职工切身利益的事项。根据《工会法》的规定，企业违反集体合同，侵犯职工劳动权益的，工会可以依法要求企业承担责任；因履行集体合同发生争议的工会可以向劳动争议仲裁机构提请仲裁，对仲裁裁决不服的，可以向人民法院提起诉讼。

公司应当依法实行民主管理。公司职工依法参与公司的管理，有利于维护公司开展正常经营活动的和谐环境，符合现代公司制度发展的潮流。修订前的《公司法》只规定了国有独资公司和两个以上国有企业或者其他两个以上的国有投资主体投资设立的有限责任公司，通过职工代表大会和其他形式，实行民主管理。这次修改将参与公司民主管理的主体扩大为所有的公司，并在有关章节中设计了具体制度加以保障。为了保障公司经营活动正常的进行，保证其经营决策必要的效率，公司职工参与民主管理应当通过职代会和其他民主形式进行，并应主要对经营决策中涉及职工切身利益的问题发表意见。

公司在就经营目标、投资计划、利润分配、合并分立、兼并破产等问题做出重大决策以及制定包括公司的奖励制度、工作纪律等方面的重要的规章制度时应当听取公司工会和职工的意见。公司遵守这一规定，有利于有关决策和规章制度的执行，体现了职工参与民主管理，有利于公司的长远发展。新《公司法》将听取工会意见的组织行为扩展至解散、申请破产等，进一步强化了对职工保护的权益。

第十八条　在公司中，根据中国共产党章程的规定，设立中国共产党的组织，开展党的活动。公司应当为党组织的活动提供必要条件。

条文释义

本条是关于公司中中国共产党基层组织活动的规定。

根据我国宪法的规定，国家的根本任务是，根据建设有中国特色的社会主义理论，集中力量进行社会主义建设。中国各族人民将继续在中国共产党的领导下，把我国建设成为富强、民主、文明的社会主义国家。宪法的规定，明确指出了中国共产党在我国政治生活和经济建设中的领导地位。为了更好地发挥党的基层组织和党员在公司发展、经济建设中的作用，本法依据宪法规定的原则，对公司中党的基层组织活动做了进一步具体的规定。这一规定包括两层含义：一是在公司中设立党的组织，开展党的活动，应当遵守中国共产党章程的规定。按照中国共产党章程的规定，企业、农村、机关、学校、科研院所、街道、人民解放军连队和其他基层单位，凡有正式党员三人以上的，都应当成立党的基层组织。公司是企业的一种，公司中如果有正式党员三人以上的，应当成立党的基层组织。党的基层组织应当按照党章的规定开展活动。二是公司要为公司中党组织开展活动提供支持，如提供必需的活动场所等。本条继续坚持现行公司法关于在各类型公司中根据党章规定设立党的组织，开展党的活动，公司应当为党组织的活动提供必要条件等规定。

第十九条　公司从事经营活动，应当遵守法律法规，遵守社会公德、商业道德，诚实守信，接受政府和社会公众的监督。

条文释义

本条是关于公司应当履行的义务的规定。

公司作为社会经济活动的基本单位，作为民事主体，其合法权益受法律保护，同时也要求它承担一定的社会责任：①公司必须遵守法律法规，其各项经营活动都必须依法进行，这是公司最重要的义务。本次修改将原条文中的"必须遵守法律、行政法规"改为"应当遵守法律法规"，这一修改更加严格，扩大公司的义务范围。②公司应当遵守社会公德和商业道德。社会公德是指各个社会主体在其交往过程中应当遵循的公共道德规范；商业道德是指从事商业活动应遵循的道德规范。这两种规范在市场主体的活动中相互交融，对法律起着较好的补充作用。公司作为一种与社会经济各个方面有广泛联系的实体，应当遵守社会公德和商业道德，接受这些规范的约束。在法律中明确规定应遵守社会公德和商业道德，使其成为一种法律规范，有利于促使公司形成良好的经营作风、树立商业信誉、维护社会公众利益和经济秩序。③公司从事经营活动，必须诚实守信。这是民事主体从事民事活动的基本原则，也是公司应当遵循的原则。在实际生活中，许多公司能够诚实经营，并有良好的效益；但也有相当一些公司，采用虚假出资、虚报业绩、做假账等欺骗手段非法经营，丧失了诚实守信的原则，严重损害了有关交易相对人的合法利益。针对这一现象，这次修改《公司法》在总则中强调公司从事经营活动，要诚实守信，并在有关章节中规定了相应的具体制度。④公司的经营活动要接受政府和社会公众的监督。公司的经营行为是否符合法律，是否符合商业道德规范，由政府和社会公众来进行监督。通过监督促使公司的行为规范化，更有效地维护国家利益、社会公众利益和公司自身的合法权益，维护市场秩序，促进公司的健康发展。

第二十条 公司从事经营活动，应当充分考虑公司职工、消费者等利益相关者的利益以及生态环境保护等社会公共利益，承担社会责任。

国家鼓励公司参与社会公益活动，公布社会责任报告。

条文释义

本条是关于公司社会责任的规定。

为贯彻党的十八届四中全会决定有关要求，加强公司社会责任建设，增加规定。这次《公司法》修改新增了本条款，强调公司应承担社会责任。公司社会责任指的是公司对一系列利益相关方负有的责任，这些利益相关方包括客户、员工、供应商、股东、政府、公司所在社区以外范围更广的社会团体和个人，以及周围的环境。公司在从事经营活动的过程中除要遵守法律法规规定的义务，也应充分考虑职工、消费者等人利益，生态环境保护等社会公共利益。公司在依法经营、努力实现赢利的同时，还应承担一定的社会责任，包括维护职工和消费者合法权益、避免造成环境污染等方面的责任。

国家鼓励公司投身社会公益领域，创造更加和谐的经济和社会环境。公益从字面的意思来看是为了公众的利益，实质上应该说是社会财富的再次分配。社会公益活动是指一定的组织或个人向社会捐赠财物、时间、精力和知识等。社会公益活动的内容包括社区服务、环境保护、知识传播、公共福利、帮助他人、社会援助、社会治安、紧急援助、青年服务、慈善、社团活动、专业服务、文化艺术活动、国际合作等。同时，国家鼓励公司公布社会责任报告，展现公司的责任担当。社会责任报告又称可持续发展报告、环境报告等，是公司非财务报告的一种。目前社会责任报告发布数量显著增加，中国公司越来越关注自己应当承担的社会责任。

第二十一条 公司股东应当遵守法律、行政法规和公司章程，依法行使股东权利，不得滥用股东权利损害公司或者其他股东的利益。

公司股东滥用股东权利给公司或者其他股东造成损失的，应当承担赔偿责任。

本条是关于公司股东应当依法行使权利及关联交易的规定。

公司股东依法和依章程正当行使权利，是股东的基本义务。本着权利、义务平等的原则，公司股东在享受各项权利的同时，负有正当行使权利的义务。其正当行使权利受法律保护，滥用权利将受到法律的制裁。结合我国公司实践的实际需要，本条规定了公司股东正当行使权利的一般原则及其股东滥用权利的民事责任。股东在行使权利时，一是要遵守法律有关权利行使的规定；二是要依照法律规定的程序行使。股东行使权利不得损害公司和其他股东的利益。三是对股东滥用权利的行为，给公司和其他股东造成损失的，滥用权利的股东应承担赔偿责任。这样规定有利于规范股东行为，促使股东依法、正当行使权利。例如，本法规定，股东在涉及公司为其担保事项进行表决时，应当回避；如股东违反这一规定强行参与表决，则构成滥用股东权利。又如，本法规定有限责任公司股东有查账权；但前提是股东应当有正当的理由，一般为公司的经营活动特别是在财务处理上有损害股东利益之嫌。如果股东为个人经营的目的，以查账为由，窃取公司商业秘密，则构成股东滥用权利。再如，公司章程规定公司出售重大资产需股东大会特别决议通过，公司的控股股东无视章程的规定，不经法定程序，强令公司经营管理层出售该资产，也构成股东权力的滥用。

公司的关联交易一般是指具有投资关系或合同关系的不同主体之间所进行的交易，又称为关联方交易。公司关联交易是一种经济行为。正常的关联交易，可以稳定公司业务，分散经营风险，有利于公司的发展；但实务中常有控制公司利用与从属公司的关联关系和控制地位，迫使从属公司与自己或其他关联方从事不利益的交易，损害从属公司和少数股东利益的现象。为此，各国公司法中对关联交易都有或繁或简的相关规定，调整关联关系，保护从属公司及少数股东的利益。在大陆法系国家，一般在人事控制、会计原则、公司财务控制等方面有较为详细的规定，法院也可以根据法律原则规定做出裁决；在英美法系国家，由于法官的自由裁量权较大和其造法功能，通常可以由法官根据案件的具体情况做出裁判，所以后者对关联交易的控制多表现在判例法中。

我国的公司关联交易现象是随着经济的发展、公司规模逐渐扩大、公司内部结构逐渐复杂而逐步增多的，特别是在较大的公司和上市公司中，这一现象更是较常见。一些公司的大股东、实际控制人和管理层通过与公司的关联交易，随意挪用公司资金，为自己或关联方提供担保，通过操纵交易条件等将公司的利润转移至关联方，严重地损害了公司、少数股东和债权人的利益。为此，中国证监会、财政部门、税务部门从财政、税收、上市公司监管等方面对公司关联交易控制做了一些规定。本次《公司法》的修改限缩了利用关联关系损害公司利益的责任承担主体。利用关联关系（交易）损害公司利益的责任主体，从此前的控股股东、实际控制人、董事、监事、高级管理人员限缩为公司的控股股东和实际控制人。这样的调整，只是从立法技术上将控股股东和实际控制人利用关联关系损害公司利益的行为和董事、监事、高级管理人员违反对公司的忠实义务的行为进行区分，以使法律规定更具有科学性和逻辑性，并不意味着董事、监事、高级管理人员可以利用关联关系损害公司利益而不用承担责任。

与公司有关联关系的三种人不得利用其与公司的关联关系损害公司利益，包括：①公司控股股东，是指其出资额占有限责任公司资本总额百分之五十以上或者其持有的股份占股份有限公司股本总额百分之五十以上的股东；出资额或者持有股份的比例虽然不足百分之五十，但依其出资额或者持有的股份所享有的表决权已足以对股东会、股东大会的决议产生重大影响的股东。②实际控制人，是指虽然不是公司的股东，但通过投资关系、协议或者其他安排，能够实际支配公司行为的人。所谓关联关系，是指公司控股股东、实际控制人与其直接或者间接控制的企业之间的关系，以及可能导致公司利益转移的其他关系；但是，国家控股的企业之间不仅仅因为同受国家控股而具有关联关系。上述与公司有关联关系的三种人违反公司关联交易的规定，致使公司遭受损害的，应当就其损害承担赔偿责任。

关联案例

某矿公司、某峰公司诉某圣公司董事会决议以及股东会决议无效案[①]

案情：

2012 年 1 月 30 日，某矿公司、某峰公司、某最公司及某盛公司签署出资协议书、公司章程，共同设立某圣公司，持股比例分别为 40%、5%、45%、10%。2013 年 12 月 23 日，某圣公司召开董事会会议并作出决议，其中决议第三项内容为"审议并批准董事潘某提交的《关于收购某隆公司议案》"。第六项内容为"一致同意由公司法定代表人王某负责组织收购某隆公司工作，并代表某圣公司与相关方签订系列收购文件"。同日，某圣公司召开股东会会议并作出决议：全体股东一致同意某圣公司收购某隆公司，收购具体工作由王某负责组织实施，并授权王某代表某圣公司与相关各方签订相关文件。2013 年 12 月 23 日，四公司共同签署《股权转让协议》，其中载明：某最公司持有某隆公司 65% 股权，东陶公司持有某隆公司 35% 股权，某最公司、某陶公司拟将其持有的某隆公司股权转让给某圣公司；股权转让款 10 000 万元，为承债式转让；在协议生效后的 3 个工作日内支付股权转让定金 8 000 万元，在协议生效后 6 个月内支付股权转让余款 2 000 万元并负责使某隆公司能有资金归还债务。

评析：

本案审查的重点是，案涉股东会决议、董事会决议的内容是否存在违反法律、行政法规的情形。某圣公司董事会、股东会作出关于收购某隆公司并授权王某组织收购工作的决议，参与表决的董事及股东代表与决议事项有关联关系，确属于公司关联交易。但涉及关联交易的决议无效，还需要违反《公司法》第二十条第一款"公司股东应当遵守法律、行政法规和公司章程，依法行使股东权利，不得滥用股东权利损害公司或者其他股东的利益"和第二十一条第一款"公司的控股股东、实际控制人、董事、监事、高级管理人员不得利用其关联关系损害公司利益"之规定判定，也即须判定公司决议是否系股东滥用股东权利，以及是否损害公司或其他股东利益，而不能仅因涉及关联交易，辄认定股东会、董事会决议当然无效。本案中，某圣公司董事会及股东会决议作出时，各方董事及股东代表均参加会议并一致同意表决通过，对决议内容未

[①]　审理法院为最高人民法院，案号为（2017）最高法民终 416 号。

提出异议。参与表决的董事及股东代表与决议事项虽具有关联关系，但法律并未对其行使表决权作出限制，并不能因此认定其行为构成滥用股东权利。至于董事会或股东会的召开是否违反公司章程关于会议召集程序的相关规定，应为董事会或股东会决议撤销的事由，不属于对相关决议效力认定的依据。

第二十二条 公司的控股股东、实际控制人、董事、监事、高级管理人员不得利用关联关系损害公司利益。

违反前款规定，给公司造成损失的，应当承担赔偿责任。

条文释义

本条是关于公司股东关联交易的规定。

公司的关联交易一般是指具有投资关系或合同关系的不同主体之间所进行的交易，又称为关联方交易。公司关联交易是一种经济行为。正常的关联交易，可以稳定公司业务，分散经营风险，有利于公司的发展；但实务中常有控制公司利用与从属公司的关联关系和控制地位，迫使从属公司与自己或其他关联方从事不利益的交易，损害从属公司和少数股东利益的现象。为此，各国公司法中对关联交易都有或繁或简的相关规定，调整关联关系，保护从属公司及少数股东的利益。在大陆法系国家，一般在人事控制、会计原则、公司财务控制等方面有较为详细的规定，法院也可以根据法律原则规定做出裁决；在英美法系国家，由于法官的自由裁量权较大和其造法功能，通常可以由法官根据案件的具体情况做出裁判，所以后者对关联交易的控制多表现在判例法中。

我国的公司关联交易现象是随着经济的发展、公司规模逐渐扩大、公司内部结构逐渐复杂而逐步增多的；特别是在较大的公司和上市公司中，这一现象更是较多。一些公司的大股东、实际控制人和管理层通过与公司的关联交易，随意挪用公司资金，为自己或关联方提供担保，通过操纵交易条件等将公司的利润转移至关联方，严重地损害了公司、少数股东和债权人的利益。为此，中国证监会、财政部门、税务部门从财政、税收、上市公司监管等方面对公司关联交易控制做了一些规定。本次《公司法》的修改限缩了利用关联关系损害公司利益的责任承担主体。利用关联关系（交易）损害公司利益的责任主体，从此前的控股股东、实际控制人、董事、监事、高级管理人员限缩为公司的控股股东和实际控制人。这样的调整，只是从立法技术上将控股股东和实际控制人利用关联关系损害公司利益的行为和董事、监事、高级管理人员违反对公司的忠实义务的行为进行区分，以使法律规定更具有科学性和逻辑性，并不意味着董事、监事、高级管理人员可以利用关联关系损害公司利益而不用承担责任。

第二十三条 公司股东滥用公司法人独立地位和股东有限责任，逃避债务，严重损害公司债权人利益的，应当对公司债务承担连带责任。

股东利用其控制的两个以上公司实施前款规定行为的，各公司应当对任一公司的债务承担连带责任。

只有一个股东的公司，股东不能证明公司财产独立于股东自己的财产的，应当对公司债务承担连带责任。

条文释义 |——————————————————————————————————

本条是关于公司法人人格否认制度的规定。

本条是对公司法人人格否认（"揭开公司面纱"）制度进一步完善的规定不同于前条，本条侧重于规制股东滥用独立人格与有限责任损害外部债权人利益时所应承担的责任。对债权人而言，公司的独立财产是其债权实现的一般担保公司在经营活动中，与债权人独立地发生债权、债务关系，承担由此产生的民事责任。但在实际经济生活中，许多股东在出资后，并不遵循法律规定的权力分工的治理结构，而是通过各种途径控制着其所出资的公司，赚取高额利润或逃避债务，常擅自挪用公司的财产或与自己的财产、账目、业务混同。有的股东为达到非法目的，设立一个空壳企业从事违法活动，实际控制该公司，但又以有限责任为掩护逃避责任，公司此时已失去了独立地位。同时，股东利用上述方式逃避其应承担的责任，滥用了有限责任制度，债权人将面临极大的交易风险。为此，《公司法》创制了法人人格否认的制度，即当符合法定条件，认定出资人滥用法人独立地位和有限责任时，可以"揭开公司的面纱"，将股东和公司视为一体，追究二者共同的法律责任。

第二十四条 公司股东会、董事会、监事会召开会议和表决可以采用电子通信方式，公司章程另有规定的除外。

条文释义 |——————————————————————————————————

本条是关于会议召开与表决可采电子方式的规定。

本条虽属新增内容，但很多公司在实践中早已开始采用这种模式，采用电子通信方式召开股东会、董事会成本低、效率高。本次《公司法》修订，明确公司可以按照公司章程的规定通过电子通信方式召开股东会、董事会并进行表决，以适应信息化时代需要是提高效率、降低成本的必要之举。需注意，本条所谓的"电子通信方式"并非仅指电子邮件、电视电话等传统电子通信方式，近年来出现的用于在线视频通信的"腾讯会议""钉钉""微信通话"等也属其中。此外，本条进一步强调了公司的自治性，允许公司通过公司章程决定是否采用电子通信的召开方式，这是时代的进步使然，也是《公司法》充分保障当事人的意思自治与自主经营权的体现。

第二十五条 公司股东会、董事会的决议内容违反法律、行政法规的无效。

条文释义 |——————————————————————————————————

本条是关于决议无效的规定。

股东会是公司的权力机关，董事会是公司常设的经营决策机关。股东会和董事会通过召开会议，形成决议行使权力。上述决议一旦依法作出并生效，则变为公司的意志，对公司及股东具有约束力。因此，股东会、股东大会及董事会决议对股东关系重大：有关决议有瑕疵的，可能损害股东的合法权益，股东有权对其提起无效或撤销之诉。公司股东会、董事会的决议内容违反法律、行政法规的无效。任何股东认为有关决议内容违反本法及其他有关法律、行政法规规定的，都可以提起决议无效之诉。决议被法院认定为无效的，自始无效。

第二十六条 公司股东会、董事会的会议召集程序、表决方式违反法律、行政法规或者公司章程，或者决议内容违反公司章程的，股东自决议作出之日起六十日内，可以请求人民法院撤销。但是，股东会、董事会的会议召集程序或者表决方式仅有轻微瑕疵，对决议未产生实质影响的除外。

未被通知参加股东会会议的股东自知道或者应当知道股东会决议作出之日起六十日内，可以请求人民法院撤销；自决议作出之日起一年内没有行使撤销权的，撤销权消灭。

条文释义

本条是关于公司决议撤销的规定。

本条规定的决议可撤销与决议无效情形的不同：一是针对情形不同。决议无效针对的是决议内容违反法律、行政法规；而决议可撤销则是针对决议程序违反法律、行政法规或者决议内容违反公司章程。值得注意的是，按照本条第一款的规定，对已被通知参加股东会的股东而言，召集程序或表决方式仅有轻微瑕疵，对决议未产生实质影响的，则不应予以撤销。二是认定方式不同。决议内容违法，自然归于无效，不需认定；而可撤销的决议，需要相关主体提起请求。没有请求，法院也不会主动撤销。三是诉讼期间不同。对于无效决议的诉讼，《公司法》没有明确规定期间；而可撤销决议的诉讼，本条则规定自决议作出之日起六十日内请求法院撤销。超出的，该决议将不能被撤销。由于时间较短，为更好地保护股东尤其是未参加股东会股东的合法权益，本条第二款专门规定了"未被通知参加股东会会议的股东自知道或者应当知道股东会决议作出之日起六十日内，可以请求人民法院撤销"的内容。公司决议撤销之诉的审查范围，主要包括会议召集程序、表决方式是否违反法律、行政法规或者公司章程，以及决议内容是否违反公司章程。在未违反上述内容的前提下，决议的具体内容不属于司法审查的范围。此外增加的本条第二款明确了未被通知的股东提起撤销权之诉一年的"客观期间"，一般而言，撤销权的消灭时间主要采取"主观期间"的标准，即知道或者应当知道撤销事由开始计算撤销权消灭的时间但主观期间有可能影响交易关系的稳定。为此，规定了一个"客观期间"，即当事人自民事法律行为发生之日起一年内没有行使撤销权的，撤销权消灭。

第二十七条 有下列情形之一的，公司股东会、董事会的决议不成立：

（一）未召开股东会、董事会会议作出决议；

（二）股东会、董事会会议未对决议事项进行表决；

（三）出席会议的人数或者所持表决权数未达到本法或者公司章程规定的人数或者所持表决权数；

（四）同意决议事项的人数或者所持表决权数未达到本法或者公司章程规定的人数或者所持表决权数。

本条是关于公司决议不成立的规定。

本条形式上虽属新增，但实际上系在参考《公司法司法解释（四）》第五条规定基础上完善而来。原《公司法》只对决议无效、决议可撤销的情形作了规定，本次修订通过本条在法律层面增加了决议不成立的情形，既与《民法典》第一百三十四条的规定相衔接，也形成了有限责任公司决议行为不成立、成立、生效、可撤销的逻辑自治。公司决议不成立，是指公司决议有重大瑕疵且该重大瑕疵无法被治愈，以至于欠缺了决议成立的构成要件，具体体现在会议召集、举行、表决以及表决结果通过比例等方面。

第二十八条 公司股东会、董事会决议被人民法院宣告无效、撤销或者确认不成立的，公司应当向公司登记机关申请撤销根据该决议已办理的登记。

股东会、董事会决议被人民法院宣告无效、撤销或者确认不成立的，公司根据该决议与善意相对人形成的民事法律关系不受影响。

条文释义 ├───

本条是关于公司决议无效、被撤销或确认不成立相关后果的规定。

规定具体包括已变更的登记撤销、与善意相对人形成的法律关系方面。就已变更的登记而言，本条第一款明确了公司应向登记机关申请撤销根据前述被否定的决议已经进行的变更登记。实践中，在很多提起宣告公司决议无效、申请撤销公司决议，以及请求确认公司决议不成立的案件之前，公司即可能已经根据股东会或者董事会作出的相关决议办理了变更登记。

第二章

公司登记

第二十九条 设立公司，应当依法向公司登记机关申请设立登记。

法律、行政法规规定设立公司必须报经批准的，应当在公司登记前依法办理批准手续。

条文释义

本条是关于公司设立必须符合法定条件并依法登记的规定。

公司设立是公司取得法人资格的法律行为，必须符合法定条件，按照法定的程序进行。根据《公司法》的规定，公司设立的一般条件是：股东符合法定人数；股东的首期出资符合法定注册资本最低限额的规定；有公司章程；有公司名称及与生产经营活动相适应的组织机构；有公司住所。股份有限公司的设立，其股份发行、筹办事项还应符合有关法律的规定。设立公司，股东或发起人必须到公司登记机关办理登记手续。

除法律、行政法规另有规定外，具备了《公司法》规定的设立条件，即可设立公司，不须经过审批。对法律、行政法规规定设立公司必须报经审批的，在公司登记前应当依法办理审批手续。

本条内容是在现行《公司法》第六条规定基础上转化而来。就设立公司而言，我国实行准则主义加核准主义相结合的原则，即只要符合法律规定的公司设立条件，即允许设立公司，法律、行政法规明确规定设立公司必须事先取得批准的除外。公司设立，指公司设立人依照法定的条件和程序，为组建公司并取得法人资格而必须采取和完成的行为。公司的设立登记不等同公司设立，公司设立登记指公司设立人按法定程序向公司登记机关申请，经公司登记机关审核并记录在案，以供公众查阅的行为。设立登记仅是公司设立行为的最后阶段。公司设立登记制度，旨在巩固公司信誉并保障交易安全。需注意，根据本条规定，有权决定在公司登记前须依法办理审批手续的，仅限于法律与行政法规。

某县市场监管局调查某门窗店案件①

案情：

某县市场监管局查处了一起冒用公司名义私刻公章案件。该局执法人员对某县某门窗店进行检查时，发现该店一张销售单上印有某县某门窗阳光房有限公司的印章。该店字号名称为某县某门窗店，是个体工商户。个体户使用的是"有限公司"的印章的情况引起了执法人员的注意。经询问，该店负责人称上述有"某县某门窗阳光房有限公司"字样的印章为该店购买，并在销售单据上盖章使用。该店涉嫌冒用公司名义私刻公章，某县市场监管局依法予以立案调查。经调查，该店于2020年年初购买并开始在销售单上使用"某县某门窗阳光房有限公司"字样的印章。此公司名字为经营需要而编造，该店并未注册过上述公司。

评析：

该店冒用公司名义私刻公章的行为违反了《公司法》第六条第一款"设立公司，应当依法向公司登记机关申请设立登记。符合本法规定的设立条件的，由公司登记机关分别登记为有限责任公司或者股份有限公司；不符合本法规定的设立条件的，不得登记为有限责任公司或者股份有限公司"规定。某县市场监管局根据《公司法》第二百一十条"未依法登记为有限责任公司或者股份有限公司，而冒用有限责任公司或者股份有限公司名义的，或者未依法登记为有限责任公司或者股份有限公司的分公司，而冒用有限责任公司或者股份有限公司的分公司名义的，由公司登记机关责令改正或者予以取缔，可以并处十万元以下的罚款。"的规定，责令当事人改正并拟处罚款10 000元。

第三十条 申请设立公司，应当提交设立登记申请书、公司章程等文件，提交的相关材料应当真实、合法和有效。

申请材料不齐全或者不符合法定形式的，公司登记机关应当一次性告知需要补正的材料。

条文释义

本条是关于公司设立材料要求及补正告知的规定。

本条表面上看属于修订草案的新增内容，但实际上在《中华人民共和国市场主体登记管理条例》（以下简称《市场主体登记管理条例》）、《中华人民共和国公司登记管理条例》（以下简称《公司登记管理条例》）等规定中已存在相应内容。需注意的是，关于公司设立时需提交的设立登记申请书，本条第一款明确了申请设立公司，应当提交设立登记申请书、公司章程等文件，统一了以往实践中的不同操作要求。公司登记

---

① 罚款10 000元！浦江这家店因这事被查了，载微信公众文章"深度浦江"［EB/OL］. https://mp.weixin. qq.com/s？src＝11&timestamp＝1666690865&ver＝4126&signature＝o2BoPaDXPr7yf-IeWSiSQFZbg4HWZpz7A＊L6XgSukWPVh INsqYaYJEFqN34v9EnY7rZ71QrrKtbfNjWHghsp8JqzDsm5wDXlTjB1NseU4cL5-BlnDcwecPfbAEmnQgi4&new＝1。

申请书，应当是公司董事长签署的设立登记申请书。

申请设立公司过程中，提交的材料是否真实、合法、有效的责任，由公司承担。公司登记机关只是对申请人提交的有关申请材料和证明文件是否齐全进行形式审查，以及是否符合有关登记管理法律法规的规定。因申请材料不真实所引起的后果，公司登记机关不承担责任。但对不符合规定条件或不按规定程序予以登记的，登记主管机关应根据情节给予相关工作人员相应的行政处分；构成犯罪的，交司法机关处理。此外，本条第二款，按照优化营商环境及推定"放、管、服"改革的要求，对申请材料不齐全或者不符合法定形式需补正的材料，登记机关应一次性告知，避免申请人浪费不必要的时间，极大提升申请人的申请效率，为后续设立公司工作的开展奠定基础。

第三十一条　申请设立公司，符合本法规定的设立条件的，由公司登记机关分别登记为有限责任公司或者股份有限公司；不符合本法规定的设立条件的，不得登记为有限责任公司或者股份有限公司。

条文释义

本条是关于公司登记机关要求的规定。

按照《公司法》的规定，在我国境内设立的公司类型包括有限责任公司和股份有限公司。设立的公司为有限责任公司或股份有限公司。而本条规定实际上是对公司登记机关的要求，即公司登记机关在收到设立公司的申请文件后，需进行审查，对于符合本法规定的公司设立条件的，应当依法登记为有限责任公司或者股份有限公司；对于不符合本法规定的公司设立条件的，不得违反法律规定登记为有限责任公司或者股份有限公司。基于该条内容，可看出我国公司法对公司设立采取准则主义。准则主义，是指公司设立的条件由法律作出规定，凡符合法定条件的，不必经国家主管机关批准，即可设立公司并取得法人资格。准则设立一般还须进行登记，但这不同于核准设立，登记只是公司成立的事实记载，而核准是决定公司能否成立。

公司登记机关应当审查所申请设立的公司是否符合公司法规定的设立条件：对符合规定的，应予登记；不符合规定的，不得登记。根据本法的规定，未尽登记义务的，一是有些事项如股东的名称或姓名等不得对抗第三人；二是将依本法受到公司登记机关的处罚。

关联案例

某后勤中心与高某1等合同纠纷案[①]

案情：

2008年，某培训中心与某科技签订《联合办学协议》，2009年，二者签订《终止合同协议书》。同日，原教育局产业办与某科技签订《租赁合同》。同日，原教育局产业办与高某亮签订《房屋租赁补充协议条款》。2009年，某青公司登记成立，注册资金10万元，股东为高某1一人。原教育局工作人员出具了收到某科技交付的原某沟中

---

① 审理法院为湖北省武汉市中级人民法院，案号为（2020）鄂01民终8625号。

学学生宿舍和办公楼平面建设竣工图各一份的收条。某科技于 2005 年 5 月登记成立，注册资本 218 万元。2010 年，该公司核准登记注销。工商档案载明，注销登记原因，股东会决议解散。清算报告载明，公司负债 81 309 元，全部是高某亮从公司设立至今所付办公用品折旧及其他管理费用之和，由各股东按照出资比例承担。截至 2010 年 6 月 28 日，公司无任何存续财产及债权债务。公司注销完成之后，如果还存在债权债务及其他责任，由全体股东承担。

评析：

根据《中华人民共和国公司法》第三条、第六条、第九条的规定，公司是企业法人，有独立的法人财产，享有法人财产权。设立公司，应当依法向公司登记机关申请设立登记，公司变更前的债权、债务由变更后的公司承继。但从登记来看，某青公司、某科技系各自独立的法人，没有证据证明某青公司系某科技以其部分财产和相应债权债务组建的新公司，依据法人财产原则，公司的所有财产是其进行经营活动和对外偿还所有债务的物质基础和一般担保，任何人不得随意转移，目前也没有证据证明某青公司接收了某科技的财产，虽然某青公司、某科技的实际控制人均为高某亮（即高某1)，证据显示两个公司之间也确实有着千丝万缕的实际上的联系，但两个公司毕竟并不是前述《公司法》意义上的变更关系，不能视为《公司法》意义上的原公司消灭、产生新的公司，某科技所形成的债权债务事实上是属于原公司的债权债务，某青公司不能直接享有其存在之前以某科技名义形成的债权债务。加之目前也没有证据证明某青公司、某科技之间达成了由某青公司承继某科技原债权债务的协议，并履行了法定的通知义务的事实。在此情形下，某青公司根据原教育局产业办出具的《说明》反诉主张某科技的债权，缺乏法律上的依据。

第三十二条 公司登记事项包括：

（一）名称；

（二）住所；

（三）注册资本；

（四）经营范围；

（五）法定代表人的姓名；

（六）有限责任公司股东、股份有限公司发起人的姓名或者名称。

公司登记机关应当将前款规定的公司登记事项通过国家企业信用信息公示系统向社会公示。

条文释义

本条是关于公司登记事项的规定。

该条明确了公司需要登记的事项包括：名称、住所、注册资本、经营范围、法定代表人的姓名、有限责任公司股东、股份有限公司发起人的姓名或者名称。其他事项为备案事项，公司登记事项《公司法修订草案》第二十六条规定仅比营业执照应当载明的事项少了股东信息。较现行公司法而言，本条属草案新增内容，但本条内容在《市场主体登记管理条例》《公司登记管理条例》等规定也均有体现，本质上并非完全的"新增"内容。需注意，按照《市场主体登记管理条例》的规定，公司名称职能登记一个，关于公司名称的具体要求。关于住所，一个公司也只能登记一个，即公司的主要办事机构所在地，与住所相关的具体规定。关于注册资本，公司实行认缴登记制，并以人民币表示，出资方式应符合法律、行政法规的规定，股东不得以劳务、信用、自然人姓名、商誉、特许经营权或者设定担保的财产等作价出资。就经营范围而言，公司经营的应在登记的经营范围内进行，但这并不意味着超出登记的经营范围的行为当然无效。但需注意，就股份公司而言，除发起人外的其他股东，并非属于公司登记的法定事项。

本条第二款明确了登记机关的公示义务。相较原《公司法》第六条第三款，该款变"被动"为"主动"，并要求登记机关通过国家企业信用信息公示系统向社会公示登记事项、公司章程等信息，符合优化营商环境、"放、管、服"改革的需要，也适应了信息化时代对效率、便捷的要求。公示是法人登记制度维护交易安全与效率的重要手段。通过向社会发布法人的基础信息和基础资料通过赋予公示的登记事项公信力来保护善意第三人，以达到维护交易安全、市场诚信以及降低交易成本的效果，这正是法人登记制度的核心价值所在。可以说，法人登记公示制度毫无疑问处于整个法人登记制度的核心地位。

第三十三条 依法设立的公司，由公司登记机关发给公司营业执照。公司营业执照签发日期为公司成立日期。

公司营业执照应当载明公司的名称、住所、注册资本、经营范围、法定代表人姓名等事项。

公司登记机关可以按照规定发给电子营业执照。电子营业执照与纸质营业执照具有同等法律效力。

条文释义

本条是关于公司成立日期、营业执照应当载明事项及电子营业执照的规定。

公司登记机关签发的营业执照是确定公司成立的法律文件，营业执照的签发日期为公司成立之日。公司自成立之日起成为独立享有民事权利、承担民事责任的法人，凭公司登记机关核发的企业法人营业执照刻制印章，开立银行账户，申请纳税登记，开始经营活动。当公司的登记申请核准后，登记机关应当立即向公司颁发营业执照，公司应当及时领取。依照《中华人民共和国企业法人登记管理条例》（以下简称《企业法人登记管理条例》）和《公司登记管理条例》的规定，公司自登记申请核准之日起超过六个月仍未领取企业法人营业执照的，登记主管机关可以撤销企业登记，不再发放企业法人营业执照。

公司营业执照，既是公司成立的法律依据，又是对外证明公司是企业法人、有资格从事经营活动的资格证书。公司在其经营场所应当悬挂公司营业执照。因此，公司的营业执照具有公示性。为了增加公司经营的透明度，让公众通过公司营业执照即可了解公司的基本情况，公司营业执照应当载明的法定内容，包括：公司的名称、住所、注册资本、实收资本、经营范围、法定代表人姓名等。由于本法对公司实行了股东投资可以分期缴付的制度。为了便于广大债权人及时了解股东的出资到位情况，本条要求公司营业执照中应当分别载明公司的注册资本及实收资本。公司营业执照中所载明的事项应为法定登记事项。除营业执照中应载明的事项外，公司还应当就有关行政法规中要求的其他法定登记事项进行登记。

从公司营业执照签发之日起，公司登记机关对公司各主要事项所做的登记，同时产生法律效力，对公司具有约束力。为适应信息化时代与无纸化趋势，便利市场主体，提升工作效率，本条第三款明确了电子营业执照与纸质营业执照具有同等效力，属本次《公司法》修订新增的内容。此外需注意，未取得营业执照的用工行为或超越经营范围对外订立合同的法律效力的认定问题。基于倾斜保护劳动者的原则，未取得营业执照即用工的，由用人单位承担相应的责任，用人单位不存在或者无力担责时，由发起人或出资人承担责任。就超越经营范围订立的合同而言，法人的经营范围虽然是法定登记事项，但即便超越了经营范围签订了合同，只要不违反法律的强制性规定，从保护相对方的角度应认定有效。

第三十四条 公司登记事项发生变更的，应当依法办理变更登记。

公司登记事项未经登记或者未经变更登记，不得对抗善意相对人。

条文释义

本条是关于公司变更登记的规定。

基于本条以及《民法典》第六十四条①的规定，公司的变更，则是指公司在存续期间，公司组织上合并、分立以及活动宗旨、业务范围等登记事项的变化。存续期间，公司基于各种原因和目的，如调整经营方向、改变经营规模、分散经营风险、优化资源配置，可能会变更与其自身存在条件有密切关联的登记事项，如组织形式、注册资本、合并、分立等。公司的变更通常对其法人人格产生重要影响，特别是合并和分立，会导致法人人格的消灭。由于公司等法人的变更通常会涉及第三人及交易安全，故规定登记事项变更的应依法办理变更登记。

本条第二款以及《民法典》第六十五条②另明确了公司登记的公信效力，即公司凡经登记的内容，应当推定其具有相应的法律效力，善意第三人根据登记内容所为的行为应当有效。如此规定，系"商事外观"原则的应有之义，一来基于公权力的可信任性，二来是交易安全的需要。而实践中如何判断第三人善意与否是值得注意的问题。一般而言，第三人在实际查阅了登记簿内容后仍进行交易的，一般应认定非属善意第三人。但实践中，不必过分探求第三人是否实际查阅登记簿内容从而确定知或不知，只要第三人交易行为与登记内容相符合，即可以推定第三人属善意。新修订的第二款"公司登记事项未经登记或者未经变更登记，不得对抗善意相对人"这里指的是登记事项（即第二十五条规定），不包括备案事项；删除了"股东名册条款"即现行公司法第三十二条第三款"公司应当将股东的姓名或者名称向公司登记机关登记；登记事项

---

① 《民法典》第六十四条规定："法人存续期间登记事项发生变化的，应当依法向登记机关申请变更登记。"

② 《民法典》第六十五条规定："法人的实际情况与登记的事项不一致的，不得对抗善意相对人。"

发生变更的，应当办理变更登记。未经登记或者变更登记的，不得对抗第三人。"即不同于现行公司法第三十二条第三款主要针对的股东姓名或名称，修订草案本条所谓的公司登记事项应包括前面第二十五条规定的所有事项。

第三十五条 公司申请变更登记，应当向公司登记机关提交公司法定代表人签署的变更登记申请书、依法作出的变更决议或者决定等文件。

公司变更登记事项涉及修改公司章程的，应当提交修改后的公司章程。

公司变更法定代表人的，变更登记申请书由变更后的法定代表人签署。

条文释义

本条是关于公司变更登记及公司变更法定代表人的规定。

本条在形式上属修订草案新增条款，但其实质内容在《市场主体登记管理条例》《公司登记管理条例》中已有规定。公司申请变更登记，应当依然需要按照规定的程序及要求向公司登记机关提交其他材料，如变更登记申请书、变更决议或决定等文件。当变更登记事项涉及修改公司章程时，还需提交修改后的公司章程。此外需注意，为股权受让方办理变更登记也属公司变更登记事项范畴。当董事、高级管理人员违反法律，未为股权受让方办理此项变更登记致使其权利受损的，董事、高级管理人员应当在其过错范围内承担相应的损害赔偿责任。实际控制人虽然未在公司内担任具体职务，但由于其实际控制着公司，如果实际控制人滥用控制权，通过其控制行为不正当地阻止公司为股权受让方办理变更登记而致其利益受损时，实际控制人应当在其过错范围内对股权受让方承担相应的损害赔偿责任。股权转让后，股权受让方应及时请求公司协助办理变更登记。因受让方自身过错未及时办理此项登记致其利益受损的，受让方应根据其过失程度承担相应后果。

本条第三款主要是为了解决实践中公司变更法定代表人后，原法定代表人不配合办理变更登记的情况。为此，该款明确了"公司变更法定代表人的，变更登记申请书由变更后的法定代表人签署"。当该款虽然只明文规定变更登记申请书，但实际上法定代表人的变更当然也属本条第一款规定的变更登记范围。

关联案例

韩某蓁、苏州工业园区某星电子科技有限公司与张某萍请求变更公司登记纠纷[①]
案情：

2008年4月8日，韩某蓁（甲方）与张某萍（乙方）签订股权转让协议一份，载明，甲方将所持有的某星电子科技有限公司（以下简称某星公司）50%股权中的30%部分（150万元出资）以人民币150万元的价格转让给乙方，转让后双方持股比例为：甲方持有某星公司20%股权，乙方持有某星公司80%股权。某星公司法定代表人仍由甲方担任，公司章程其他内容保持不变。同日，韩某蓁与张某萍签订章程修正案一份，明确公司章程第五条原为：股东韩某蓁、张某萍参股比例各为50%，修改为：韩某蓁

---

① 审理法院为江苏省苏州市中级人民法院，案号为（2020）苏05民终3236号。

参股比例为 20%，出资额为 100 万元，张某萍参股比例为 80%，出资额为 400 万元。其他内容保持不变。某星公司为此向江苏省苏州工业园区工商行政管理局出具股东会决议、章程修正案及公司股东出资情况表各一份。江苏省苏州工业园区工商行政管理局就上述公司变更事项予以登记。

评析：

关于韩某蓁是否应当配合某星公司办理关于公司法定代表人、执行董事、监事的变更登记与备案，《公司法》第七条第三款规定：公司营业执照记载的事项发生变更的，公司应当依法办理变更登记，由公司登记机关换发营业执照。第十三条规定：公司法定代表人依照公司章程的规定，由董事长、执行董事或者经理担任，并依法登记。公司法定代表人变更，应当办理变更登记。根据 2018 年 9 月 17 日某星公司股东会决议，韩某蓁已被免去韩某蓁公司执行董事及法定代表人职务，韩某蓁被选举为公司监事。公司法定代表人变更，应当根据法律规定办理变更登记，韩某蓁作为公司监事，对公司负有忠实义务和勤勉义务，应当配合公司办理关于公司法定代表人、执行董事、监事的变更登记与备案。

第三十六条 公司营业执照记载的事项发生变更的，公司办理变更登记后，由公司登记机关换发营业执照。

条文释义 ┃

本条是关于公司变更登记后换发营业执照的规定。

本条彰显了变更登记后换发营业执照的必要性。公司成立后，涉及营业执照上记载的事项不可能一直不变，应允许公司根据客观情况的需要，对有关事项作出调整，如变更公司法定代表人、主要办公地址、公司名称等。但是，公司调整的事项属于公司营业执照载明事项的，即涉及公司名称、住所、注册资本、经营范围、法定代表人姓名等事项变更的，在依法办理变更登记后，由公司登记机关换发营业执照。公司营业执照记载的事项及其他法定登记事项发生变更的，公司应当依法办理变更登记；涉及营业执照记载事项的，由公司登记机关换发营业执照。未经变更登记，公司不得擅自改变营业执照所载明的事项。

第三十七条 公司因解散、被宣告破产或者其他法定事由需要终止的，应当依法向公司登记机关申请注销登记，由公司登记机关公告公司终止。

条文释义 ┃

本条是关于公司注销登记的规定。

其中主要是在以下几种情形下，公司应当依法向登记机关申请注销登记，并由登记机关公告公司终止。

（一）解散

1. 自愿解散。自愿解散指基于公司股东会或者股东大会、非公司企业法人出资人（主管部门）、合伙企业合伙人、个人独资企业投资人、农民专业合作社（联合社）成员大会或者成员代表大会、个体工商户经营者，或者分支机构隶属企业（单位）的意愿进行解散如公司解散情形包括：公司章程规定的营业期限届满或者公司章程规定的其他解散事由出现；股东会或者股东大会决议解散；因公司合并或者分立需要解散等。合伙企业解散情形包括：全体合伙人决定解散；合伙协议约定的解散事由出现；合伙期限届满，合伙人决定不再经营等。个人独资企业解散情形包括：投资人决定解散等。农民专业合作社（联合社）解散情形包括：成员大会决议解散；章程规定的解散事由出现等。

2. 强制解散。强制解散通常分为行政决定解散与人民法院判决解散。行政决定解散，包括依法被吊销营业执照、责令关闭或者被撤销。人民法院判决解散，按照《公司法》规定，因公司经营管理发生严重困难，继续存续会使股东利益受到重大损失，通过其他途径不能解决的，持有公司全部股东表决权百分之十以上的股东，请求人民法院解散公司的情形。

（二）破产

企业被宣告破产是指根据《中华人民共和国企业破产法》（以下简称《企业破产法》）等规定企业不能清偿到期债务，并且资产不足以清偿全部债务或者明显缺乏清偿能力的，经人民法院审查属实，企业没有进行和解或重整，被人民法院宣告破产。

第三十八条 公司设立分公司，应当向公司登记机关申请登记，领取营业执照。

条文释义

本条是关于有限责任公司的分公司登记的规定。

有限责任公司根据生产经营的需要，可以设立分公司。分公司是相对于总公司而言的，它是总公司的组成部分。分公司不论是在经济上还是在法律上，都不具有独立性。分公司的非独立性主要表现在以下方面：一是分公司不具有法人资格，不能独立享有权利、承担责任，其一切行为的后果及责任由总公司承担；二是分公司没有独立的公司名称及章程，其对外从事经营活动必须以总公司的名义，遵守总公司的章程；三是分公司在人事、经营上没有自主权，其主要业务活动及主要管理人员由总公司决定并委任，并根据总公司的委托或授权进行业务活动；四是分公司没有独立的财产，其所有资产属于总公司，并作为总公司的资产列入总公司的资产负债表中。基于上述特性，本条明确设立分公司，应当向分公司所在地的公司登记部门登记，分公司在登记后应当领取分公司的营业执照。

第三十九条 虚报注册资本、提交虚假材料或者采取其他欺诈手段隐瞒重要事实取得公司设立登记的，公司登记机关应当根据法律、行政法规的规定予以撤销。

条文释义

本条是关于撤销公司登记的规定。

本条所涉及的违法行为，其实质是一种欺诈行为。所谓"欺诈"，是指当事人在办理公司登记时，故意隐瞒有关的重要事实、制造假象、掩盖真相，使公司登记机关受蒙骗、发生错误认识而取得了公司登记。构成本条所指的具有欺诈性质的违法行为，具有以下三个特点：第一，欺诈行为应当出于当事人的故意；第二，当事人实施欺诈行为有明确的骗取公司登记的目的；第三，公司登记机关进行的登记，完全是由于上述认识上的错误而进行的。如果公司登记机关了解事实真相就不会对虚假申请进行公司登记。需要指出的是，这里的"公司登记"不仅包括设立登记，还包括变更登记、注销登记以及设立分公司的登记等公司登记。本条涉及的违法行为有以下三种：

（1）虚报注册资本。这里的"虚报"主要是指为骗取公司登记而故意夸大资本数额，实际上根本就没有出资或者没有全部出资。这里的"注册资本"，是指在公司登记机关登记的资本数额，包括设立时股东认缴的出资额，也包括成立后增加的资本额。

（2）提交虚假材料。本条中所说的"虚假材料"，主要是指设立（变更、注销）登记申请书、公司章程、验资证明等文件和从事法律、行政法规规定须报经有关部门审批的业务所提交的有关部门的批准文件是虚假的，比如说设立申请书中股东出资额的验资证明是虚构的，或者从事特种行业所提交的有关部门的批准文件是伪造的，等等。

（3）采取其他欺诈手段隐瞒重要事实。本条中所谓"其他欺诈手段"，是指采用其他隐瞒事实真相的方法欺骗公司登记机关的行为。

关联案例

某建设集团有限公司诉江苏省南京市某区市场监督管理局撤销公司行政登记检察监督案[①]

案情：

2017年10月17日，江苏省南京市某区市场监督管理局收到以某建设集团有限公司（以下简称建设集团）名义提交的《分公司登记申请书》及相关材料。其中在《分公司登记申请书》申请人申明栏有"本公司依照《公司法》《公司登记管理条例》及相关规定申请分公司登记，提交材料真实有效"等字样，并显示有"建设集团"印章；《指定代表或者共同委托代理人授权委托书》上显示有"建设集团"印章。某区市场监督管理局对上述材料依法进行了形式审查，认为申请人所提交的申请文件材料齐全，符合法定形式，于同日作出《分公司准予设立登记通知书》。2018年7月，建设集团发现集团名下多出一个"分公司"，经联系，案涉分公司负责人称，其从自称建设集团工作人员处取得授权，并获得全套注册登记材料。建设集团认为"分公司"授权材料系伪造，"分公司"则表示自己以授权材料登记设立的公司合法。双方发生纠纷，并均向南京市公安局某分局报案。其后，建设集团多次申请某区市场监督管理局撤销设立登记但被拒绝。

评析：

检察机关查明，南京市公安局某分局于2020年7月25日出具鉴定意见，认为《分公司登记申请书》上的法定代表人"唐某"签名笔迹与唐某本人提供的样本笔迹不是

---

① 案例来源：最高人民检察院发布"检察为民办实事"——行政检察与民同行系列典型案例（第八批）。

同一人书写。建设集团除提起本案行政诉讼外，还向法院起诉案涉分公司侵害企业名称权纠纷。该分公司还涉及民间借贷、租赁合同、建筑工程施工合同等多起纠纷，多名当事人诉至法院。建设集团因连带承担分公司的债务，被列为失信被执行人，公司经营受到严重影响。南京市人民检察院审查认为，根据公安机关出具的鉴定意见，能够证明案涉分公司系提交虚假材料取得公司登记，同时没有证据证明建设集团有注册登记分公司的意思表示，或曾参与该分公司的经营管理活动，根据《公司法》第一百九十八条规定，违反本法规定，虚报注册资本、提交虚假材料或者采取其他欺诈手段隐瞒重要事实取得公司登记，情节严重的，撤销公司登记或者吊销营业执照。

第四十条 公司应当按照规定通过国家企业信息公示系统公示下列事项：

（一）有限责任公司股东认缴和实缴的出资额、出资方式、出资日期，股份有限公司发起人认购的股份数；

（二）有限责任公司股东、股份有限公司发起人的股权、股权变更信息；

（三）行政许可取得、变更、注销等信息；

（四）法律、行政法规规定的其他信息。

公司应当确保前款公示信息真实、准确、完整。

条文释义

本条是关于公司通过公示系统公示事项的规定，属新增内容。

通过统一的国家企业信用信息公示系统公示本条所涉事项，便于信息时代交易相对方及潜在的交易者对相关信息的获取，契合信息化时代商事外观主义的要求。需注意本条与前面第三十二条在主体与公示内容等方面的区别。主体方面，本条的义务主体为公司，而第三十二条的义务主体为登记机关。公示内容方面，本条需公示有限责任公司股东认缴和实缴的出资额；出资方式和出资日期；股份有限公司发起人认购的股份数；有限责任公司股东；股份有限公司发起人的股权；股份变更信息；行政许可取得、变更、注销等信息；法律、行政法规规定的其他信息。而第三十二条主要为公司登记事项。当然，二者在公示的节点上也有不同。

第四十一条 公司登记机关应当优化公司登记办理流程，提高公司登记效率，加强信息化建设，推行网上办理等便捷方式，提升公司登记便利化水平。

国务院市场监督管理部门根据本法和有关法律、行政法规的规定，制定公司登记注册的具体办法。

条文释义

本条是关于公司登记机关的规定。

本条属新增条款，该条以国家法律的形式，吸收信息化建设成果，进一步强化公司登记的信息化建设，以适应网络时代进一步优化营商环境与"放、管、服"改革的需要，为市场主体提供更加高效、便捷的营商环境和办事平台，为社会公众更好监督提供便利途径。此外，《市场主体登记管理条例》第六条、第七条①分别明确了国家、地方相应登记机关在优化登记流程、强化信息化建设中的具体要求，如国务院市场监督管理部门应制定统一的市场主体登记数据和系统建设规范，地方各级登记机关应推行当场办结、一次办结、限时办结等制度，通过实现集中办理、就近办理、网上办理、异地可办，不断提升市场主体登记便利化程度等。

---

① 《市场主体登记管理条例》第六条规定：国务院市场监督管理部门应当加强信息化建设，制定统一的市场主体登记数据和系统建设规范。

县级以上地方人民政府承担市场主体登记工作的部门（以下称登记机关）应当优化市场主体登记办理流程，提高市场主体登记效率，推行当场办结、一次办结、限时办结等制度，实现集中办理、就近办理、网上办理、异地可办，提升市场主体登记便利化程度。

《市场主体登记管理条例》第七条规定：国务院市场监督管理部门和国务院有关部门应当推动市场主体登记信息与其他政府信息的共享和运用，提升政府服务效能。

第三章 | 有限责任公司的设立和组织机构

第一节 设立

第四十二条 有限责任公司由一个以上五十个以下股东出资设立。

条文释义

本条是关于有限责任公司股东人数及一人有限责任公司的规定。

就股东人数而言，新《公司法》增加了"一个以上"的表述，但实际上并未有实质内容的变化。按照《民法典》第一千二百五十九条关于计数语词含义的规定，"以上""以下""以内""届满"包括本数在内，即"一个以上"包括一个在内。关于有限公司股东人数的上限，按照本条规定为五十人，既可以是自然人，也可以是法人。而限定股东人数，主要在于有限责任公司是一种资合与人合性质兼有的公司，更多是基于股东之间的信任而建立起来的一种合作，人数太多不利于股东间的合作与信任；且人数太多，不利于有限责任公司的经营、决策。

值得注意的是，新《公司法》删除了原"第三节 一人有限责任公司的特别规定"整节，部分条文分散调整到其余章节；同时增加设立一人股份有限责任公司的规定。

关联案例

上诉人张某霞、黄某初因与被上诉人某市某众汽车销售服务有限公司
执行程序中的异议之诉纠纷案[①]

案情：

2008年2月9日，张某霞与黄某初登记结婚。2009年10月15日，张某霞、黄某初出资设立了某朗公司，注册资本为50万元，由张某霞、黄某初各持股50%。后某众

[①] 审理法院为江西省吉安市中级人民法院，案号为（2021）赣08民终582号。

汽车销售服务有限公司（以下简称某众公司）与某朗公司因产品责任纠纷诉至某县人民法院。经某县人民法院及某市中级人民法院判决书判令某朗公司应向某众公司赔偿损失251 813.44元及承担诉讼费、保全费11 905.4元。判决生效后，某众公司依法向某县人民法院申请执行。2019年5月5日，某县人民法院依法扣划了某朗公司银行存款46 228元。同年9月26日，因某朗公司暂无其他可供执行财产，某县人民法院裁定终结该案的本次执行程序。2020年9月10日，某众公司以"张某霞、黄某初夫妻共同出资设立的某朗公司实为一人有限责任公司"为由，申请追加张某霞、黄某初为被执行人。同日，某县人民法院裁定追加张某霞、黄某初为被执行人。2020年10月，张某霞、黄某初向某县人民法院提出执行异议。2020年10月28日，某县人民法院裁定驳回张某霞、黄某初的异议请求。张某霞、黄某初认为，某朗公司系由夫妻二人共同出资注册成立，并非《公司法》中的"一人有限责任公司"，某县人民法院作出追加张某霞、黄某初为被执行人的裁定，系认定事实及适用法律错误，故提起本案诉讼，要求判如所请。二审法院认为张某霞、黄某初二人系夫妻，某朗公司系二人设立且仅二人为股东，二人财产与公司财产未能明确区分，亦无证据证实夫妻间的共有财产如何区分。故维持了一审法院的判决。

评析：

按照新《公司法》的规定，夫妻二人婚后设立公司，公司的全部股权实质来源于同一财产权，公司资产归夫妻共同共有，双方利益具有高度一致性，亦难以形成有效的内部监督。若夫妻未举证证明其自身财产独立于公司财产，则应认定公司为一人有限责任公司，可被追加为被执行人。

第四十三条 有限责任公司设立时的股东可以签订设立协议，明确各自在公司设立过程中的权利和义务。

条文释义

本条是关于有限责任公司设立协议的规定。

该条虽为新增条款，但实际上参考了股份有限责任公司的发起人协议的内容。发起人协议是股份有限公司设立中，全体发起人共同订立以确定设立的公司的基本性质和结构，明确设立过程中的法律关系及发起人之间的权利义务的协议。规定发起人协议，主要在于防止因各发起人权利义务的不明确，而导致股份有限公司无法设立或产生各种纠纷。同样，之于有限责任公司而言，股东在设立有限责任公司过程中，也可以对公司基本结构以及各股东在设立过程中的权利义务进行约定，为此，本条进行了规定。

但需注意，本条规定的是"可以"签订设立协议，而股份有限公司相应规定中用的是"应当"签订发起人协议。另需注意，基于《公司法司法解释（三）（2020年修正）》第一条"为设立公司而签署公司章程、向公司认购出资或者股份并履行公司设立职责的人，应当认定为公司的发起人，包括有限责任公司设立时的股东"之规定，广义上的"发起人协议"即通常所谓的"发起人协议"，应包括股份有限责任公司发起人签订的"发起人协议"以及有限责任公司股东签订的"设立公司的协议"。

第四十四条　有限责任公司设立时的股东为设立公司从事的民事活动，其法律后果由公司承受。

公司未成立的，其法律后果由公司设立时的股东承受；设立时的股东为二人以上的，享有连带债权，承担连带债务。

设立时的股东为设立公司以自己的名义从事民事活动产生的民事责任，第三人有权选择请求公司或者公司设立时的股东承担。

设立时的股东因履行公司设立职责造成他人损害的，公司或者无过错的股东承担赔偿责任后，可以向有过错的股东追偿。

条文释义

本条是关于有限责任公司设立行为法律后果的规定。

相较原《公司法》，本条虽属新增内容，但《民法典》第七十五条以及《公司法司法解释（二）》已有相关规定。关于公司设立人（包括有限责任公司股东，下同）的法律地位，存在不同学说观点，具有很大的复杂性。从实践角度看，对设立人法律地位的认识可从两个角度进行：一方面，从设立人与设立中法人（公司，下同）的关系看，设立人作为一个整体属于设立中法人的机关，对外代表设立中的法人从事设立活动。由于设立中的法人与成立后的法人是同一的，设立人因设立行为所产生的权利义务应归属于成立后的法人。另一方面，从设立人之间的关系看，设立人之于外部表征应属合伙，法人未能合法成立，设立人对因设立行为产生的义务对外承担连带责任；而设立人内部则为协议（合同）关系，对外责任承担后可按照内容协议分配权利义务。

就本条规定具体而言，理解时需注意以下几点：①本条第一款的适用限定在股东为设立公司为目的而从事的民事活动。此时，一般应以公司名义从事有关民事活动，民事责任由成立后的法人承担。未以公司名义而是以自己名义从事的民事活动所产生的民事责任如何承担，应根据本条第四款确定。②股东从事的民事活动不限于民事法律行为。设立人为设立公司，需要对外签订民事合同，因合同订立、履行产生的义务和责任，均由成立后的法人承担。设立人为设立公司，还可能从事其他一些民事活动，其在履行设立职责过程中可能造成他人损失，产生赔偿责任，如建造办公场所可能造成他人损害的侵权责任、雇用工作人员可能存在的工伤赔偿等，这些责任亦应由成立后的法人承担。此时应按照本条第三款规定确定公司责任及追偿权利。③公司成立的，法律后果由法人承担；未成立的，法律后果由设立人承担。公司依法成立的，股东所实施的设立公司的行为，性质上应认定为设立中法人的机关从事的民事活动，相关法律后果当然归于成立后的法人；公司未成立的，股东所实施的设立法人的行为，性质上应认定为设立人自己的活动，相关法律后果由设立人承担。股东为数人的，全体股东享有连带债权，承担连带债务。即本条第二款的规定。

汪某与孙某权、周某发起人责任纠纷案①

案情：

2016 年 6 月，张某在乘坐出租车过程中结识孙某权后，与汪某、孙某权协商达成合议，由三人共同出资设立汽车修理公司，名称暂定为南京某清华汽车科技公司（以下简称某清华公司），但未能签订书面协议。汪某陈述，公司股份三人各占三分之一，预计设立公司需七、八十万元，口头约定由孙某权出 10 万元，余下由汪某和张某各出一半。实际孙某权仅出资 15 000 元，汪某出资 364 480 元，张某出资 135 626 元；张某陈述，当时口头约定股份每人三分之一，孙某权以技术入股，就出少量钱。汪某除出资外，还负责前期公司建厂的一些装修等事务，张某仅负责出资；孙某权陈述，案涉中嘉公司或某清华公司系张某投资，汪某和孙某权均是其组织的团队成员，汪某负责公司装修等事项，孙某权受张某委托负责公司的经营和管理，孙某权不参与投资。2017 年 2 月 28 日，孙某权作为某清华公司负责人（发包方）与某祥公司（承包方）签订施工合同，约定由某祥公司为某清华公司在建宁路 90 号的汽车美容装饰工程进行施工等。合同签订当日，汪某支付工程款 10 000 元。2017 年 3 月 2 日，汪某支付工程款 60 500 元，2017 年 3 月 5 日某祥公司进场施工。孙某权、汪某、张某陈述，其三人计划设立某清华公司，因租赁场地产生问题，尚未到工商部门办理登记手续。后孙某权一方迟延支付工程款，并在工程洽商记录上承诺的时间仍未支付，故某祥公司于2017 年 3 月 30 日退场，案涉房屋已由房屋所有权人另行出租。故某祥公司起诉向孙某权、汪某、张某主张合同权利。法院认为，汪某、张某、孙某权计划设立某清华公司，孙某权为设立公司与某祥公司签订的施工合同合法有效，某祥公司有权就该合同所产生的债务要求孙某权、汪某、张某承担连带清偿责任。

评析：

发起人为设立公司以自己名义对外签订合同，合同相对人请求该发起人承担合同责任的，人民法院应予支持。公司因故未成立，债权人请求全体或者部分发起人对设立公司行为所产生的费用和债务承担连带清偿责任的，人民法院应予支持。本案中，汪某、张某与孙某权计划设立某清华公司，孙某权为设立公司与某祥公司签订的《施工合同》合法有效，某祥公司有权就该合同所产生的债务请求孙某权、汪某、张某连带承担清偿责任。

第四十五条 设立有限责任公司，应当由股东共同制定公司章程。

条文释义 ┠━━━━━━━━━━━━━━━━━━━━━━━━━

本条是关于章程制定的规定。

较原《公司法》第二十三条，本条将公司章程的制定单独规定出来，可见修订后的公司法对公司章程的重视。公司章程，指公司必须具备的，由设立公司的股东制定

---

① 审理法院为江苏省南京市玄武区人民法院，案号为（2019）苏 0102 民初 11680 号。

的，就公司重要事务及其组织活动作出具有规范性的长期安排，对公司、股东、内部经营管理人员具有约束力的调整公司内部组织关系和经营行为的自治规则。公司章程是根据公司成员共同的民事法律行为而成立的，其内容对于公司法具有补充性和排除公司法中选择性条款的效力，实体上则构成了公司组织活动的基本准则，在公司一系列文件中处于宪章性的地位，是公司自治的根本规则。

需注意，按照规定，公司章程应由公司股东共同制定。若是新设立的公司，则由参与设立的各个股东共同制定。所谓"共同制定"，指制定公司章程时，股东们须取得协商一致，有共同意思表示，以体现全体股东意志。

第四十六条 有限责任公司章程应当载明下列事项：

（一）公司名称和住所；

（二）公司经营范围；

（三）公司注册资本；

（四）股东的姓名或者名称；

（五）股东的出资额、出资方式和出资日期；

（六）公司的机构及其产生办法、职权、议事规则；

（七）公司法定代表人的产生、变更办法；

（八）股东会认为需要规定的其他事项。

股东应当在公司章程上签名或者盖章。

条文释义

本条是关于公司章程记载事项的规定。

公司章程所记载的事项可以分为必备事项和任意事项。必备事项是法律规定在公司章程中必须记载的事项，也称绝对必要事项，即本条第一款前七项规定的事项。任意事项是由公司自行决定是否记载的事项，包括公司有自主决定权的一些事项，即本条第一款第八项。相较原规定，本次修订主要在第七项，即由原来的"公司法定代表人"变更为"公司法定代表人的产生、变更办法"。如此变化，在于指引公司不仅要考虑法定代表人的具体人员，更重要的是要立足长远，充分考量并重点设计法定代表人的产生、变动办法，通过制度选好人、管好人进而促进公司长期健康发展。

原《公司法》规定公司章程应载明"法定代表人"，反映到公司章程的具体记载中表现为"法定代表人由执行董事或经理某某某担任"。此时会产生如下问题：由于变更法定代表人非属公司重大事项，无需经三分之二以上表决权通过。但修改章程上的法定代表人姓名时，有可能被认定为修改公司章程，这又属公司重大事项，需三分之二以上表决权通过。为解决这一问题并基于前述着眼公司长远利益考量，本次《公司法》修订不再要求章程载明法定代表人具体姓名，而是载明其产生、变更办法。

徐某霞与安顺某报业宾馆有限公司、第三人贵州某报业发展有限公司公司决议效力确认纠纷案①

案情：

2009 年 10 月 19 日，原告徐某与第三人贵州某报业发展有限公司（以下简称某报业公司）为设立被告安顺某报业宾馆有限公司（以下简称某报业宾馆）共同拟定了《报业宾馆章程》，该章程主要载明：由报业公司发起，由报业公司和徐某共同出资租赁安顺报社办公楼为场所，合股经营报业宾馆；注册资本为 250 万元；股东为某报业公司和徐某；出资方式为现金；出资额为某报业公司 51%（127.5 万元），徐某 49%（122.5 万元）；营业期限 12 年，从 2009 年 8 月 10 日起至 2021 年 8 月 10 日止；章程由双方共同订立，自 2009 年 10 月 19 日起生效。按章程第七条规定，宾馆设董事会，行使下列权利：①决定宾馆的经营方针和投资计划；②决定总经理、副总经理的报酬事项；③选择和更换由股东派出的监事；④审议批准宾馆总经理的报告；⑤审议批准宾馆监事会的报告；⑥审议批准宾馆的年度财务预算方案、决算方案；⑦审议批准宾馆的利润分配方案和弥补亏损方案；⑧对宾馆增加或者减少注册资本作出决议；⑨对股东向股东以外的人转让出资作出决议；⑩对宾馆合并、分立、变更、解散和清算等事项作出决议；⑪修改宾馆章程；⑫制定宾馆的基本管理制度。按章程第三十二条规定，宾馆有下列情况之一，可以解散：①宾馆章程规定的营业期限届满；②董事会决议解散；③宾馆合并或者分立需要解散；④宾馆违反法律、行政法规被依法责令关闭；⑤因不可抗力事件致使宾馆无法继续经营；⑥宣告破产。上述章程签订后，报业宾馆于 2009 年 10 月 22 日在安顺市工商局注册成立，登记股东为徐某和报业公司。

原告徐某认为《报业宾馆章程》第七条规定了应由股东行使的权利，第三十二条第二款也规定了董事会有权通过决议方式对报业宾馆进行解散等应由股东行使的权利，违反了公司法强制性规定，侵犯了股东合法权益。原告多次与第三人协商对该条款进行调整和规范，无法达成一致意见，故诉请确认《报业宾馆章程》第七条、第三十二条第二款无效。

评析：

公司章程是由公司发起人或全体股东共同制定的公司基本文件，也是公司成立的必备性法律文件，主要体现股东意志。只要公司章程不违反国家强制性的、禁止性的法律规定，司法一般不应介入公司章程这种公司内部事务，即使司法要介入，也应保持适当的限度，即适度干预。《公司法》第四十四条第二款规定"股东会会议作出修改公司章程、增加或者减少注册资本的决议，以及公司合并、分立、解散或者变更公司形式的决议，必须经代表三分之二以上表决权的股东通过。"从此条规定中的法律表述用语"必须"可以看出，修改公司章程、增加或者减少注册资本的决议，以及公司合并、分立、解散的决议有且只有公司股东会才有决定权，这是股东会的法定权利。《报业宾馆章程》第七条第八、十、十一款，第三十二条第二款将股东会的法定权利规定由董事会行使，违反了上述强制性法律规定，应属无效。

---

① 审理法院为贵州省高级人民法院，案号为（2015）黔高民商终字第 61 号。

第四十七条 有限责任公司的注册资本为在公司登记机关登记的全体股东认缴的出资额。全体股东认缴的出资额由股东按照公司章程的规定自公司成立之日起五年内缴足。

法律、行政法规以及国务院决定对有限责任公司注册资本实缴、注册资本最低限额、股东出资期限另有规定的，从其规定。

条文释义

本条是关于注册资本认缴制与最长认缴期限的规定。

新《公司法》第四十七条与原《公司法》第二十六条相对应，是对有限责任公司注册资本认缴登记制的规定。

但是，新《公司法》与原《公司法》差异巨大，新《公司法》第四十七条要求"全体股东认缴的出资额由股东按照公司章程的规定自公司成立之日起五年内缴足"，强制规定了有限责任公司股东的最长认缴期限。

首先，五年最长认缴期限规则是对现状的回应。自2013年呼应"大众创业、万众创新"经济政策，实行认缴登记制改革以来，实践中涌现了不少"注册资本注水"的公司，股东承诺的认缴资本数额巨大、缴付期限畸长，且股东又可在认缴期限届至之前转让股权，"粉碎"了债权人对公司注册资本的信赖。设置五年最长认缴期限规则，可激励股东在确定出资义务时更理性地评估未来经营需求、投资风险，并照顾债权人获得偿付的合理预期。以五年为标准则可能和企业的平均寿命为五年有关。

其次，新《公司法》第五十三条同时引入有限责任公司出资加速到期制度。事实上，即便不限定最长认缴期限，加速到期似乎也足以约束股东非理性的认缴数额和认缴期限。第五十三条规定，"公司不能清偿到期债务的，公司或者已到期债权的债权人有权要求已认缴出资但未届缴资期限的股东提前缴纳出资"。

注册资本认缴制具有灵活筹资功能，设置最长认缴期限和常态加速到期制度后，该制度的灵活筹资功能将被削弱。就此而言，似乎可以把适用于股份有限公司的授权资本发行制经合理改造后引入有限责任公司，以满足有限责任公司依据商业现实灵活筹资之需要。

最后，新《公司法》第四十七条第二款增加"法律、行政法规以及国务院决定对有限责任公司……股东出资期限另有规定的"，为设置短于五年的认缴期限留下接口。

关联案例

某文化公司诉刘某、陈某、朱某等股东出资纠纷案①

案情：

2015年9月9日，朱某、季某、马某、许某作为发起人设立某文化公司，注册资本500万，每人认缴出资125万元，认缴出资时间为2045年8月28日。2016年12月

---

① 2020—2021年江苏法院公司审判典型案例［EB/OL］.（2022-09-29）. http://www.jsfy.gov.cn/article/94380.html.

23 日，经股权转让，原股东退出，某文化公司股东变更为刘某、朱某，刘某持股95%，朱某持股5%，认缴出资时间仍为2045年8月28日。后经多次转让，刘某持股76.5%，惠某持股10%，陈某、王某、黄某分别持股4.5%，认缴出资时间仍为2045年8月28日，上述股权转让协议中均约定股权转让款为0元。2019年9月18日，某文化公司进入破产程序，管理人经核查，刘某、陈某、王某未履行出资义务，遂起诉主张刘某、陈某、王某出资义务加速到期，向某文化公司缴纳出资款，朱某、季某、马某、许某作为发起人对上述债务承担连带责任。

一审法院认为，股东未履行或未全面履行出资义务，公司的发起人应与股东承担连带责任，遂判决支持文化公司诉讼请求。二审法院认为，《公司法司法解释（三）》第十三条第三款规定，股东在公司设立时未履行或者未全面履行出资义务，依照该条第一款或者第二款提起诉讼的原告，请求公司的发起人与被告股东承担连带责任的，人民法院应予支持。该条款是指公司设立时，股东如果没有按照章程规定按期足额缴纳出资的，发起人股东与该股东承担连带责任。在公司注册资本认缴制度下，股东享有出资的期限利益，公司设立时出资期限未届满的股东尚未完全缴纳其出资份额不应认定为设立时未履行或者未全面履行出资义务，公司及债权人亦无权据此要求发起人股东承担连带责任。本案中，文化公司四名发起人，出资期限为2045年8月28日，刘某于2016年12月23日受让四名发起人股权时，出资期限亦未届满，不属于股东未履行或者未全面履行出资义务的情形，而法律、行政法规并未禁止股东在出资期限届满前转让股权，故对文化公司要求朱某等四名发起人对刘某、陈某、王某未出资部分承担连带责任的主张不应支持。

评析：

股东在公司设立时未履行或者未全面履行出资义务的，发起人方才承担连带责任。认缴出资的股东对出资享有期限利益，在公司设立时未缴纳出资不属于未履行或者未全面履行出资义务，公司债权人起诉请求公司发起人与被告股东承担连带责任的，人民法院将不予支持。准确认定发起人的责任范围，有利于解决发起人股东后顾之忧，让企业家专心创业放心投资安心经营。

第四十八条 股东可以用货币出资，也可以用实物、知识产权、土地使用权、股权、债权等可以用货币估价并可以依法转让的非货币财产作价出资；但是，法律、行政法规规定不得作为出资的财产除外。

对作为出资的非货币财产应当评估作价，核实财产，不得高估或者低估作价。法律、行政法规对评估作价有规定的，从其规定。

条文释义

本条是关于有限责任公司出资方式的规定。

除增加"股权、债权"作为明确列举的出资方式外，其他内容并无变动。货币是股东最主要的出资方式，包括人民币、外币。非货币财产作为投资人重要的财产形态，亦应允许作为出资方式。在市场经济下，对出资方式限制过严，不利于社会经济发展，故在实物、知识产权、土地使用权外，明确规定允许股权、债权方式出资。实际上，按照原规定，只要可以用货币估价并可以依法转让的非货币财产都可以用于出资。

需注意，本条所谓"实物"是指房屋、机器设备、工具、原材料、零部件等有形财产，设立担保的实物或租赁他人的实物，一般不能作为出资。此外，非货币财产出资的，为确定股东的出资数额并计算公司注册资本总额，确定各股东出资在公司全部注册资本中所占的比例，以明确各股东取得收益、承担风险责任的依据，对以非货币财产出资的，必须评估作价，核实财产。因不同财产形态的评估作价方法、要求、规则及主管部门等存在区别，法律、行政法规对评估作价有规定的，要严格按照法律、行政法规的要求执行。

关联案例

某实业公司与李某股东出资纠纷案①

案情：

1997年，某实业公司（以下简称实业公司）增资，依股东会决议，任某饮料公司（以下简称饮料公司）法定代表人的李某以冰点水经销权形成的无形资产500余万元作为向实业公司的出资，该出资经评估并通过验资。2015年，实业公司诉请李某补缴出资。法院认为：首先，根据资产评估报告，冰点水产品实际生产者系饮料公司，产品销售由该公司控制的中间商向客户批发，在营销渠道成员管理中有控制权。上述报告明确经销权体现为饮料公司对营销渠道成员的控制权，且该公司系本案实业公司下属公司，李某并非实际权利人，亦无证据证明在出资时取得了该权利，故李某无权以经销权出资。其次，《公司法》第二十八条第一款规定："股东应当按期足额缴纳公司章程中规定的各自所认缴的出资额。股东以货币出资的，应当将货币出资足额存入有限责任公司在银行开设的账户；以非货币财产出资的，应当依法办理其财产权的转移手续。"依上述规定，股东出资财产应依法转让至公司名下。李某作为饮料公司法定代表人，即使有权以经销权进行出资，理应将出资权利转让给实业公司，但并无证据证明涉案经销权已实际转让。综上，依股东会决议、公司章程及工商登记信息，因李某出资不实，判决李某向实业公司补缴出资500余万元。

评析：

商品经销权非法定财产性权利，不具有可转移性，对其评估作价缺乏法律依据，故股东以经销权出资应认定为出资不实。

第四十九条 股东应当按期足额缴纳公司章程规定的各自所认缴的出资额。

股东以货币出资的，应当将货币出资足额存入有限责任公司在银行开设的账户；以非货币财产出资的，应当依法办理其财产权的转移手续。

股东未按期足额缴纳出资的，除应当向公司足额缴纳外，还应当对给公司造成的损失承担赔偿责任。

---

① 审理法院为重庆渝中区法院，案号为（2015）中区法民初字第06740号。

本条是关于股东按期足额缴纳出资的规定。

原《公司法》第二十八条规定的股东出资义务的履行有两款,分别为按期足额缴纳出资、不按期缴纳出资的违约责任。这两款在本次《公司法》修订中被分割为本条以及下条,本条对应的为第一款即股东按期足额缴纳出资。股东应当严格按照公司章程的规定,按期足额缴纳自己所认缴的出资额。关于足额缴纳出资,具体包括:①以货币出资的,应按照章程规定的时间、金额,存入有限责任公司在银行开设的账户。一次性缴纳货币出资的,须一次性足额存入;分期缴纳的,须按期足额存入。②以非货币财产出资的,须进行作价评估,并依法办理转移财产权的手续。此处的手续,主要指过户手续。根据 2014 年颁布的《公司注册资本登记管理规定》,作为股东或者发起人出资的非货币财产,应当由具有评估资格的资产评估机构评估作价后,由验资机构进行验资。换而言之,非货币财产的出资应当而非可以采取"评估作价",之前的"约定作价"原则上不再采用。

此外,本条第三款还新增规定了股东未足额缴纳出资的赔偿责任。理由有三:第一,本次公司法修订强化股东出资义务的法定性,股东对公司具有按期足额出资的义务,未按期足额缴纳出资意味着其行为侵害公司独立的财产权,进而对公司的经营发展造成影响;第二,公司依法成立后,股东与公司是出资合同的相对人,股东是否按期足额缴纳出资影响公司重大利益;第三,平衡股东、公司、债权人之间的利益,将滥用认缴期限规则等不负责任的投资人对公司和债权人所造成的系统性风险予以规制。

关联案例

陈某松与常州某厦电子有限公司、股银妹股东出资纠纷案①

案情:

常州某厦电子有限公司(以下简称某厦公司)成立于 2014 年 5 月 15 日,注册资本为 200 万元,公司设立时股东为唐某(认缴出资 55 万元)、李某华(认缴出资 30 万元)、陈某松(认缴出资 25 万元)、徐某平(认缴出资 60 万元)、杨某(认缴出资 30 万元);出资方式均为货币,认缴出资时间均为 2016 年 5 月 7 日。本案中,陈某松提交了 5 张收据证明其出资情况,上述收据虽然加盖了某厦公司公章或财务专用章,但未见相关的入账记录,不能证明已经实际交付至某厦公司银行账户,且其中 4 张收据注明为借款并非出资。另,2014 年 5 月 5 日的收据形成在某厦公司设立之前,明显与常理不符。关于陈某松提交的唐某账户银行卡存款回单及陈某松向霍某庆转账记录,对此,股东的货币出资应当存入公司的银行账户,由此方能形成有效的出资,陈某松向他人的汇款不符合该要求,故不予认定为出资。关于 2014 年 8 月 28 日陈某松向某厦公司汇款 15 000 元,虽标注为某厦借款,现陈某松明确该款为出资款,且已经进入某厦公司账户,可作为出资款项。综上,根据某厦公司章程,陈某松应于 2016 年 5 月 7 日缴纳出资 250 000 元,现已实际出资 15 000 元,尚欠 235 000 元。关于某厦公司主张

---

① 审理法院为江苏省常州市钟楼区法院,案号为(2021)苏 0404 民初 443 号。

按照年利率6%的标准计算利息损失，因陈某松未能按期履行出资义务，理应承担逾期出资责任，故按照相关金融机构发布的利率标准支持某厦公司利息损失。

评析：

逾期出资是指股东没有按期缴足出资。股东逾期出资不仅侵害公司利益，还可能侵害公司债权人利益。公司资本制度是建立在民事请求权体系基础上的一个行为逻辑严谨、权利义务体系化、法律责任完备化的法律规范结构，包含公司、股东、债权人等多利益主体之间的权责、责任体系，尤其是保护公司债权人的功能不应遭到轻视。股东逾期出资时，公司应及时督促股东缴纳出资。

第五十条 有限责任公司设立时，股东未按照公司章程规定实际缴纳出资，或者实际出资的非货币财产的实际价额显著低于所认缴的出资额的，设立时的其他股东与该股东在出资不足的范围内承担连带责任。

条文释义

本条是关于公司设立时股东出资责任的规定。

按期、足额缴纳出资，是股东的一项重要法定义务。所谓的按期、足额包括时间上要及时、数额上要充足。股东违反该项义务主要表现在没有按照公司章程规定的时间及时出资，或者没有按照公司章程规定的出资金额足额出资（包括非货币财产实际价额显著低于所认缴的出资额的情况），或者兼而有之。

众所周知有限责任公司兼具"资合性"与"人合性"，公司的成立与经营有赖于公司资本的规模和股东的信用。并且，相较于股份有限公司，有限责任公司更注重股东间的信任与合作。为此，新《公司法》从立法上强调发起人股东间的信用责任，即公司设立时的股东未按照公司章程规定实际、足额缴纳出资的，公司设立时的其他股东与该股东在出资不足的范围内承担连带责任。

关联案例

李某松与新疆某之城文化产业发展有限公司、第三人叶某心股东出资纠纷案①

案情：

新疆某之城文化产业发展有限公司（以下简称某之城公司）成立于2014年6月9日，股东为李某畴、李某松、叶某心、晏某四人。其中李某松出资金额为3 000万元，认缴出资比例占30%，出资时间为自公司成立2年之内。2016年10月26日叶某心、晏某、李某松、李某畴及某之城公司签订《委托持股协议书》，李某松自愿接受叶某心、晏某委托，对外以自己名义代甲方持有某之城公司30%的股权（实际为叶某心所有）。代持股起始时间为2014年6月9日。2018年1月13日李某松与林某清签订《股权转让协议》，约定李某松将名下某之城公司23.81%的股权以5 020万元转让给林某清。经查明，李某松实际缴纳600万元出资额，其未依照约定全面履行出资义务，故某之城公司起诉李某松要求其向公司履行出资义务。法院认为，名义上的出资人实际

① 审理法院为新疆维吾尔自治区乌鲁木齐市中级人民法院，案号为（2021）新01民终1796号。

上具有股东资格，其在公司中享有股东权益并承担股东义务与责任，其原则上不得以隐名出资关系对抗公司、其他股东及公司债权人向其主张相关股东义务与责任。本案中，李某松以其与叶某心之间就其持有股权存在代持股关系为由抗辩其负有向某之城公司缴纳出资的法定义务，缺乏法律依据。故某之城公司有权向李某松主张履行出资义务。同时，股东未尽出资义务即转让股权，转让股东的出资义务不得因股权转让而解除，公司仍有权请求转让股东履行出资义务。

评析：

有限责任公司具有较强的人合性，即使股东与第三方存在代持协议，承担出资义务的主体只应为公司股东，股东的出资义务不因代持协议而免除。股东未尽出资义务即转让股权，转让股东的出资义务不得因股权转让而解除。

第五十一条 有限责任公司成立后，董事会应当对股东的出资情况进行核查，发现股东未按期足额缴纳公司章程规定的出资的，应当由公司向该股东发出书面催缴书，催缴出资。

未及时履行前款规定的义务，给公司造成损失的，负有责任的董事应当承担赔偿责任。

条文释义

本条是关于董事会资本充实责任的规定。

董事会是公司经营机关，知悉公司股东的出资情况，如股东未按期足额缴纳出资，由公司向股东催收资本属于董事、高级管理人员的勤勉义务，因董事、高级管理人员未履行该义务会对公司及其他利益相关者的利益产生影响，故应当向相关权利主体承担责任。因此，股东在向公司出资过程中未履行或者未全面履行出资义务的，给公司造成损失的，公司、其他股东或者债权人有权请求公司董事承担相应的赔偿责任。根据民法相关原理，董事承担责任后，可以向未履行或未全面履行出资义务的股东追偿。

关联案例

斯某特微显示科技（深圳）有限公司、胡某生损害公司利益责任纠纷案[①]

案情：

斯某特微显示科技（深圳）有限公司（以下简称深圳斯某特公司）成立于2005年1月11日，系外国法人独资的有限责任公司，股东为开曼斯某特公司。认缴注册资本额为1 600万美元，公司成立后九十天内股东应缴付出资300万美元，第一次出资后一年内应缴付出资1 300万美元。股东开曼斯某特公司于2005年3月16日至2005年11月3日分多次出资后，欠缴出资5 000 020美元。2011年，深圳斯某特公司因案件纠纷被强制执行，法院追加股东开曼斯某特公司为被执行人，经强制执行，股东开曼斯某特公司仍欠缴出资4 912 376.06美元，折合人民币30 118 760.10元。本案经历一审、二审后由最高人民法院再审，最高人民法院认为，因公司股东未履行出资义务，公司

[①] 审理法院为最高人民法院，案号为（2018）最高法民再366号。

董事未向欠缴出资股东催缴出资，被法院认定违反勤勉义务。本案中，公司作为原告历经一审、二审败诉后，经最高人民法院再审，判决公司全体董事在公司股东欠缴出资范围内对公司承担连带责任，即连带赔偿公司人民币 3 000 万元。

评析：

董事负有向未履行或未全面履行出资义务的股东催缴出资的义务，这是由董事的职能定位和公司资本的重要作用决定的。根据董事会的职能定位，董事会负责公司业务经营和事务管理，董事会由董事组成，董事是公司的业务执行者和事务管理者。股东全面履行出资是公司正常经营的基础，董事监督股东履行出资是保障公司正常经营的需要。

第五十二条 股东未按照公司章程规定的出资日期缴纳出资，公司依照前条第一款规定发出书面催缴书催缴出资的，可以载明缴纳出资的宽限期；宽限期自公司发出催缴书之日起，不得少于六十日。宽限期届满，股东仍未履行出资义务的，公司经董事会决议可以向该股东发出失权通知，通知应当以书面形式发出。自通知发出之日起，该股东丧失其未缴纳出资的股权。

依照前款规定丧失的股权应当依法转让，或者相应减少注册资本并注销该股权；六个月内未转让或者注销的，由公司其他股东按照其出资比例足额缴纳相应出资。

股东对失权有异议的，应当自接到失权通知之日起三十日内，向人民法院提起诉讼。

条文释义

本条是关于股东失权制度的规定。

本条是在吸收《公司法司法解释（三）》第十七条内容的基础上形成的，是新增加的规定。

首先，在公司的存续过程中，股东始终应确保出资义务的全面实际履行，否则构成对其他守约股东合理期待的破坏，进而构成对公司契约的违反。一旦因该股东在章程规定的到期出资日未履行出资义务或抽逃出资，该违约行为将严重危害公司的经营和其他股东的共同利益，背离契约订立的目的和初衷，故本法赋予守约股东解除彼此间的合同、让违约股东退出公司的权利。

其次，催缴的宽限期。公司在对未履行出资义务或者抽逃出资的股东失权前，应给该股东补正的机会，即应当催告该股东在合理期间内缴纳或者返还出资。只有该股东在公司催告的合理期间内仍未履行出资义务的，公司方能经董事会决议让该股东丧失其未缴纳出资的股权，法院才能确认公司这种发出失权通知行为的效力。

最后，出资分担。为保障公司债权人的利益，法院在判决确定股东失权行为的效力时，应当向公司释明，要求公司及时办理法定减资程序或者由其他股东缴纳相应的出资，以消除公司资本中的"空洞"。

简而言之，股东失权决议有效应当满足的条件是：股东未按照章程规定的出资日期缴纳出资、股东未出资和抽逃出资，经公司在合理期限内催告仍未缴纳或者返还出资，通过召开董事会议，由除担任董事职务的未出资股东以外，代表二分之一以上表决权的董事会表决通过，形成董事会决议。

需要注意的是，股东失权是对股东资格的剥夺，影响很大，应赋予股东对失权的异议权利救济，本条第三款增加失权股东救济程序，规定该股东应当自接到失权通知之日起三十日内，向人民法院提起诉讼。

关联案例

宋某祥、上海某禹国际贸易有限公司与杭州某旭贸易有限公司公司决议效力确认纠纷案[①]

案情：

上海某禹国际贸易有限公司（以下简称某禹公司）于2009年3月份成立，股东为宋某祥、高某。2012年8月，某禹公司召开股东会会议作出决议，杭州某旭贸易有限公司（以下简称某旭公司）作为新股东进行增资扩股。变更后的股东出资及股权比例分别为：宋某祥60万元（0.6%）、高某40万元（0.4%）、某旭公司9 900万元（99%）。2012年9月，某旭公司向某禹公司缴纳出资9 900万元，并出具了验资报告。但在9月17日，该9 900万元出资即分别被汇入杭州某进出口贸易有限公司账户4 900万元和宁波某贸易有限公司账户5 000万元。并在同一天由两家公司再次将上述资金转账至上海某建材有限公司和上海某实业有限公司。2013年12月，某禹公司向某旭公司邮寄"催告返还抽逃出资函"，称某旭公司已抽逃其全部出资9 900万元，希望其返还出资。2014年3月，某禹公司召开股东会，三方股东均出席。议题为解除某旭公司的股东资格，会议记录显示宋某祥及高某表决同意，占总股数1%，占出席会议有效表决权100%；某旭公司反对，占总股数99%，占出席会议有效表决权的0%。但某旭公司明确表示不认可上述表述并诉至法院。

一审法院采纳了某旭公司的意见，判决：驳回宋某祥的诉讼请求。宋某祥和某禹公司不服，提起上诉。二审法院认为，本案证据能够证明某旭公司抽逃了其认缴的9 900万元的全部出资款，且经某禹公司催告后在合理期限内仍不返还。根据最高法院《关于适用〈中华人民共和国公司法〉若干问题的规定（三）》[以下简称《公司法司法解释（三）》] 第十七条有关股东除名的规定，股东会对拒不出资股东予以除名的，该股东对该表决事项不具有表决权。本案对于某旭公司抽逃全部出资的行为，某禹公司已给予了合理期限的催告，并在召开股东会时通知某旭公司的代表参加给予其申辩的权利。最后表决时某旭公司对其是否被解除股东资格不具有表决权。某禹公司另两名股东以100%表决权同意并通过了解除某旭公司股东资格的决议，该决议有效。某旭公司股东资格被解除后，某禹公司应当及时办理法定减资程序或者由其他股东或第三人缴纳相应的出资。据此，二审判决：一、撤销原判；二、确认某禹公司于2014年3月25日作出的股东会决议有效。

评析：

本案既涉及股东除名制度，也涉及了表决权排除，原公司法未作规定，《公司法司法解释（三）》第十七条亦未作规定。那么是否未作规定便不可以排除相关股东的表决权呢？显然不是。根据新《公司法》第五十二条的规定确立了股东的失权制度，为将来类似的案件提供了法律依据。

---

① 审理法院为上海市第二中级人民法院，案号为（2014）沪二中民四（商）终字第1261号。

第五十三条　公司成立后，股东不得抽逃出资。

违反前款规定的，股东应当返还抽逃的出资；给公司造成损失的，负有责任的董事、监事、高级管理人员应当与该股东承担连带赔偿责任。

条文释义

本条是关于股东不得抽逃投资的规定。

股东法出资是公司设立并从事生产经营活动的物质基础。公司一旦成立，股东的出资就成为公司财产，成为公司对外承担债务责任的保证。换而言之，股东不得抽逃出资义务是资本维持原则的体现，即公司在其存续过程中，应当经常保持与其资本额相当的财产。

本条对此进行了较为完善的规定。第一款沿袭原《公司法》第三十五条内容，明确股东在公司成立后不得抽逃出资。修订前的公司法就股东抽逃出资承担的责任一般为返还出资、在抽逃出资范围内对公司不能清偿的债务承担连带补充赔偿责任等。但实践中，若债权人不主张，股东内部很少会出现对抽逃出资追责的情形。为此，本条将抽逃出资的法律责任补充完整，并且强化了董事、监事、高管的责任。简而言之，即对抽逃出资的法律责任包括返还出资；造成损失，赔偿损失；董、监、高怠于履职，承担连带赔偿责任。

关联案例

海南某龙矿业有限公司与股东黄某远出资纠纷案①

案情：

海南某龙矿业有限公司（以下简称某龙公司）于 2014 年 1 月 24 日在海口市工商行政管理局登记成立，注册资本为 500 万元，其中黄某远认缴 250 万元，占注册资本的 50%，第三人吴某认缴 250 万元，占注册资本的 50%，法定代表人为第三人吴某。某龙公司以黄某远在完成验资后未经吴某、某龙公司的同意或授权的情况下，于 2014 年 3 月 6 日擅自将某龙公司账户内的注册资金 500 万元从公司账户转入自己账户内为由，主张要求黄某远返还 250 万元及利息。海口市秀英区人民法院支持了某龙公司的诉讼请求。被告黄某远不服，提出上诉。海口市中级人民法院终审判决：驳回上诉，维持原判。

评析：

公司是企业法人，有独立的法人财产，享有法人财产权。有限责任公司的注册资本为公司登记机关登记的全体股东认缴的出资额，股东用货币或者其他可以估价的财产出资的，需要交付于公司。股东的出资即转化为公司的独立财产，股东丧失了对其出资的所有权，从而获得基于出资而带来的股权。因此，公司成立后，股东不得抽逃出资，股东抽逃资金实质上是不法侵占公司财产。本案中，黄某远作为某龙公司的股东具有出资的法定义务，是不能随意变更和免除的。股东抽逃出资不适用诉讼时效的有关规定，若援引诉讼时效制度，对其他股东和公司来说是不公平的，并且公司资产是维持公司正常经营和维护商业交易稳定性的必然基础。

---

① 审理法院为海口市中级人民法院，案号为（2020）琼 01 民终 2423 号。

第五十四条 公司不能清偿到期债务的，公司或者已到期债权的债权人有权要求已认缴出资但未届出资期限的股东提前缴纳出资。

条文释义

本条系新增的股东认缴出资加速到期制度的规定。

该制度虽属新增内容，但在《公司法》理论上却早已不是新的话题。本次公司法修订前，注册资本认缴制下的股东的出资加速到期的规定主要有两个法律条文，即《企业破产法》第三十五条和《公司法司法解释（二）》第二十二条第一款。这两条背后的法理在于，公司破产或强制清算后将终止存在（破产重整与破产和解公司不终止，但清理债权债务同破产清算类似），不可能再根据原定期限请求股东履行，若不能要求股东提前缴付出资，则股东将逃避履行对公司的出资义务，并进而损害公司债权人和其他股东的正当利益。因此，一旦公司破产或者强制清算，则视为章程规定的出资期限届至，即加速到期。此外，《九民会议纪要》第六条也明确了在两种情形下，债权人可请求未届出资期限的股东在未出资范围内对公司不能清偿的债务承担补充赔偿责任。此次《公司法》修订通过本条正式在《公司法》层面明确了股东认缴出资加速到期制度，以更好地维护交易安全，保护债权人利益。该条对适用加速到期的限定，虽规定了"不能清偿到期债务""明显缺乏清偿能力"两个条件，但从文义上看这两个条件涵盖的范围并不小，较《九民会议纪要》侧重执行层面而言，本条规定解释的范围要更大一些。且该条规定提起请求的主体并不限于债权人，公司本身也可以。

关联案例

刘某燕与侯某扬等追加、变更被执行人异议之诉①

案情：

某旌公司系 2014 年 8 月 29 日登记设立的有限责任公司（自然人投资或控股），注册资本 500 万元，其中，股东黄某敏认缴出资 300 万元，认缴出资日期为 2024 年 8 月 27 日；股东侯某扬认缴出资 200 万元，认缴出资日期为 2024 年 8 月 27 日。法院于 2021 年 9 月 22 日作出的已经发生法律效力的（2021）沪 0112 民初 30629 号民事判决主文确定被告某旌公司于判决生效之日起十日内返还原告刘某燕投资款 40 万元。刘某燕向法院申请执行，因某旌公司暂无财产可供执行，法院于 2022 年 4 月 28 日裁定终结本次执行程序。原告刘某燕遂向本院提出依法追加侯某扬、黄某敏在（2021）沪 0112 民初 30629 号案件中判决所确定的未清偿债权承担补充赔偿责任。法院最终支持了原告的诉讼请求。

评析：

本案执行中，某旌公司作为被执行人的案件，经采取执行措施，因某旌公司无财产可供执行，被执行人及股东也未提供证据证明某旌公司具有可供执行的财产信息，故可认定第三人某旌公司不能清偿到期债务。且某旌公司除本案执行未果外，另有案件均因无财产可供执行而终结本次执行程序，因而，根据在案证据足以认定某旌公司

---

① 审理法院为上海市闵行区人民法院，案号为（2022）沪 0112 民初 34437 号。

资产不足以清偿债务，且明显缺乏清偿能力，已经具备破产原因，但某旌公司未申请破产。注册资本属于公司的法定财产，在公司开办及正常经营情形下，股东受公司章程规制，享有认缴出资自由的期限利益，但在公司不能清偿债务，具备破产原因，股东享有出资自由的内部期限利益与公司债权人的合法权益发生冲突时，股东的期限利益不能对抗公司所承担的外部债务清偿责任。在执行程序中，某旌公司已无财产清偿债务，且具备破产情形，但未申请破产的；某旌公司作为被执行人，其股东对不申请破产未说明合理理由的，某旌公司不申请破产的不利后果，不应由公司债权人承担。

第五十五条 有限责任公司成立后，应当向股东签发出资证明书，记载下列事项：

（一）公司名称；

（二）公司成立日期；

（三）公司注册资本；

（四）股东的姓名或者名称、认缴和实缴的出资额、出资方式和出资日期；

（五）出资证明书的编号和核发日期。

出资证明书由法定代表人签名，并由公司盖章。

条文释义

本条是关于有限责任公司出资证明书的规定。

出资证明书，是由公司签发，证明股东已经履行出资义务的法律文件。出资证明书是投资人成为有限责任公司股东，并依法享有股东权利、承担股东义务的法律凭证。基于本条规定可知，向股东签发出资证明书是有限责任公司的义务，且其签发只能发生在有限责任公司成立之后。基于出资证明书的法律性质，可知其具有以下效力：一是具有证明有限责任公司股东资格的效力；二是具有股东权利、义务范围的效力；三是交付出资的证明书，是出资转让的要件之一。另需注意，本条第二款对出资证明书的形式要件，增加了"法定代表人签名"的规定。也就是说，按照新的规定，出资证明书只有经过法定代表人签字并加盖公司印章后，才能产生法律效力。

关联案例

民和某教育培训学校有限公司、马某辉股东出资纠纷案①

案情：

2019 年 6 月 27 日，民和某教育培训学校有限公司（以下简称某培训公司）成立。2020 年 12 月 10 日，某培训公司股东会决议，马某辉货币出资 31.04 万元，占注册资本的 31.04%；以上认缴出资额约定于 2019 年 6 月 24 日前实缴完毕。马某辉在一审中提交的出资证明书，但一、二审中除某培训公司认可的以固定资产折抵的 81 118 元以外，未提交相关证据予以证明。对此，马某辉辩称股东之间口头达成股权浮动协议，用公司分红折抵出资，但某培训公司法定代表人马某对该说法并不认可，马某辉亦未提交其他证据予以佐证。二审法院认为，马某辉虽然提交了出资证明书，仍未完成证

---

① 审理法院为青海省海东市中级人民法院，案号为（2022）青 02 民终 538 号。

明责任，而其他股东是否已全面出资不影响马某辉履行自己的出资义务。

评析：

股东出资义务的举证责任由股东承担，证明必须提供出资凭证或产权转移凭证。股东以货币出资的，应当将货币出资足额存入有限责任公司在银行开设的账户；以非货币财产出资的，应当依法办理其财产权的转移手续。本案中，马某辉虽然提交了出资证明书，仍未完成其已全面履行出资义务证明责任，因而导致败诉。

第五十六条 有限责任公司应当置备股东名册，记载下列事项：

（一）股东的姓名或者名称及住所；

（二）股东认缴和实缴的出资额、出资方式和出资日期；

（三）出资证明书编号；

（四）取得和丧失股东资格的日期。

记载于股东名册的股东，可以依股东名册主张行使股东权利。

条文释义

本条是关于有限责任公司股东名册的规定。

股东名册，指记载有限责任公司的股东个人情况及其所缴纳的出资额等事项的簿册。设置股东名册是有限责任公司的法定义务。一般来讲，应将股东名册置备于公司，并在登记机关备案。当股东名册记载内容变化时，及时报登记机关备案。股东名册记载的内容系法定的，即本条第一款规定的内容，相较原规定，增加了"出资日期""取得和丧失股东资格的日期"，如此，更有利于具体确定股东出资义务的履行及明确股东资格的取得与丧失时间。此外，本条第二款还明确了股东名册的推定效力，即"记载于股东名册的股东，可以依股东名册主张行使股东权利"。股东名册上记载为股东的人，无须出示股票或出资证明书，即可主张自己为股东。与出资证明书等相比，股东名册的推定效力更强，即当二者记载出现不一致时，应以股东名册的记载为准。但需注意，上述推定效力只是在未有其他充分证据能直接证明的情况下进行的推定，当有其他直接证据可认定股东及其相关权利时，则不适用推定。且有权主张股东名册权利推定效力的主体只限于公司或者股东，除此之外的第三人不能仅以股东名册的记载主张推定股东身份。

关联案例

朱某、某和公司等请求变更公司登记纠纷案①

案情：

某和公司成立于1996年2月28日，2004年改制为员工持股，朱某与马某签署了相关代持协议等书面材料，由马某代持朱某在某和公司的10%的股权。后因代持股份产生争议，2012年，朱某向人民法院起诉，通过一审、二审，生效判决确认"确认朱某为马某持有的某和公司10%股权的实际股东"。2021年7月27日，朱某向某和公司

---

① 审理法院为广东省深圳市福田区人民法院，案号：（2021）粤0304民初21673号。

董事会发出《申请书》，请求股权变更登记，某和公司股东黄某、周某群、周某君同意股权变更登记。但判决生效后，某和公司及马某均不配合办理公司股权变更登记等手续。因此，朱某诉至法院，主张某和公司将登记在马某名下的10%的股权变更登记至朱某名下，并记载于公司股东名册、公司章程；且马某需配合某和公司完成相应股权变更登记。法院审理认为，实际出资人已经公司其他股东半数以上同意，请求公司变更股东、签发出资证明书、记载于股东名册、记载于公司章程并办理公司登记机关登记，予以支持。

评析：

本案中，生效法律文书已经确认第三人马某所持有的被告某和公司10%股权的实际权利人为本案朱某，且朱某提交了其向被告某和公司董事会请求变更股权登记的申请，除马某外的其余股东均表示同意。据此，朱某请求被告某和公司将马某持有的10%的股权变更至朱某名下，并记载于股东名册及公司章程，且马某对此予以配合，均符合上述公司法及司法解释的规定，予以支持。

第五十七条 股东有权查阅、复制公司章程、股东名册、股东会会议记录、董事会会议决议、监事会会议决议和财务会计报告。

股东可以要求查阅公司会计账簿、会计凭证。股东要求查阅公司会计账簿、会计凭证的，应当向公司提出书面请求，说明目的。公司有合理根据认为股东查阅会计账簿、会计凭证有不正当目的，可能损害公司合法利益的，可以拒绝提供查阅，并应当自股东提出书面请求之日起十五日内书面答复股东并说明理由。公司拒绝提供查阅的，股东可以向人民法院提起诉讼。

股东查阅前款规定的材料，可以委托会计师事务所、律师事务所等中介机构进行。

股东及其委托的会计师事务所、律师事务所等中介机构查阅、复制有关材料，应当遵守有关保护国家秘密、商业秘密、个人隐私、个人信息等法律、行政法规的规定。

股东要求查阅、复制公司全资子公司相关材料的，适用前四款的规定。

条文释义

本条是关于股东知情权的规定。

股东是公司的投资人、出资者，是公司财产的最终所有人，其对公司如何开展生产经营活动、重大事务决策以及如何运用公司财产、公司盈余如何分配等，拥有决定权。因而，股东有权了解公司的一切情况，特别是公司经营决策和公司财产使用的情况。

相较原规定，本次修订有两大亮点：一方面，明确了会计凭证属于股东知情权的行使范围。原《公司法》规定，有限公司的股东可以要求查阅公司会计账簿，但会计账簿是否包含会计凭证，则并未明确规定。司法实践中，存在不同裁判。有的认为股东知情权是一项重要权利，股东有权了解实际经营情况，可查阅会计凭证；有的则认为会计账簿本身不包含会计凭证，不应随意扩大知情权范围，股东不可以查阅会计凭证。本次修订，则明确了有限公司股东可以查阅会计凭证，有助于实践操作层面的统一。另一方面，由于查阅会计账簿、会计凭证是一个较为专业的工作，不具备财务知识很难发现问题。为此，在吸收《公司法司法解释（四）》中相关规定的情况下，本条增加了第三款规定，即股东可以委托会计师事务所、律师事务所等专业机构进行查阅，且对其参与查阅的条件规定得也较为宽松，一般不需要通过诉讼方式进行，也不必然要求股东在场，股东可直接委托会计师和律师携带相关证明材料来进行。当然，由于查阅的资料具有秘密性，股东及其委托查阅的主体负有保密等义务。此外需注意的是，股东查阅、复制公司的公司章程、股东会会议记录、董事会会议记录、监事会会议记录和财务会计报告等资料，是不需要公司批准的，即股东的这部分查阅、复制权是由《公司法》授予的。与此不同的是，股东虽然也有权查阅公司的会计账簿、会计凭证，但必须提出书面请求并说明正当目的，取得公司的批准。且股东即使取得批准可以查阅公司会计账簿、会计凭证，但并无权复制公司的会计账簿、会计凭证。

此外，本条第五款还规定股东可以查阅、复制公司全资子公司相关材料。

关联案例

某商务公司与王某某股东知情权纠纷案①

2018 年 11 月 19 日，某商务公司登记设立。工商登记信息显示，某商务公司股东为王某某和张某，持股比例分别为 51% 和 49%。2020 年 5 月 26 日和 6 月 2 日，王某某分别向张某邮寄了《股东查阅会计账簿申请书》，均被拒收。王某某诉至法院请求查阅、复制某商务公司的会计账簿、会计凭证，庭审中王某某与某商务公司均确认王某某实际为案外人王某代持股份，实际股东为王某。上海市第一中级人民法院认为，显名股东王某某有权提起本案诉讼主张行使股东知情权。

评析：

股东知情权属于股东法定权利，具有固有权属性。《公司法》从未禁止股权代持关系中的显名股东行使股东知情权。本案中，王某某是经工商登记的股东，且公司章程中明确载明王某某是某商务公司股东。更何况，王某在一审期间明确表示其同意王某某行使股东知情权。需要注意的是，实际出资人王某在显名前，反而无权直接行使股东知情权。

第二节　组织机构

第五十八条　有限责任公司股东会由全体股东组成。股东会是公司的权力机构，依照本法行使职权。

条文释义

本条是关于股东会组成及其性质的规定。

股东会，是依照《公司法》和公司章程规定设立，由全体股东共同组成，对公司经营管理及涉及公司、股东利益的事项拥有最高决策权的机构，是公司的权力机构。

---

① 审理法院为上海市第一中级人民法院，案号为（2021）沪 01 民终 2554 号。

股东会以会议的形式行使权力，其并非常设机构。股东会可对公司的哪些重大问题作出决定，法律划定了具体的范围。股东会虽系公司权力机构，但也不应当超越职权，代行公司其他机构如董事会、监事会等的职权。股东参加股东会是法定权利，可以亲自参加，也可以委托他人代为参加。

需注意，本条所谓的"全体股东"包括原始股东和继受股东。原始股东，指在公司设立时因出资筹办公司或认缴公司资本后随公司成立而成为公司的股东。继受股东，指因公司合并、认缴公司新增资本、受让、继承、遗赠、共同财产分割等方式取得原始股东的出资或向公司出资而成为公司的股东。

第五十九条　股东会行使下列职权：
（一）选举和更换董事、监事，决定有关董事、监事的报酬事项；
（二）审议批准董事会的报告；
（三）审议批准监事会的报告；
（四）审议批准公司的利润分配方案和弥补亏损方案；
（五）对公司增加或者减少注册资本作出决议；
（六）对发行公司债券作出决议；
（七）对公司合并、分立、解散、清算或者变更公司形式作出决议；
（八）修改公司章程；
（九）公司章程规定的其他职权。
股东会可以授权董事会对发行公司债券作出决议。
对本条第一款所列事项股东以书面形式一致表示同意的，可以不召开股东会会议，直接作出决定，并由全体股东在决定文件上签名或者盖章。

条文释义

本条是关于股东会职权的规定。

相比于2018年《公司法》，删除了"决定公司的经营方针和投资计划"和"审议批准公司的年度财务预算方案、决算方案"的两项管理事项，将公司实际经营的职权从股东会转移到董事会职权中。加强并进一步保障董事会在公司经营中的独立地位，强化董事会的主观能动性与决策能力。

股东会可概括为以下几类：一是人事决定权。即选举或更换董事、监事，并决定相应报酬。需注意，对需由职工代表担任的董事、监事，则应依照相关规定来决定。二是重大事项审批权。一方面体现在审议批准工作报告，即有权对公司董事会、监事会报告进行审议，并决定是否批准。另一方面体现在审议批准有关经营管理方面方案，即对利润分配方案以及弥补亏损方案审议，并决定是否批准。三是重大事项决议权。即对公司增加或减少注册资本，发行公司债券，公司合并、分立、解散、清算或变更公司形式作出决议。四是章程修改权。公司章程是由公司全体股东在设立公司时共同制定的，是公司组织和行为的基本规则，应由股东会而非董事会修改。五是其他职权。即公司章程规定的其他职权。

另外，关于股东会行使职权的方式，应按照法律规定和公司章程规定的议事方式和表决程序进行。一般是通过召开股东会会议作出决定的形式。特殊情况下，若对股东会职权范围内的事项，全体股东以书面形式一致表示同意的，也可以不召开股东会会议而直接作出决定，但需由全体股东在决定文件上签字或者盖章。

关联案例

四川某河实业集团有限公司、王某娥公司决议效力确认纠纷案①

案情：

2002年5月4日，四川某河实业集团有限公司（以下简称某河公司）召开第15次董事会会议，决议公司集体股218 218.8股和公司收回的27万股某政府股份由企业法人总经理余林按0.5元购1元比例收购；某河公司《公司章程》关于股东会职权、董事会职权的规定中，均没有关于股东会、董事会处置公司股份的职权规定，章程第十条规定本公司股份未经董事会或者董事长同意不得转让赠与；第二十一条规定董事会是本公司的决策机构，向股东会负责，在股东会闭会期间，负责本公司重大决策。据此，股东王某娥、张某巧请求人民法院确认某河公司2002年第15次董事会决议无效。一审判决认为某河公司2002年第15次董事会决议并不当然违反法律、行政法规的强制性规定，"法无明文禁止即可为"，王某娥、张某巧主张该决定无效的诉讼请求不符合法律规定，不予支持。二审判决认为本案所涉董事会决议违反1999年修正公司法第四十六条、第六十一条第二款的规定，超越董事会职权，属无效的董事会决议。四川省高级人民法院判决维持一审法院判决。

评析：

股东会能否授权董事会代为行使部分职权，这个无论在实务还是理论层面均未能形成一致意见，但是我们从实务出发以本案为例，可见实务裁判当中并未完全禁止股东会将部分职权下放给董事会代为行使。如本案中四川省高院的观点"《章程》第二十一条的规定实际是公司章程将股东会闭会期间对公司的重大经营决策权赋予董事会，即在股东会闭会期间由董事会代股东会行使本公司的重大经营决策权。"

第六十条 只有一个股东的有限责任公司不设股东会。股东作出前条第一款所列事项的决定时，应当采用书面形式，并由股东签名或者盖章后置备于公司。

条文释义

本条是关于一人有限责任公司股东决议的规定。

由于一人有限责任公司的股东只有一个人，故不需要设立股东会。一人公司的股东享有一般有限责任公司股东会享有的职权即前条第一款规定的内容。当然，股东决定前述第一款规定的事项时，仍需以书面形式作出并签名或者盖章，该文件也放置于公司。如此规定，在于有效强化公众对一人有限责任公司股东作出重大决策的知情权，更好地保护交易对象与相关债权人相关利益。

---

① 审理法院为四川省高级人民法院，案号为（2018）川民再396号。

一人有限责任公司股东职权纠纷案[①]

案情：

泸州金某彩公司系深圳金某彩公司出资设立的一人有限责任公司，深圳金某彩公司系泸州金某彩公司的唯一股东，2017 年 7 月 8 日，时任深圳金某彩公司的法定代表人欧某宣委托王某为公司变更登记申请人，持 2017 年 7 月 7 日、7 月 17 日的两份《泸州金某彩公司股东决定》到四川省泸州市纳溪区工商行政管理局进行公司变更登记。深圳金某彩公司认为，欧某宣利用非法持有深圳金某彩公司公章的便利，擅自作出的变更登记事项未经深圳金某彩公司股东会和董事会讨论，美某森公司、唐某林、李某平等股东对此均不予认可，遂起诉请求确认泸州金某彩公司于 2017 年 7 月 7 日和 2017 年 7 月 17 日作出的股东决定无效。法院认为，深圳金某彩公司作为泸州金某彩公司唯一股东，以欧某宣利用其非法持有深圳金某彩公司公章的便利，在未经公司股东会和董事会进行任何讨论的情况下违背公司真实意思表示，擅自作出了该案争议的 7.7 股东决定和 7.17 股东决定，且该两份股东决定的内容违反法律规定，故确认该两份"股东决定"无效。

评析：

本案涉及一人有限责任公司股东决定如何作出的法律问题。一人有限责任公司不设股东会，股东作出修改公司章程决定时，采用书面形式。但更重要的是，一人有限责任公司股东决定效力还应考量决定是否是股东真实意思表示，内容是否违反法律、行政法规。泸州金某彩公司的系深圳金某彩公司全资子公司，泸州金某彩公司 2017 年 7 月 7 日及 2017 年 7 月 17 日作出股东决定前，深圳金某彩公司的股东间就深圳金某彩公司的内部管理问题已产生严重分歧，根据本案现有证据材料，不能确定 7.7 和 7.17 股东决定系深圳金某彩公司真实意思表示，且 7.17 股东决定中关于公司章程的修改内容也与《公司法》第五十九条规定规定相悖，故，法院判决案涉股东决定无效。

第六十一条 首次股东会会议由出资最多的股东召集和主持，依照本法规定行使职权。

条文释义

本条是关于首次股东会会议的规定。

首次股东会会议即股东会的首次会议，指有限责任公司第一次召开的由全体股东参加的会议。召开会议，无疑需要召集人和主持人。股东会的召集一般由董事会负责。但在首次股东会召开之前，公司董事还没有选出，董事会以及董事长亦未产生，如何召集并主持首次股东会呢？为此，本条明确了由出资最多的股东召集和主持，主要基于其预期利益大，投入资本多，有召集的动力。所谓"召集和主持"，主要包括会议的筹备、组织、会议文件准备、会议进程确定和推动、有关各项决议通过等工作。对首

[①] 审理法院为泸州市中级人民法院，案号为（2018）川 05 民终 1328 号。

次股东会的职权，本条规定"依照本法规定行使职权"，主要有两层含义：一是股东会的首次会议也依法行使本法第五十四条规定的股东会职权。二是首次会议在行使股东会的职权时，须遵守本法的有关规定（如本法第五十九条的规定），即于首次会议召开十五日以前由出资最多的股东通知全体股东。此外，股东会首次会议应对所议事项的决定作成会议记录，出席首次会议的股东应当在会议记录上签名。

第六十二条 股东会会议分为定期会议和临时会议。

定期会议应当按照公司章程的规定按时召开。代表十分之一以上表决权的股东、三分之一以上的董事或者监事会提议召开临时会议的，应当召开临时会议。

条文释义

本条是关于股东会定期会议与临时会议的规定。

相较原规定并未实质性变更，虽然删除了"或者不设监事会的公司的监事"的内容，但修订后的公司法通过专门条文就不设监事会的监事职责作了统一规定（下同，不再重复），故此处虽删除该内容但并未实质变更规定的内容，只是作了位置上的调整。

根据本条规定，股东会包括定期会议、临时会议两种。定期会议，指依照公司章程规定在一定时期内必须召开的会议，由于定期会议无特殊情况必须召开，因此公司章程需定期股东会会议作出具体规定。临时会议，指公司章程中没有明确何时召开的不定期的会，一般是在正常召开的定期会议外由于法定事项的出现而临时召开的会议。本条第二款就有权提议召开临时会议的主体要求、比例限制作了规定，这也表明临时会议并非随意就召开的。只有当公司需要作出重要决策或出现重大问题时，才由法定人员提议召开，且对法定人员提议召开临时会议的，本条规定的是"应当"即必须召集临时会议。

关联案例

某趣（上海）投资有限公司与上海某合投资管理有限公司、合肥某邦置业有限公司等公司决议撤销纠纷案①

案情：

某趣（上海）投资有限公司（以下简称上海某趣公司）现有股东为孙某、李某、北京某趣公司、上海某合投资管理有限公司（以下简称某合公司）、合肥某邦置业有限公司（以下简称某邦公司）。2015年10月21日，上海某趣公司为召开临时股东会之事向各股东发出《通知》，载明：公司董事会根据股东孙某提出召开临时股东会的要求，我司决定于2015年11月25日召开临时股东会。2015年11月25日，李某、北京某趣公司按《通知》要求到场参加临时股东会会议，并作出了名称为"上海某趣公司临时股东会决议"的《决议》。孙某、某合公司、某邦公司认为，2015年11月25日召开的临时股东会违反了上海某趣公司章程第十一条以及《公司法》第四十条中关于召集程

---

① 审理法院为上海市第二中级人民法院，案号为（2016）沪02民终4436号。

序的相关硬性规定，所作出的《决议》损害了未到会的小股东的合法权益，故诉至原审法院要求判令撤销上海某趣公司股东会于 2015 年 11 月 25 日作出的临时股东会决议。法院认为董事会、股东会是由不同主体构成、行使不同职权、代表不同意志的法人机关，上海某趣公司以人员竞合为由，未经董事会决议，且未通过董事会召集股东会会议，显然于法相悖。故判决撤销上海某趣公司于 2015 年 11 月 25 日形成的《临时股东会决议》。

评析：

有限公司股东会不是随随便便就能召开的，必须通过法定程序，由有召集权的机构或人员依法召集、主持。本案中，股东会临时会议的《通知》是以公司的名义发出，载明的召集人为董事长，可见，其召集主体并非具备召集职权的公司董事会。因此，本案中股东会违反了法定的召集程序，被法院依法撤销。

第六十三条　股东会会议由董事会召集，董事长主持；董事长不能履行职务或者不履行职务的，由副董事长主持；副董事长不能履行职务或者不履行职务的，由过半数的董事共同推举一名董事主持。

董事会不能履行或者不履行召集股东会会议职责的，由监事会召集和主持；监事会不召集和主持的，代表十分之一以上表决权的股东可以自行召集和主持。

条文释义

本条是关于股东会会议召集和主持的规定。

相较原规定，本条亦无实质性修改，只是在多处进行了表述上的删减与优化。前面已有提及，公司法修订删除了不设董事会情形中有关执行董事称呼的表述，本条亦对此作了相关表述上的调整。就股东会会议的召集而言，无论是定期会议还是临时会议，均由董事会来召集。设有董事会的，则由董事会召集；未设董事会，则由董事或经理召集。关于股东会会议的主持，按下列次序确定：第一，董事长主持；第二，董事长不能履行职务或者不履行职务的，由副董事长主持；第三，副董事长不能履行职务或者不履行职务的，由半数以上董事共同推举的一名董事主持。不设立董事会的公司，由董事或经理主持。董事会必须履行主持股东会会议的职责，但也存在大股东担任董事长的情况下不召集、主持董事会，进而不召集股东会会议的可能。为此，本条第二款作了一定规制，根据该款，董事会或不设董事会的董事（经理）不能履行或者不履行召集股东会会议职务的，由监事会召集和主持；监事会不召集和主持的，代表十分之一以上表决权的股东可自行召集和主持股东会会议，以更好地维护中小股东合法权益。

第六十四条　召开股东会会议，应当于会议召开十五日前通知全体股东；但是，公司章程另有规定或者全体股东另有约定的除外。

股东会应当对所议事项的决定作成会议记录，出席会议的股东应当在会议记录上签名或者盖章。

本条是关于股东会会议的通知与记录的规定，相较原规定并未变化。

就股东会会议的通知而言，一般主要有两个方面的要求：一是须提前通知，即会议召开前十五日，以便于股东安排时间、准备材料等。二是须通知股东名册上记载的全体股东，不能只通知部分股东。当然，若公司章程对此另有规定或者全体股东对此另有约定的，按章程规定和全体股东约定执行。会议通知的方式，包括电话通知、当面口述、寄送或电子邮件，甚至微信、微信公众号等形式，但最好由公司章程进行规定。若章程没有对此作出规定，则可由股东会会议召集者根据具体情况来确定。关于股东会会议的记录，会议的召集人、主持人应当对会议记录作出具体安排，指定专人记录，出席会议的股东需在会议记录上签名。会议记录的内容，是所议事项的决定，即会议议题及其结论性意见。做好会议记录，有利于股东日后的查阅，也有利于公司生产经营活动的开展，董事会、监事会、经理等可根据会议记录的决定具体实施公司日常经营管理活动。此外，也有利于国家执法机关今后的执法检查或调查取证。

关联案例 ├─

北京某乾置业开发有限责任公司等与北京某邮资产经营有限公司公司决议纠纷案①

案情：

2019 年 8 月 25 日，北京某乾置业开发有限责任公司（以下简称某乾置业公司）作出的《北京某乾置业开发有限责任公司股东会决议》显示，会议应到股东：①某和公司（持有股权 70%）；②北京某邮资产经营有限公司（以下简称某邮资产公司）（持有股权 30%）；实际到会股东为某和公司（持有股权 70%）。会议形成向中国某银行股份有限公司北京分行申请随享存存款 1 亿元的决议。某邮资产公司认为某乾置业公司没有通知其参会，应认定 2019 年 8 月 25 日某乾置业公司的股东会实质上未召开。一审、二审法院均认为在某邮资产公司未参会的情况下，2019 年 8 月 25 日某乾置业公司的股东会实质上未召开，对决议事项实质上未进行表决，遂判决：北京某乾置业开发有限责任公司于 2019 年 8 月 25 日作出的《北京某乾置业开发有限责任公司股东会决议》不成立。

评析：

公司章程对公司、股东、董事、监事、高级管理人员具有约束力。本案涉诉公司在未通知应到股东参加会议、应到股东亦未实际参加会议且对此不予认可的情况下，召开股东会会议程序严重违法，事实上不可能形成股东会决议，故涉案股东会决议不成立。

第六十五条 股东会会议由股东按照出资比例行使表决权；但是，公司章程另有规定的除外。

---

① 审理法院为北京市第二中级人民法院，案号为（2021）京 02 民终 12153 号。

条文释义

本条是关于股东表决权的规定。

股东表决权，指股东基于投资人地位对公司有关事项表示同意、不同意或放弃发表意见的权利，该项权利是股东参与管理权的最重要体现，也是股东各项权利得到保证的基础。股东会会议是股东表达自己对公司的意志的场所，其在股东会上应当且有权行使表决权。

关于表决权的行使，应优先按照公司章程的规定行使表决权。有限责任公司是由出资人创办的公司，出资人订立的公司章程对公司每一个股东均有约束力，章程可以规定以投资比例行使表决权、以股东人数行使表决权等。若章程未对股东表决权的行使作具体规定的，股东应按照本条规定即以股东出资比例来行使表决权。有限责任公司兼具资合性与人合性，一般以出资多少为基础和标准决定股东的利益分配和风险分担，具体在表决权上，即是将出资比例作为分配表决权的主要标准。

关联案例

南京某华通捷电子系统工程有限公司与南京某墨建筑科技有限公司
公司决议撤销纠纷案①

案情：

南京某墨建筑科技有限公司（以下简称某墨公司）于 2016 年 1 月 8 日设立，注册资本 100 万元，股东为李某（认缴出资 24.5 万元，持股比例 24.5%）、南京某华通捷电子系统工程有限公司（以下简称某华公司）（认缴出资 51 万元，持股比例 51%）、邵某（认缴出资 24.5 万元，持股比例 24.5%）。2016 年 5 月 27 日，某华公司与李某、邵某签订股东协议书一份，约定股东会的表决权比例如下：某华公司 34%、李某 33%、邵某 33%；股东按某华公司占 34%、李某占 33%、邵某占 33% 的比例进行利润分配。协议约定中涉及某华公司、李某、邵某三方内部权利义务的，若与公司章程不一致，以本协议为准。2018 年 6 月 23 日，李某、邵某向某华公司的法定代表人陈某邮寄通知：由李某、邵某召集某墨公司临时股东会，会议由李某、邵某参加，某华公司未派人参加，某墨公司的执行董事兼法定代表人陈某亦未参加该会议。同日，李某、邵某将上述临时股东会决议及通知邮寄给某华公司的法定代表人陈某，该邮件于 2018 年 7 月 12 日妥投签收。某华公司诉至法院，请求撤销 2018 年 7 月 11 日形成的临时股东会决议。法院经审理后认为：本案所涉临时股东会程序上存在瑕疵，但本案亦存在特殊性，属于轻微瑕疵，对于决议并未产生实质影响，故对于某华公司要求撤销该股东会决议的主张，应不予支持。

评析：

有限责任公司既具有资合性，又具有人合性。资本不是决定公司发展的唯一因素，甚至不是最重要的因素。因此，我国公司法赋予了股东意思自治的权利，在规定股东会由股东按照出资比例行使表决权的同时，规定股东可以在公司章程中约定不按出资

---

① 审理法院为江苏省南京市中级人民法院，案号：（2018）苏 01 民终 10492 号。

比例行使表决权，并按此执行。本案中，股东在成立公司之初，在章程中约定了股东按出资比例行使表决权。但在公司发展过程中，股东又经协商达成股东协议，约定了各股东的表决权比例，变更了公司章程关于按出资比例行使表决权的规定。该股东协议虽未经工商部门备案，但是股东真实意思的表示，对各股东具有约束力，股东表决时应按此约定表决。故，某华公司虽然认缴资本最多，也无权改变临时股东会依据章程和股东协议做出的股东会决议，当然要败诉。

第六十六条 股东会的议事方式和表决程序，除本法有规定的外，由公司章程规定。

股东会作出决议，应当经代表过半数表决权的股东通过。

股东会作出修改公司章程、增加或者减少注册资本的决议，以及公司合并、分立、解散或者变更公司形式的决议，应当经代表三分之二以上表决权的股东通过。

条文释义

本条是关于股东会的议事方式和表决程序的规定。

股东会的议事方式和表决程序，是股东通过股东会会议行使股东权利、股东会作为公司权力机构行使权力的具体途径。"议事方式"，具体指股东会以什么方式就公司重大问题进行讨论并作出决议。"表决程序"，则指股东会就决定事项如何表决以及需多少比例赞成，才能通过某一特定决议的程序。为强化公司、股东、债权人以及社会公共利益的保护，《公司法》就部分事项作了法定要求，公司、股东、股东会必须严格遵守。如股东会会议一般按照出资比例行使表决权（此外原则性规定，公司章程也作出不一致的规定），本条第二款规定一般事项由代表过半数表决权的股东通过。但是，"修改公司章程、增加或者减少注册资本的决议，以及公司合并、分立、解散或者变更公司形式的决议，应当经代表三分之二以上表决权的股东通过"等。需注意，本条第三款规定的"应当经代表三分之二以上表决权的股东通过"，不受股东人数多少的限制，只要表示同意的股东代表了三分之二以上的表决权，该决议即通过。且该款规定属强制性规定，不允许公司章程就此作出不一致的规定。此外，股东会议事和表决针对特定事项的具体实施，除了上述情形外，还需更为详细、具体的操作规则。故本条第一款明确，股东会的议事方式和表决程序，除本法有规定的外，由公司章程规定。

关联案例

某大（上海）投资管理有限公司与姚某城公司决议纠纷案[①]

案情：

2017 年 7 月某大（上海）投资管理有限公司（以下简称某大公司）增资扩股，姚某城通过认购 150 万元新增注册资本成为某大公司的股东，持股 15%。某大公司 2017 年 7 月份的《章程》规定，股东出资期限截止日均为 2037 年 7 月 1 日。2018 年 11 月某大公司召开临时股东会会议，决议修改公司章程，将出资期限修改为 2018 年 12 月 1

---

① 审理法院为上海市第二中级人民法院，案号为（2019）沪 02 民终 8024 号。

日前。姚某城收到股东会会议通知，但未亲自或委托他人参会，上述决议由其他股东以累计85%的股东表决权表决通过。姚某城认为上述决议无效，遂向人民法院提起诉讼。一审法院判决，确认某大公司关于修改公司章程的股东会决议无效。二审法院判决驳回上诉，维持原判。

评析：

股东出资直接关乎股东的自身利益，除非公司存在资不抵债等事由，或者存在破产、清算等出资期限加速到期的法定事由，否则非经全体股东一致同意，出资期限不能随意缩短。上述案例中，某大公司的其他股东以资本多数决作出了关于要求股东提前出资的股东会决议，虽然满足修改公司章程需要全体股东所持三分之二以上表决权表决通过的条件，因损害了姚某城的期限利益，构成了股东权力的滥用，故而违法无效。

第六十七条 有限责任公司设董事会，本法第七十五条另有规定的除外。

董事会行使下列职权：

（一）召集股东会会议，并向股东会报告工作；

（二）执行股东会的决议；

（三）决定公司的经营计划和投资方案；

（四）制订公司的利润分配方案和弥补亏损方案；

（五）制订公司增加或者减少注册资本以及发行公司债券的方案；

（六）制订公司合并、分立、解散或者变更公司形式的方案；

（七）决定公司内部管理机构的设置；

（八）决定聘任或者解聘公司经理及其报酬事项，并根据经理的提名决定聘任或者解聘公司副经理、财务负责人及其报酬事项；

（九）制定公司的基本管理制度；

（十）公司章程规定或者股东会授予的其他职权。

公司章程对董事会职权的限制不得对抗善意相对人。

条文释义

本条是关于有限责任公司董事会职权的规定。

公司属营利法人的一类且为最主要的一类。营利法人设立了权力机构，但也需要设立执行机构来执行权力机构的决定，否则其决定无人执行，权力机构的意愿就会落空，法人也无法正常运转。为此，《民法典》第八十一条明确了营利法人需设置执行机构，并就执行机构的相关职责作了规定。《公司法》的本条亦具体明确了董事会为公司的执行机构。简而言之，就公司而言，股东会为其权力机构，而董事会为其执行机构。此外，相较原《公司法》，本条采取了列举式规定。第十项兜底条款规定是"公司章程规定或者股东会授予的其他职权"，实际上变相扩大了公司执行机构即董事会的职权。

徐某霞与安顺某报业宾馆有限公司、第三人贵州某报业发展有限公司
公司决议效力确认纠纷案①

案情：

2009年10月19日，原告徐某霞与第三人贵州某报业发展有限公司设立了被告安顺某报业宾馆有限公司，拟定了《安顺某报业宾馆有限公司章程》。按章程第七条和第三十二条规定，宾馆设董事会，可以行使下列权利：决定宾馆的经营方针和投资计划、审议批准宾馆的年度财务预算方案、决算方案，对宾馆增加或者减少注册资本作出决议，对宾馆合并、分立、变更、解散和清算等事项作出决议，董事会决议可以解散宾馆等条款。原告徐某霞认为公司章程上述规定，约定了应由股东会行使的权利，违反公司法强制性规定，侵犯了股东合法权益。原告多次与第三人协商对该条款进行调整和规范，无法达成一致意见，故诉请确认报业宾馆章程第七条、第三十二条第二款无效。一审法院驳回原告徐某霞的诉讼请求。二审法院确认安顺某报业宾馆有限公司章程第七条第八、十、十一项、第三十二条第二项无效。

评析：

董事会、股东会均有法定职权和章程规定职权两类，但无论是法定职权还是章程规定职权，强调的都是权利，在没有法律明确禁止的情况下，股东可以通过公司章程调节股东会和董事会的权利边界。但是，修改公司章程、增加或者减少注册资本的决议，以及公司合并、分立、解散的决议有且只有公司股东会才有决定权，这是股东会的法定权利，公司章程将股东会的法定权利规定由董事会行使，违反了公司法强制性规定，该类条款无效。

第六十八条　有限责任公司董事会成员为三人以上，其成员中可以有公司职工代表。职工人数三百人以上的有限责任公司，除依法设监事会并有公司职工代表的外，其董事会成员中应当有公司职工代表。董事会中的职工代表由公司职工通过职工代表大会、职工大会或者其他形式民主选举产生。

董事会设董事长一人，可以设副董事长。董事长、副董事长的产生办法由公司章程规定。

条文释义

本条是关于有限责任公司董事会组成人员的规定。

相较原规定，本条对董事会组成人员不再设上限规定，但为方便董事会决策以及成本控制，实践中绝大多数有限责任公司的董事会成员并不会太多。而本条规定的三人以上，按照《民法典》第一千二百五十九条有关计数语词含义的规定，包括三人在内。此外需注意，本条规定的仅是设置董事会的有限责任公司的情形，有些有限责任公司如本法第七十条规定的规模较小的有限责任公司，可以不设董事会，设一名董事

---

① 审理法院为贵州省高级人民法院，案号为（2015）黔高民商终字第61号。

或者经理，行使本法规定的董事会的职权。对于此类不设董事会的有限责任公司，本条关于董事会人数的限制则不适用。

另外，相较原规定只要求国有独资公司、两个以上的国有企业、两个以上的其他国有投资主体投资设立的有限责任公司董事会中应当有职工代表，本条规定则扩大了职工董事的存在范围，即职工人数超过三百人的有限责任公司应当设置职工董事。如此规定，更有利公司职工参与公司决策以及董事会决策的执行，提高董事会决策的科学性与可执行性，有助于公司利益以及职工利益的保护。需注意，董事会中的职工代表，不应由股东会任命或指定，而应由职工民主选举产生。

第六十九条　有限责任公司可以按照公司章程的规定在董事会中设置由董事组成的审计委员会，行使本法规定的监事会的职权，不设监事会或者监事。公司董事会成员中的职工代表可以成为审计委员会成员。

条文释义

本条是关于有限责任公司设置审计委员会的规定，属公司法本次修订的新增条款，也是一大亮点内容。

公司法长期以来以"三会"模式（股东会、董事会、监事会）作为公司的基本组织机构模式，但实践中监事会并未发挥出制度设计中的理想作用。本次修订，公司董事会内部创设审计委员会，有部分替代监事会职能的考量，尤其规定了设审计委员会，可以不设监事会或者监事，更可表明立法之本意。股东会、董事会由于职责较多且会议不经常召开，无法实现日常的有效监督，尤其是无时无刻都在发生的财务、会计状况，而这方面的有效监督必须依赖具有专业性和职业性的工作机构和人员，在董事会中设置由董事组成的审计委员会或许不失为一个有效且妥善的办法。但审计委员会具体如何设置，还有待进一步完善或交由公司章程具体明确。另外，由于有限责任公司规模大多不是太大，且审计委员会职能与监事会职能很多会有重叠，为此，有了本条第二款的规定。

第七十条　董事任期由公司章程规定，但每届任期不得超过三年。董事任期届满，连选可以连任。

董事任期届满未及时改选，或者董事在任期内辞任导致董事会成员低于法定人数的，在改选出的董事就任前，原董事仍应当依照法律、行政法规和公司章程的规定，履行董事职务。

董事辞任的，应当以书面形式通知公司，公司收到通知之日辞任生效，但存在前款规定情形的，董事应当继续履行职务。

条文释义

本条是关于董事任期与董事辞职的规定。

关于董事任期，本条规定每一届最高年限为三年，当然章程也可以规定董事任期少于三年。三年任期届满后，董事应当退任，但任期届满后可连选连任，至于可以连任多少届，法律没有作出限制性规定，但公司章程可对此作出规定。一般情况下，只要董事忠实履行其董事职务，尽到勤勉与忠实义务，维护好公司利益、股东权益，对公司发展有贡献，可以一直连选连任。

此外，本条第二款规定了董事不得去职的情形。第一种系董事任期届满未及时改选的。董事开始任职和终止任职，必须由股东会作出决议。董事终止任职的标志是在股东会上经选举被其他人员代替职务。若董事任期届满而尚未及时改选，董事的任期在时间上虽已届满，但在法律上尚未终止，还应继续履行董事职责。第二种是董事任期内辞职导致董事会成员低于法定人数的。此种情况下，该董事的辞职不能立刻生效，而必须等到公司补选董事使得董事会成员达到法定人数才能生效。

关于董事辞职的程序，本条第三款明确，需书面形式通知公司并自公司收到通知之日辞职生效，但按照本条第二款需留任的情形除外。

关联案例

张某与上海某特投资咨询有限公司请求变更公司登记纠纷案①

案情：

2016 年 9 月 24 日，上海某特投资咨询有限公司（以下简称某特公司）作出股东会决议，任命张某为董事长、担任法定代表人。2016 年 7 月，张某进入某利公司任职并任某利公司董事、股东。2017 年 9 月 5 日，某利公司形成股东会决议，同意张某等人变更劳动关系至案外人处。2019 年 12 月 18 日，张某向某特公司发出辞职报告。2019 年 4 月，某特公司被吊销营业执照。审理中，某特公司自述成立清算组，并向工商部门备案，第三人另向法院申请对某特公司强制清算。对此，张某向法院提出上海某特投资咨询有限公司配合办理工商变更登记，将本人名字从"法定代表人"一栏中涤除的诉讼请求。法院驳回原告张某的诉讼请求。

评析：

董事任期届满未及时改选，在改选出的董事就任前，原董事仍应当依照法律、行政法规和公司章程的规定，履行董事职务。法定代表人辞任后，在新法定代表人未改选或就任前，原法定代表人仍应履行职务，原法定代表人要求涤除相应公司登记事项的诉讼请求不应得到支持。公司怠于改选造成原法定代表人损失的，原法定代表人可另行主张。

第七十一条 股东会可以决议解任董事，决议作出之日解任生效。

无正当理由，在任期届满前解任董事的，该董事可以要求公司予以赔偿。

条文释义

本条是关于有限责任公司股东会解任董事的规定。

该条虽属新增条款，但其内容则系在吸收借鉴《公司法司法解释（五）》第三条规定基础上转化而来。公司董事的解任，指根据法律法规或公司章程的规定，依法解除董事的职务。选举与更换董事是股东会的职权，公司其他机构如董事会、监事会都无权行使这一职权。广义的董事解任包括任期届满后解任、届满前解任。任期届满后

---

① 审理法院为上海市浦东新区人民法院，案号：（2020）沪 0115 民初 21577 号。

的解任如前条规定，董事任期届满且未连任的，将不再具有董事资格。任期届满前的解任则包括决议解任与失格解任。决议解任是指由公司股东会以决议形式解除公司董事的职务。一般由于董事违背了法律法规或是公司章程规定，或是未尽诚信、谨慎、勤勉义务，给公司带来了重大损害，股东会以此为由作出解除其职务的决议。失格解任，指董事丧失了担任董事的法定资格，须对其进行解任，如董事成为无民事行为能力人或是限制民事行为能力人等情形的。除此之外，公司章程也可以对董事的解任事由进行具体规定。需注意，本条规定的解任，包括了决议解任和失格解任，且有无正当理由均可解任。但无正当理由解任的，该董事有权要求公司进行补偿。具体补偿的数额，应依据法律、行政法规、公司章程的规定或者合同的约定，综合考虑解除的原因、剩余任期、董事薪酬等因素后确定。

关联案例

孙某祥、吉林某轻合金有限公司劳动争议案①

案情：

孙某祥于 2001 年 3 月至 2013 年 6 月在吉林某铝业有限公司任财务总监；2013 年 7 月至 2017 年 7 月在吉林某铝业有限公司任副总经理；2011 年 3 月至 2017 年 7 月由吉林某铝业有限公司派往洛阳某铝业有限公司兼任总经理；2017 年 7 月 20 日孙某祥被某控股调任吉林某轻合金有限公司（以下简称某轻合金公司）董事长兼法定代表人，月薪税后 7 万元。2018 年 2 月 7 日，孙某祥被某控股免去某轻合金公司董事长职务，孙某祥与现任某轻合金公司董事长进行了工作交接。交接完毕后，某控股及某轻合金公司没有安排孙某祥的其他工作，工资自 2018 年 3 月便没有发放，五险一金也没有缴纳。孙某祥遂起诉至法院。再审法院支持了 6 个月工资的补偿金（本案董事与公司之间被认为兼具劳动关系）。

评析：

无因解除不能损害董事的合法权益。为平衡双方利益，公司解除董事职务应合理补偿，以保护董事的合法权益，并防止公司无故任意解除董事职务。从本质上来说，离职补偿是董事与公司的一种自我交易，其有效的核心要件应当是公平，所以本条强调给付的是合理补偿。我国合同法中明确规定了委托人因解除合同给受托人造成损失的，除不可归责于该当事人的事由以外，应当赔偿损失。本条对法院审理此类案件时的自由裁量权行使进行了相应指引。

第七十二条 董事会会议由董事长召集和主持；董事长不能履行职务或者不履行职务的，由副董事长召集和主持；副董事长不能履行职务或者不履行职务的，由过半数的董事共同推举一名董事召集和主持。

条文释义

本条是关于有限责任公司董事会会议召集与主持的规定。

召开董事会会议，研究决定公司经营管理事务，是公司的重要活动。召开会议就

---

① 审理法院为最高人民法院，案号：（2020）最高法民再 50 号。

必然需要人召集与主持，就董事会会议而言，董事长一般由大股东或大股东推选的人担任，同时还往往担任公司法定代表人，对外代表公司。因此，规定由董事长作为第一召集人和主持董事会会议，符合实际。但实践中，在特殊情况下，如董事长由于身体原因无法召集主持或不履行董事长职务，不积极召集和主持董事会会议，此时为有效发挥董事会的职能，保障董事会依法行使职权，本条还规定董事长不能履行职务或者不履行职务的，由副董事长召集和主持；副董事长不能履行职务或者不履行职务的，由半数以上董事共同推举一名董事召集和主持。该规定实际上也明确了半数以上董事召开董事会的权利与途径，即使董事长或副董事长不同意召开并主持，只要有半数董事主张召开，董事会会议也能够召开起来。

第七十三条 董事会的议事方式和表决程序，除本法有规定的外，由公司章程规定。

董事会会议应当有过半数的董事出席方可举行。董事会作出决议，应当经全体董事的过半数通过。

董事会决议的表决，应当一人一票。

董事会应当对所议事项的决定作成会议记录，出席会议的董事应当在会议记录上签名。

条文释义

本条是关于有限责任公司董事会议事程序与会议记录的规定。

相较原规定，本条在吸收借鉴股份有限公司相关规定的基础上，明确了有限责任公司董事会会议需过半数董事参加才可举行，且董事会作出决议，要求经全体董事而非出席董事会的过半数通过。需注意，这里是指董事人数而非表决权或所代表股权的过半数，即有限责任公司董事会决议的表决实行一人一票制，不同于有限责任公司股东会的表决一般按股权比例。这是因为董事被选任很大程度上在于其专业知识和管理经验以及人身品格的信任，与其是否出资及出资的多少并无直接关系，因此只能每人平等地享有一票表决权，而股东则是因出资而具有股东身份的，故应按照出资多少分享表决权。此外，基于《民法典》第一千二百五十九条关于计数语词中"超过"并不包括本数在内的规定，本条所谓的过半数也应理解为不包括一半在内。按照《公司法司法解释（四）》第五条的规定，不符合相关表决比例要求的，当事人可以主张决议不成立。另，本条最后一款规定了董事会会议的记录。董事会作为公司的决策与执行机构会经常作出决议，为便于执行以及后续备查，需作好会议记录。记录内容应包括会议所议事项及结论，出席会议的董事应在记录上签名。

关联案例

北京外贸某创经贸发展有限公司等公司决议撤销纠纷案[①]

案情：

北京外贸某创经贸发展有限公司（以下简称外贸某创公司）于 1986 年 6 月 30 日成立，2014 年 8 月 26 日，该公司股东变更为许某、王某、李某、马某等 9 人，注册资

[①] 审理法院为北京市第三中级人民法院，案号：（2017）京 03 民终 3499 号。

本 300 万元，法定代表人变更为王某。2015 年 12 月 28 日，马某向王某、刘某、李某、刘某春发送电子邮件，主题为"建议召开外贸某创公司董事会"，内容主要为建议王某董事长在 2016 年 1 月 8 日召开 2015 年度外贸某创公司董事会。2016 年 1 月 8 日，外贸某创公司召开董事会，形成一份会议决议。该决议上，李某和王某签名同意，其他股东未签名。董事会会议之后，许某向一审法院起诉请求撤销外贸某创公司 2016 年 1 月 8 日作出的全部《董事会决议》。法院经审理后认为，董事会召开后，所作出的决议的内容超过了马某所提议召开的董事会的议题范围；且董事会做出决议未经过全体董事的过半数通过。此外，外贸某创公司未做成会议记录并由出席会议董事签字。此次董事会的召集程序、表决方式违反了公司章程及公司法规定。股东许某在法律规定的期限内至一审法院提起诉讼，请求撤销该董事会决议，于法有据。

评析：

有限公司董事会是公司股东会的执行机构，是一个集体行使权力的机构，其会议需要由自然人召集和主持。本案中，王某主张其在 2015 年 12 月 28 日以口头方式通知召开董事会，但未提供有效证据证明其履行了完整的召集通知程序。虽其按照总经理马某提议的时间召开了董事会，但董事会决议超出马某所提议的召开董事会的议题范围。王某亦未提供证据证明其已就决议所涉及的两项议题提前十日告知董事会成员。同时，多数董事未在董事会决议及董事会会议记录上签字，难以认定该董事会决议的表决达成了董事人数多数决。

第七十四条 有限责任公司可以设经理，由董事会决定聘任或者解聘。

经理对董事会负责，根据公司章程的规定或者董事会的授权行使职权。经理列席董事会会议。

条文释义

本条是关于有限责任公司经理及其职责的规定。

同有限责任公司董事会职权类似，本条修订后就有限责任公司经理的职权也未采用列举的方式予以明确，而是规定为"根据公司章程的规定或者董事会的授权行使职权"。如此规定，相当于赋予公司一定的灵活性，经理职权大还是小，具体包括哪些，可以由公司自行决定。在有限责任公司的内部机构中，股东会是权力机构，决定公司重大问题；董事会是公司的经营管理决策机关，也是股东会的执行机构；经理则是公司经营管理的执行机构，也可视作董事会的执行机构。但不同的公司有不同的情况，法律允许股东人数较少或者规模较小的有限责任公司不设董事会，而只设一名董事或经理。

当然，法律也不要求公司都必须设经理，本条规定的是有限责任公司"可以"设经理。由于经理是公司具体业务的执行者，由董事会决定聘任或者解聘，因此其需对董事会负责。为方便经理更好地执行董事会决议，本条最后一款明确了经理列席董事会会议，这既是其权利也是其义务。需注意，经理出席董事会会议，一般是没有表决权的，但由董事兼任的经理除外。

第七十五条 规模较小或者股东人数较少的有限责任公司，可以不设董事会，设一名董事，行使本法规定的董事会的职权。该董事可以兼任公司经理。

条文释义 ├────

本条是关于可以不设董事会有限责任公司相关职权行使的规定。

相较原《公司法》第五十条的规定，本条删除了"股东人数较少"的表述，仅规定"规模较小"的有限责任公司可以不设董事会。如此规定在于，股东人数较少并不意味着公司规模就一定不大，一些大型公司虽然股东人数少，但其产值、营销额等却很大，涉及的治理难度也较大，依然有设立董事会的必要。而允许规模较小的有限责任公司不设董事会，只设一名董事或者经理，主要是考虑到董事会成员的法定最低人数为三人，而这类公司本来规模就较小，股东及其职工也不多，内部组织机构应更为精干、灵活，并未必要强制要求必须设立董事会。

需注意，本条并未再保留原《公司法》第五十条所谓的"执行董事"的称呼。因不设董事会的有限责任公司，大多只设一名董事或经理，并不需要冠以"执行董事"以与其他董事相区分的必要。

第七十六条 有限责任公司设监事会，本法第六十九条、第八十三条另有规定的除外。

监事会成员为三人以上。监事会成员应当包括股东代表和适当比例的公司职工代表，其中职工代表的比例不得低于三分之一，具体比例由公司章程规定。监事会中的职工代表由公司职工通过职工代表大会、职工大会或者其他形式民主选举产生。

监事会设主席一人，由全体监事过半数选举产生。监事会主席召集和主持监事会会议；监事会主席不能履行职务或者不履行职务的，由过半数的监事共同推举一名监事召集和主持监事会会议。

董事、高级管理人员不得兼任监事。

条文释义 ├────

本条是关于监事设立与组成的规定。

相较原规定并无实质性修改，只是在表述上做了调整，将监事会成员"不得少于三人"改为"为三人以上"（两种表述均具有包括三人在内的意思），并增加"监事会是公司的监督机构"（具有重申与强调的意味）。

此外，需注意，本条并未保留"股东人数较少或者规模较小的有限责任公司，可以设一至二名监事，不设监事会"的内容，但实际上该相关内容并非被删除。与"不设董事会……"的情形类似，不设监事会的情形被放在了有限责任公司监事会规定的最后一条，这属于体系上的调整，以进一步强化《公司法》条文编排的科学性与合理性。关于公司规模较小与公司股东人数较少的问题，在前面"不设董事会……"相关解析中已有说明，此处不再赘述。另外，监事会成员中需有三分之一以上的职工代表，以充分发挥公司职工维护公司与自身合法权益、监督公司依法运作的作用。

此外，虽然公司的董事、高管一般也是公司职工，但因其职务特殊，需履行特定的职权，属于监事会监督的对象，为避免利益与职能冲突，法律规定董事、高管不得兼任监事。

关联案例

上海某翔冷藏有限公司诉上海某翔冷藏物流有限公司
公司决议效力确认纠纷案[1]

案情：

2014 年 1 月 23 日，上海某翔冷藏有限公司（以下简称某翔公司）与某阳公司签订了一份股权转让协议书，协议约定某阳公司将其所持上海某翔冷藏物流有限公司（以下简称某翔物流公司）50% 股权转让给某翔公司，某翔公司成为某翔物流公司股东，与某阳公司各占 50% 股权。2014 年 4 月，某翔物流公司设立公司监事会，聘请徐某福、孔某志为股东代表监事，免去魏某泓监事职务，另一名职工代表监事由魏某礼担任。某翔公司向法院起诉，要求判决某翔物流公司于 2014 年 4 月 30 日作出的股东会决议第二项（即设立公司监事会，聘请徐某福、孔某志为股东代表监事，免去魏某鸿的监事职务，另一名职工代表监事由魏某礼担任）无效，并提交某阳公司档案机读材料及魏某礼身份证复印件，以证明：魏某礼系某阳公司法定代表人，且 60 多岁已退休，没有资格成为某翔物流公司的职工代表并担任职工代表监事。法院支持了某翔公司的请求。

评析：

本案强调了有限责任公司监事会中的职工代表监事应当具有该公司职工的身份，职工代表监事的产生方式应符合职工民主选举产生的程序，并符合该条规定的代表比例。公司股东会作出任命职工代表监事的决议，如果该被任命监事并非本公司职工，或该被任命监事的产生程序、代表比例违反公司法规定的，该部分决议内容应属无效。

第七十七条 监事的任期每届为三年。监事任期届满，连选可以连任。

监事任期届满未及时改选，或者监事在任期内辞任导致监事会成员低于法定人数的，在改选出的监事就任前，原监事仍应当依照法律、行政法规和公司章程的规定，履行监事职务。

条文释义

本条是关于监事任期的规定，相较原规定未有变动。

监事每届任期与董事一样，都是三年。任期届满后需退任，但连选可以连任。至于监事可以连任多少届，法律并没有作出限制。监事任期届满或任期内辞职的，原则上不能再继续履行监事职务，但存在两种例外情形，即本条第二款的规定，一是任期届满后未及时改选选出下届监事的。在改选出新的监事就任前，原监事仍应履行监事职务，这是监事任期届满后的一项法定义务，监事不得拒绝。二是监事辞职后致监事会成员低于法定人数的，在补选出新的监事前其仍需履行监事职责。需注意，这里规定的是监事在任期内辞职导致监事会成员低于法定人数的，若其在此时后，监事成员仍不低于法定人数（三人）的，则不在此列。

---

[1] 审理法院为上海市第二中级人民法院，案号为（2017）沪 02 民终 891 号。

郭某与深圳市某然供应链管理有限公司、陈某丽请求变更公司登记纠纷案①

案情：

深圳市某然供应链管理有限公司（以下简称某然公司）成立于 2016 年 4 月 29 日，公司类型为有限责任公司（自然人独资），注册资本为 500 万元。陈某为某然公司的唯一股东，并担任法定代表人，兼总经理和执行（常务）董事，郭某担任某然公司监事。某然公司的章程第二十五条规定，公司不设监事会，设监事一名，监事由股东委托；第二十六条规定，监事的任期每届为三年，监事任期届满，连选可以连任。郭某在某然公司担任 3 年公司监事后，因自己没有在该公司担任实际职务，也与公司不存在劳动关系，就向公司负责人陈某明确不再担任公司监事。陈某在微信中答应郭某的不再担任监事的要求，但却迟迟没有办理变更监事备案登记。郭某于是将某然公司、陈某列为被告，向法院提起请求变更公司登记纠纷之诉，要求公司为其办理相关变更监事备案登记手续。法院支持了郭某的诉讼请求。

评析：

监事任期届满的，可以向公司提出不再继续担任监事的意思表示，公司同意变更的，应当及时配合办理工商变更登记。监事在已经穷尽公司内部救济途径，仍无法变更的情况下，可以向法院提起诉讼要求公司变更。

第七十八条 监事会行使下列职权：

（一）检查公司财务；

（二）对董事、高级管理人员执行职务的行为进行监督，对违反法律、行政法规、公司章程或者股东会决议的董事、高级管理人员提出解任的建议；

（三）当董事、高级管理人员的行为损害公司的利益时，要求董事、高级管理人员予以纠正；

（四）提议召开临时股东会会议，在董事会不履行本法规定的召集和主持股东会会议职责时召集和主持股东会会议；

（五）向股东会会议提出提案；

（六）依照本法第一百八十九条的规定，对董事、高级管理人员提起诉讼；

（七）公司章程规定的其他职权。

条文释义

本条是关于监事会一般职权的规定，之所以称为一般，是为了与后面的第八十条另外规定的监事列席董事会会议及监事会调查权的条款相区分。

本条关于监事会一般职权的规定，相较原规定并无实质性修改。本条规定列举了监事会的七种职权，其中检查公司财务，包括审核、查阅公司的财务会计报告和其他财务会计资料，对公司的各种财务账目、财务报表等进行检查。在行使检查权时，可

---

① 审理法院为广东省深圳市宝安区人民法院，案号为（2020）粤 0306 民初 36680 号。

以聘请会计师、审计师协助审查，费用由公司承担。另需注意的是第三项，即"当董事、高级管理人员的行为损害公司的利益时，要求董事、高级管理人员予以纠正"，发生董事、高级管理人员的行为损害公司的利益的行为时，监事会应当立即制止纠正而不应待股东会召开时再建议罢免董事、高级管理人员。当然，因情况紧急，董事、高级管理人员实施严重违法行为且拒绝监事会要求纠正的意见，此时监事会也可进一步行使第四项的职权即"提议召开临时股东会会议"。此外，由于监事会的监督结果最终要通过公司股东会的意思决定才能落到实处，在股东会会议上陈述意见、提出议案并由股东会会议作出决定，这也是监事会把监督结果推向实施的最有效且最合适的方法，故第五项规定了向股东会会议提出提案的权利。

关联案例

林某相与上海红某士家纺有限公司有关的纠纷案①

案情：

2003年7月9日，上海红某士家纺有限公司（以下简称红某士公司）登记设立，公司注册资本72 830 000元，董某龙任法定代表人。林某相于红某士公司实际担任并履行监事职责。2014年5月9日，红某士公司委托××事务所对公司财务活动进行审计活动。同年9月29日，该会计师事务所出具审计报告，报告显示红某士公司诸多方面存在问题，林某相多次向红某士公司提出要求行使监事检查权，检查公司财务，并在事先通知董某龙后，于2016年3月16日前往红某士公司处查账，但遭到董某龙的拒绝。2016年7月8日，林某相给董某龙发送邮件，要求行使监事职权，亦要求红某士公司和董某龙安排查账，但红某士公司未予以配合。在被公司拒绝后，林某相法院起诉，要求红某士公司提供关于红某士公司及其全资子公司上海A有限公司、上海B有限公司的自2007年1月1日起至本案判决生效之日止所有财务会计报告、报表、会计账簿（包括总账、明细账、日记账和其他辅助性账簿）及会计凭证（原始凭证、记账凭证和作为原始凭证附件入账备查的相关合同契约等资料）、银行账号信息及流水明细等财务资料，并由公司承担本案律师费。法院认为，依据《中华人民共和国公司法》第五十四条之规定，监事对于公司财务具有检查、监督、建议、质询等职权，并非当然地具有提起诉讼的权利或相当于股东的权利。故驳回了起诉讼请求。

评析：

作为有限公司的监督机构，监事会、不设监事会的监事要履行监督职责，应当了解公司的有关情况，这就要赋予其调查权。因此，我国公司法规定，监事（会）在公司的日常经营活动中，发现公司经营情况异常，可以进行调查，必要时，还可以聘请会计师事务所等协助其工作，并要求公司为此承担费用。监事（会）的调查权是独立的，不需要事先经过同意。虽然公司法规定了监事（会）的调查权，但该职权属于公司内部治理的范畴，该权利的行使与否不涉及公司监事（会）的民事权益，且《中华人民共和国公司法》未对监事（会）行使调查权利受阻时的司法救济途径进行相关规定，故案涉监事提起的诉讼不具有可诉性。

---

① 审理法院为上海市闵行区人民法院，案号：（2016）沪0112民初30267号。

第七十九条 监事可以列席董事会会议，并对董事会决议事项提出质询或者建议。

监事会发现公司经营情况异常，可以进行调查；必要时，可以聘请会计师事务所等协助其工作，费用由公司承担。

条文释义

本条是关于监事列席董事会会议及监事会调查权的规定。

相较原规定，并无实质性修改。本条第一款规定了监事列席董事会会议的权利。该权利是法律赋予监事的，董事会应当保障，会议召开前应及时通知监事列席。需注意的是，监事列席董事会会议与制止董事、高级管理人员的不当行为一样，均属事中而非事后监督。在董事会或高级管理人员执行职务过程中对其监督，不仅可以提高监督效率，强化监督的公开性与透明度，而且可以更好地避免不当行为的继续。监事会履行监督职责，需调查了解有关情况，这需要公司董事会、董事及经理等高级管理人员的配合和协助，为此需赋予监事会一定的调查权。为此，有了本条第二款的规定。按照该规定，监事会行使调查权的条件是出现公司经营情况异常。所谓"异常"，指公司经营情况出现了不正常的变化，具备突发性与剧烈性，且明显不符合公司利益。一般包括公司财务情况异常、异常的重大决策（如投资借贷、对外担保等）以及其他异常情况。但基于专业能力限制，对有些异常及其原因，监事会自身难以正确辨认。故本条明确了监事会有权聘请会计师事务所等专业机构来协助监督工作，且无须董事会或经理的同意。由于调查的最终目的是公司利益，调查费应由公司承担。这里的费用主要包括合理的调查费用以及会计师事务所的合理报酬。

关联案例

李某与北京某北果品种植有限公司有关的纠纷案[①]

案情：

北京某北果品种植有限公司（以下简称某北公司）于2000年7月25日成立，注册资本50万元。李某国为某北公司法定代表人、执行董事，李某为某北公司监事。2016年4月12日，李某向某北公司及李某国寄送《关于要求检查公司财务履行监事职责的通知》，通知载明：请某北公司及李某国在收到本通知起两日内提供相应财务账册、业务档案、经营合同、经营资料供李某检查，由第三方审计机构进行审计，所产生费用由某北公司承担。两日内未明确答复的视为拒绝。某北公司收到该通知，但未向李某提供相关材料供其检查。李某查账未果，遂诉至法院，法院支持/驳回了李某的请求，判决某北公司立即提供公司成立至今的财务账册、经营合同、经营资料等供李某检查，保证李某履行监事职责。

评析：

公司监事行使检查公司财务的职权，属于公司内部经营管理范畴，《公司法》并未赋予公司监事通过司法途径行使的权利，监事应通过公司内部救济途径行使。本案李

[①] 审理法院为北京市第三中级人民法院，案号为（2017）京03民终9521号。

某同时具有监事和股东的身份，法院释明后，李某确定以监事身份提起本诉，法院认为，李某的起诉应予驳回。只有公司董事、高级管理人员在执行公司职务时，违反法律、行政法规或者公司章程的规定，给公司造成损害的，监事会、监事有权依法对董事、高级管理人员提起诉讼，要求董事、高级管理人员赔偿公司损失。监事代表诉讼，应当是公司直接诉讼，即以公司为原告起诉。在监事代表诉讼中，公司监事会主席或不设监事会的监事根据监事（会）决议作为诉讼代表人代表公司诉讼。监事代表诉讼的被告是董事、高级管理人员，不是公司。

第八十条 监事会可以要求董事、高级管理人员提交执行职务的报告。

董事、高级管理人员应当如实向监事会提供有关情况和资料，不得妨碍监事会或者监事行使职权。

条文释义

本条是关于监事会要求董事、高管提交报告及监事对监事会义务的规定。

第一款是新增的内容，明确了监事会可以要求董事、高级管理人员提交执行职务的报告。公司董事、高级管理人员在公司经营管理方面有很大决策权，而一般的监督力度对其影响有限，尤其一些独立董事，其履职的自由度与随意性较大。而履职报告具有很强的规范性及事后的证明效力，董事、高管对此应给予较高的重视，为此本条赋予监事会有权要求董事、高管提交执行职务报告的权利。监事会在履行《公司法》规定的监督职权时，有权要求董事、高级管理人员提供相应资料如生产经营情况、财务状况等，以了解公司的有关情况，确保正确有效地行使自己的职权。为此，本条第二款规定了董事、高级管理人员应如实向监事会或者监事提供有关情况和资料，不得妨碍监事会或监事依规定履行职责。

第八十一条 监事会每年度至少召开一次会议，监事可以提议召开临时监事会会议。

监事会的议事方式和表决程序，除本法有规定的外，由公司章程规定。

监事会决议应当经全体监事的过半数通过。

监事会决议的表决，应当一人一票。

监事会应当对所议事项的决定作成会议记录，出席会议的监事应当在会议记录上签名。

条文释义

本条是关于监事会会议的规定。

相较原规定，除了第三款有变动外，其他并无变动。监事会会议分定期会议与临时会议。定期会议每年至少召开一次，而临时会议对此并没有限制，监事在必要时可以提议召开临时会议。因不同公司情况不同，对会议议事方式和表决程序的要求也不同，法律对此不可能规定得过于具体，由公司章程根据本公司的具体情况作出规定最为合适。为此，本条第二款规定，监事会的议事方式和表决程序，除本法有规定的外，由公司章程规定。监事会决议表决实行一人一票制。本条第三款就监事会决议的表决通过要求作了规定，需注意，本条第三款规定为"经全体监事的过半数通过"，不同于原规定的"经半数以上监事通过"。

一方面，本条第三款明确了计算基数为全体监事，而非参加会议的监事，原规定对此并未明确；另一方面，本条规定的"过半数"，按照《民法典》第一千二百五十九条的规定，应不包括本数即半数在内，而原规定的"半数以上"，则应包括半数在内。另外，本条第四款就监事会会议记录作了规定。监事会会议记录应包括监事会会议所议事项及讨论后所得出的结论，具体包括会议召开时间、地点、出席人员、议题、讨论意见、决议情况等，出席会议的监事应当在会议记录上签名。监事在会议记录上签名，既是监事的法定义务，也是其一项权利。

关联案例

花某军与江苏某镜电子科技有限公司公司决议撤销纠纷案[①]

案情：

2014 年 9 月 12 日，花某军担任江苏某镜电子科技有限公司（以下简称某镜公司）的执行董事及法定代表人，柳某春担任某镜公司的监事。某镜公司 2015 年 7 月 31 日召开的 2015 年第一次临时股东会会议，柳某春作为公司监事在未提议召开临时股东会会议的情况下，直接作为会议召集和主持人，并形成某镜公司 2015 年第一次临时股东会会议决议，故花某军诉至法院，请求判令撤销 2015 年第一次临时股东会会议的所有决议。法院支持了原告的诉讼请求。

评析：

监事会或者监事仅对临时股东会会议的召开享有提议权，在董事会未履行召集和主持临时会议的职责时，监事会或者监事才有权召集和主持临时股东会会议。本案中，花某军的行为损害了某镜公司及其他股东的利益，某镜公司可以依法向花某军主张赔偿损失，柳某春作为某镜公司股东也可依据法律规定就其因花某军的行为造成的损失向法院提起诉讼；另按柳某春所述，某镜公司现在出现僵局，柳某春作为某镜公司监事召集和主持股东会会议是为破解僵局、维护公司及股东利益，柳某春的该项意见于法无据，该院不予支持，柳某春亦可通过其他法律途径予以解决。

第八十二条 监事会行使职权所必需的费用，由公司承担。

条文释义

本条是关于监事会履职费用承担的规定。

监事会履职过程中可能会遇到使用费用的情况，基于监督行为的职务属性以及监督履职的最终目的在于维护公司利益，因此，监事会、不设监事会的有限责任公司的监事行使职权所产生的费用，由公司承担。但需注意，这里的费用仅限于"所必需的费用"。所谓"必需"，意味着不可少的，即监事会行使职权所不可缺少的费用，如依法对董事、高级管理人员提起诉讼时的诉讼费用等。

[①] 审理法院为江苏省常州市中级人民法院，案号：（2016）苏 04 民终 193 号。

第八十三条　规模较小或者股东人数较少的有限责任公司，可以不设监事会，设一名监事，行使本法规定的监事会的职权；经全体股东一致同意，也可以不设监事。

条文释义

本条是关于有限责任公司不设监事会情形的规定。

本条不设监事会情形较原规定的变动，与第七十条关于不设董事会情形较原规定的变动类似。一方面也删除了"股东人数较少"的表述，仅规定"规模较小"的有限责任公司可以不设监事会。理由也同样基于股东人数较少并不意味着公司规模就一定不大，一些大型公司虽然股东人数少，但其产值、营销额等却很大，涉及的治理难度也较大，依然有设立监事会的必要。而允许规模较小的有限责任公司不设监事会，只设一两名董事监事，主要是基于这类公司本来规模就较小，股东及其职工一般也不多，内部组织机构应更为精干、灵活，没有必要必须设立监事会。另一方面，本条最后即"行使本法规定的监事会的职权"与不设董事会的规定相类似，这也是本次修订公司法时做的体例上的调整，避免在涉及有限责任公司监事会的其他条文处再规定"未设董事会……"的情形，而是通过本条最后一句统一进行规定，更简洁、科学。

关联案例

安阳某鼎食品酿造有限责任公司监事会与赵某林、郑某波损害公司利益责任纠纷案①

案情：

安阳某鼎食品酿造有限责任公司（以下简称某鼎公司）监事会在 2018 年元月 5 日下午诉讼 40 万租金损失案庭审中发现，在两被告负责公司经营和管理期间，两被告私自将公司设备、车辆出租给尹某文和东关某菜园有限公司，不但私自将红色轿车租给对方，且至今不讨要，还不负责任地免除了对方 10 个月租金，共计 40 万元。庭审过程中又发现，在 2004 年 9 月之前，对方还欠某鼎公司承包费几十万元。还发现两被告不仅将公司的原料、成品及半成品转让给对方，价值 305 405.45 元，而且同对方里外勾结，将对方一名股东聘为公司副总经理，并主要负责厂区的出租事项。当时，监事会依据《公司法》提出过异议，认为不合法，两被告不但不听，反而指示财务人员拒绝监事会监督。故监事会请求法院判决两被告赔偿某鼎公司损失。法院驳回原告安阳某鼎食品酿造有限责任公司监事会的起诉。

评析：

监事会或者不设监事会的有限责任公司的监事对董事、高级管理人员提起诉讼的，应当列公司为原告，依法由监事会主席或者不设监事会的有限责任公司的监事代表公司进行诉讼。因此，本案以安阳某鼎食品酿造有限责任公司监事会名义起诉主体不适格。

---

① 审理法院为河南省安阳市文峰区人民法院，案号：（2018）豫 0502 民初 3305 号。

第四章

有限责任公司的股权转让

第八十四条 有限责任公司的股东之间可以相互转让其全部或者部分股权。

股东向股东以外的人转让股权的，应当将股权转让的数量、价格、支付方式和期限等事项书面通知其他股东，其他股东在同等条件下有优先购买权。股东自接到书面通知之日起三十日内未答复的，视为放弃优先购买权。两个以上股东行使优先购买权的，协商确定各自的购买比例；协商不成的，按照转让时各自的出资比例行使优先购买权。

公司章程对股权转让另有规定的，从其规定。

条文释义

本条是关于有限责任公司股权转让一般规定的内容。

出于多方面原因，股东需要将其持有的股权在内部或外部进行部分或全部转让。就内部转让即有限责任公司股东之间转让股权而言，由于这种转让只会引起公司股东数量和持股比例的变化，对股东之间的人合关系影响较小，故没有必要对这种股东内部间的转让行为进行限制。故本条第一款相较原规定并无变化。就外部转让即股东向股东以外的人转让股权而言，本条第二款对优先购买权机制进行了完善，取消了股东对外转让股权时其他股东的同意权、不同意转让时的购买义务及不购买即默认为同意的反转机制，极大简化了股权转让程序，赋予了股东更大转股自由，以促进交易效率提高。

可以说，《公司法》此次修订显现了对有限责任公司外部转让松绑的态度，以给予市场主体更大自由度和灵活性。具体而言：

首先，对外股权转让不再要求其他股东过半数同意，也不再要求不同意的股东购买拟转让股权。只要求书面通知其他股东，其他股东在接到股权转让书面通知后三十日内未答复的，视为放弃优先购买权，而非原公司法规定的视为同意对外股权转让。

其次，明确对外股权转让的书面通知需载明股权转让的数量、价格、支付方式和期限等事项。该内容参考了《公司法司法解释（四）》第十八条的规定，也充分说明了保障股东优先购买权是体现公司"人合性"、维护市场稳定的必然要求。需注意，"转让股权的数量、价格、支付方式及期限等因素"中的"等"字，应理解为"等外等"，即还包括其他未尽列举事项。当然，就股权转让而言，也应充分尊重公司意义自治，这就体现在章程约定优先的规定，即本条第三款规定的，公司章程如有其他约定的，从章程约定，该内容与原规定比并未无变化。简而言之，公司章程可以对股东间的股权转让以及股东向股东以外的人股权转让，作出与本条前两款不同的规定。

此外，本条还涉及"股东优先购买权"这一概念，其是指股东对外转让股权时，其他股东享有的以同等条件优于第三人购买该股权的权利。就其实现的具体方式，前面已经具体阐述，不再重复。但值得注意的是，为了限制股东滥用优先购买权，一般会要求股东不得单独就优先购买权请求主张股权转让无效，而须同时主张按照同等条件购买转让股权，《公司法司法解释（四）》第二十一条第二款对此作了规定。

关联案例

周某平、陈某菊与欧阳某翔、阳某元等股权转让纠纷案①

案情：

2009 年 2 月 23 日，周某平、陈某菊［股权转让方（甲方）］与王某平、易某民［股权受让方（乙方）］签订的《股权转让协议书》和《协议书》，两份协议明确约定周某平、陈某菊转让给王某平、易某民的是公司 100% 股权，甲方为了保证股权转让款的到位，甲方保留 1% 股权的所有权属于乙方，乙方有权要求甲方随时退出，甲方不再参与利润的分配。2010 年 7 月 30 日，王某平、易某民作为出让人，阳某元作为受让人，签订《股权转让协议》和 2010 年 8 月 10 日，王某平作为出让人、欧阳某翔作为受让人签订《上海今田机电设备工程有限公司股东股份转让协议》。周某平、陈某菊在得知王某平、易某民将股权转让给阳某元、欧阳某翔后向法院提出确认双方签订的股权转让效力无效，至今都没有主张自己按同等条件购买转让的股权。故法院驳回周某平、陈某菊的诉讼请求。

评析：

有限责任公司的股东向股东以外的人转让股权，未就其股权转让事项征求其他股东意见，或者以欺诈、恶意串通等手段，损害其他股东优先购买权，其他股东主张按照同等条件购买该转让股权的，人民法院应当予以支持。本案中，股东仅提出确认股权转让合同及股权变动效力等请求，未同时主张按照同等条件购买转让股权的，人民法院不予支持。

第八十五条 人民法院依照法律规定的强制执行程序转让股东的股权时，应当通知公司及全体股东，其他股东在同等条件下有优先购买权。其他股东自人民法院通知之日起满二十日不行使优先购买权的，视为放弃优先购买权。

---

① 审理法院为湖南省岳阳市中级人民法院，案号为（2017）湘 06 民终 1094 号。

本条是关于强制执行程序下股权转让的规定，主要针对的是该情形下的股东优先购买权的问题。

较原规定，本条并未进行修改。本条所谓强制执行程序，指人民法院依据有效的法律文书，对股东在有限责任公司中的股权所采取的一种强制性转让措施。由于该强制执行程序的股权转让，无论是将出资转让于债权人还是第三人，一般均属新股东加入有限责任公司的情形，基于有限责任公司的人合因素，故法院应将转让事宜于一定的期间里通知全体股东（无须征得其同意），以保证公司及全体股东的知情权。若有股东愿意以股东以外的人所出的同等条件购买该股权，则股权应优先转让给该股东。需注意，基于强制执行程序的时效性，此种情况下其他股东优先购买权并非无期限，其法定期限是自人民法院通知之日起二十日内，略短于前条规定的一般对外转让的三十日。

关联案例

某丰公司与李某、某达公司及第三人某银行案外人执行异议之诉①

案情：

某达公司持有某银行 15 000 万股股份。2012 年，李某因 1.05 亿元的借贷纠纷向大连中院申请对某达公司实行财产保全措施，2012 年 1 月 13 日，法院依法冻结了某达公司持有某银行的全部股权，并向股权登记的工商局下达了民事裁定书和协助执行书。2012 年 5 月，某达公司与某丰公司签订《股权转让协议》，约定某达公司将其持有某银行股份中的 7 000 万股份，以每股 1.5 元的价格，转让给某丰公司。此后，某丰公司依约支付了 1.05 亿元的股权转让款。但是，某丰公司并未查阅某银行的工商档案，对涉案股权已被冻结的事实并不知情。而且，截至 2015 年，该部分股权在工商部门仍登记在某达公司名下。此后，李某胜诉并依法向法院申请强制执行某达公司名下的股权。某丰公司以其为真正的股权所有人为由，向法院提起执行异议，反对法院执行相关股权。本案历经大连中院一审、辽宁高院二审、最高院再审，最终以某丰公司未尽到最基本的审慎注意义务，即受让已冻结的股权不适用善意取得为由，驳回了某丰公司的异议请求。

评析：

某达公司转让被冻结的股权属于无权处分。在民事诉讼中，法院保全查封是一种临时性的强制措施，具有法律的权威性和排他性，未经人民法院许可，或未经解除查封，任何人不得处置。涉案股权已于 2012 年 1 月 13 日被法院依法查封，2012 年 5 月某达公司明知股权被查封，未经法院允许处分其股权，属于无权处分。某丰公司系在案涉股权依法被查封期间受让股权，作为商事主体，某丰公司在受让案涉股权时应明知需对受让的股权是否存在权利负担尽审慎注意义务，但在原审及申请再审期间，某丰公司均未能举证证明其在受让股权时曾向某达公司或抚顺市工商局了解案涉股权情况。原审判决认定某丰公司在案涉股权交易中并没有尽到最基本的审慎注意义务，本案不适用善意取得制度，并无不当。

第八十六条　股东转让股权的，应当书面通知公司，请求变更股东名册；需要办理变更登记的，请求公司向公司登记机关办理变更登记。公司拒绝或者在合理期限内不予答复的，转让人、受让人可以依法向人民法院提起诉讼。

股权转让的，受让人自记载于股东名册时起可以向公司主张行使股东权利。

条文释义

本条系增加的股权转让后的登记请求权之规定。

从公司角度而言。则是股东转让股权后公司配合变更登记义务的规定。无论是转让双方签订的股权转让协议，还是公司作出的相应股东会决议，都仅具有内部确权的效力，在未进行股权变更登记前，不具备对外公示效力，不能当然产生对抗善意第三人的效果。为避免因未及时办理变更登记而致的权利不明状态，尽可能维护市场交易安全与稳定，本条明确规定股转后公司负有配合变更登记的义务，否则当事人有权诉请法院判令公司配合变更登记，案由应是"请求变更公司登记纠纷。需注意，此处当事人包括转让人与受让人，任何一方都可提出请求。此外，如因股权被查封、冻结等客观原因，导致股权无法变更的，则不在此限。

关联案例

江苏某齿传动机械有限公司、承某威等与曹某春请求变更公司登记纠纷案[1]

案情：

2014年9月15日，承某威（甲方）、潘某波（乙方）与曹某春（丙方）签订《有限公司股权转让协议书》一份，协议的主要内容为甲、乙双方均为江苏某齿传动机械有限公司（以下简称某齿公司）股东，甲方占有某齿公司55%的股权，乙方占有某齿公司45%的股权，甲、乙双方均同意将其所占公司30%和25%的股权全部转让给丙方，丙方同意以本协议约定的条件受让甲、乙双方在某齿公司的股权，在本次转让完成后，某齿公司将成为三人有限责任公司。上述股权转让协议签订后，某齿公司未能按照上述公司法及公司登记管理条例的相关规定及时变更股东名册和到工商行政管理部门进行变更登记，承某威、潘某波也未能协助办理，现曹某春起诉要求某齿公司至工商行政管理部门办理股权变更登记，并由承某威、潘某波予以协助办理。法院经审理后予以支持。

评析：

股东转让其股权的，应当书面通知公司，请求变更股东名册并向公司登记机关办理变更登记，公司无正当理由不得拒绝。本案中，承某威、潘某波与曹某春于2014年9月15日签订的《有限公司股权转让协议书》合法有效，双方当事人应按约全面履行各自的义务。据此，曹某春在按约向承某威、潘某波支付股权转让金，依法取得某齿

---

[1]　审理法院为江苏省常州市中级人民法院，案号为（2018）苏04民终2009号。

公司 55% 的股份后，某齿公司应当及时变更股东名册并至工商行政管理部门进行变更登记，承某威、潘某波应予尽相应的协助义务。

第八十七条 依照本法转让股权后，公司应当及时注销原股东的出资证明书，向新股东签发出资证明书，并相应修改公司章程和股东名册中有关股东及其出资额的记载。对公司章程的该项修改不需再由股东会表决。

条文释义

本条是关于股权转让后公司相关后续程序的规定。

具体而言，包括注销原股东的出资证明书、向新股东签发出资证明书，修改公司章程及股东名册中的相应内容。需注意，本条规定的股权转让，包括股东自愿的转让（包括对内转让与对外转让），也包括法院强制执行中的转让。此外，因股权转让而需要对公司章程进行的修改，仅是记载股权变化结果的客观记载，无须股东就此表示同意与否，因此不再需要股东会表决。

关联案例

陈某业与南京浦口某装饰设计工程有限公司、第三人洪某请求变更公司登记纠纷①

案情：

2015 年 4 月 24 日，原告陈某业、被告南京浦口某装饰设计工程有限公司（以下简称某设计公司）、第三人洪某、龚某友四方共同出资 300 000 元，设立南京浦口某设计公司，上述股东认缴额分别为 96 000 元、10 000 元、98 000 元、96 000 元。2016 年 5 月 11 日，公司召开股东会并形成股东会决议，原告转让名下股份给第三人洪某，第三方支付股权转让款 100 000 元给原告。第三人洪某支付付清款项，因浦口某设计公司及第三人洪某未及时协助原告办理股东变更登记手续，现原告向法院提起诉讼。法院经审理支持了原告的诉讼请求。

评析：

公司应当将股东的姓名或者名称及其出资额向公司登记机关登记；登记事项发生变更的，应当办理变更登记。本案中，南京浦口某设计公司作为法律规定的办理变更登记的义务主体应当根据股东会决议进行股东变更登记，第三人洪某作为南京浦口某设计公司法定代表人及股权受让方应依据股东会决议协助办理相关工商变更登记手续。

第八十八条 股东转让已认缴出资但未届出资期限的股权的，由受让人承担缴纳该出资的义务；受让人未按期足额缴纳出资的，转让人对受让人未按期缴纳的出资承担补充责任。

未按照公司章程规定的出资日期缴纳出资或者作为出资的非货币财产的实际价额显著低于所认缴的出资额的股东转让股权的，转让人与受让人在出资不足的范围内承

---

① 审理法院为江苏省南京市浦口区人民法院，案号：（2018）苏 0111 民初 8626 号。

担连带责任；受让人不知道且不应当知道存在上述情形的，由转让人承担责任。

条文释义

本条系新增的有限责任公司瑕疵股权转让剩余出资义务分担的规定。

2013年《公司法》修改时，为鼓励市场主体设立，不再强调实缴注册资本而改为认缴制，但也造成"只认缴，不实缴"的普遍现象，给公司债权人以及其他实际出资的股东利益带来不利影响。股权转让领域，也出现了转让尚未实际缴付出资的股权的情况。为加强对公司、公司其他股东和公司债权人的保护，新增了本条规定。本条分两款就不同情形作了规定。

第一款就已认缴出资但未届缴资期限的股权的转让，规定由受让人承担缴纳该出资的义务。换而言之，只要转让的标的股权没到缴资期限，该股权的后续出资义务即由受让方来承担。公司、其他股东、公司债权人均可向受让人请求承担出资责任，不管转让合同是否存在其他约定，均不能对抗合同之外的公司、其他股东及公司债权人。

第二款针对股东出资存在瑕疵（未按期足额出资）或非货币财产实际价额显著低于认缴出资且受让方知情（包括知道或应当知道）的，规定受让方在出资不足的范围内与该股东承担连带责任。《公司法司法解释（三）》第十八条虽有类似规定，但其规定的"未履行""未全面履行出资义务"是仅针对实缴期限届满而未履行或者未全面履行出资的情形，还是也包括实缴期限尚未届至的情形在内则并未进行明确。本条则在《公司法解释（三）》的基础上增加第一款即"股东转让已认缴出资但未届出资期限的股权的，由受让人承担缴纳该出资的义务"的规定，将实缴期限尚未届至的与"未履行""未全面履行出资义务"区分开来。如此规定，有利于消除相关交易带来的出资责任的不确定性，明确各主体责任。

关联案例

黄某军、吴某玲股东出资纠纷①

案情：

2009年1月，某源公司成立，股东为某泰公司，认缴出资1 000万元。2010年12月，某泰公司将其持有的某源公司股权以500万元价格转让给黄某军、吴某玲夫妻。同月，某源公司变更为某诚公司，股东变更为黄某军（出资额500万元，持有50%股权）、吴某玲（出资额500万元，持有50%股权），法定代表人为黄某军。2012年3月，某诚公司注册资本金变更为2 100万元，同时变更股东为黄某军（出资额500万元，持有23.8%股权）、吴某玲（出资额500万元，持有23.8%股权）、彭某丙（出资额1 100万元，持有52.4%股权）。

2012年3月，吴某玲将某诚公司23.8%股权（出资额500万元），以500万元价格转让给彭某丙。2012年3月，某诚公司变更股东为黄某军（出资额500万元，持有23.8%股权）、彭某丙（出资额1 600万元，持有76.190 5%股权），法定代表人变更为彭某丙。2013年1月，某诚公司注册资本金变更为6 600万元，股东为黄某军（出资

---

① 审理法院为最高人民法院，案号：（2020）最高法民申3426号。

额 500 万元，持有 7.58% 股权）、彭某丙（出资额 6 100 万元，持有 92.42% 股权）。2013 年 2 月，某诚公司变更名称为某安公司。2016 年 11 月 22 日，黄某军与王某平签订股权转让协议，约定黄某军将其持有的某安公司的 7.58% 股权作价 500 万转让给王某平。2016 年 11 月，某安公司的股东变更为王某平 90% 股权，彭某丙 10% 股权。2017 年 6 月，彭某丙因病去世，其继承人为其妻魏某航、其母刘某连、其子彭某甲、其女彭某乙。某安公司在财务审计时发现某泰公司设立某源公司（某安公司系某源公司变更名称而来）的 1 000 万元出资未实缴，遂起诉某泰公司补足出资，第一次股权转让的受让人黄秀军、吴某玲各自在 500 万元内连带，第二次股权转让的受让人彭某丙的继承人在继承范围内连带。一审、二审审理过程中，查实 1 000 万确未实缴，判决某泰公司补足出资 1 000 万元；黄某军、吴某玲各自在 500 万元内承担连带责任。法院支持了某安公司的诉讼请求。

评析：

受让瑕疵股权后再转让，受让人依然要负未出资的连带责任。本案中，公司虽历经数次股权变更，并不能借此逃避补足出资的法律责任。某泰公司对某安公司未实际出资，黄某军、吴某玲受让某泰公司的股权，未提供证据证明支付了股权对价。且受让股权后，黄某军为公司法定代表人，实际经营管理，应知道公司的注册资金未足额出资，却未提出异议，应对某泰公司未履行出资的义务的责任承担连带责任。黄某军、吴某玲承担连带责任后，有权向某泰公司追偿。

第八十九条 有下列情形之一的，对股东会该项决议投反对票的股东可以请求公司按照合理的价格收购其股权：

（一）公司连续五年不向股东分配利润，而公司该五年连续盈利，并且符合本法规定的分配利润条件；

（二）公司合并、分立、转让主要财产；

（三）公司章程规定的营业期限届满或者章程规定的其他解散事由出现，股东会通过决议修改章程使公司存续。

自股东会决议作出之日起六十日内，股东与公司不能达成股权收购协议的，股东可以自股东会决议作出之日起九十日内向人民法院提起诉讼。

公司的控股股东滥用股东权利，严重损害公司或者其他股东利益的，其他股东有权请求公司按照合理的价格收购其股权。

公司因本条第一款、第三款规定的情形收购的本公司股权，应当在六个月内依法转让或者注销。

条文释义

本条是关于异议股东回购请求权的规定，该种情形系一种特殊的股权转让行为。

该条除第三款属新增内容外，前两款内容较原规定并无实质性修改，仅在个别处进行了表述调整，并用"作出之日"代替"通过之日"，表述更为准确。按照传统的法定资本制和资本维持原则的要求，股东投资公司后一般不得退股。但随着市场经济发展，一味强调法定资本制和资本维持原则，已不符合维持公司主体存续以及保护中小投资者利益原则。为此，在特定情形下如股东会某些决议违背部分股东意愿，损害该部分股东的利益，此时应允许该股东经过一定的程序退出公司，因此产生了异议股东回购请求权。

该回购请求权行使，须满足如下条件：一是主体上限定为异议股东。即对股东会相关决议事项投反对票的股东。二是事由法定。即本条第一款规定的三种情形。其中需要解释的是第三种情形。该种情形下允许回购，在于股东会会议通过决议修改章程使公司存续，实际上相当于股东通过决议重新设立公司，若有股东对此持有异议，应允许这部分股东退出公司，相当于允许其选择不参与"设立新公司"。三是先行协商，无果起诉。即自股东会决议作出之日起六十日，异议股东可与公司就回购事宜协商，无法达成协议的，该股东可自决议作出之日起九十日内向法院起诉。此外，需注意，无论是协商达成的回购，还是诉讼判决的回购，根据新增的第三款内容，公司对其回购的股权仅有六个月的持有期限。如此限定在于公司回购股权后，将处于自己持有自己股权的状态，有悖于资本维持原则。长期下去不利于公司债权人以及公司本身、其他股东的利益。为此规定公司回购股权后，应在六个月内转让或注销。

关联案例

杨某逸与上海某缔投资管理有限公司请求公司收购股份纠纷案[①]

案情：

上海某缔投资管理有限公司（以下简称某缔公司）于2015年9月9日成立，成立时注册资本100万元，股东为案外人顾某和杨某逸，分别持股60%和40%，法定代表人为顾某。2019年8月13日，在某缔公司会议室召开临时股东会，决定：（一）支付现金300万元给北京B公司；（二）把某缔公司所持有的1%的A公司股份免费转让或以现金1元的价格转让给北京B公司；在某缔公司配合北京B公司完成A公司股份转让的工商变更手续，以及某缔公司支付300万元之后一周内，北京B公司配合某缔公司完成股权转让的工商变更手续。杨某逸主张，A公司是某缔公司最重要的资产，某缔公司作价1 000万元转让该股权，出资1 300万元及650万元分别回购北京B公司、A集团公司所持有的某缔公司股权，三项行为共同构成转让某缔公司最主要的财产。因此，杨某逸向法院请求某缔公司以人民币1 820万元的价格回购杨某逸持有的某缔公司28%股权并向本人支付股权回购价款。法院判决驳回杨某逸的全部诉讼请求。

评析：

公司转让主要财产，会使公司的存在与发展发生重大转折，股东的权利也会发生根本性的改变。因此，公司转让主要财产，股东会作出有关决议，持有异议的股东可以请求公司按照合理的价格收购其股权，以退出公司，避免异议股东的权益受到控股股东的侵害。本案中，某缔公司的经营范围包括投资管理、实业投资、资产管理等，某缔公司转让A公司股权，不足以认定对公司生产经营产生重大影响。因此不在触发股权回购条件之列。

---

① 审理法院为上海市第二中级人民法院，案号：（2021）沪02民终7883号。

第九十条 自然人股东死亡后，其合法继承人可以继承股东资格；但是，公司章程另有规定的除外。

条文释义

本条是关于股东资格继承的规定。

依照民法典的规定，自然人股东死亡后，其遗留的个人合法财产依法由他人继承。股东的出资额是股东的个人合法财产，也将依照民法典的规定，由他人依法继承。但民法典规定的继承，仅限于财产权的范围。有限责任公司具有人合性，成为其股东，不仅需有一定出资额，而且需要与其他股东之间存在相互信任的关系。换而言之，公司股份的继承，仅仅是财产的继承；而股东资格的继承，则不仅是财产的继承，而且是人身权的继承。继承人可以继承股份，但是否可以继承股东资格，则依具体情况而定。为此，本条对股东资格的继承作出了专门的规定，即自然人股东的合法继承人可以继承其股东资格，但公司章程可以作出除外规定。如果章程规定自然人股东死亡后，其合法继承人不能继承股东资格，则该继承人在继承该股东的出资额后，并不能成为公司的股东。此外需注意的是，因股权继承导致股权发生转让的，其他股东对此并没有优先购买权，但公司章程另有规定或全体股东另有约定的除外。

关联案例

张某1等与张某3等法定继承纠纷①

案情：

被继承人张某4于2018年3月21日去世。张某3、段某系张某4的父母。张某4与朱某于1987年3月31日登记结婚，婚后生育一女张某2。孙某2系孙某1、张某1之母。张某4持有A公司24%的股权，持有B公司50%的股权，持有C公司20%的股权。上述三个公司的公司章程均未对公司股权的继承作出限制性规定。张某4另持有D公司3.809 5%的股权，该公司为有限责任公司，共有包含张某4在内的50名股东。针对D公司的股权，原告主张由原告继承股份，按照股权价值10万元给被告折价，被告对此不同意，起诉至法院。法院经查明，D公司有含张某4在内的50名股东，而本案当事人未能就张某4持有的股权继承事宜达成一致意见，若各当事人均继承张某4的股权，则会导致D公司的股东人数与《公司法》的规定不符，故对于张某4持有的D公司股权，本案暂不予处理股东资格继承的问题，对于股权产生的资产收益、负债按照继承人可继承份额的比例处理。

评析：

自然人股东死亡后，其遗留的个人合法财产依法由他人继承。股东的出资额是股东的个人合法财产，也将依照民法典的规定，由他人依法继承。自然人股东的合法继承人可以继承其股东资格，但公司章程可以作出除外规定。本案D公司章程均未对公司股权的继承作出限制性规定，若各当事人均继承张某4的股权，则会导致D公司的股东人数与公司法的规定不符，故对于张某4持有的D公司股权，本案暂不予处理股东资格继承的问题，对于股权产生的资产收益、负债按照继承人可继承份额的比例处理。

---

① 审理法院为北京市昌平区人民法院，案号：（2020）京0114民初4478号。

第五章 | 股份有限公司的设立和组织机构

第一节 设立

第九十一条 设立股份有限公司，可以采取发起设立或者募集设立的方式。

发起设立，是指由发起人认购设立公司时应发行的全部股份而设立公司。

募集设立，是指由发起人认购设立公司时应发行股份的一部分，其余股份向特定对象募集或者向社会公开募集而设立公司。

条文释义

本条是对股份有限公司设立方式的规定。

根据本条规定，设立股份有限公司，可以采取发起设立或者募集设立两种方式：

（1）发起设立。发起设立是指由发起人认购公司应发行的全部股份而设立公司，即公司股份全部由发起人认购，而不向发起人之外的任何人募集股份。与募集方式设立公司相比，发起设立股份有限公司比较简便。根据《公司法》规定，发起设立公司的程序主要包括：发起人签订发起人协议；发起人制定公司章程；发起人认购公司应发行的全部股份并缴纳出资，其所认股款必须符合公司法关于股份有限公司注册资本的规定。

（2）募集设立。募集设立是指由发起人认购公司应发行股份的一部分，其余部分向特定对象募集或者社会公开募集而设立公司。即以募集设立方式设立股份有限公司的，在其设立时不仅由发起人认购公司一定比例股份，还需要发起人之外的其他投资者认购公司的股份。具体来说，其他投资者包括两种情况：一是向特定对象募集股份，即发起人不向社会公众募集股份，而是在一定范围内向特定对象募集股份，比如特定的机构投资者等。二是广大的社会公众，即发起人向不特定对象募集股份，对象具有不确定性。设立规模较大的股份有限公司，仅凭发起人的财力往往是很难实现的。以募集方式设立公司，能够从社会上聚集到大量资金。

戴某与陕西丹某尔市场股份有限公司与公司有关的纠纷案①

案情：

原告戴某于1998年从被告陕西丹某尔市场股份有限公司（以下简称丹某尔公司）购买6 000股股票，本金0.72万元，起初被告陆续支付原告部分股息，之后到目前共计16年未支付股息。被告于1998年9月2日成立，注册资本为16 800万元人民币，总股本16 800万股，均为记名式普通股，全部股份按1.2∶1的折股比例由全体发起人认购。原告请求被告丹某尔公司返还股票本金0.72万元及利息1万元。法院认为股份有限公司的设立，可以采取发起设立或者募集设立的方式。原告作为股份有限公司的认股人，自愿认购股份并缴纳股款，在不设立股份公司或股份公司不能成立的情形发生时方可抽回股本，否则不得抽回。被告陕西丹某尔公司经依法成立并依法登记，并不存在收购本公司股份的情形发生。原告无论要求发起人退还股本，还是要求被告退还股本均于法无据，故原告的诉讼请求不予支持。

评析：

此案涉及股份有限公司设立方式中的募集设立。募集设立，是指由发起人认购公司应发行股份的一部分，其余股份向社会公开募集或向特定对象募集而设立公司。此案中，原告自愿认购股份并缴纳股款，且股份有限公司依法成立并依法进行登记，根据公司资本充实原则，公司不得收购本公司股份，被告丹某尔公司尚不存在公司合并、减少注册资本、股份激励、股东异议等公司不得收购本公司股份的例外情形，原告要求回购股份并要求被告赔偿相应损失的请求于法无据。

第九十二条 设立股份有限公司，应当有一人以上二百人以下为发起人，其中应当有半数以上的发起人在中华人民共和国境内有住所。

条文释义

本条是对股份有限公司发起人人数的规定。

本条将股份有限公司发起人的人数下限由二人修改为一人，可见，2023年新修订的《公司法》改变了2018年《公司法》禁止设立一人股份有限公司的做法，允许自然人或法人以发起设立的方式设立一人股份有限公司。

本条规定，设立股份有限公司，应当有一人以上二百人以下为发起人。本条既规定了发起人的最低人数，又规定了发起人的最高人数限制。前者降低了股份有限公司设立的门槛，一人也可以设立股份公司；后者主要是为了保护社会公众利益，防止一些人通过设立公司达到非法集资的目的。本条规定了发起人的人数，但对于发起人必须是自然人还是法人、中国人还是外国人并未做限制，只是规定了半数以上的发起人需要在中国境内有住所。所以，无论自然人还是法人、中国人还是外国人，均有资格作为设立股份有限公司的发起人。当然，作为自然人的发起人，必须是具有完全行为

---

① 审理法院为陕西省西安市新城区人民法院，案号为（2018）陕0102民初6号。

能力的人，无行为能力或者限制行为能力的人，不得作为发起人。同时，发起人中必须有半数以上在中国境内有住所，以便于管理，防止发起人利用设立股份有限公司来损害广大社会公众的利益。

关联案例

某桥公司发起人纠纷案[①]

案情：

1993 年 3 月 25 日，某县物资总公司、浙江省某信托投资公司、大庆市某多种经营实业公司（以下简称大庆市某实业公司）等三家公司作为发起人设立某桥公司；1993 年 5 月 25 日，浙江某纤维总厂申请作为发起人参与共同设立某桥公司。1996 年，某桥公司向某县工商行政管理局提交自查报告，报告载明了公司由某县物资总公司等五家企业发起组建。公司发起人人数股本总额均符合法定要求。1996 年 7 月 8 日，某桥公司股东大会根据《公司法》有关规定，通过了关于修改公司章程的决议，修改后的公司章程载明了浙江某桥股份有限公司是由某县物资总公司等五家公司联合发起的公众股份有限公司……1996 年 8 月 15 日，某桥公司向工商行政管理部门提交了《公司设立登记申请书》，该申请书中公司股东（发起人）名录记载了某县物资总公司、浙江省某信托投资公司、大庆市某实业公司、浙江某纤维总厂、某县某建筑工程公司。法院认为根据 1994 年 7 月 1 日起施行的《中华人民共和国公司法》第七十五条规定"设立股份有限公司，应当有五人以上为发起人"，最高人民法院《公司法司法解释（三）》对于发起人的概念予以了法律界定，即为设立公司而签署公司章程、向公司认购出资或者股份、履行公司设立职责的人。《公司法司法解释》中对于发起人的界定不仅着眼于是否在公司章程上签章，更强调了发起人在公司设立活动中所起的实质性作用。法院对某县某建筑工程公司、浙江某集团有限公司作为某桥公司发起人的身份不予确认。

评析：

本案中 1993 年设立某桥公司时，发起人人数为三人，1996 年某桥公司增补浙江某纤维总厂等两家公司为发起人。根据最高人民法院《公司法司法解释（三）》对发起人概念的定义，发起人的认定要看其在公司设立过程中所起的实质性作用。某桥公司设立时发起人为某县物资总公司等三家公司，且三家公司已经完成设立股份有限公司的程序且在设立公司过程中发挥了实质性作用。某县某建筑工程公司、浙江某集团有限公司在公司设立后才加入，不符合《公司法》及其司法解释对发起人认定的规定，因此这两家公司不应为某桥公司的发起人。

第九十三条 股份有限公司发起人承担公司筹办事务。

发起人应当签订发起人协议，明确各自在公司设立过程中的权利和义务。

[①] 审理法院为浙江省绍兴市中级人民法院，案号为（2015）浙绍商终字第 217 号。

本条是对发起人义务的规定。

股份有限公司的设立需要发起人承担起筹办公司事务的职责，否则，股份有限公司就不能成立。公司筹办事务主要包括制订公司章程、办理公开募集股份的核准手续及办理具体募集事宜、召开成立大会等。

为了规范发起人的行为，避免个人发起人通过设立公司谋取私利，发起人之间应当签订发起人协议，目的是通过发起人之间签订协议，明确各自在设立公司过程中的权利义务关系，以避免日后产生纠纷。发起人协议内容主要包括发起人各自认购的股份数、发起人的出资方式、不按约定出资的违约责任、发起人在公司设立过程中的分工、公司设立失败时责任的分担等。

关联案例

熊某某诉李某某保证合同纠纷一案①

案情：

2017 年 3 月，原告熊某某通过朋友认识了被告李某某，又在被告李某某的介绍下，原告熊某某（乙方）与凌某舞、凌某妹（甲方）分别于 2017 年 3 月 17 日和 2017 年 3 月 22 日签订了两份《股份有限公司发起人协议》，被告李某某作为保证人在该两份协议上"保证人"处签字捺印。《股份有限公司发起人协议》约定：甲方凌某舞、凌某妹筹备发起设立一个股份有限公司，原告熊某某自愿成为股份公司发起人共计出资30万元认购该公司的股份。法院认为原告熊某某与凌某舞、凌某妹签订的两份协议虽名义上为公司股份认购协议，但该协议中并未明确公司成立的相关要件，其实质为凌某舞、凌某妹利用签订合同的名义非法吸收公众存款。

评析：

发起人以发起设立方式设立股份有限公司，应当签订发起人协议，明确各自在公司设立过程中的权利义务。发起人协议对所有签订该协议的发起人均具有约束力，各发起人均需遵守协议内容。但是协议内容要包括发起人各自认购的股份数、发起人的出资方式、不按约定出资的违约责任、发起人在公司设立过程中的分工、公司设立失败时责任的分担等成立公司应当具备的相关要件，且不得违反法律、行政法规的相关规定，否则，该协议无效。

第九十四条 设立股份有限公司，应当由发起人共同制订公司章程。

条文释义

本条是对股份有限公司公司章程制定主体的规定。

本条系新修订《公司法》新增条款，明确了股份有限公司设立时的公司章程应由发起人共同制订。设立股份有限公司，应当制定公司章程，由全体发起人共同制定。

---

① 审理法院为湖南省株洲市天元区人民法院，案号为（2020）湘 0211 民初 3688 号。

各个发起人都有权参与制订公司章程，并在公司章程上签字盖章。股份有限公司的章程是指记载公司组织和行为基本规则的文件，应该在设立时制定。由于股份有限公司有发起设立和募集设立两种方式，公司章程的制定过程并不完全一致。对于发起设立的股份有限公司，在公司成立之后公司股东仅限于发起人，投资者并没有社会化。对于募集设立的股份有限公司，在公司成立之后成为公司初始股东的仅有发起人，而且还有众多的认股人，公司的股东已经社会化。因此，在公司申请设立登记之前，必须召开成立大会，讨论审议与设立公司有关的事宜。对于募集设立的股份有限公司，章程最后文本是由成立大会以决议的方式通过的。可见，对于这类公司，其章程的制定过程比较复杂，既需发起人制订，又需成立大会决议通过。

第九十五条 股份有限公司章程应当载明下列事项：

（一）公司名称和住所；

（二）公司经营范围；

（三）公司设立方式；

（四）公司注册资本，已发行的股份数和设立时发行的股份数，面额股的每股金额；

（五）发行类别股的，每一类别股的股份数及其权利和义务；

（六）发起人的姓名或者名称、认购的股份数、出资方式；

（七）董事会的组成、职权和议事规则；

（八）公司法定代表人的产生、变更办法；

（九）监事会的组成、职权和议事规则；

（十）公司利润分配办法；

（十一）公司的解散事由与清算办法；

（十二）公司的通知和公告办法；

（十三）股东会认为需要规定的其他事项。

条文释义

本条是对股份有限公司章程记载事项的规定。

2023年《公司法》对于股份公司章程载明事项进行了补充完善。第四项规定公司章程应载明公司注册资本、已发行的股份数和公司设立时发行的股份数，发行面额股的，章程应载明每股的金额。一方面，该项区分了注册资本、已发行的股份数和设立时发行股份数的概念，从而更好地与授权资本制相匹配；删除了出资时间，进而与第九十八条明确的股份公司资本实缴制相匹配。另一方面，该项明确了发行无面额股场景的记载事项，从而与2023年《公司法》第一百四十二条引入的无面额股制度相衔接。第五项规定公司发行类别股的，公司章程应载明类别股股东的股份数及其权利和义务，该条规定与2023年《公司法》第一百四十四条至一百四十六条类别股有关规定相衔接，有利于保障类别股股东的合法权益。第九十五条第八项规定公司章程应载明公司法定代表人的产生、变更办法，此举有利于消除公司实践中因为法定代表人确定方式存在争议而引发的纠纷。2023年《公司法》将2018年《公司法》条文第七项

"公司法定代表人"修改为"公司法定代表人的产生、变更办法"。由此可见，2023 年新修订《公司法》对于股份有限公司章程的要求较 2018 年《公司法》更为合理和周延，既考虑到了不同类型股份应记载的事项需有所差异（面额股和类别股），也不再要求记载法定代表人的名字，而是记载法定代表人的产生和变更办法，这样可避免公司章程因法定代表人更替而需进行修改，还突出了公司设立时应发行股份的重要性，有利于社会投资者对公司进行理性判断。

关联案例

某发动机冷却液（天津）有限公司与聊某权损害公司利益责任纠纷案[1]

案情：

被告聊某权于 2015—2017 年在原告某发动机冷却液（天津）有限公司任总经理职务。2017 年 5 月 20 日，聊某权超越职权与案外人北京某动力科技发展有限公司签订《北京某动力科技发展有限公司代工贴牌协议》，协议约定价格明显低于市场价甚至低于成本价，同时案外人可以无偿使用原告商标。为及时止损，原告于 2017 年 9 月终止了上述协议，但已造成损失共计 1 540 660 元。2016 年 8 月、10 月，被告以原告名义与重庆某贸易有限公司签订润滑剂购销单，购入价值 1 400 406.96 元的润滑剂产品，而销售润滑剂产品不在原告的经营范围且无法使用，由此造成润滑油的呆滞库存损失 1 400 406.96 元。被告违反了我国公司法规定，原告为维护合法权益，故向法院诉讼。法院认为，根据《公司法》第八十一条"股份有限公司章程应当载明下列事项：……（二）公司经营范围；"之规定，关于公司经营范围的规定应属于公司章程的规定，原告公司经营范围不包括润滑剂产品，被告在担任原告公司总经理期间，违反原告公司章程规定，同意购买润滑剂产品，由此造成原告所购润滑剂产品无法销售全部库存积压，致使原告遭受损失，对此被告应当承担赔偿责任。

评析：

股份有限公司经营范围属于公司章程应当记载的事项，而且公司章程作为记载公司组织和行为基本规则的文件，被告作为公司高级管理人员，应当尽到忠实勤勉义务，严格按照公司章程规定的经营范围从事经营生产活动。违反章程规定，给公司造成经济损失的，该高级管理人员应当承担相应的赔偿责任。

第九十六条 股份有限公司的注册资本为在公司登记机关登记的已发行股份的股本总额。在发起人认购的股份缴足前，不得向他人募集股份。

法律、行政法规以及国务院决定对股份有限公司注册资本最低限额另有规定的，从其规定。

条文释义

本条是对股份有限公司注册资本及股份有限公司的最低注册资本的规定。

2023 年新修订《公司法》取消了最低注册资本限制、取消首期必须出资 20% 及剩

---

[1] 审理法院为广东省揭阳市中级人民法院，案号为（2019）粤 52 民终 209 号。

余注册资本必须在二年内到位的要求、不再要求提供验资报告等，将使设立公司更为便捷，成本更为低廉。修改前的《公司法》对注册资本做了限制，区分发起设立与募集设立注册资本的股本总额。新修订的《公司法》统一规定股份有限公司的注册资本为在公司登记机关登记的已经发行股份的股份总额。可见，新修订的《公司法》是以股份是否已发行作为注册资本的认定标准，这一规则符合股份有限公司资合性及公众性的特征。本条还规定在发起人缴足出资前，公司不得向他人募集股份。这里规定的募集股份，是指公司成立后向社会公众发行新股，或者向特定对象发行新股，要求必须在发起人缴足出资后才能向他人募集股份，其目的是保护其他投资者的利益。

本条第二款对股份有限公司注册资本的最低限额做了规定，取消最低限额为人民币五百万元的规定，降低了公司设立的门槛，方便股份有限公司的设立。同时，本条规定，对于一些行业的股份有限公司，从其具体情况出发，如果其注册资本最低限额需要高于本法规定的限额的，由法律、行政法规另行规定，加强了设立股份有限公司的灵活性。

关联案例

刘某、四川某实业股份有限公司发起人责任纠纷案①

案情：

四川某实业股份有限公司（以下简称某实业公司）是 2014 年 3 月 28 日以发起设立方式设立的股份有限公司，章程记载的股东有九名，股本总额 1.06 亿元，九名股东均认缴了相应数额，出资方式为货币，出资时间为 2019 年 3 月 25 日。刘某于 2014 年 4 月 10 日认购其中 100 万元成为某实业公司股东。根据公司法的相关规定，某实业公司对外募集资金的行为是不符合规定的，某实业公司已经向刘某退还了 67 万元，尚欠 33 万元一直未退还。故刘某诉请判令某实业公司立即返还股本金 33 万元及资金占用利息。法院认为本案系某实业公司在经营过程中因增资募股而引发的纠纷。某实业公司章程记载的九名股东均认缴了相应的股份数额，其认缴期限为 2019 年 3 月 25 日，某实业公司并无证据证明其股东已经全额缴纳了所认缴的出资。依据《公司法》第八十条第一款规定，在发起人认购的股份缴足前，不得向他人募集股份。某实业公司向刘某募集股份的行为违反前述法律规定，刘某向某实业公司所支付的股本金，应当由某实业公司予以返还并支付资金利息。

评析：

《公司法》条文中规定以发起设立方式设立股份有限公司的，在发起人认购的股份缴足前，不得向他人募集股份。本案中某实业公司作为以发起设立方式设立的股份有限公司，其公司章程记载的 9 名股东均已缴纳了相应的股份数额，但是在某实业公司提交的证据中没有相应证据证明 9 名股东均已缴纳完毕全体发起人认购的股本总额，不满足向除发起人之外的他人募集股份的要求。因此某实业公司向刘某募集股份是违反《公司法》规定的，应由某实业公司退还剩余未退还的 33 万募集资金，并按照法律规定支付占用资金期间的利息。

---

① 审理法院为四川省成都市中级人民法院，案号为（2017）川 01 民终 7941 号。

第九十七条 以发起设立方式设立股份有限公司的，发起人应当认足公司章程规定的公司设立时应发行的股份。

以募集设立方式设立股份有限公司的，发起人认购的股份不得少于公司章程规定的公司设立时应发行股份总数的百分之三十五；但是，法律、行政法规另有规定的，从其规定。

条文释义

本条是对发起设立股份有限公司以及对募集设立股份有限公司的两种设立方式下股份有限公司发起人分别应承担的认购责任的规定。

2023年新修订《公司法》将2018年《公司法》条文中"公司章程规定其认购的股份"和"公司股份总数"的两处表述均统一修改为"公司章程规定的公司设立时应发行的股份"，以发行股份作为确定发起人认购责任的基础，突出了股份有限公司的公众性特征。本条第一款对于发起人认购股份形式没有做规定。该款取消了"发起人一次缴纳出资的，应当立即缴纳全部股款；分期缴纳的，应当立即缴纳首期股款；以非货币财产出资的，应当依法办理其财产权的转移手续以及发起人不按规定缴纳出资的，应当承担违约责任"的规定。申请设立股份有限公司不再要求提供验资报告。

以募集设立方式设立股份有限公司，是由发起人提议设立并由发起人具体筹办的。发起人认购公司股份，在其向社会公众或者特定对象募集股份时，就会有一定的号召力。为避免发起人有可能完全凭借他人的资本开办公司，利用募集设立公司进行集资欺诈的行为，损害其他投资者的利益，扰乱社会秩序的情形，本条规定了发起人认购股份的法定最低限额，即以募集设立方式设立股份有限公司的，所有发起人认购的股份不得少于公司章程规定的公司设立时应发行股份总数的百分之三十五。本条在对以募集方式设立公司的发起人认购的股份数额做出规定的同时，又做了但书规定，即如果法律、行政法规对募集设立的股份有限公司的发起人认购的股份数额另外有规定的，则依照其规定办理。

关联案例

张某敏、黄某1合同纠纷案①

案情：

被上诉人何某骏分两次向原审被告黄某恒账户转账共计15万元，两份汇款业务回单记载的摘要均为"入股资金"。何某骏于汇款当日在《发起人协议书》上签字，并注明出资数额20万元。此后，上诉人张某敏、黄某1等分别在该《发起人协议书》上签字。其中张某莉在《发起人出资表》中注明出资数额为20万元，张某敏、黄某1、黄某2均未注明出资数额；该《发起人协议书》第一章明确公司名称为金某来国际集团有限公司。法院认为，本案中拟成立的公司名称为"金某来国际集团有限公司"。但案涉《发起人协议书》中载明，公司注册资本为2 000万元，该注册资本平均划分为

---

① 审理法院为广西壮族自治区南宁市中级人民法院，案号为（2020）桂01民终5063号。

100 股，每股 20 万元，各发起人以"股"为单位进行认缴。该协议关于注册资本的认购方式及股东人数均不符合有限责任公司的成立条件。案涉《发起人协议书》中载明公司注册资本的认缴方式，实际是募集方式。而依照《公司法》规定，股份有限公司采用募集设立方式的，发起人认购的股份不得少于公司股份总数的百分之三十五；但本案中除何某骏、张某莉在《发起人出资表》中注明各认购 20 万元外，其余发起人张某敏、黄某 1、黄某 2 等均未注明出资数额，发起人亦未按照公司法的规定制作公司章程、招股说明书、认股书，并委托证券公司承销，而是由发起人自行将公司股权分割为 100 股对外出售，故案涉的《发起人协议书》违反上述法律规定，依法无效。

评析：

根据案涉《发起人协议书》载明的内容来看，案涉公司的性质并不是有限责任公司，而是以募集设立方式设立的股份有限公司，根据规定，股份有限公司采用募集设立方式的，发起人认购的股份不得少于公司股份总数的百分之三十五。从提交的《发起人出资表》来看，设立公司时发起人认购的股份不能确定是否已经达到公司股份总数的百分之三十五，且案涉公司发起人并未按照规定完成制作公司章程、签订承销协议、制作招股说明书等为设立公司应筹办的事项，因此该《发起人协议书》的内容违反了法律规定，应认为是无效。法院判决解除协议，并由被上诉人返还上诉人已支付的"入股资金"，合法合理。

第九十八条 发起人应当在公司成立前按照其认购的股份全额缴纳股款。

发起人的出资，适用本法第四十八条、第四十九条第二款关于有限责任公司股东出资的规定。

条文释义

本条是对发起人认购股份义务以及出资方式的规定。

2023 年《公司法》的重要修订为变更发起设立方式下的发起人认缴义务为实缴义务。考虑到授权资本制下公司可以根据需求灵活调整资本额，给予发起人期限利益不再具有必要性，同时为挤出公司资本中的"水份"，采取发起设立的股份有限公司应当在发起人实缴后成立。本条系准用性规定，明确了股份有限公司发起人以非货币财产出资适用有限责任公司股东的相关规定。发起人签订了发起人协议后应当受该协议的约束，按照协议内容足额履行出资。该条对于缴纳股款的次数以及时间没有作限制，发起人既可一次性足额缴纳股款，也可分期缴纳，缴纳期限不限，但是必须是按照约定足额缴纳。

本条对股份有限公司发起人的出资方式没有直接做出规定，而是规定适用本法第四十八条、第四十九条第二款关于有限责任公司股东出资的规定。

本法第四十八条、第四十九条第二款规定主要包括以下内容：

（1）股东可以用货币出资，也可以用实物、知识产权、土地使用权、股权、债权等可以用货币估价并可以依法转让的非货币财产作价出资；但是，法律、行政法规规定不得作为出资的财产除外。本条增加了股权、债权等非货币形式，扩大了可用作出资的财产范围，明确股权、债权可以作价出资。

（2）对作为出资的非货币财产应当评估作价，核实财产，不得高估或者低估作价。法律、行政法规对评估作价有规定的，从其规定。由于实物、知识产权、土地使用权、股权、债权及其他可以用货币估价并可以依法转让的非货币财产，是以物质或者权利的形态表现出来的，为了确定它们在作为出资时所具有的价值，就需要对其进行评估作价，并对财产进行核实。同时，在对其进行评估作价后，还应当将其折合为股份，以确定发起人拥有公司股份的数额。为了保证发起人出资的真实性和准确性，本条规定要评估作价，并不得高估或者低估。如果法律、行政法规对评估作价有规定，则按照其规定办理。

（3）股东以货币出资的，应当将货币出资足额存入公司账户。按章程的规定缴纳其所认缴的出资是股东的一项重要法定义务，股东以货币出资的，应于约定的期间内将约定货币种类和数量汇入公司指定账户。货币既可以是人民币，也可以是自由兑换的其他国家的货币，如美元、英镑等。

关联案例 |

江门市某区某新油库有限公司、江门市某区水产公司等股东出资纠纷案[①]

案情：

根据《验资报告》显示，江门市某区某新油库有限公司（以下简称"某新油库"）于1990年6月20日注册成立，股东为被告江门市某区水产公司（以下简称"水产公司"）以及广州某化工总厂某实业发展公司。根据《验资报告》反映，被告将案涉的坐落在江门市某区某镇的52.7亩土地和其他资产作价投入。但是，该土地至今未办理过户手续，一直登记在被告名下。被告将案涉土地作为出资投入到原告企业当中，理应将案涉土地变更登记到原告名下，但被告一直未协助办理，故原告诉至法院。法院认为，本案系股东出资纠纷。2000年11月15日，某区水产公司承诺以土地使用权出资，且于半年内办理实物过户手续。根据1999年修正的《公司法》第二十五条"股东以实物、工业产权、非专利技术或者土地使用权出资的，应当依法办理其财产权的转移手续。股东不按照前款规定缴纳所认缴的出资，应当向已足额缴纳出资的股东承担违约责任。"的规定，水产公司以土地使用权作为出资，理应按章程和当时公司法的规定，办理过户手续，但水产公司没有办理，已构成违约。原告请求被告水产公司协助其办理位于土地使用权的过户手续，符合法律规定，法院予以支持。

评析：

股东出资是公司开展基本经营活动的物质基础，对公司具有重要意义。股东可以用货币出资，也可以用实物、知识产权、土地使用权等可以用货币估价并可以依法转让的非货币财产作价出资。股东用土地使用权出资的，按照《公司法》规定，有义务协助公司办理产权转移手续。本案中，原告某区水产公司用土地使用权出资，未在合理期限内协助公司办理产权手续，已经构成违约。法院判决被告水产公司协助原告办理位于土地使用权的过户手续，符合法律规定。

---

① 审理法院为广东省江门市新会区人民法院，案号为（2022）粤0705民初3728号。

第九十九条 发起人不按照其认购的股份缴纳股款，或者作为出资的非货币财产的实际价额显著低于所认购的股份的，其他发起人与该发起人在出资不足的范围内承担连带责任。

条文释义

该条是对股东未按约定履行出资义务应承担的责任的规定。

本条对 2018 年《公司法》条文进行了细化和完善，明确了股份有限公司发起人应在两种情况下对其他发起人承担违约责任：一是不按照认购的股份缴纳股款，二是非货币出资的财产价值显著低于所认购的股份。股份有限公司的发起人应按公司法及章程规定缴纳出资。无论是以发起方式设立股份有限公司还是以募集设立方式设立股份有限公司，在设立时，发起人应当签订发起人协议，明确各自在公司设立过程中的权利和义务。当发起人不依法、依章程缴纳出资或以非货币财产出资的实际价值低于所认购股份时，就应当按照发起人协议的约定承担违约责任。发起人以实物、知识产权、土地使用权、债权、股权等出资，应当依法进行评估作价，折合为股份，并且折价后的价值不得低于所认购的股份。以实物出资的，应当办理该实物由发起人所有转为公司所有的手续；以知识产权出资的，应当办理该知识产权转由公司行使的手续；以土地使用权出资的，应当办理该土地使用权转由公司行使的手续。

关联案例

陕西某特纸业股份有限公司与汉中市汉台区某局股东出资纠纷案①

案情：

原告陕西某特纸业股份有限公司（以下简称某特纸业）出于上市需要，在政府协调下，注册成立时吸收了原陕西某纺织有限责任公司、某木业等四家公司作为发起人股东。实际上，几家法人股东即本案各被告实际上并没有出资一分钱。原告公司筹备成立时，原陕西某会计师事务所出具了验资报告。从原告公司成立至今，原汉中市某印染总厂一直没有实际出资，未参与过公司的任何经营决策。原告为维护自身合法权益，诉至法院，请求确认被告对原告的实际出资额为零。法院认为，本案原告某特纸业是采取发起设立成立的股份有限公司，本案被告，作为涉案某特纸业的发起人之一，应当按照《公司法》有关发起成立股份有限公司的规定，履行出资义务。陕西某会计师事务所出具的《验资报告》不具有真实性，法院不予采纳。据此，法院足以认定四被告均未按照发起人协议、公司章程及公司登记的认购股份各自缴纳相应的出资款，或者在对非货币资产出资进行评估后办理资产转移手续后履行其认购的出资义务。

评析：

被告作为原告某特纸业公司的发起人，自某特纸业成立至今未实际履行出资义务，属于虚假出资行为。股东出资应当按照公司法及章程规定缴纳出资，确保公司能正常开展经营活动。本案中，某特纸业发起人在筹备成立之初，为了符合公司法要求，吸收原陕西某纺织有限责任公司作为发起人之一，但是该股东并未实际按照其认购的股

---

① 审理法院为陕西省汉中市汉台区人民法院，案号为（2021）陕 0702 民初 6231 号。

份缴纳股款，即未实际履行出资，法院依据现行《公司法》第八十三条判决确认其未实际出资，合法合理。

第一百条 发起人向社会公开募集股份，应当公告招股说明书，并制作认股书。认股书应当载明本法第一百五十四条第二款、第三款所列事项，由认股人填写认购的股份数、金额、住所，并签名或者盖章。认股人应当按照所认购股份足额缴纳股款。

条文释义 ┠

本条是对向社会公开募集股份的发起人应当公告招股说明书并制作认股书的规定。

向社会公开募集股份的发起人应当公告招股说明书。根据《中华人民共和国证券法》（以下简称《证券法》）有关规定，设立股份有限公司公开发行股票，应当向国务院证券监督管理机构报送招股说明书等有关文件，经国务院证券监督管理机构核准后才能向社会公开募集。本条是在此基础上规定，招股说明书必须向社会公众公告。公告招股说明书是履行设立中公司的信息披露义务，也是对投资者的要约邀请。通过公告招股说明书，才能达到吸引社会公众认购股份的目的。同时，将招股说明书公之于众，可以使社会公众了解拟设立的公司的情况，从而做出是否投资的决定，以保护公众投资者的利益，防止发起人采取不正当手段募集股份。

为了便于社会公众认购所发行的股份，发起人还应当制作认股书。根据本条规定，认股书的内容应当包括：发起人认购的股份数；面额股的票面金额和发行价格或者无面额股的发行价格；募集资金的用途；认股人的权利、义务；本次募股的起止期限及逾期未募足时认股人可以撤回所认股份的说明。发起人依法制作认股书后，认购股份的人应当在认股书上填写所认股数、金额、住所，并在认股书上签名、盖章。认股人在按要求填写好认股书以后，就应当按照其所认股数缴纳股款。

关联案例 ┠

某通智控科技股份有限公司与方某杰合同纠纷案 ①

案情：

2010 年 10 月 23 日，原告某通气门嘴公司［某通智控科技股份有限公司（以下简称某通智控公司）前称］与被告方某杰签订《股东出资协议书》一份，约定以上股东经过多次协商一致，自愿出资向工商行政管理机关申请设立杭州某通电子科技有限公司。某通气门嘴公司以部门机器设备及专有技术出资，部分出资以货币方式。方某杰以专有技术出资。2017 年 4 月 20 日，某通智控公司发布《招股说明书》，其中载明"方某杰先生主持公司 TPMS 系列产品的研发及生产，是多项 TPMS 相关专利的主要发明人或设计人……某通智控公司认为，方某杰无法依约提供合同约定的重要组件技术，进而严重影响了产品成本，已经构成违约，方某杰应依约支付违约金。故某通智控公司诉至法院。法院认为，《招股说明书》是股份有限公司发行股票时，就发行中的有关事项向公众作出披露，并向非特定投资人提出购买或销售其股票的要约邀请性文件，

---

① 审理法院为浙江省杭州市余杭区人民法院，案号为（2019）浙 0110 民初 16015 号。

其披露的内容必须是真实的。《招股说明书》中的相关表述表明某通智控公司已经实际受让 TPMS 技术并生产相关产品。某通智控公司主张方某杰违约的诉讼请求，于法无据，法院不予支持。

评析：

本案根据《股东出资协议书》《招股说明书》等内容可知，被告已经按照约定向原告某通智控公司交付了约定的 TPMS 产品技术。《招股说明书》作为公司信息披露的载体，应当向社会公众公告，因此其内容必须保证具有真实性合法性。被告已经在《招股说明书》中确认被告的身份，表明被告某通智控公司已经实际受让被告交付的技术并生产相关产品。后又以被告未按照合同约定交付相应的产品技术，前后存在矛盾。法院驳回原告诉请，符合法律规定。

第一百零一条 向社会公开募集股份的股款缴足后，应当经依法设立的验资机构验资并出具证明。

条文释义

本条是对股款缴足后应当经验资机构验资的规定。

根据本条规定，向社会公开募集的股款缴足后应当依法验资，即必须经依法设立的会计师事务所验资并出具验资证明，以保证公司资本的足额、真实、合法，防止虚假出资。2023 年修订的《公司法》该条款沿用了 2018 年《公司法》第八十九条关于股份有限公司募集股款后必须验资的规定，但删去了 2018 年《公司法》条文中涉及召开创立大会的内容。

关联案例

许某平诉某科技股份有限公司、叶某生合同纠纷案[①]

案情：

2016 年，被告某科技股份有限公司为挂牌上市向原告等职工以"股权激励"的方式筹集资金，承诺如果被告在 2016 年年底实现新三板挂牌上市，则员工可以 1.36 元/股认购被告的股份，如果被告在两年内不能实现主板上市，则退还员工所交认购款，并支付利息。后原告按照被告的要求将认购款 136 000 元转入被告公司董事长叶某生的账号，当日，被告向原告出具了收到原告认购款 136 000 元的收据。2018 年被告无法实现新三板挂牌上市，原告等人要求被告按当初的承诺退还原告等人认购款和支付利息。法院认为，发行股份的股款缴足后，必须经依法设立的验资机构验资并出具证明。……发行的股份超过招股说明书规定的截止期限尚未募足的，或者发行股份的股款缴足后，发起人在三十日内未召开创立大会的，认股人可以按照所缴股款并加算银行同期存款利息，要求发起人返还。因此被告作为发起人应当自股款缴足之日起三十日内主持召开公司创立大会，但被告未在三十日内主持召开成立大会，原告许某平要求被告某科技股份有限公司退还原告许某平所交认购款，并承担利息的诉讼请求，符合法律规定。

---

① 审理法院为湖南省宁远县人民法院，案号为（2020）湘 1126 民初 2834 号。

评析：

为了筹集资金，允许员工通过"股权激励"的方式认购公司股份，但应在股款募足后，经依法设立的验资机构验资并出具证明，且发起人需要在股款募足后三十日内主持召开公司创立大会。本案中，被告某科技股份有限公司应在通过"股份激励"募集足股款后在三十日内召开公司创立大会，以决定公司是否设立。后被告未能如愿挂牌上市，也未按照规定在三十天内召开成立大会，程序上不符合法律规定，应当退还原告所交认购款并支付利息。

第一百零二条　股份有限公司应当制作股东名册并置备于公司。股东名册应当记载下列事项：

（一）股东的姓名或者名称及住所；

（二）各股东所认购的股份种类及股份数；

（三）发行纸面形式的股票的，股票的编号；

（四）各股东取得股份的日期。

条文释义

本条是关于股东名册的规定。

为了维护各股东的合法利益，股份有限公司应当制作股东名册，并将股东名册置备于公司，供需求时查阅。第二项表述为"各股东所认购的股份种类及股份数"，表明股份有限公司认定股东权利义务的依据是"认购"的股份而非"持有"的股份；第三项"发行纸面形式的股票的，股票的编号"，表明区别纸面形式和电子化形式的股票，发行纸面形式的股票，需要记载股票的编号，而发行电子化形式的股票无须在股东名册中记载股票编号。

公司置备股东名册的意义在于：①可以使股份有限公司根据股东名册的记载，了解本公司股东的情况以及股权分布情况，方便公司的运营。②股东名册是确认记名股票与不记名股东身份的根据，也是股东向公司主张行使股东权利的依据。③股东名册是公司向股东履行各项义务的依据。公司可以根据股东名册的记载向股东办理派息分红和各项通知事宜，如通知召开股东会等。

关联案例

王某新与海口某汉实业公司、江苏省某建建设股份公司股东名册记载纠纷案①

案情：

2011 年 11 月 21 日，第三人江苏某建设集团有限公司作为甲方与原告王某新作为乙方签订了一份《股权转让协议书》，约定：甲方将其持有的被告江苏省某建建设股份公司（以下简称"某建公司"）573.868 万元共计 573.868 万股的股份全部转让给乙方；乙方凭本协议即可请求被告某建公司将其记载于股东名册。后被告海口某汉实业公司（以下简称"某汉公司"）未经原告允许擅自将原告持有的股份登记至其名下，

① 审理法院为江苏省扬州市广陵区人民法院，案号为（2020）苏 1002 民初 5028 号。

被告某建公司未能认真核查导致股份被擅自变更登记。两被告行为已侵害了原告的合法权益，原告要求两被告协助变更股东名册。法院认为，结合本案现有证据及原告与两被告庭审陈述可以认定，原告系案涉股份所有人，被告某汉公司与被告某建公司应就案涉股东名册变更事宜为原告提供必要协助。

评析：

根据2018年《公司法》规定，股份有限公司股东名册应当如实记载股东姓名或名称与住所。本案中，第三人与原告签订了《股权转让协议书》，约定协议生效时，原告拥有被告某建公司的股份，原告可要求被告某建公司将股东变更为原告。但是被告某汉公司未经原告允许擅自将原告持有的股份登记至其名下，显然侵犯了原告的合法权益，被告某建公司作为原告受让股份的公司，在变更股东名册内容时应尽到忠实审查核查义务。因此，法院判决两被告协助原告将涉案股份记载于被告某建建设股份有限公司股东名册上，符合法律规定。

第一百零三条 募集设立股份有限公司的发起人应当自公司设立时应发行股份的股款缴足之日起三十日内召开公司成立大会。发起人应当在成立大会召开十五日前将会议日期通知各股东或者予以公告。成立大会应有持有表决权过半数的认股人出席，方可举行。

以发起设立方式设立股份有限公司成立大会的召开和表决程序由公司章程或者发起人协议规定。

条文释义

本条是对以募集设立方式设立股份有限公司成立大会的程序，以及以发起设立方式设立股份有限公司成立大会程序的规定。

新修订的《公司法》将"创立大会"的表述修改为"成立大会"，并将成立大会的举行条件由"代表股份总数过半数的发起人、认股人出席"改为"应有持有表决权过半数的认股人出席"，这一修改表明新修订《公司法》允许股份有限公司发行特殊表决权股，而不再要求股份有限公司必须"同股同权"。与以募集方式设立股份有限公司不同，发起设立的股份有限公司由公司章程或发起人协议规定成立大会相关事项的内容，表明发起设立的股份有限公司可自行选择是否举行成立大会。募集设立股份有限公司的发起人应当自公司设立时应发行股份的股款缴足之日起三十日内召开公司成立大会。该条未明确成立大会的组成人员，一般而言，成立大会由发起人、股东组成。从新修订的《公司法》对成立大会职权的规定看，股东具有通过公司章程、选举公司董事会和监事会成员、对发起人用于抵作股款的财产的作价进行审核、对因不可抗力等情况做出不设立公司的决议等职权。所以成立大会的性质是设立中公司的决议机关，是股东会的前身。

募集设立股份有限公司的发起人依照本法召开成立大会，首先应当在成立大会召开的十五日以前，将举行成立大会的日期通知各股东或者进行公告，以便各个股东按期参加成立大会。同时，在通知或者公告的日期举行成立大会时，应有持有表决权过半数的认股人出席，方可举行。

云南某申生物科技有限公司、李某损害公司利益责任纠纷案①

案情：

2016 年 1 月 11 日，原告云南某申生物科技有限公司（以下简称某申公司）正式注册登记，黄某奎为公司法定代表人兼任执行董事，认缴出资额 46 万元，被告李某任监事，认缴出资额为 32 万元。但在约定的缴纳期限内，上述出资额大部分都未实际缴纳。公司成立后亦未建立相关的财务、会计制度。原告某申公司对被告李某在公司组建初期进行垫资没有异议。后被告李某账户收到原告转账 30 万元，后原告要求被告返还 30 万元。法院认为，依照《公司法》的规定，发起人应当召开创立大会，创立大会应当对公司设立费用进行审查。本案中原告某申公司登记成立后，始终未对公司设立费用进行结算，黄某奎并没有实际履行法定代表人职责，既没有建立公司会计账簿，也没有履行其他管理职责，公司始终处于被告李某的垫资运营状态。从现有证据看，被告垫付资金已经超过其从公司收到的款项，法院不支持原告某申公司要求被告李某返还 30 万元款项的请求。

评析：

每一位公民、法人都应当在诚信前提下参加社会活动，既要主张合法权利，也要履行义务。本案中原告某申公司从成立之初到至今始终处于管理不规范的运作之下，对于被告李某垫付资金的事实原告某申公司没有异议，在发生纠纷后双方没有本着诚信的态度及时化解矛盾，也没有及时主张权利。法院从公司的收益应当首先冲抵运营费用的一般观念考虑，判决被告李某无须返还 30 万元与利息，既考虑了诚实信用，也结合了双方实际矛盾点所在，让被告合法权益得到保障。

第一百零四条 公司成立大会行使下列职权：

（一）审议发起人关于公司筹办情况的报告；

（二）通过公司章程；

（三）选举董事、监事；

（四）对公司的设立费用进行审核；

（五）对发起人非货币财产出资的作价进行审核；

（六）发生不可抗力或者经营条件发生重大变化直接影响公司设立的，可以作出不设立公司的决议。

成立大会对前款所列事项作出决议，应当经出席会议的认股人所持表决权过半数通过。

条文释义

本条是对公司成立大会的职权及表决方式的规定。

根据本条规定，成立大会的职权有：①审议发起人关于公司筹办情况的报告。根

---

① 审理法院为云南省石屏县人民法院，案号为（2021）云 2525 民初 104 号。

据新修订《公司法》规定，发起人承担公司筹办事务。成立大会有权审议发起人关于公司筹办情况的报告。②通过公司章程。公司章程是规范公司组织和行为的基本规则，对每个股东具有约束力。③选举董事、监事。根据草案规定，董事会应授权代表，于公司成立大会结束后三十日内向公司登记机关申请设立登记。④对公司的设立费用进行审核。合理的公司设立费用，是由设立后的公司承担的，所以应当由成立大会进行审核。⑤对发起人非货币财产出资的作价进行审核。根据新修订《公司法》规定，发起人可以用货币出资，也可以用实物、知识产权、土地使用权、股权、债权等可以用货币估价并可以依法转让的非货币财产作价出资。对作为出资的非货币财产应当评估作价，不得高估或者低估作价。⑥发生不可抗力或者经营条件发生重大变化直接影响公司设立的，可以作出不设立公司的决议。成立大会召开，所有出席会议的认股人，应当按照所持表决权，对其职权范围内的事项进行表决。

关联案例

陈某喜与江苏某州某商业银行股份有限公司公司决议效力确认纠纷案①

案情：

原告陈某喜系被告江苏某州某商业银行股份有限公司的股东。被告公司章程第二十七条规定"除法律法规规定的情况外，本行股东所持的股份不得退股。但除本行董事会审议同意，可依法转让、继承和赠与"。该条中增设了股权转让需经董事会审议同意后方可转让，违背了公司法对股权转让的规定，故原告要求确认通过该章程的决议无效。被告辩称，原告有异议的条款经公司创立大会双过半表决制定，符合公司法第九十条的规定。法院认为，本案中被告公司章程的相关规定并无违反该条法律规定的内容，其中关于股东股权转让事宜经董事会审议同意的内容系对被告公司股东转让股权的内部程序规定，亦无禁止股东转让股权的内容。故原告陈某喜要求确认被告江苏某州某商业银行第一次股东大会通过公司章程的决议无效的诉讼请求，缺乏事实及法律依据，法院不予支持。

评析：

2018年《公司法》第一百三十九条第一款规定了股份有限公司记名股票可以依法自由转让，不受限制。该条并没有明确限制公司股东会、董事会不可对股份转让程序进行限制。本案中，原告对于公司章程规定的股权转让内部程序持异议，认为违反了公司法关于股份自由转让的规定而无效。但是被告公司章程经创立大会所持表决权过半数股东同意，程序符合法律规定，对所有股东均具有法律约束力。且该章程所规定的仅是股权转让的内部程序规定，对于股东所拥有的股权转让权利处分并未做限制，并未违反法律规定，因此，法院判决驳回原告诉讼请求，符合法律规定。

第一百零五条 公司设立时应发行的股份未募足，或者发行股份的股款缴足后，发起人在三十日内未召开成立大会的，认股人可以按照所缴股款并加算银行同期存款利息，要求发起人返还。

---

① 审理法院为江苏省泰州市海陵区人民法院，案号为（2019）苏1202民初2511号。

发起人、认股人缴纳股款或者交付非货币财产出资后，除未按期募足股份、发起人未按期召开成立大会或者成立大会决议不设立公司的情形外，不得抽回其股本。

条文释义

本条是对认股人有权要求返还股款的情形以及发起人、认股人可以抽回股本的规定。

本条在修改前将认股人可要求返还股款并加算利息的其中一种情形由"发行股份超过招股说明书规定的截止期限尚未募足"修改为"公司设立时应发行的股份未募足的"，这一修改显然旨在配合授权资本制，仅要求发起人对应发行股份，而非拟发行的全部股份未募足时承担退还责任。本条第二款内容，明确了发起人和认股人应遵循资本维持原则，不得有抽回股本之行为，除非满足未按期募足股份、发起人未按期召开成立大会或者成立大会决议不设立公司的情形。

根据新修订《公司法》规定，发起人制作认股书，由认股人填写认购股数、金额、住所并签名、盖章，认股人按照所认股数缴纳股款。这时股份买卖合同已经成立，如果认股人要求退股，返还其股款，则属于违约行为，应当承担违约责任。但是若公司设立时应发行的股份未募足，或者发行股份的股款缴足后，发起人在三十日内未召开成立大会的，可以要求发起人返还股款。该两种情形不属于认股人的违约行为，是发行人的原因造成的，属于认股人的权利。

募集设立股份有限公司的发起人应当自公司设立时应发行股份的股款缴足之日起三十日内召开公司成立大会。如果在这个阶段再允许发起人、认股人抽回其股本，就会导致实收股款与实际不符，就应当重新验资，由此会增加支出；这些情形都会给其他发起人、认股人造成损失。所以在一般情况下，发起人、认股人缴纳了股款或者发起人交付非货币财产出资后，就不得抽回其股本。但是如果公司未按期募足股份、发起人未按期召开成立大会、成立大会决议不设立公司时，则发起人、认股人当然可以抽回其股本。

关联案例

靳某轩与鹤壁某电子集团有限公司损害股东利益责任纠纷案①

案情：

1998 年 1 月 20 日，原告靳某轩向被告鹤壁某电子集团有限公司缴纳股金 3 000 元，成为鹤壁某电子集团有限公司的股东。2013 年原告从被告处退休，原告向被告催要 3 000 元股金未果，为维护原告合法权益，特诉至法院。法院认为，发起人、认股人缴纳股款或者交付抵作股款的出资后，除未按期募足股份、发起人未按期召开创立大会或者创立大会决议不设立公司的情形外，不得抽回其股本。本案中，被告鹤壁某电子集团有限公司于 1998 年 4 月 10 日成立并存续至今，不存在认股人抽回股本的情形，故原告靳某轩的诉讼请求无事实和法律依据，法院依法不予支持。

---

① 审理法院为河南省鹤壁市山城区人民法院，案号为（2021）豫 0603 民初 121 号。

评析：

本案中，原告缴纳股金后，被告已经依法按照程序设立，且不存在未按期募足股份、发起人未按期召开创立大会的情形，被告设立后一直存续至今，按照 2018 年《公司法》规定，原告不得要求抽回其股本。这体现了资本维持原则，但是原告可以依法转让其所持有的股份。

第一百零六条 董事会应当授权代表，于公司成立大会结束后三十日内向公司登记机关申请设立登记。

条文释义 ┝

本条是关于董事会申请公司设立登记的规定。

本条规定，在成立大会依法召开并依法做出决议以后，由成立大会选举的董事会成员组成的董事会，应当在成立大会结束后三十日以内授权代表向公司登记机关申请设立登记，以使公司能够最终成立。根据新修订的《公司法》规定，董事会申请设立公司，应当提交公司法定代表人签署的设立登记申请书、公司章程等文件。公司应当对提交材料的真实性、合法性和有效性负责。

第一百零七条 本法第四十四条、第四十九条第三款、第五十一条、第五十二条、第五十三条的规定，适用于股份有限公司。

条文释义 ┝

本条是对股份有限公司股东股款缴纳情况核查、催缴出资，股东欠缴出资的责任以及股东抽逃出资责任的规定。

2023 年《公司法》第一百零七条属于新增的引致条款，明示股份有限公司可以直接适用有限责任公司关于设立中公司的责任承担、公司资本充实的相关规定。针对公司资本充实，既有司法实践中法院已然类推适用，《公司法》修订后成文法的明确可以起到提示和背书的作用。具体规定包括股东的差额填补责任、损害赔偿责任及催缴失权机制，公司成立后董事会的核查、催缴义务及损害赔偿责任，抽逃出资的股东责任及过错董监高的连带责任。

根据《公司法解释（三）》第十七条规定，股东未履行出资义务或者抽逃全部出资的，经催告后仍未履行的，股东会可以决议解除该股东的股东资格。本条规定了履行了部分但未按期全面履行出资义务的股东，经催缴后在一定期限内仍不履行的，仅仅丧失的是未缴纳出资的股权，对于已经缴纳了出资的部分股权不丧失，其股东资格仍存在。股东资格的丧失由董事会决议，由公司书面通知股东失权。股东失权后公司应当在六个月内依法转让，或者相应减少注册资本并注销该股权。本法第五十条规定的公司设立时股东欠缴出资的责任规定同样适用于股份有限公司。由公司设立时的股东共同承担相互担保出资义务的履行，确保公司实收资本按照章程的规定如期缴足的民事责任。

宋某、白某强等股东出资纠纷案①

案情：

2014 年 7 月 18 日，某集团公司与两上诉人宋某、白某强签订合作框架协议，约定两上诉人以自己拥有的有关防火玻璃、节能玻璃方面的无形资产出资与某集团公司共同成立新公司。2014 年 7 月 22 日，某（北京）资产评估有限公司出具资产评估报告，认定两上诉人的专利技术在 2014 年 5 月 31 日的市场价值为 42 610 400 元。2020 年 11 月 5 日，淄博某资产评估有限公司出具追溯性评估咨询报告，认定已办理专利变更登记所涉及的专利权拆分价值为 4 752 700 元，其中一项发明专利的状态为已失效，价值较之前贬值。法院认为，作为出资的非货币资产在实际交付后，其实际价额低于公司章程所定价额的情况下，或者股东已经无法按照章程约定出资的情况下，公司可以要求股东用货币的形式补齐出资。根据查明事实，上诉人提供的技术未办理权属变更手续，且 4 项专利均已失效，即不能再办理权属变更手续。对于该 4 项专利技术上诉人已经实际交付不能，应用货币方式补足。

评析：

股东的出资，是公司设立并从事生产经营活动的物质基础，股东出资是维护公司正常经营与发展的必要条件。公司设立时的股东应承担资本充实责任，公司设立后，作为出资的非货币财产的实际价额显著低于所认缴的出资额的，应当承担补足责任，给公司造成损失的，应当承担赔偿责任。本案中，上诉人用知识产权出资，在公司成立后，部分知识产权已经失效，不能实际交付，该部分知识产权的价值应当用货币补足。而对于价值显著低于公司设立时所认定的价值的，但是权属可以转移交付的，应当用等值技术进行补足。

第一百零八条 有限责任公司变更为股份有限公司时，折合的实收股本总额不得高于公司净资产额。有限责任公司变更为股份有限公司，为增加注册资本公开发行股份时，应当依法办理。

条文释义 ├

本条是关于有限责任公司变更为股份有限公司时如何折合股份以及如何向社会公开发行股份的规定。

本条规定了有限责任公司变更为股份有限公司时应按照净资产折合实收股本，以及可以为增资而公开发行股份。由于有限责任公司在其运营过程中，既有资产，也有负债，新修订《公司法》规定，股份有限公司的注册资本为在公司登记机关登记的已发行股份的股本总额。所以，有限责任公司的资产，在计入股份有限公司的股本时，应当减去其负债的部分，即计入股份有限公司股本的资产，应当是有限责任公司的净资产，而不是其资产总额。有限责任公司的原股东所持有的出资总额，应当是由这些

---

① 审理法院为山东省淄博市中级人民法院，案号为（2021）鲁 03 民终 1283 号。

净资产折合而成的股份总额。

有限责任公司变更为股份有限公司后，为增加注册资本公开发行股份，关系到广大社会公众的利益，也关系到整个社会秩序的稳定。所以，有限责任公司依法经批准变更为股份有限公司，为增加注册资本公开发行股份时，不得擅自公开发行，而应当依照本法及证券法有关公开发行股份的规定办理。

关联案例

罗某与云南某花卉有限公司、李某泰新增资本认购纠纷、买卖合同纠纷案[①]

案情：

被告云南某花卉有限公司（以下简称花卉公司）系有限责任公司。原告罗某与被告花卉公司签订了《云南某花卉有限公司股权投资认购协议书》，约定原告自愿按照协议规定条款和条件认购被告公司投资股权，乙方认购股权的金额总计 20 万元。并约定若甲方在约定时间内未能实现上市，则乙方有权选择退出。后被告花卉公司一直未上市，致使原被告双方签订的协议无法实现。原告多次要求被告依照双方签订的协议书退还 20 万元及利息，但被告一直不予退还。被告的行为严重侵害了原告的合法权益，故诉至法院。法院认为，根据新《公司法》第一百零八条"有限责任公司变更为股份有限公司时，折合的实收股本总额不得高于公司净资产额。有限责任公司变更为股份有限公司，为增加注册资本公开发行股份时，应当依法办理"的规定，被告非公开定向融资是公司增资方式，因被告并未实现从有限责任公司转变为股份有限公司，被告花卉公司应当履行向原告返还投资款的义务。被告花卉公司应根据书面协议约定以当时购买价格回购原告的股权，同时还应支付同期银行利息。

评析：

根据《民法典》规定，因当事人一方迟延履行债务或者有其他违约行为致使不能实现合同目的，当事人可以解除合同。本案中，首先，被告花卉公司一直未上市，致使原被告双方签订的协议无法实现，原告有权依照法律规定要求解除合同。其次，被告以非公开方式定向融资，且双方签订的投资协议书约定乙方有权自甲方未能有效实现上市之日起一年内选择退出，后被告未能按照约定实现上市，被告花卉公司应当按照投资协议书约定履行向原告返还投资款的义务。

第一百零九条　股份有限公司应当将公司章程、股东名册、股东会会议记录、董事会会议记录、监事会会议记录、财务会计报告、债券持有人名册置备于本公司。

条文释义

本条是对股份有限公司应当置备公司章程、股东名册、股东会会议记录等资料的规定。

股东作为公司的投资者，有权了解公司相关情况。由于绝大多数股东不参与公司的日常经营活动，因此，其对公司情况的了解需要借助于相关的文件、资料。为此，

[①]　审理法院为云南省昆明市官渡区人民法院，案号为（2020）云 0111 民初 3631 号。

本条规定，股东有权查阅公司章程、股东名册、股东会会议记录、董事会会议记录、监事会会议记录、财务会计报告、债券持有人名册。将公司章程、股东名册、股东会会议记录等文件置备于本公司，就是为了方便股东查阅，确保股东能够准确地了解有关的情况，同时也便于有关主管机构依法对公司进行必要的监督。本条要求公司置备的文件包括：①公司章程。公司章程是公司行为的基本准则，对公司所有股东及公司机关具有约束力。②股东名册。股东名册是公司制作的记载股东身份的文件。③股东会会议记录。股东有权参加股东大会，当然有权查阅会议记录。④董事会会议记录、监事会会议记录。绝大多数股东不是公司的董事、监事，不能参加公司的董事会会议和监事会会议。但作为股东，其有权了解董事会会议和监事会会议的情况。⑤财务会计报告。股东通过查阅财务会计报告，可以了解公司财务会计情况。⑥债券持有人名册。相对于公司债券存根，债券持有人名册属于新修订《公司法》的内容，但是本质是一样的。在债券存续阶段，发行人可以随时查询债券持有人名单。

关联案例

林某、广东某科技股份有限公司股东知情权纠纷案[①]

案情：

原告林某系被告广东某科技股份有限公司的股东。原告于 2021 年 6 月 8 日向被告发送《股东知情权申请函》，申请查阅、复制被告自 2021 年 1 月 1 日起至实际提供日的股东名册及变更记录、股东大会会议记录、股东大会会议决议等公司文件，并请被告准备上述所有材料并安排具体查阅事宜。截至今日，被告未提供上述公司资料，也未对原告申请作出回复或安排。为更好地行使知情权、保护自身权益，原告诉至法院，请求判令被告提供上述公司资料供原告和原告委托的专业人士查阅、复制。法院认为，原告系被告股东，依法享有股东知情权。被告系依法设立的股份有限公司，股东的知情权范围应根据公司法规定及被告公司章程的相关规定进行调整。被告有义务将公司相关材料置备于本公司。原告应在合理空间、期间范围内行使权利。

评析：

股东知情权是指股东享有了解和掌握公司经营管理等重要信息的权利，该权利为股东的固有权利，当股东行使股东知情权受阻时，有权获得司法救济。股东知情权行使的前提之一是须为该公司股东。原告通过股权回购获得股东资格，当然享有股东知情权，有权查阅股东大会会议记录、股东大会会议决议、董事会会议决议等公司文件，被告应当为原告查阅相关材料提供便利，同时原告也可委托专业机构进行查阅。因此，法院判决被告在判决发生法律效力之日起将上述资料置于公司内供原告查询，合法合理。

第一百一十条 股东有权查阅、复制公司章程、股东名册、股东会会议记录、董事会会议决议、监事会会议决议、财务会计报告，对公司的经营提出建议或者质询。

连续一百八十日以上单独或者合计持有公司百分之三以上股份的股东要求查阅公司的会计账簿、会计凭证的，适用本法第五十七条第二款、第三款、第四款的规定。

---

① 审理法院为广东省佛山市南海区人民法院，案号为（2021）粤 0605 民初 16347 号。

公司章程对持股比例有较低规定的，从其规定。

股东要求查阅、复制公司全资子公司相关材料的，适用前两款的规定。

上市公司股东查阅、复制相关材料的，应当遵守《证券法》等法律、行政法规的规定。

条文释义

本条是对股东查阅权、复制权、建议、质询权以及查阅公司会计账簿、会计凭证的股东资格的规定。股东作为公司的出资人，除可以通过股东会来决定公司重大事项外，还可以通过对公司的经营管理提出建议或者质询来改善公司的经营管理活动，督促公司董事、监事、高级管理人员谨慎、勤勉履行职责，维护自己的权益。建议权是指股东对公司提出的有关经营管理方面的意见、改善措施、方案的权利；质询权是指股东对公司的决策失误、管理不当、高管人员的不尽职或失职行为提出质疑，要求其改正的权利。

该条新增了股份有限公司股东查阅会计账簿、会计凭证的权利。本条一是对查阅公司会计账簿、会计凭证的股东的资格进行限制，要求连续一百八十日以上单独或者合计持有公司百分之三以上股份，一定程度上提高了股份有限公司股东行权的门槛以防止权力滥用，避免阻碍到公司的正常运营。但同时，授权公司可以通过章程对前述比例另行调整。二是以引致条款的形式再次确认了股份有限公司股东知情权行使的前置程序及保密要求，与有限责任公司的规定保持一致。三是在查阅权的基础上，增加了股份有限公司股东对公司章程等文件的复制权，此规定对少数股东的保护更为全面有效。四是新增了母公司股东对全资子公司相关材料的查阅、复制权，明确其仍应受到相应条件的限制。五是着重强调了上市公司股东行权需要同时遵循《证券法》等规范性文件的规定。

关联案例

孟某国、某啤酒（山东无名）股份有限公司股东知情权纠纷案①

案情：

从1994年起，孟某国以员工入股形式多次购买某啤酒（山东无名）股份有限公司（以下简称某啤酒公司）的股份。被告依法为原告出具了股权证。2021年8月份孟某国持《查账申请书》要求行使股东知情权，核阅自1994年5月1日至2021年8月31日期间的公司章程、股东大会会议记录、董事会会议决议、监事会会议决议和财务会计报告及会计账簿、会计凭证及股东名册等。某啤酒公司工作人员口头答复不予处理，未作书面回复。原告作为被告的股东对公司的经营情况及财务状况等事项依法享有知情权，为维护自身股东权益，向法院提起诉讼。法院认为，孟某国作为某啤酒公司的股东，其有权查阅公司股东名册、股东大会会议记录、董事会会议决议、监事会会议决议、财务会计报告，因原告所欲核阅的上述资料为某啤酒公司经营活动中的重要组成部分，原告应在合理空间、期间范围内行使权利，但仅限于查阅，无权复制。

---

① 审理法院为山东省邹城市人民法院，案号为（2021）鲁0883民初9051号。

评析：

原告通过员工入股形式购买被告股份，当然享有股东权利，有权查阅公司章程、股东大会会议记录、董事会会议决议、监事会会议决议和财务会计报告等公司文件。但是因有限责任公司和股份有限公司性质的不同，根据 2018 年《公司法》规定，股份有限公司的股东在行使股东知情权时，仅限于查阅以上公司资料，却无复制上述资料的权利，因此法院判决原告在合理空间、期限范围查阅公司章程、股东大会会议记录等文件，对原告要求复制的请求不予支持，严格遵守了《公司法》对于股东知情权的规定。

第二节　股东会

第一百一十一条　股份有限公司股东会由全体股东组成。股东会是公司的权力机构，依照本法行使职权。

条文释义

本条是对股份有限公司股东会的组成及其地位的规定。

公司虽为独立享有权利和承担义务的法律主体，但其行为必须依赖自然人的意思表示和行动，这些自然人或者自然人的集合构成公司的组织机构。股份有限公司通常股东人数较多，为保持公司运作效率，采取所有权与经营权分离的方式，由董事会作为公司业务的经营决策机构，负责公司的经营管理。虽然股份有限公司股东不直接参与公司的经营管理，但仍有必要通过一定的机制行使其作为出资人的权力。这种机制的现实选择和法律上的安排，就是由全体股东组成公司的权力机关——股东会，集合股东的意志，决定公司重大事项。

公司虽对公司财产独立享有法人财产权，但公司股东对公司财产享有最终所有权，这就决定了股东会作为公司权力机构的地位。股东会作为公司权力机构的地位体现在以下几个方面：①公司的"宪法"——公司章程由股东会制定和修改；②公司的经营管理机构、监督机构的成员由其任免，对其负责；③股东会根据法律和章程的规定，决定公司的重大事项。

关联案例

马某等与北京某科技有限公司等公司决议效力确认纠纷案[①]

案情：

上诉人马某认为李某录行使执行董事职权应以遵守《北京某科技有限公司增资扩股合作协议》约定为前提。《北京某科技有限公司合作框架协议》《增资扩股合作协议》是各方的真实意思表示，协议中均约定由马某担任总经理并由其带领原运营团队继续负责北京某科技有限公司的运作经营。案涉执行董事决定的相关内容违背了诚实信用

[①]　审理法院为北京市第三中级人民法院，案号为（2020）京 03 民终 644 号。

原则，应属无效。法院认为，股东投资的聚合形成了独立的公司财产，并奠定了公司独立法人地位。股东大会系公司最高权力机构，并形成公司的意思表示，对公司的重大事项作出决策。股东会对修改公司章程、任免董事等事项作出决议，书面形式一致表示同意的，可以不召开股东会会议，直接作出决定，并由全体股东在决定文件上签名、盖章。由此，全体股东的一致意思表示与股东大会决议产生同等效力。因此《增资扩股合作协议》中关于马某担任总经理、原运营团队负责公司经营管理是对股东合意的体现。

评析：

本案在对公司总经理人选有明确约定的情况下，执行董事是否依据章程中关于执行董事职权的规定罢免上述约定的总经理。需要考虑三个问题，一是《增资扩股合作协议》中案涉争议具体约定内容的性质和效力。该协议是各股东以书面形式呈现的对公司董事变更的认可。二是《增资扩股合作协议》是否为全体股东的一致意思表示。从签订主体看，各股东均认可案涉协议的内容；三是股权变更的股东会决议情况。《2017年第一次临时股东会决议》中对案涉增资及股权变更情况进行了表决，可以说明各股东对《增资扩股合作协议》约定的案涉增资的认可。由此可知，案涉协议应为全体股东意思表示一致的结果，应当合法有效。案涉协议中关于马某任免事项应属有效。

第一百一十二条 本法第五十九条第一款、第二款关于有限责任公司股东会职权的规定，适用于股份有限公司股东会。

本法第六十条关于只有一个股东的有限责任公司不设股东会的规定，适用于一人股份有限公司。

条文释义

本条是对股东会职权以及一人股份公司不设股东会的规定。

根据新修订《公司法》第五十九条第一款规定，股东会的职权归纳起来有以下几项：①人事任免权。公司的董事、监事是公司的经营管理者和监督者，对公司的经营状况起着决定性作用，其选举、更换和报酬，应当由股东会决定。②批准权。一是审批董事会、监事会工作报告。二是审议批准公司的利润分配方案和弥补亏损方案。三是对公司增加或者减少注册资本做出决议。四是对发行公司债券做出决议。同时股东会还可以授权董事会对发行公司债券作出决议。五是对公司合并、分立、解散、清算和变更公司形式做出决议。③章程修改权。公司章程是公司的"宪法"，确定公司的组织规范和股东、各机构以及董事、监事、高级管理人员的行为准则，由公司股东会在公司设立时制定，也应由公司股东会修改。④公司章程规定的其他职权。股东会除具有法律规定的职权外，公司的出资人——股东还可以从公司实际出发，在不违背法律强制性规定的情况下，通过章程为股东会规定必要的职权。

本条第二款规定了只有一个股东的股份公司可不设股东会。一人股份公司只有一个自然人股东或者一个法人股东，公司章程由该股东制定，公司不设股东会，股东作出决定时，应当采用书面形式，并由股东签名或盖章后置备于公司。为了使一人股份公司的交易相对人在与公司进行交易时充分了解公司的状况，要求一人股份公司的唯一股东在行使股东会权力、做出相应决策时，应当载于会议记录或者以书面形式起草。

关联案例

张某、某同方（鞍山）环保设备股份有限公司请求变更公司登记纠纷案①

案情：

某同方（鞍山）环保设备股份有限公司（以下简称某同方公司）为股份有限公司，张某是某同方公司的董事。上诉人张某在《股权转让协议》中约定将其持有某光公司的90%股份转让给张某光。同时在签订股权转让协议的同一天，张某向某同方（鞍山）公司辞去董事职务，表示不再行使董事权利，不再履行董事职务。上诉人请求被上诉人某同方公司到工商行政管理部门进行变更登记。法院认为，根据《公司法》关于股份有限公司股东会职权的规定，公司董事的选任和变更属于公司股东会职权范畴，张某作为某同方公司董事，其请求公司到工商部门办理变更登记手续，应按照公司章程和公司法相关规定，由公司股东会进行表决，而后再依据公司法规定办理变更手续。但张某并未就某同方公司董事任免召开股东会并作出决议，而公司召开股东会本质上属于公司内部治理范围，不具有可诉性。因此，原告请求判令被告进行变更登记，没有法律依据，法院依法不予支持。

评析：

公司章程是公司最基本的自治规则，也是公司治理的准则，公司章程可以规定股东会职权范围，对公司、股东、董事、监事、高级管理人员具有约束力。有限责任公司股东会职权事项同样适用于股份公司，即股份公司股东会有权决定选举或更换董事。本案中，上诉人请求变更登记手续，应当按照公司章程以及《公司法》的规定履行变更登记前的手续，即召开股东会作出董事变动的决议，但是上诉人既未组织召开股东会，股东会也未作出董事变动的决议，因此上诉人的涤除权不存在，法院不支持上诉人的诉求于法有据。

第一百一十三条 股东会应当每年召开一次年会。有下列情形之一的，应当在两个月内召开临时股东会：

（一）董事人数不足本法规定人数或者公司章程所定人数的三分之二时；

（二）公司未弥补的亏损达股本总额三分之一时；

（三）单独或者合计持有公司百分之十以上股份的股东请求时；

（四）董事会认为必要时；

（五）监事会提议召开时；

（六）公司章程规定的其他情形。

条文释义

本条是对股份有限公司股东会年会和应当召开临时股东会的法定情形的规定。

---

① 审理法院为辽宁省鞍山市中级人民法院，案号为（2021）辽03民终4075号。

股东会会议依其召开时间的不同，分为股东会年会和临时股东会。由于股份有限公司通常股东人数较多，因此新修订《公司法》确定股东会应当每年召开一次年会，决定公司一年中的重大事项。在公司经营过程中，需要由股东会审议决定某些重大事项，此时可以召开临时股东会。临时股东会与股东会年会的区别在于二者的召集权人和召集程序不同，审议的事项也有区别。

根据本条规定，必须召开临时股东会的情形有：

（1）董事人数不足本法规定人数（三人）或者公司章程所定人数的三分之二时。在此种情形下，公司的经营决策机构董事会难以正常开展活动，需要召开临时股东会增选董事或者采取其他必要对策。

（2）公司未弥补的亏损达实收股本总额的三分之一时。公司出现此种情形时，表明公司处于严重亏损状态，偿付能力严重不足，股东的利益将得不到保障，需要召开临时股东会，决定采取增加资本，更换董事、监事、高级管理人员。

（3）单独或者合计持有公司百分之十以上股份的股东请求时。股东是公司的出资者和公司财产的最终所有者，在股东会会议不能正常召开的情况下，应当赋予股东召集股东会会议的权力以维护其合法权益。同时，由于股份有限公司股东人数较多、股权分散，因此，本条对股东召集股东会会议的权力做了限制，必须为单独或者合计持有公司百分之十以上股份的股东请求时。

（4）董事会认为有必要时。董事会作为公司的经营决策机构，在公司遇到困难无法自行解决，需要召开股东会对某些重大事项作出决议，且该事项是必须通过召开股东会才能解决时，可以召开股东会。

（5）监事会提议召开时。监事会作为公司的监督机构，无权决定召开临时股东会，但是可以行使监督职责，向董事会提议召开股东会，由董事会决定是否有必要召开临时股东会。但是在章程规定的期限内董事会不履行召集股东会年会的义务时监事会可召集和主持股东会会议。

关联案例

王某喜、徐州某钢炉料有限公司决议撤销纠纷案[①]

案情：

原告是被告公司股东，持股40%。2021年3月30日被告徐州某钢炉料有限公司向原告王某喜邮寄了《关于召开临时股东会的通知》，原告于2021年3月31日收到该通知，通知书显示被告董事会决定于2021年4月1日召开临时股东会。原告认为被告召开临时股东会通知原告的时间仅有一天，违法了《公司法》关于召开股东会的有关规定，应予以撤销。被告做出《股东会决议》，该份股东会决议显示："相关决议通过全体股东75%比例进行投票表决通过，为合法有效。"原告对股东会的决议表示反对。原告认为《股东会决议》所表述的内容与实际不符，相关决议没有通过全体股东75%比例表决通过，应予以撤销。法院认为，本案中，被告于2021年3月30日向原告邮寄了《关于召开临时股东会的通知》，通知原告于2021年4月1日参加临时股东会，原告于

---

① 审理法院为江苏省徐州市铜山区人民法院，案号为（2021）苏0312民初8698号。

2021 年 3 月 31 日收到该通知，被告上述行为违反了公司法中关于召开股东会会议应提前十五日通知股东的规定。原告以此为由在法定期限内请求人民法院撤销被告做出的《股东会决议》，不违反法律规定，法院予以支持。

评析：

本案中，被告公司因公司亏损原因召开临时股东会议，向各股东邮寄《关于召开临时股东会的通知》，但是原告收到通知时间与召开临时股东会议时间仅差一天，违反了公司法中关于召开股东会会议应提前十五日通知股东的规定。同时《股东会决议》对相关决议的通过比例做了约定，且原告作为持股 40% 的股东，在原告不同意的情况下，该《股东会决议》相关决议并未达到约定的通过比例，该决议应当予以撤销。

第一百一十四条 股东会会议由董事会召集，董事长主持；董事长不能履行职务或者不履行职务的，由副董事长主持；副董事长不能履行职务或者不履行职务的，由过半数的董事共同推举一名董事主持。

董事会不能履行或者不履行召集股东会会议职责的，监事会应当及时召集和主持；监事会不召集和主持的，连续九十日以上单独或者合计持有公司百分之十以上股份的股东可以自行召集和主持。

单独或者合计持有公司百分之十以上股份的股东请求召开临时股东会会议的，董事会、监事会应当在收到请求之日起十日内作出是否召开临时股东会会议的决定，并书面答复股东。

条文释义

本条是对股份有限公司股东会的召集和主持方式的规定。

股东会会议的召集人包括：

（1）董事会。董事会是由股东选举产生的董事组成的公司经营决策机构，是股东会会议最适合的召集人，除特殊情况外，董事会为股东会会议的法定召集人。股东会会议由董事会召集时，董事长为主持人；董事长不能履行职务或者不履行职务的，由副董事长主持；副董事长不能履行职务或者不履行职务的，由过半数的董事共同推举一名董事主持。

（2）监事会。监事会在以下两种情形下可以召集股东会：一是在章程规定的期限内董事会不履行召集股东会年会的义务时；二是董事会在两个月内未召开股东会时。在监事会召集股东会会议时，监事会为主持人。

（3）符合条件的股东。股东是公司的出资者和公司财产的最终所有者，在股东会会议不能正常召开的情况下，应当赋予股东召集股东会会议的权利以维护其合法权益。同时，由于股份有限公司股东人数较多、股权分散，因此，本条对股东召集股东会会议的权利做了以下限制：一是持股数额的限制，必须单独或者合计持有公司百分之十以上股份；二是持股时间的限制，必须连续持股九十日以上；三是程序限制，必须是在出现应当召开股东会的情形，而董事会、监事会均不履行其召集股东会会议的义务时，上述股东才能自行召集。本条还规定当符合条件的股东提议召开临时股东会会议，董事、监事应当在收到请求之日起十日内通过书面形式答复股东是否同意召开临时股东会。

关联案例

刘某福、成都某达实业股份有限公司公司决议纠纷案①

案情：

2018 年 1 月 12 日，被上诉人成都某达实业股份有限公司（以下简称某达公司）召开 2018 年度第一次临时股东大会，并形成决议，免去上一届董事会各董事职务，选举某达公司新一届董事会董事……同日，新选举产生的董事召开了某达公司 2018 年度第一次董事会，形成免去刘某福董事长等内容的董事会决议。上诉人刘某福请求确认某达公司于 2018 年 1 月 12 日所形成的《第一次临时股东会大会决议》《第一次董事会决议》均不成立。法院认为，上诉人刘某福提起本案诉讼，并无证据证明刘某福系某达公司股东，刘某福基于案涉股东大会、董事会决议选举新一届董事会、董事长与其有利害关系提起本案诉讼。某达公司股东某力公司向刘某福等邮寄《关于提议召开临时股东大会的函》，请求召开临时股东大会，但某达公司董事会、监事会未在两个月内召开临时股东大会，某力公司以在公开发行的报纸上刊登公告的方式，发布召开临时股东大会的通知，符合法律规定。本案中，并无证据证明案涉股东大会决议、董事会决议存在上述不成立的情形。因此上诉人的主张不成立，法院不予支持。

评析：

在董事会、监事会不能履行或者不履行召集股东大会会议职责的，连续九十日以上单独或者合计持有公司百分之十以上股份的股东可以自行召集和主持。本案中被上诉人某达公司董事会、监事会收到某力公司邮寄的《关于提议召开临时股东大会的函》，未在两个月内召开临时股东大会，某力公司可以以股东身份召集和主持股东大会。某力公司按照程序规定通过报纸刊登《召开 2018 年度第一次临时股东大会通知》的公告，并不违反公司章程关于临时股东大会的通知规定，涉案临时股东大会召集程序符合法律规定。

第一百一十五条 召开股东会会议，应当将会议召开的时间、地点和审议的事项于会议召开二十日前通知各股东；临时股东会应当于会议召开十五日前通知各股东。

单独或者合计持有公司百分之一以上股份的股东，可以在股东会召开十日前提出临时提案并书面提交董事会。临时提案应当有明确议题和具体决议事项。董事会应当在收到提案后二日内通知其他股东，并将该临时提案提交股东会审议；但临时提案违反法律、行政法规或者公司章程的规定，或者不属于股东会职权范围的除外。公司不得提高提出临时提案股东的持股比例。

公开发行股份的公司，应当以公告方式作出前两款规定的通知。

股东会不得对通知中未列明的事项作出决议。

条文释义

本条是对股东会会议召开程序的规定。

本条对股份有限公司召开股东会会议设置了两类提前通知的时间要求，即定期会

---

① 审理法院为四川省成都市中级人民法院，案号为（2021）川 01 民终 4498 号。

议提前二十日和临时会议提前十五日；删去 2018 年《公司法》条文中关于发行无记名股票应提前三十日公告会议时间、地点和审议事项的内容。本条将有权提出临时提案的主体由"单独或合计持有公司百分之三以上股份的股东"修改为"单独或者合计持有公司百分之一以上股份的股东"，降低了该权利主体的范围门槛。

根据本条规定，股东会会议的通知分为两种情形：一是召开股东会年会或者章程规定的定期会议，通知的时间为会议召开二十日前，通知的内容包括会议召开的时间、地点和审议的事项。二是召开临时股东大会时，通知的期限要短于召开股东会年会和定期会议的时间，为会议召开十五日前。

根据本条规定，提出提案的股东应当单独或者合计持有公司百分之一以上股份，降低了提案股东需持有的公司股份的比例，提出提案的时间为股东会会议召开十日前，临时提案应当有明确议题和具体决议事项。增加了临时提案不得"违反法律、行政法规或者公司章程的规定"的限制。此项限制性规定避免了进入股东会审议的临时提案的数量泛滥，规范了股东临时提案权的行使，亦进一步优化了公司治理。同时着重强调了"公司不得提高临时提案股东的持股比例"，进一步保障了中小股东的提案权。

为了维护众股东的利益，确保股东的参与权，公开发行股份的公司，在召集定期会议或者临时股东会议时，应当以公告方式作出通知。股东会的审议事项必须是股东会会议的召集人在通知中列明的事项，包括召集人主动在通知中列明的事项，也包括根据法定程序在通知中列明的提案人的提案。通知中未列明的事项，股东大会会议不得对其做出决议。

关联案例

杭州某网络科技有限公司、吴某琴股东出资纠纷案[①]

案情：

2020 年 9 月 9 日，被告吴某琴等三人注册成立杭州某网络科技有限公司（以下简称网络公司）。后因公司经营需要，网络公司于 2021 年 11 月 5 日召开股东大会，并形成股东会决议，股东会作出吴某琴已经实缴 100 000 元，剩余款项 340 055 元应于 2021 年 11 月 20 日实缴的决议。此次股东大会吴某琴经通知未参加。之后，吴某琴对股东会决议未提出异议，也未将出资款 340 055 元缴纳至网络公司，致使公司经营困难。原告网络公司要求吴某琴缴付股东出资。法院认为，网络公司向吴某琴寄送的召开股东会通知中，通知的会议内容为公司经营发展的问题和股东应及时履行的应尽义务问题。而网络公司作出的股东会决议内容为确认公司亏损及各股东应认缴的出资。会议通知内容与股东会决议内容不相符，违反了股东会的会议召集程序，应予以撤销，撤销后的决议内容无效。

评析：

召开临时股东会会议，应当提前十五日将会议时间、地点以及审议事项通知股东，通知的会议内容如无例外情况应和召开会议时应审议的内容无异。本案中，网络公司向被告吴某琴寄送的召开股东会通知中，通知的会议内容为公司经营发展的问题和股

[①] 审理法院为浙江省杭州市萧山区人民法院，案号为（2022）浙 0109 民初 2461 号。

东应及时履行的应尽义务问题，但实际召开股东会审议的内容为确认公司亏损以及提前认缴出资，二者内容不一致，且在被告未参加的情况下作出了该股东会决议，股东会会议程序违反法律规定，其决议应属无效。

第一百一十六条 股东出席股东会会议，所持每一股份有一表决权，类别股股东除外。公司持有的本公司股份没有表决权。

股东会作出决议，应当经出席会议的股东所持表决权过半数通过。

股东会作出修改公司章程、增加或者减少注册资本的决议，以及公司合并、分立、解散或者变更公司形式的决议，应当经出席会议的股东所持表决权的三分之二以上通过。

条文释义

本条是对股份有限公司股东会的表决方式和程序的规定。

新增规定的"类别股股东除外"的内容，表明股份有限公司可对类别股股东设定特殊表决权，可同股不同权。股份有限公司为资合公司，由股东投入的划分为等额股份的资本构成。因此，股份有限公司股东在股东会的表决权不是按参加会议的股东人数来计算，而是以股东所持股份数来计算，除特殊情况外，股东所持每一股份有一表决权，这是股份有限公司同股同权特性的体现，但是类别股例外。公司为独立法人，其股东应为公司以外的第三人，否则会导致公司与其股东之间人格难以区分。因此，公司虽可以依法取得自己的股份，但不能依其所持股份享有表决权。

股份有限公司通常股东人数多，且股东仅以其出资为限对公司承担责任，因此股东会决议采用多数决方式，不必全体股东一致同意。同时，股东会决议事项对公司及股东的利益影响有轻有重，法律依此规定了不同的决议方法：①一般决议程序，只需出席会议的股东所持表决权的简单多数通过即可。②特别决议程序，必须经出席会议的股东所持表决权的三分之二以上通过。包括修改公司章程、增加或者减少注册资本的决议，以及公司合并、分立、解散或者变更公司形式的决议。对于股东会决议的表决，本条未规定出席会议的股东应持有最低股份数，主要考虑是召开股东会会议，须依法定程序通知股东，股东不参加股东会会议，表明其放弃了自己的权利，股东会即可经出席会议的股东进行表决，按照法定所需表决权数做出决议。但是，这一做法可能导致股东会决议不能代表多数股东的意愿，在股东之间引起纠纷，未出席股东会的股东甚至可以另外召开股东会，做出决议，导致公司僵局。为了避免上述弊端，公司可以在章程中规定出席股东大会会议的股东所持最低股份数。

关联案例

重庆市某博农业发展有限公司与重庆某竣农业股份有限公司公司决议纠纷案①
案情：
原告重庆市某博农业发展有限公司（以下简称某博公司）系被告重庆某竣农业股

---

① 审理法院为重庆市云阳县人民法院，案号为（2021）渝 0235 民初 5099 号。

份有限公司（以下简称某竣公司）股东，持有被告公司44.9%的股权。被告未经法定程序、按照公司章程约定履行通知义务，于2021年5月30日召开股东大会，在违反法律规定和公司章程约定的情况下，修改公司章程，并形成股东会决议，且未告知原告，后原告才得知案涉股东决议的存在。被告的股东决议给原告的合法权益造成严重损害，故诉至法院。法院认为，根据《公司法》规定，股东大会作出决议，必须经出席会议的股东所持表决权过半数通过。但是，股东大会作出修改公司章程等特殊事项决议，必须经出席会议的股东所持表决权的三分之二以上通过。本案中，某竣公司于2020年5月30日召开股东大会，会议的三项决议股东意见情况均相同，某博公司表明不同意，其他股东均表明同意。第一项决议为修改公司章程，因某博公司表明不同意，故该项表决因未达到出席会议的股东所持表决权的三分之二以上而不成立。会议的第二、三项决议系公司2020年的财务状况报告和2020年度的工作报告，该两项决议须经出席会议的股东所持表决权过半数通过，这两项决议通过比例符合法律及章程规定而成立。

评析：

2018年《公司法》对修改公司章程这一股东会审议事项股东所持表决权通过比例做了规定，必须经出席会议的股东所持表决权的三分之二以上通过，一般表决事项只需出席会议的股东所持表决权过半数通过即可。本案中，案涉股东会决议涉及修改公司章程，应当需要出席会议所持表决权的三分之二以上通过，很明显，原告所持表决权为44.9%，就算其他股东全部同意，依旧达不到三分之二的比例，因故该决议不成立，对于原告这部分请求应予支持。另外两项股东会决议系一般表决事项，只需出席会议的股东所持表决权过半数通过即可，即使原告不同意，因其所占比例达到二分之一，该两项决议成立。

第一百一十七条 股东会选举董事、监事，可以按照公司章程的规定或者股东会的决议，实行累积投票制。

本法所称累积投票制，是指股东会选举董事或者监事时，每一股份拥有与应选董事或者监事人数相同的表决权，股东拥有的表决权可以集中使用。

条文释义

本条是对累积投票制的规定。

股东的表决权以"每一股份有一表决权"为原则，在选举董事、监事时也是如此。在累积投票制度下，中小股东通过其投票权的集中使用，可以增加其提名人的当选机会。例如，某股份公司有1 000股，其中某大股东占70%，其余股东占30%。如公司拟选三名董事，在实行直接投票制，则只能是大股东中意的人选才有可能当选。而实行累积投票制，大股东的累积表决权数为2 100票，其余股东为900票。如果其余股东将900票集中投向一名候选人，该一人必然当选；而大股东要想使其三名被提名人都能当选，则最少需要超过2 700票，在这种情况下，大股东也只能保证其提名的二人当选。通过累计投票制，中小股东提名的人选有可能进入董事会、监事会，参与公司的经营决策和监督，虽不足以控制董事会、监事会，但至少能在其中反映中小股东的意见，使大股东提名的董事、监事在行事时有所顾忌，有所制约，而实现董事会、监事会内部一定程度上的监督。

关联案例 ├────────────────────────────

钟某良、王某标等与深圳市某文化产业股份公司公司决议效力确认纠纷案①

案情：

被告深圳市某文化产业股份公司的公司类型为股份有限公司（非上市），登记的董事有原告钟某良、王某标等人。三原告在 2018 年 11 月 14 日向被告发出董事会会议通知，通知内容为会议定于 2018 年 12 月 3 日召开，会议内容为钟某良退出董事会。2018 年 12 月 3 日，三原告到场召开了董事会会议，出席人为三原告。会议作出三原告分别退出董事会的决议。三原告请求按照该董事会会议决议对被告公司进行工商变更登记。法院认为，《公司法》规定，股东会行使下列职权：（二）选举和更换非由职工代表担任的董事、监事，决定有关董事、监事的报酬事项……同时《公司法》规定，股东大会选举董事、监事可以依照公司章程的规定或股东大会的决议，实行累积投票制。从上述法律规定可见，股份有限公司只有股东大会才有权任免公司董事。本案中，三原告均非被告公司股东，其作为董事无权通过董事会议，解除自己的董事职务，因此三原告作出的退出董事会的决议无效，对三原告的全部诉讼请求，不予支持。

评析：

股东大会是公司的权利机构，其职权包括选举和更换非由职工代表担任的董事、监事，决定有关董事、监事的报酬事项。本案中，三原告作为股份有限公司非由职工代表担任的董事，其选举与任免应由股东会作出决议，且三原告非公司股东，作为董事无权通过召开董事会的方式解除董事职务，程序违法法律以及公司章程规定，该董事会做出的决议应属无效。

第一百一十八条 股东委托代理人出席股东会会议的，应当明确代理人代理的事项、权限和期限；代理人应当向公司提交股东授权委托书，并在授权范围内行使表决权。

条文释义 ├────────────────────────────

本条是对股东委托代理人出席股东会会议的规定。

出席股东会会议并依法行使表决权是股东最重要的权利，应得到法律的保障。当股东由于健康原因、交通不便、时间不便等原因不能出席股东会会议时，可以委托代理人出席股东会会议，以保证其表决权的行使。股东委托代理人出席股东会会议的，应当向代理人出具书面授权委托书，授权委托书上应当载明委托人和代理人的姓名、所参加的股东会的名称、参加表决的事项、代理的权限和代理期限等，并由委托人在委托书上签名、盖章。书面授权委托书应当由代理人在出席股东会会议时向公司提交。除书面委托书外，其他委托方式如口头委托、电话委托都无效。股东的委托代理人应当在授权委托书载明的授权范围内以股东的名义行使表决权，对所授权的事项以股东名义表示同意或者不同意。代理人超出股东的授权范围行使表决权的，则该行为无效，

─────────────────────────

① 审理法院为广东省深圳市宝安区人民法院，案号为（2019）粤 0306 民初 2367 号。

公司应拒绝其超出授权范围的投票或者将其投票作为废票处理。代理人违背委托的意思投票，但未超出授权范围的，该投票对公司有效，由此给委托人造成损失的，委托人可以要求代理人承担赔偿责任。

关联案例

黄某、湖南某建筑工程劳务有限公司等公司决议撤销纠纷案[①]

案情:

原告黄某是被告湖南某建筑工程劳务有限公司的股东。2021年7月15日，被告召开股东会，形成了《股东会决议》，决议内容为：自2021年7月15日股东会结束之时起，被告的新任法定代表人、执行董事为第三人。因第三人系委托案外人庄某楼出席本次股东会并表决，第三人与案外人庄某楼系亲属关系，而案外人庄某楼有大额借款没有偿还被告，故原告认为第三人及案外人庄某楼应主动回避此次表决而未回避，遂提起诉讼。法院认为，股东可以委托代理人出席股东大会会议，代理人应当向公司提交股东授权委托书，并在授权范围内行使表决权。因此，被告于2021年7月15日形成的临时股东会决议成立。

评析:

本案中，被告的公司章程没有规定股东或其亲属向公司借款后，该股东不得担任公司法定代表人，也没有规定股东的亲属向公司借款后，其不得代表该股东参加股东会。因此，原告以案外人借款未还限制案外人的股东权利，于法无据。当股东由于健康原因、交通不便、时间不便等原因不能出席股东会会议时，可以委托代理人出席股东会会议，以保证其表决权的行使。代理人在行使代理权时应当向公司提交股东授权委托书，并在授权范围内行使表决权。本案中，公司股东委托代理人出席股东会是其正常行使股东权利的表现，且临时股东会会议召集程序符合法律以及章程规定，应属有效。

第一百一十九条 股东会应当对所议事项的决定作成会议记录，主持人、出席会议的董事应当在会议记录上签名。会议记录应当与出席股东的签名册及代理出席的委托书一并保存。

条文释义

本条是对股东会会议记录及其保存的规定。

股东会会议记录是记明股东会对决议事项做出决定的书面文件。股东会在举行会议时，会议的召集人和主持人应当安排人员，记录会议的举行情况，包括会议举行的时间、地点、召集人、主持人、出席会议的股东及其持有的表决权数、会议的主要内容等。股东会做出决议的，应当对所决议的事项、出席会议的股东数及其持股情况，表示同意、弃权、反对的股东所持的表决权情况、决议结果等做成股东大会会议记录。

股东会会议记录应当由会议的主持人和出席会议的董事签名。董事是公司的经营决策机构，董事会成员对公司负有忠实及注意义务，股东会通常由董事会召集，并安排会议审议事项，组织会议议程，保证会议有序进行，还要向股东会报告工作，甚至接受其质询。要求出席会议的董事在股东会会议记录上签名，就是为了便于判断董事是否履行了其对公司的忠实及注意义务，日后因股东会决议产生争议，也容易找到证据。

第三节　董事会、经理

第一百二十条　股份有限公司设董事会，本法第一百二十八条另有规定的除外。

本法第六十七条、第六十八条第一款、第七十条、第七十一条的规定，适用于股份有限公司。

条文释义

本条是对股份有限公司设董事会、职权、董事会成员中职工代表、董事的任期、辞职和解任的规定。

本条一是明确了股份有限公司设董事会，规模较小或者股东人数较少的，可以只设一名董事，不设董事会；二是明确了有限责任公司关于董事会职权、董事会职工代表、董事任职制度的规定亦适用于股份有限公司。股份有限公司执行董事，应是指公司内部管理人员，除担任董事职务外，还在公司里从事执行经营管理工作，比如担任经理层职务；而非执行董事则不在公司里从事执行经营管理的工作。

新修订《公司法》第六十七条明确董事会是公司的执行机构，行使本法和公司章程规定属于股东会职权之外的职权。具体来说，董事会的职权包括：①负责召集股东会会议，并向股东会报告工作，执行股东会的决议。②决定公司的经营计划和投资方案。③制订有关股东会决议的重大事项的方案，包括利润分配方案和弥补亏损方案，增加或者减少注册资本以及发行公司债券的方案，公司合并、分立、变更公司形式、解散的方案。④决定公司内部管理机构、基本管理制度和重要管理人员，包括决定公司内部管理机构的设置，聘任或者解聘公司经理等。⑤公司章程规定的其他职权。公司股东可以根据公司的具体情况，通过公司章程授权董事会其他职权，例如规定由董事会决定承办公司审计业务的会计师事务所的聘任或者解聘等。

依照新修订《公司法》规定，股份有限公司董事会成员中可以有公司职工代表（即职工董事），以有利于职工参与公司的民主管理。为了保证职工董事真正从公司职工中产生，代表职工利益，职工董事应由公司职工通过职工代表大会、职工大会或者其他形式民主选举产生，不能由股东会选举产生。

董事任期是指担任董事职务的时间限制。根据第七十条规定，股份有限公司董事任期适用有限责任公司董事任期的规定。即董事任期由公司章程规定，但每届任期不得超过三年。董事任期届满，连选可以连任。董事任期届满未及时改选，或者董事在任期内辞职导致董事会成员低于法定人数的，在改选出的董事就任前，原董事仍应当依照法律、行政法规和公司章程的规定，履行董事的职务。

单某臣、无锡某商业发展有限公司请求变更公司登记纠纷案①

案情：

无锡某商业发展有限公司股东为甲公司等三个法人，单某臣为股东甲公司委派至无锡某商业发展有限公司的董事。2016 年 8 月 31 日，单某臣与甲公司解除劳动关系。后单某臣要求无锡某商业发展有限公司聘任新董事，并办理工商变更登记。法院认为，单某臣辞职的确会出现公司董事低于法定最低人数的情形，无锡某商业发展有限公司有权要求单某臣在提出辞职后的过渡期间继续履行董事职务。但是，这个过渡期间应当是个合理期间。从单某臣提出辞职至今已 5 年多，无锡某商业发展有限公司未进行新董事的改选，拖延办理单某臣的董事辞职事项。无锡某商业发展有限公司已经营不正常，不可能再行通过股东会完成董事补选。因此，单某臣的辞职发生法律效力，甲公司应至工商登记机关涤除单某臣作为公司董事的登记事项。

评析：

我们认为，公司和董事之间属于委任关系，在法律和公司章程没有相反规定的情况下，公司董事辞职一般应于董事辞职书送达公司董事会时发生法律效力。但是，董事任期届满未及时改选，或者董事在任期内辞职导致董事会成员低于法定人数的，在改选出的董事就任前，原董事仍应当依照法律、行政法规和公司章程的规定，履行董事职务。该规定的目的在于维持公司正常运行，但在公司已经长期不正常运行的情况下，公司的决策机构已经失灵，不可能再行通过股东会完成董事补选时，董事的辞职应当发生法律效力。

第一百二十一条 股份有限公司可以按照公司章程的规定在董事会中设置由董事组成的审计委员会，行使本法规定的监事会的职权，不设监事会或者监事。

审计委员会成员为三名以上，过半数成员不得在公司担任除董事以外的其他职务，且不得与公司存在任何可能影响其独立客观判断的关系。公司董事会成员中的职工代表可以成为审计委员会成员。审计委员会作出决议，应当经审计委员会成员的过半数通过。

审计委员会决议的表决，应当一人一票。

审计委员会的议事方式和表决程序，除本法有规定的外，由公司章程规定。

公司可以按照公司章程的规定在董事会中设置其他委员会。

条文释义 ┣━━━━━━━━━━━━━━━━━━━━━━━━━━━━━━━━━━━

本条是对股份有限公司单层治理模式的规定。

本条款系新增条款，条款内容明确了股份有限公司同样可以选择单层治理模式，即公司可以仅设立董事会而不设监事会，但应安排部分董事（其中过半数应为非执行董事）组成审计委员会，对公司的财会情况进行监督。但与有限责任公司的单层治理

---

① 审理法院为江苏省无锡市中级人民法院，案号为（2021）苏 02 民终 4231 号。

模式有所不同的是，股份有限公司的审计委员会成员不得担任公司经理或财务负责人。2017 年公布的《国务院办公厅关于进一步完善国有企业法人治理结构的指导意见》中指出："董事会应当设立提名委员会、薪酬与考核委员会、审计委员会等专门委员会，为董事会决策提供咨询，其中薪酬与考核委员会、审计委员会应由外部董事组成"。考虑到监事会制度在公司治理过程中严重失位的情况，2023 年《公司法》将审计委员会职权扩大至"监事会的职权"，并要求审计委员会过半数成员需同时具备两个条件：一是不得在公司担任除董事以外的其他职务；二是不得与公司存在任何可能影响其独立客观判断的关系。

第一百二十二条 董事会设董事长一人，可以设副董事长。董事长和副董事长由董事会以全体董事的过半数选举产生。

董事长召集和主持董事会会议，检查董事会决议的实施情况。副董事长协助董事长工作，董事长不能履行职务或者不履行职务的，由副董事长履行职务；副董事长不能履行职务或者不履行职务的，由过半数的董事共同推举一名董事履行职务。

条文释义

本条是对股份有限公司董事长、副董事长的产生办法及其职权的规定。

董事会作为股份有限公司法定、必备且常设的集体行使公司经营决策权的机构，采取会议体制，有必要设置董事长，在董事会内部负责董事会会议的召集、主持等程序事务，协调董事会成员之间的关系，检查董事会决议的执行情况。公司还可以根据实际需要设副董事长，协助董事长工作。董事长、副董事长均为董事，在董事会内部仅享有召集、主持董事会等事务性特权，应由董事会以全体董事的过半数选举产生。

董事长的职权包括：按照本法和公司章程的规定，召集并主持董事会会议，保障董事会的正常运作；检查董事会决议的实施情况，保障董事会决议的实施效果。副董事长的职责是协助董事长工作，即辅助、配合董事长的日常工作。当董事长不能履行职务或者不履行职务时，由副董事长履行其职务。当出现董事长、副董事长因各种原因都不履行召集董事会会议的职责，公司董事会会议无法召开，公司陷入僵局的情况，可由过半数的董事共同推举一名董事履行董事长职务。

关联案例

浙江某能电力股份有限公司、卢某川、王某烨等与公司、证券、保险、票据案[①]
案情：

浙江某能电力股份有限公司（以下简称某能公司）企业性质为股份有限公司，股东为王某烨与卢某川。卢某川担任公司董事长，王某烨担任公司经理并担任公司的法定代表人。在经营过程中，因公司的两大股东在经营管理上存在较大分歧，致双方的矛盾不断激化，为此原告卢某川 2017 年 11 月 16 日向台州市中级人民法院起诉，要求解散公司。在起诉期间，被告某能公司作出免去王某烨经理职务的决议。被告某能公

---

① 审理法院为浙江省台州市中级人民法院，案号为（2019）浙 10 民终 37 号。

司于 2018 年 3 月 15 日召开的董事会未通知监事列席会议，会议也没有具体的召集人、主持人。法院认为，某能公司系股份有限公司，故其董事会的召开应符合公司法及公司章程相关规定。即符合董事长召集和主持董事会会议，检查董事会决议的实施情况。某能公司章程亦规定，"董事长不能履行职务或者不履行职务的，由半数以上董事共同推举一名董事履行职务"。从讼争董事会会议的召集程序看，某能公司未能提供董事共同推举文件，没有证据证明履行了上述程序，故不能认定王某烨经推举履行董事长职务并作为合法召集人有权召集董事会。卢某川主张决议不成立，于法有据，应予支持。

评析：

董事会作为股份有限公司法定、必备且常设的集体行使公司经营决策权的机构，应当发挥其履职能力。本案中，在被上诉人作为董事长未能履职的情况下，应当严格按照法律以及公司章程规定，由半数以上董事共同推举一名董事履行职务。共同推举履行推举程序，避免个别董事一言独大，操控董事会，给公司经营带来不利影响。因此，在能量公司未能提供推举文件的情况下，其董事会召集程序不符合法律以及公司章程规定，做出的决议依法不成立。

第一百二十三条 董事会每年度至少召开两次会议，每次会议应当于会议召开十日前通知全体董事和监事。

代表十分之一以上表决权的股东、三分之一以上董事或者监事会，可以提议召开董事会临时会议。董事长应当自接到提议后十日内，召集和主持董事会会议。

董事会召开临时会议，可以另定召集董事会的通知方式和通知时限。

条文释义

本条是对董事会会议召开次数、通知以及临时董事会会议的规定。

董事会作为公司的经营决策机构，应当履行法律和公司章程规定的职责，通过召开会议集体做出决定是其履行职责的法定形式。根据本条规定，董事会应当每年至少召开两次会议，这样可以在一定程度上防止董事会工作懈怠，流于形式，防止董事长操纵董事会。公司章程还可以根据实际需要，要求董事会每年召开的会议次数多于两次。

召开董事会会议的通知应当按照法律和章程规定的程序进行，通知的对象为全体董事，通知时限为会议召开十日以前。此外，通知的对象还包括全体监事，以便于其列席董事会会议。在公司出现一些特殊情况时，有必要召开董事会临时会议。董事会临时会议的提议权人为代表十分之一以上表决权的股东、三分之一以上董事或者监事会。因此，上述提议权人提议召开董事会临时会议的，董事长应当自接到提议后十日内，召集和主持董事会会议。由于每个公司的情况不同，本条还授权公司可以另定召集董事会临时会议的通知方式和通知时限，公司可以通过章程、股东会决议或者董事会决议对上述事项做出规定。

关联案例 ├─

纪某军、青岛某宠物用品股份有限公司请求变更公司登记纠纷案①

案情：

上诉人纪某军于 2018 年 8 月 24 日通过微信群发布消息提议召开董事会临时会议，要求公司董事长位某康接到提议后十日内，亲自或由董事长指定的董事召集和主持董事会会议。但位某康并未回复该消息。后纪某军等三人签署《关于推举董事召集和主持董事会的决定》，载明因董事长位某康未召集和主持董事会会议，也未指定其他董事召集和主持董事会会议，经过半数以上董事决定共同推举董事纪某军召集和主持董事会临时会议。后纪某军等人举行了临时董事会，会议审议通过《更换并选举董事长的议案》，罢免位某康董事长职务，董事会重新选举纪某军担任公司董事长一职。青岛某宠物用品股份有限公司一直未变更登记董事长为纪某军。后纪某军诉至法院要求判令青岛某宠物用品股份有限公司配合纪某军办理工商的法定代表人变更登记。法院认为，代表十分之一以上表决权的股东、三分之一以上董事或者监事会，可以提议召开董事会临时会议，董事长应当自接到提议后十日内，召集和主持董事会会议。纪某军主张通过在微信群发布消息的方式向位某康提议召开临时董事会，但未提交位某康在微信群内并确认收到消息的证据，故位某康未召集和主持董事会会议，也未指定其他董事召集和主持董事会会议，纪某军无权代行董事长职权召集临时董事会会议。

评析：

公司法及公司章程对公司管理运营的制度设计，不仅在于保障公司、股东、董事等主体享有实际权利，也意在从程序上规范各方主体行使权利的边界，并赋予相对方以必要的救济措施，以此实现公司治理结构的平衡与稳定。因此，在涉及董事会会议召集时，须严格按照程序规定召开，保障全体股东、董事的利益。本案中，在董事长不能履行职务且未设副董事长的情况下，可由董事长指定其他董事召集和主持董事会会议或者半数以上董事共同推举一名董事召集和主持。本案中，上诉人虽然有权提出召开临时股东会议，但是却无权在董事长未知情情况下召集和主持股东会临时会议。法院的判决从程序合法方面考虑形成的董事会会议效力，判决驳回上诉人的请求，并无不当。

第一百二十四条 董事会会议应有过半数的董事出席方可举行。董事会作出决议，应当经全体董事的过半数通过。

董事会决议的表决，应当一人一票。

董事会应当对所议事项的决定作成会议记录，出席会议的董事应当在会议记录上签名。

条文释义 ├─

本条是关于董事会会议召开的条件和决议方法的规定。

本条将 2018 年《公司法》第一百一十二条中关于董事会会议应当形成会议记录并

---

① 审理法院为山东省青岛市中级人民法院，案号为（2021）鲁 02 民终 1507 号。

由出席董事签名的规定调整为本条第三款的内容。董事会作为集体决策机构，举行会议应有足够的成员参加。因此，董事会会议须有过半数的董事出席方可举行，此为董事会召开的必要条件。

董事会人数总体上来说比较少，容易形成相对集中的意志。同时，董事会做出决议，应当反映大多数成员的意愿。因此，本条要求董事会做出决议，必须经全体董事的过半数通过。董事会决议在表决时，以董事人数计，每一董事有一表决权，应当一人一票。

董事会会议记录是记明董事会会议对决议事项做出决定的书面文件。董事会在举行会议时，会议的召集人和主持人应当安排人员记录会议的举行情况，包括会议举行的时间、地点、召集人、主持人、出席人、会议的主要内容等。董事会做出决议的，应当对所决议的事项、出席会议董事及表决情况、决议结果等做成董事会会议记录。董事会会议记录应当由出席会议的董事签名，以保证董事会会议记录及董事会决议的真实性和效力。

关联案例

北京某科技股份有限公司与宁波某股权投资合伙企业公司决议效力确认纠纷案[①]

案情：

2016年10月28日，北京某科技股份有限公司（以下简称北京某科技公司）、宁波某股权投资合伙企业公司等共同签署《增资协议》，约定了股东的权利、公司治理以及争议解决等方面的事项。2018年4月22日，北京某科技公司的财务副总助理孙某旭通过电子邮件的方式向董事陈某发送《关于召开临时董事会的通知》，通知采用非现场方式召开临时董事会，采用电子邮件的方式表决。会议内容为审议2018年度预算的议案、关于同意与北京某管理咨询有限公司签署《股东出资协议书》的议案及其他相关事项。后董事陈某将其签署的"临时董事会表决票"通过电子邮件的方式发送给孙某旭。法院认为，本案临时董事会会议通知中称将采用"非现场方式"召开会议，但未通知以何种具体方式开会、会议期限持续多久，仅通知了提交表决票的时间。故2018年4月26日上午的临时董事会并未实际召开。现有证据也未体现董事实际参与议案的讨论、质询，没有形成相应的会议记录。因此，法院认定案涉会议未实际召开，未实际召开会议的董事会决议不成立。

评析：

根据《公司法（解释四）》规定，公司未召开会议的，且不存在可以不召开股东会或者股东大会而直接作出决定，并由全体股东在决定文件上签名、盖章的例外情形的，股东会或者股东大会、董事会作出的决议当事人可主张决议不成立。董事出席董事会，并在会议上发言、讨论、质询以及投票是董事的权利与义务。本案中，临时董事会会议采用"非现场方式"召开会议，各董事并未实际参与讨论、质询，亦未形成相应的会议记录，不符合公司法以及公司章程规定，仅是提交了投票，很难认定该会议形成的决议是全体董事的意思决定，故该临时董事会并未实际召开。

[①] 审理法院为北京市第一中级人民法院，案号为（2020）京01民终1059号。

第一百二十五条 董事会会议，应由董事本人出席；董事因故不能出席，可以书面委托其他董事代为出席，委托书应载明授权范围。

董事应当对董事会的决议承担责任。董事会的决议违反法律、行政法规或者公司章程、股东会决议，给公司造成严重损失的，参与决议的董事对公司负赔偿责任；经证明在表决时曾表明异议并记载于会议记录的，该董事可以免除责任。

条文释义

本条是对董事出席董事会会议以及董事对董事会决议承担责任的规定。

股份有限公司的董事是受到股东的信任，被委托组成董事会经营管理公司的。董事会会议，应由董事本人出席，谨慎、勤勉地履行对公司的义务。当董事由于健康原因、时间不便等原因不能出席董事会会议时，为了保证其权力的行使，可以委托代理人出席董事会会议。由于董事会审议决定的是公司的重大决策事项，可能涉及公司的商业秘密，董事委托的代理人应为其他董事，不能委托董事以外的人员代为出席董事会会议。董事委托其他董事代为出席股东会，应当向代理人出具书面授权委托书，授权委托书上应当载明当事人的姓名、授权范围等，并由委托人在委托书上签名。董事的代理人应当在授权委托书所载明的授权范围内行使表决权。代理人超出董事的授权范围行使表决权的，该行为无效。

董事会决议由董事集体做出，董事也就应当对董事会决议承担责任。董事会的决议违反法律、行政法规或者公司章程、股东会决议，致使公司遭受严重损失的，参与决议的董事对公司负赔偿责任。此外，经证明在表决时曾表明异议并记载于会议记录的董事也可以免除责任。也就是说，只有当董事未尽忠实或注意义务，致使董事会决议违反法律、行政法规或者公司章程、股东会决议，存在主观上的过失，其过失致使公司遭受损失时，才对公司负赔偿之责。

关联案例

某科技公司诉彭某公司决议撤销纠纷案[①]

案情：

某科技公司股东为彭某、北京某科技公司和贾某。该公司章程规定，召开股东会会议，应当于会议召开15日前通知全体股东。2020年8月29日，胡某分别通过微信和电子邮件告知彭某，将于次日以线上方式召开临时股东会，审议事项包括免去彭某执行董事兼法定代表人职务等。彭某回复称根据公司章程规定该会议通知无效。8月30日，北京某科技公司和贾某参加了临时股东会，一致表决通过上述审议事项，彭某未参会。后科技公司办理了工商变更登记和备案。彭某遂起诉，请求撤销某科技公司2020年8月30日股东会决议。法院认为，股东请求撤销股东会或者股东大会、董事会决议，符合《民法典》第八十五条规定的，人民法院应当予以支持，但会议召集程序或者表决方式仅有轻微瑕疵，且对决议未产生实质影响的，人民法院不予支持。本条适用前提为股东会召集程序仅存在轻微瑕疵，且对决议未产生实质影响的情况，而案

---

① 案例来源：江苏省高级人民法院公报。

涉股东会在召集主体和召集时间上均存在重大瑕疵，不应适用该条款，遂判决撤销科技公司案涉股东会决议。

评析：

股东会决议存在非轻微程序瑕疵时，即使该瑕疵对决议结果未产生实质影响，也应撤销股东会决议。否则，控股股东可能因此任意侵犯中小股东的权利，中小股东参与公司经营决策权利将被架空，公司决议撤销之诉也将丧失其所具有的规范公司治理、维护中小股东利益的制度功能。另外，公司及其股东应当严格遵守法律和公司章程中关于股东会召集程序和表决方式的规定，避免因程序瑕疵引发纠纷。

第一百二十六条 股份有限公司设经理，由董事会决定聘任或者解聘。

经理对董事会负责，根据公司章程的规定或者董事会的授权行使职权。经理列席董事会会议。

条文释义

本条是对经理的设置、聘任和解聘以及职权的规定。

经理，是指在授权范围内，协助董事会管理公司事务的人。经理具有以下特征：①经理通常不是公司的法定机关，即公司可以设置经理，也可以不设置经理。②股份公司的经理通常由董事会决定聘任和解聘。③经理在授权范围内对外代表公司，并享有管理公司事务的广泛权力。④公司章程、董事会或者公司与经理的契约可以对经理的权限予以限制。⑤对经理权力的限制，不得对抗善意第三人。在我国的公司实践中，通常所有股份有限公司均设置经理作为董事会的执行辅助机关，由董事会决定聘任或解聘，经理对董事会负责，向董事会报告工作，接受董事会的监督。本条股份有限公司经理的职权规定，适用有限责任公司经理职权的规定。具体来说，股份有限公司经理的职权主要是：①经理对董事会负责，根据公司章程的规定或者董事会的授权行使职权。②列席董事会会议。

关联案例

张某玲与武汉某新业经贸有限公司请求变更公司登记纠纷案[①]

案情：

2004年3月11日，武汉某新业经贸有限公司（以下简称某新公司）召开股东会，形成决议免去张某炳执行董事职务，选举张某玲为执行董事、法定代表人。2018年12月28日经双方协商一致，即日解除双方的劳动合同关系。鉴于张某玲同时为公司法定代表人，在张某玲离职后，公司将随后召开股东会及完成股东会决议，届时张某玲须配合公司完成法定代表人的变更，否则相关责任由张某玲自己承担。2017年6月19日，某新公司被吊销营业执照，但某新公司法定代表人、执行董事仍登记为张某玲。张某玲向法院提起诉讼，请求变更登记。法院认为，某新公司章程规定法定代表人由执行董事担任，执行董事的选举和解除等由公司股东会决定。张某玲原为某新公司登

[①] 审理法院为湖北省武汉市中级人民法院，案号为（2020）鄂01民终10587号。

记的法定代表人，后双方解除劳动合同关系。但张某玲并无证据证实某新公司已召开股东会并形成了有效的决议，且召开股东会并作出变更法定代表人的决议属于公司内部事务，人民法院无权直接判令该公司变更法定代表人或判决张某玲不担任法定代表人，因此，张某玲的诉讼请求不能成立。

评析：

对于规模较小、仅设执行董事的有限责任公司，因为不存在董事会，此时，可以由执行董事兼任经理，公司法定代表人的产生就与执行董事选任办法一致；在执行董事不兼任经理的情况下，对于经理的选任和执行董事的情况类似，经理的选任应当为公司自治的范畴，由公司章程自行决定。公司法定代表人的任免或者更换，本质上属于公司自治范围，是公司内部治理问题，并非法律强制管理范畴。为保持公司的活力，人民法院应当充分尊重公司的意思自治，充分保护公司股东选择公司法定代表人和管理者的权利，而不应进行干预。

第一百二十七条 公司董事会可以决定由董事会成员兼任经理。

条文释义

本条是对董事兼任经理的规定。

与有些国家的公司法律制度不同，在我国，股份有限公司的经营决策机构董事会是集体议事并做出决定的机构，董事会的成员董事只能在董事会会议上通过提出议案、发表意见、行使表决权等方式履行职责，发挥作用，而不具有有些国家公司法规定的董事个人的公司业务执行权。为了保证董事会在公司经营管理中的核心地位，充分发挥董事的作用，我国很多公司实行董事兼任经理的做法，以此赋予董事个人在公司经营管理事务上的权力。因此。本条授权公司董事会可以决定由董事会成员兼任经理。董事会决定董事会成员兼任经理，应召开董事会会议，并做出董事会决议。

第一百二十八条 规模较小的股份有限公司，可以不设董事会，设一名董事，行使本法规定的董事会的职权。该董事可以兼任公司经理。

条文释义

本条是对规模较小的股份公司董事设置的规定。

新修订《公司法》将针对有限责任公司的规范扩大至股份有限公司，增加了"股东人数较少"的情况，并取消了两名董事的规定。新修订《公司法》明确了规模较小的股份有限公司与有限责任公司一样，也可仅设董事而不设董事会，由董事行使董事会的职权。显然，此新增条款考虑到了小微企业简化人员配置的现实需求，有利于企业降低运营成本、提高经营效率。

现代公司，强调所有权与经营权的分离，即公司的股东组成股东会，只负责决定公司的经营方针、投资计划以及公司的其他重大事项，公司的具体经营管理工作由业务执行机构负责。在实践中一般由董事会作为公司的业务执行机构。但是，新修订《公司法》新增一人股份有限公司，取消了股份有限公司的股东必须是两人以上的限制，允许设立只有一个股东的一人股份有限公司。因此本条规定，对于规模较小的股份有限公司，可以不设立董事会，设一名董事，由董事负责公司的业务执行，该董事还可以兼任经理。

第一百二十九条 公司应当定期向股东披露董事、监事、高级管理人员从公司获得报酬的情况。

条文释义

本条是对董事、监事、高级管理人员应当定期向股东披露报酬的规定。

董事、监事、高级管理人员因股东会的选任或者董事会决定聘任而在公司中担任一定的职务，履行相应的职责，理应从公司获取必要的报酬。同时，董事、监事、高级管理人员从公司取得的报酬，应当与其职责和对公司业绩贡献的大小等相适应。为了便于公司股东了解董事、监事、高级管理人员从公司获取报酬的情况，实施必要的监督，本条规定要求公司定期向股东披露董事、监事、高级管理人员从公司获得报酬的情况。

本条未明确公司向股东披露董事、监事、高级管理人员报酬情况的期限及披露方式，可由公司章程或股东会决议规定。通常情况下，董事、监事、高级管理人员报酬的披露以一年一次为宜，公司可采取直接向股东告知、在媒体上公告或者由董事会在股东会上报告等方式向股东进行披露。

关联案例

梁某宇、芜湖某药业科技股份有限公司股东知情权纠纷案①

案情：

2020年12月30日，原告经拍卖受让成为被告公司股东。2021年2月23日，原告委托上海某律师事务所律师陈某，以《律师函》形式向被告公司以及公司董事会、监事会提出书面请求，请求行使原告作为股东知情权利，要求被告于合理期限内提供相应资料，以便原告行使相应股东权利。被告以书面形式正式拒绝原告正当要求，被告公司相关管理机构亦未做回复，并采取必要的保护股东正当权益的举措。被告的行为严重损害了原告的股东知情权，遂诉至法院。法院认为，《公司法》明确规定，公司应当定期向股东披露董事、监事、高级管理人员从公司获得报酬的情况。因此股份有限公司股东有对董事、监事、高级管理人员报酬知情的权利。故法院支持原告查阅、复制公司董事、监事、高级管理人员从公司获得报酬的资料。

评析：

本案系股东知情权纠纷。根据《公司法》规定，公司应当定期向股东披露董事、监事、高级管理人员从公司获得报酬的情况。即对上述人员报酬情况的了解也是股东知情权行使的范围之一，上述人员的报酬情况也应当形成书面材料，在股东在行使知情权的时候可以查阅、复制董事、监事、高级管理人员的公司报酬情况。

---

① 审理法院为安徽省芜湖市鸠江区人民法院，案号为（2021）皖0207民初4260号。

第四节 监事会

第一百三十条 股份有限公司设监事会，本法第一百二十一条第一款、第一百三十三条另有规定的除外。

监事会成员为三人以上。监事会成员应当包括股东代表和适当比例的公司职工代表，其中职工代表的比例不得低于三分之一，具体比例由公司章程规定。监事会中的职工代表由公司职工通过职工代表大会、职工大会或者其他形式民主选举产生。

监事会设主席一人，可以设副主席。监事会主席和副主席由全体监事过半数选举产生。监事会主席召集和主持监事会会议；监事会主席不能履行职务或者不履行职务的，由监事会副主席召集和主持监事会会议；监事会副主席不能履行职务或者不履行职务的，由过半数的监事共同推举一名监事召集和主持监事会会议。

董事、高级管理人员不得兼任监事。

本法第七十七条关于有限责任公司监事任期的规定，适用于股份有限公司监事。

条文释义

本条是对监事会的设置、成员人数、组成以及监事任期的规定。

本条规定了股份有限公司设监事会，组成公司监督机构，集体行使监督权，对公司的董事、高级管理人员及公司的经营活动实施监督，以维护公司和股东权益。监事会成员为三人以上，公司章程可以规定具体人数。但通常应为单数，以避免在监事会会议表决时出现赞成和反对的人数各半的情况。

监事会由两部分人员组成：一部分是股东代表，即由股东通过股东会选出的代表；另一部分是职工代表，职工代表由公司职工通过职工代表大会、职工大会或者其他形式民主选举产生。为了更好地维护公司职工的权益，加强职工对公司及公司董事、高级管理人员的监督，要求职工代表的比例不得低于三分之一，具体比例由公司章程规定。

在实践中，股份有限公司监事会普遍设置监事会主席、副主席，负责监事会会议的召集和主持以及监事会成员之间的联系，同时考虑到实践中可能会出现监事会主席、副主席不能或者拒不履行职责的情况，因此，本法规定，监事会设主席一人，可以设副主席。监事会主席和副主席由全体监事过半数选举产生。监事会主席召集和主持监事会会议；监事会主席不能履行职务或者不履行职务的，由监事会副主席召集和主持监事会会议；监事会副主席不能履行职务或者不履行职务的，由半数以上监事共同推举一名监事召集和主持监事会会议。

公司的董事以及经理、副经理、财务负责人等高级管理人员是监事会监督的对象，不得兼任监事。根据本条第五款和本法第七十七条的规定，监事的任期每届为三年。法律规定监事的任期，可以防止监事任期过长，其与公司的董事、高级管理人员联系过于紧密而影响监督效果。同时，考虑到维护股东对监事的选任权，在一定程度上维持公司内部监督工作的连续性，允许监事任期届满后，可以连选连任。而在监事任期届满未及时改选，或者监事在任期内辞职导致监事会成员低于法定人数时，为了保证公司监督工作不致中断，任期届满或者在任期内辞职的监事在改选出的监事就任前，仍应当履行监事的职务。

关联案例

何某与宁波某家装饰设计股份有限公司与公司有关的纠纷案①

案情：

2016年12月15日，宁波某家装饰设计股份有限公司（被告）的全体设立股东陈某泳等人召开股东大会，并作出股东会决议，将原告何某选举为被告公司监事。但是，原告从未参与过被告的监事选举，对该股东会决议内容也毫不知情。2019年，原告发现自己姓名被冒用登记为被告公司监事。为此，原告联系到被告法定代表人陈某泳，提出要求被告立即纠正该决议内容。陈某泳对冒用一事予以确认，也同意纠正，但至今未果。原告认为，被告上述股东会决议从程序到内容都已违法，给原告造成了严重损害。法院认为，股份有限公司设监事会，其成员不得少于三人。监事会应当包括股东代表和适当比例的公司职工代表。但是，现有证据证明，原告并非被告公司股东，也未在被告公司任职，其身份不符合担任被告公司监事的条件，更没有在被告公司履职监事的相关记录。故法院认定涉案股东会决议中任命原告为宁波某家装饰设计股份有限公司监事的内容应属无效；且因监事会是一个整体，故该决议中的组成监事会的决议内容也应归于无效。

评析：

监事会成员应当包括股东代表和适当比例的公司职工代表。担任由非职工代表组成的监事会成员，前提条件应为该公司股东，这样才能更好地行使监事监督职责。担任由职工代表组成的监事会成员，应为公司职工，由职工代表大会、职工大会或者其他形式民主选举产生。本案中，原告既非被告公司股东，也非公司职工，不具备成为被告公司监事会成员的身份条件。被告通过股东会会议方式私自决定由原告担任被告公司监事，损害了原告的合法权益。股东会决议程序违反法律规定，决议中关于此项内容应属无效。

第一百三十一条 本法第七十八条至第八十条规定，适用于股份有限公司监事会。监事会行使职权所必需的费用，由公司承担。

条文释义

本条是对监事会职权和公司承担监事会行使职权所需费用的规定。

本条规定了股份有限公司监事会职权适用有限责任公司监事会职权的规定。具体来说，股份有限公司监事会的职权主要包括：①检查公司财务。主要是检查公司财务会计制度是否健全，检查和审查会计凭证、会计账簿、财务会计报告是否真实、是否符合国家财务会计制度的规定。②对董事、高级管理人员执行公司职务行为的合法性、

① 审理法院为浙江省宁波市鄞州区人民法院，案号为（2020）浙0212民初2127号。

合规性进行监督，并可以向股东会提出罢免董事、高级管理人员的建议。③要求董事、高级管理人员纠正其损害公司利益的行为。④提议或者召集并主持股东会会议。当监事会发现董事、高级管理人员执行职务的行为违反法律、行政法规、公司章程或者股东会决议，或者对公司未尽忠实或者注意义务，监事会有权向董事会提议召开临时股东会会议，并在董事会不履行召集和主持股东会职责时，有权召集和主持股东会会议。⑤向股东会提出提案。监事会在履行监督职责的过程中，可根据其掌握的情况向股东会提出有针对性的提案，有利于增强监督实效，切实维护公司及股东利益。⑥代表公司向董事、高级管理人员提起诉讼。董事、高级管理人员执行公司职务时违反法律、行政法规或者公司章程的规定，给公司造成损害的，应当承担赔偿责任。股份有限公司连续一百八十日以上单独或者合计持有公司百分之一以上股份的股东，可以书面请求监事会向人民法院提起诉讼。在诉讼中，由监事会代表公司。⑦公司章程规定的其他职权。公司章程还可以授权监事会行使其他一些监督职权，比如有权要求董事、经理报告公司营业情况，对董事会编制的公司年度财务会计报告及盈余分配方案进行审查等。

此外，为了便于监事了解公司和被监督者的情况，监事个人有权列席公司董事会会议。为了加强对董事会决策的监督，本条还赋予了监事对董事会决议事项提出质询或者建议的权利。

监事会履行监督职权所需费用理所当然应由公司负担。由公司负担的应是监事会履行职权所必需的费用，对于与监事会履行职权无关的经费，或者明显超出合理需要的部分，公司有权拒绝。对于监事会合理的经费要求，公司予以拒绝的，监事会有权要求公司支付；监事会成员已经垫付的，有权要求公司补偿。

关联案例

个旧市某贸易有限公司与王某波损害公司利益责任纠纷案①

案情：

被告王某波系原告个旧市某贸易有限公司监事。公司章程载明股东会决定有关监事的报酬事项。时任出纳李某玉，后因出纳李某玉短款问题，原告将出纳工作交给梁某娅，监事工作由被告王某波完成，除被告外其余监事不参与公司日常管理。因被告居住于蒙自，每月须到公司对财务工作进行检查，经庄某君、梁某娅协商同意，被告领取市社奖励款600元，职务补贴、电话费13 500元，共计14 100元。后原告以监事费用未经股东会议或股东代表会议同意为由，被告领取以上费用无据，原告要求被告返还费用，故提起诉讼。法院认为，原告公司内部控制不健全、不规范，实际参与管理的人员只有经理兼任出纳的庄某君、监事王某波等人。被告王某波认真行使监事会职权，应给予其合理补贴，费用由公司承担，虽监事的报酬事项应由股东会决定，但股东会未作决定的情况下，执行董事庄某君决定每月给被告补贴奖励并无不当，是被告从事工作应得的劳动报酬。被告领取的上述费用未超过其履行工作期间的当地最低工资标准，未违反相关法律法规的规定，并未损害原告公司的利益，故对原告要求被

---

① 审理法院为云南省个旧市人民法院，案号为（2020）云2501民初1769号。

告返还电话和职务补贴、市社考核奖的主张，不予支持。

评析：

监事会作为公司监督机构，为公司法定内设机构，是公司的重要组成部分。监事会成员履行监事职责所支付的合理必要费用应得到支持，由公司承担。本案中，原告公司章程规定股东会决定有关监事的报酬事项。但是法院在考虑到原告公司内部控制不健全、不规范情况下，被告领取合理补贴并无不当，并未损害公司利益，驳回了原告的诉讼请求。说明对于监事合理的经费要求，监事会有权要求公司支付；监事会成员已经垫付的，有权要求公司补偿。

第一百三十二条 监事会每六个月至少召开一次会议。监事可以提议召开临时监事会会议。

监事会的议事方式和表决程序，除本法有规定的外，由公司章程规定。

监事会决议应当经全体监事的过半数通过。

监事会决议的表决，应当一人一票。监事会应当对所议事项的决定作成会议记录，出席会议的监事应当在会议记录上签名。

条文释义

本条是对监事会会议、议事方式以及表决程序的规定。

根据本条可知，监事会每六个月至少召开一次会议。与股东会、董事会一样，监事会作为公司的监督机构也是通过召开会议的形式来行使自己的权力的。为了避免监事会常年不召开会议，流于形式，法律规定监事会每六个月至少召开一次会议，履行监督职责。公司章程还可以增加监事会召开会议的次数。

为方便监事及时向监事会其他成员通报其在履行监督职责过程中发现的问题，充分发挥每位监事的作用，监事可以提议召开临时监事会会议。监事召开监事会会议作出会议事项，按照规定，应当经全体监事的过半数通过。

监事会应对所议事项的决定做出会议记录。监事会在举行会议时，会议的召集人和主持人应当安排人员，记录会议的举行情况，包括会议举行的时间、地点、召集人、主持人、会议的主要内容等。一人一票落实监事会的民主管理。监事会做出决议的，应当对所决议的事项、出席会议监事及表决情况、决议结果等做成监事会会议记录。监事会会议记录应当由出席会议的监事签名，以保证监事会会议记录真实性和效力。

关联案例

张某杭、广州某瑞科技研究有限公司与公司有关的纠纷案①

案情：

原告张某杭任被告广州某瑞科技研究有限公司（以下简称某瑞公司）监事一职。因原告张某杭在国外求学，无法履行监事职责，不适合继续挂名担任监事一职，张某杭向某瑞公司请求辞去监事职务，被告某瑞公司同意张某杭的辞职申请。在原告张某

---

① 审理法院为广东省广州市天河区人民法院，案号为（2022）粤 0106 民初 1858 号。

杭任监事期间，从未召开任何监事会会议，从未认缴或实缴任何出资，从未持股，从未参与公司的日常经营管理工作，亦从未在公司领取任何报酬，原告仅为挂名监事。原告诉至法院，请求依法判令被告某瑞公司协助原告办理撤销原告为公司监事的工商备案手续，以维护原告的合法权益。法院认为，在原告任职期间未参与公司经营管理，也没有领取报酬，与某瑞公司之间并无实质性利益关系，仅为挂名监事。被告某瑞公司至今未选任新的监事，不仅使得公司监事机构形同虚设，有悖于《公司法》关于公司监事规定的立法宗旨，不利于某瑞公司良性发展，客观上也造成原告作为某瑞公司名义上的监事却要依法承担作为监事的法律风险，权利义务不对等，显然有失公允。因此对原告张某杭的合理诉求予以支持。

评析：

本案中，原告仅是挂名监事，在担任监事期间，从未召开任何监事会会议，从未参与公司的日常经营管理工作，亦从未在公司领取任何报酬。此举与公司法设立监事的立法初衷相违背，不仅使得公司监事制度流于形式、监事机构形同虚设，而且客观上也造成原告未实际行使监事职权，却要依法承担作为监事的法律风险，很明显，权利义务不对等。从考虑监事设立监督功能以及原告个人发展角度出发，法院判决被告涤除原告张某杭作为被告广州某瑞科技研究有限公司监事的备案登记并无不当。

第一百三十三条 规模较小或者股东人数较少的股份有限公司，可以不设监事会，设一名监事，行使本法规定的监事会的职权。

条文释义

本条是对规模较小或者股东人数较少的股份有限公司可不设监事会的规定。

本条系新增条文，规定了规模较小或者股东人数较少的公司可以仅设监事而不设监事会，由监事行使监事会职权。显然，此新增条款的立法目的旨在简化小微企业的人员配置，降低企业的运营成本。

第五节 上市公司组织机构的特别规定

第一百三十四条 本法所称上市公司，是指其股票在证券交易所上市交易的股份有限公司。

条文释义

本条是关于上市公司定义的规定。

根据股份有限公司的股票是否在证券交易所交易，可以将其分为上市公司和非上市公司两种形式。根据本条规定，上市公司是指其股票在证券交易所上市交易的股份有限公司。上市公司具有一般股份有限公司所拥有的基本特征，但是由于股东人数众多，股票又在证券交易所公开挂牌交易，上市公司的运作及其股票交易活动对广大的公众投资者的利益和证券市场秩序会带来重大的影响，因此，需要从法律上对股票上市条件、上市交易规则、上市公司内部组织机构的设置、信息披露等，专门做出规定，严格加以规范。

根据《证券法》的规定，股份有限公司发行的股票要在证券交易所进行交易，应当向证券交易所提出申请，由证券交易所依法审核同意，并由双方签订上市协议。股份有限公司的股票上市交易申请经证券交易所依法核准后，其股票即在证券交易所挂牌交易，该股份有限公司即成为上市公司。

第一百三十五条 上市公司在一年内购买、出售重大资产或者向他人提供担保的金额超过公司资产总额百分之三十的，应当由股东会作出决议，并经出席会议的股东所持表决权的三分之二以上通过。

条文释义

本条是关于上市公司购买、出售重大资产或向他人提供担保程序的特别规定。

本条明确了上市公司买卖重大资产或提供大额担保，应当由股东会进行决议，且相关决议须经出席会议的三分之二以上表决权股东同意。上市公司股东人数众多，股本规模大，重大的资产变动会产生较大的风险，给公司的长期经营和广大股东的长远利益带来影响，因此，本条规定，上市公司在一年内购买、出售重大资产超过公司资产总额百分之三十或者在一年内担保金额超过公司资产总额百分之三十的，应当由股东会作出决议。对于一般事项的表决，经过出席股东会会议的股东所持表决权过半数通过，即可形成股东会决议。由于上市公司股权比较分散，为更好地保护大多数股东的利益，减少大股东操纵的情况，本条将上述事项作为上市公司股东会的特别决议事项，规定应当经过出席会议的股东所持表决权的三分之二以上通过。

关联案例

江苏银行股份有限公司某支行与南京某方舟通信设备有限公司、某方舟股份有限公司等金融借款合同纠纷案[①]

案情：

原告江苏银行股份有限公司某支行（以下简称江苏支行）与被告南京某方舟通信设备有限公司（以下简称某方舟通信公司）签订《最高额综合授信合同》，约定江苏支行授予某方舟通信公司最高综合授信额度3亿元整用于流动资金贷款业务，授信期限为一年。后江苏支行与被告某方舟股份有限公司（以下简称某方舟股份公司）签订了《最高额保证合同》，约定某方舟股份公司为上述《最高额综合授信合同》等承担连带保证责任。后借款期限届满，某方舟通信公司未履行还款义务，某方舟股份公司亦未履行保证义务。为维护债权人合法权益，原告特向法院起诉。法院认为，某方舟股份公司为深交所上市公司，某方舟通信公司系其控股子公司。根据《公司法》规定，上市公司在一年内购买、出售重大资产或者担保金额超过公司资产总额百分之三十的，应当由股东大会作出决议，并经出席会议的股东所持表决权的三分之二以上通过，以

[①] 审理法院为江苏省南京市中级人民法院，案号为（2020）苏01民初224号。

及某方舟股份公司股东会议决议等，均表明某方舟股份公司股东大会与董事会作出对控股子公司某方舟通信公司提供担保的决议，符合该公司《章程》规定，并进行公示，系该公司真实的意思表示且不违反法律法规的强制性规定。因此江苏支行与某方舟股份公司签订的《最高额保证合同》应当合法有效，某方舟股份公司应按照合同约定就案涉债务承担连带保证责任。

评析：

就本案而言，被告某方舟股份有限公司作为上市公司，为其控股子公司进行担保，担保额超过公司资产总额的百分之三十，应当经股东会作出决议，并经出席会议的股东所持表决权的三分之二以上通过，同时还要按照规定进行信息披露。且被告某方舟股份公司股东会与董事会作出了对控股子公司某方舟通信公司提供担保的决议，并进行公示，符合程序规定。某方舟股份有限公司应当按照合同约定在涉案担保金额内承担保证责任。

第一百三十六条 上市公司设独立董事，具体管理办法由国务院证券监督管理机构规定。

上市公司的公司章程除载明本法第九十五条规定的事项外，还应当依照法律、行政法规的规定载明董事会专门委员会的组成、职权以及董事、监事、高级管理人员薪酬考核机制等事项。

条文释义

本条是关于上市公司设立独立董事的规定。

独立董事制度的创立，主要是为了强化公司内部监督，更好地保护公司利益和广大中小股东利益，也可以防止大公司滥用权力。考虑到我国股份有限公司实行法定的监事会制度，监事会在公司实践中，特别是国有独资或者控股公司的监督方面，发挥了重要的作用，监事会制度应当继续采用。同时，为了加强对上市公司董事会决策过程的监督，强化对大股东的制衡机制，更好地维护广大中小股东的利益，法律对上市公司设独立董事提出了要求，明确上市公司可以设独立董事，由国务院证券监督管理机构规定上市公司独立董事的运行办法。本条第二款还明确了对于股份有限公司的公司章程除具备一般事项外，还应当明确董事会专门委员会的组成、职权以及董事、监事、高级管理人员薪酬考核机制等事项，以便于股份有限公司高效运行。

第一百三十七条 上市公司在董事会中设置审计委员会的，董事会对下列事项作出决议前应当经审计委员会全体成员过半数通过：

（一）聘用、解聘承办公司审计业务的会计师事务所；

（二）聘任、解聘财务负责人；

（三）披露财务会计报告；

（四）国务院证券监督管理机构规定的其他事项。

本条是关于上市公司设置审计委员会的规定。

本条为新修订《公司法》新增条款，明确上市公司在董事会中设置审计委员会，列举了审计委员会过半数通过的事项。2023 年颁布的《上市公司独立董事管理办法》第二十六条第一款规定："上市公司董事会审计委员会负责审核公司财务信息及其披露、监督及评估内外部审计工作和内部控制，下列事项应当经审计委员会全体成员过半数同意后，提交董事会会议：（一）披露财务会计报告及定期报告中的财务信息、内部控制评价报告；（二）聘用或者解聘承办上市公司审计业务的会计师事务所；（三）聘任或者解聘上市公司财务负责人；（四）因会计准则变更以外的原因作出会计政策、会计估计变更或者重大会计差错更正；（五）法律、行政法规、中国证监会规定和公司章程规定的其他事项。"新增条款与《上市公司独立董事管理办法》相衔接，正是考虑到审计委员会作为公司治理财务层面沟通、监督、核查内外部审计的重要机构，也是引导证券市场健康发展的重要角色，其涉及审计、财务等相关事项需要明确和规范化。

第一百三十八条 上市公司设董事会秘书，负责公司股东会和董事会会议的筹备、文件保管以及公司股东资料的管理、办理信息披露事务等事宜。

本条是关于上市公司董事会秘书的设立和职责的规定。

中国证监会于 1997 年 12 月发布的《上市公司章程指引》和批复的《上海证券交易所上市规则》中，提出了上市公司应设董事会秘书的要求。在法律中确立这项制度，有利于完善上市公司治理结构，提高上市公司管理的规范化水平和效率，更好地发挥董事会的作用，维护公司和股东的利益。董事会秘书依法对公司负有忠实义务和勤勉义务；执行公司职务应当遵循法定规则。根据本条的规定，董事会秘书的法定职责是负责公司股东会和董事会会议的筹备、文件保管以及公司股东资料的管理、办理信息披露事务等事宜。董事会秘书执行公司职务时违反法律、行政法规或者公司章程的规定，给公司造成损害的，应当承担赔偿责任。

第一百三十九条 上市公司董事与董事会会议决议事项所涉及的企业或者个人有关联关系的，该董事应当及时向董事会书面报告。有关联关系的董事不得对该项决议行使表决权，也不得代理其他董事行使表决权。该董事会会议由过半数的无关联关系董事出席即可举行，董事会会议所作决议须经无关联关系董事过半数通过。出席董事会的无关联关系董事人数不足三人的，应将该事项提交上市公司股东会审议。

本条是关于上市公司董事对关联交易表决回避的规定。

本条款基本沿用 2018 年《公司法》第一百二十四条款的规定，在明确上市公司董事会决议事项实行关联董事回避表决制度的同时，增加要求关联董事负有主动书面报告决议事项关联关系的义务，有利于进一步保障关联董事回避表决制度的切实执行。

董事与董事会会议决议事项所涉及的企业有关联关系的，应当回避董事会会议对该事项的表决。这是董事的一项法定义务，当董事与董事会会议表决事项所涉及的企业存在关联关系时，就有可能在该项交易上与公司存在利益冲突，禁止董事在与公司有利益冲突的情况下，对与其有关联的交易行使表决权或者代理他人行使表决权，有利于防止董事利用其在公司所处地位，牺牲公司的利益谋求自己的利益或者为他人谋取利益。

董事会表决与董事有关联的交易事项，应当有过半数的无关联董事出席方可举行董事会会议。董事会会议对该类事项做出决议须经无关联关系董事过半数通过。这样规定主要是为了便于对这类关联交易事项的监督，防止少数人操纵董事会表决，确保董事会对这类关联交易事项所做的决议能够公正合理地体现上市公司利益和大多数股东的利益。出席董事会的无关联关系董事人数太少，容易造成少数人操纵表决，使董事会会议决议难以体现大多数股东的意志和利益。因此，为了有效地保护公司利益和多数股东的利益，当出席董事会的无关联董事人数不足三人时，应当将与董事有关联的交易事项提交上市公司股东会会议审议。

关联案例

陈某乐、浙江某奔电子科技有限公司公司决议撤销纠纷案①

案情：

浙江某奔电子科技有限公司（以下简称浙江某奔公司）董事会由上诉人陈某乐、叶某东、金某勇三人组成。金某勇担任公司董事长，陈某乐担任公司总经理兼法定代表人。叶某东系安徽某奔公司的总经理兼法定代表人，金某勇之妻系该公司董事长。后，金某勇作为浙江某奔公司董事长提议召开临时董事会。董事会上金某勇临时提议：鉴于浙江某奔公司起诉安徽某奔公司不符合大多数股东利益，事先未报知董事会、股东会知悉，故同意陈某乐辞去总经理职务，提议叶某东接替公司总经理职务。陈某乐认为金某勇、叶某东与安徽某奔公司有重大利害关系，与本次诉讼引起的或相关的议题，关联董事应当回避，但该提议未被采纳。法院认为，《公司法》仅规定了两种表决权回避的情形，一是规定了公司为股东或实际控制人提供担保的，被担保的股东或实际控制人支配的股东不得参与表决；二是规定了上市公司董事与董事会决议事项所涉及的企业有关联关系的，不得参与表决。本案中浙江某奔公司为有限责任公司，而非股份有限公司，更非上市公司，本案表决事项不属于上述需要表决权回避的两种情形，故金某勇、叶某东在表决中无须回避。综上，涉案董事会决议，其会议召集程序、表决方式并未违反法律行政法规或公司章程，决议内容亦未违反公司章程，不存在撤销事由。

评析：

本案中涉案董事是否需要回避，看其是否符合公司法规定的董事回避的情形，一是公司为股东或实际控制人提供担保的，被担保的股东或实际控制人支配的股东不得

---

① 审理法院为浙江省温州市中级人民法院，案号为（2019）浙03民终6102号。

参与表决;二是上市公司董事与董事会决议事项所涉及的企业有关联关系的,不得参与表决。很显然,董事会议题不涉及为股东或者实际控制人提供担保;涉案公司也非上市公司,不符合上市公司规定的董事会决议事项所涉及的企业有关联关系的关联董事应当回避的情形。因此,一审、二审法院驳回上诉人的请求,符合法律规定。

第一百四十条 上市公司应当依法披露股东、实际控制人的信息,相关信息应当真实、准确、完整。

禁止违反法律、行政法规的规定代持上市公司股票。

条文释义

本条是关于上市公司信息披露的规定。

本条为新增条款,旨在规避实际控制人实施不当关联交易损害公司及债权人利益,破坏证券市场交易规范。中国证券监督管理委员会公布的《首次公开发行股票并上市管理办法》第十三条规定:"发行人的股权清晰,控股股东和受控股股东、实际控制人支配的股东持有的发行人股份不存在重大权属纠纷。"第二十五条规定:"发行人应完整披露关联方关系并按重要性原则恰当披露关联交易。关联交易价格公允,不存在通过关联交易操纵利润的情形。"同时《上市公司信息披露管理办法》对于上市公司信息披露也做了明确规定,信息披露义务人应当对涉及上市公司的收购、合并、分立、发行股份、回购股份等行为导致上市公司股本总额、股东、实际控制人等发生重大变化情况依法履行报告、公告义务,披露权益变动情况,《证券法》对上市公司信息披露的要求是披露的信息应当真实、准确、完整、简明清晰、通俗易懂,不得有虚假记载、误导性陈述或者重大遗漏。本条正是在此基础上明确上市公司应当真实、完整、准确依法披露股东、实际控制人的信息。同时规定上市公司不得违反法律、行政法规规定代持股票。

第一百四十一条 上市公司控股子公司不得取得该上市公司的股份。

上市公司控股子公司因公司合并、质权行使等原因持有上市公司股份的,不得行使所持股份对应的表决权,并应当及时处分相关上市公司股份。

条文释义

本条是关于上市公司控股子公司不得代持公司股份的规定。

本条为新增条款,旨在规制上市公司经营管理层利用交叉持股架空公司股东权利导致内部绝对控制的行为,保障公司内外部有效治理。《北京证券交易所股票上市规则(试行)》第4.1.12条第3款:"上市公司控股子公司不得取得该上市公司的股份。确因特殊原因持有股份的,应当在1年内依法消除该情形。前述情形消除前,相关子公司不得行使所持股份对应的表决权,且该部分股份不计入出席股东大会有表决权的股份总数。"《上海证券交易所股票上市规则》《深圳证券交易所股票上市规则》均有类似规定。

第六章 | 股份有限公司的股份发行和转让

第一节　股份发行

第一百四十二条　公司的资本划分为股份。公司的全部股份，根据公司章程的规定择一采用面额股或者无面额股。采用面额股的，每一股的金额相等。

公司可以根据公司章程的规定将已发行的面额股全部转换为无面额股或者将无面额股全部转换为面额股。

采用无面额股的，应当将发行股份所得股款的二分之一以上计入注册资本。

条文释义

本条是关于股份和股票概念的规定。

在我国公司法中，股份是股份有限公司特有的概念，是股份有限公司资本最基本的构成单位。有限责任公司股东的出资，一般不分为等额的份额，称为出资额。根据本条规定，股份具有两层含义：①股份是股份有限公司资本的基本构成单位，是公司资本的计算单位。按照本条第一款的规定，股份有限公司的全部资本划分为股份，发行面额股的，每一股的金额相等。②股份是股东权利义务的产生根据和计算单位。发起人、出资人只有出资缴纳股款，拥有公司股份，才能成为公司的股东。同时，股东在公司中享有权利、履行义务也与其拥有股份直接相关。股东按照其持有的股份数额行使股东权利，如表决权、分红权、剩余财产分配权、新股认购权等。

本条还规定公司发行股份，按照公司章程的规定，择一采用面额股或者无面额股。同时规定公司可以根据公司章程的规定将已发行的面额股全部转换为无面额股或者将无面额股全部转换为面额股。允许股份有限公司发行无面额股，同时规定，采用无面额股的，应当将发行股份所得股款的二分之一以上计入注册资本。

刘某、贵州某亚生物有机肥业发展股份有限公司股权转让纠纷案①

案情:

案外人孟某堡系被上诉人贵州某亚生物有机肥业发展股份有限公司（以下简称某亚公司）的股东，孟某堡将其持有的某亚公司的部分股权转给上诉人刘某。某亚公司向刘某出具了投资确认书，确认刘某股份数量为 2 股，投资金额为 20 000 元。刘某向法院起诉请求解除其与某亚公司之间的投资确认书；某亚公司立即退还原告股金 20 000 元，并按年利率6%向其支付从 2018 年 3 月 30 日至今的资金占用费。法院认为，某亚公司名为股权众筹，实为股权转让，上诉人与被上诉人签订的投资确认书，系双方真实意思表示，合法有效。股份公司的资本由等额股份构成，且股票本身应当记载相应信息。本案中，某亚公司向上诉人签发的"投资确认书"，名称虽未明确标明为"股票"，但在记载事项上与《公司法》规定的要件一致，应当认定具备了股票的基本特征，故被上诉人某亚公司已经履行了交付股票的义务，并无违约，而上诉人也已经取得股票作为股东身份的凭证，故其并不享有约定或法定的解除权利。

评析:

股份有限公司股东持有的股份可以依法转让。转让后的股份持有人即拥有股东身份。股份有限公司因其资合性，依法转让的股份不同于有限责任公司，股东变更后必须到登记管理机关办理变更登记非股东变更的必要条件，因此，本案中，上诉人依法缴纳股款后，即获得某亚公司的股东身份，某亚公司已向上诉人出具相关凭证证明了其股东身份，上诉人已通过取得股权凭证的方式明确了其股东权利及义务，是否办理变更登记不影响双方股权转让协议的效力及履行。根据公司法规定，股份有限公司在无法定情形的情况下不得收购本公司股份，因此，上诉人提出的诉讼请求无法律依据，法院驳回上诉人诉讼请求，符合法律规定。

第一百四十三条 股份的发行，实行公平、公正的原则，同类别的每一股份应当具有同等权利。

同次发行的同类别股份，每股的发行条件和价格应当相同；认购人所认购的股份，每股应当支付相同价额。

条文释义

本条是关于股份发行原则的规定。

根据本条第一款的规定，股份的发行，实行公平、公正的原则。所谓公平，首先，是指发行的股份所代表权利的公平，即在同一次发行中的同一种股份应当具有同等的权利，享有同等的利益，同类股份必须同股同权、同股同利；其次，是指股份发行条件的公平，即在同次股份发行中，相同种类的股份，每股的发行条件和发行价格应当相同。无论任何人，获得相同的股份，应支付相同的对价。所谓公正，是指在股份的

---

① 审理法院为贵州省安顺市中级人民法院，案号为（2018）黔 04 民终 1216 号。

发行过程中，应保持公正性，不允许任何人进行内幕交易、价格操纵、价格欺诈等不正当行为获得超过其他人的利益。

本条第二款实际上是对股份发行中的公平原则更具体的表述。同次发行的同种类股份，每股的发行条件和价格应当是相同的，认购人所认购的股份，每股应当支付相同价额，对于同一种类的股票不允许针对不同的投资主体规定不同的发行条件和发行价格。这是股权平等原则在股份发行中的具体体现。

关联案例

李某与某影视公司公司决议效力纠纷案①

案情：

某影视公司系在深圳证券交易所上市的公司。李某持有某影视公司 1 万股股份。2016 年 7 月 26 日某影视公司召开董事会会议审议通过《关于对外投资合作成立公司的议案》，内容包括：拟设立公司名称为某文化公司，公司类型为有限责任公司。股权结构为：贾某出资 35 万元，占股 35%；孙某出资 25 万元，占股 25%；张某出资 20 万元，占股 20%；某影视公司出资 1 000 万元，其中 20 万元作为实缴注册资本，占股 20%。李某认为：①案涉董事会决议审议通过的投资决议违反同股同价原则。②《合作协议》约定的某影视公司与贾某、孙某、张某等人的投资数额及所占股权比例违反公平原则。故起诉要求确认影视公司涉案会议通过的决议无效。法院认为：①案涉董事会决议内容并不违反同股同价原则。首先，《公司法》第一百二十六条中第一节"股份发行"部分，是关于股份有限公司股份发行的原则。有限责任公司与股份有限公司的公开性程度不同，其股东的出资及股权的取得有充分的协商空间，故其不当然适用《公司法》第一百二十六条规定关于股份有限公司股份发行和转让的相关规定。其次，在《公司法》对于有限责任公司未明确规定"同股同价"的前提下，全体股东共同对出资安排的约定并不违反《公司法》的效力性强制性规定，亦不违背《公司法》在有限责任公司充分尊重全体股东意思自治的立法旨意。②案涉董事会决议内容并不违反公平原则。法律法规并无关于对外投资要在投资金额上完全对等的规定，投资价值及风险的判断属于公司的自主经营范畴。而股东之间合作协议，是合同当事人之间内部的权利义务约定，应尊重当事人意思自治。故判决驳回李某主张董事会决议无效的诉讼请求。

评析：

上市公司董事会决议在章程规定权限内作出的对外投资决议中关于投资金额及股权占比的内容，属于公司基于商业判断的意思自治范围，不应以对外投资金额与所占股权的绝对比例的不对称否定公司董事会决议的效力，小股东依据"公平原则"据此主张董事会决议无效缺乏事实及法律依据。

第一百四十四条 公司可以按照公司章程的规定发行下列与普通股权利不同的类别股：

---

① 案例来源：北京市第三中级人民法院公司类纠纷审判白皮书（2013—2020）。

（一）优先或者劣后分配利润或者剩余财产的股份；

（二）每一股的表决权数多于或者少于普通股的股份；

（三）转让须经公司同意等转让受限的股份；

（四）国务院规定的其他类别股。

公开发行股份的公司不得发行前款第二项、第三项规定的类别股；公开发行前已发行的除外。

公司发行本条第一款第二项规定的类别股的，对于监事或者审计委员会成员的选举和更换，类别股与普通股每一股的表决权数相同。

条文释义

本条是关于类别股的规定。

本条系新增条文。本条规定，允许股份有限公司发行类别股，可以在分配、表决权和转让限制方面做出不同的安排，同股可以不同权。

类别股，是指公司发行的设有特别权利、特别限制的与普通股权利不同的股份。类别股股东权利的内容一般在公司章程中予以确定，通常指股东在公司盈余分配、公司剩余财产分配以及表决权行使等方面不同于普通股的股份。在公司某些事项上享有特别权利即优先权的特别股，称为优先股。按照优先权所针对事项的不同，又可以分为表决权优先股、公司盈余分配优先股以及公司剩余财产分配优先股等。在公司某些事项上受到特别限制的股份，一般称为劣后股，其中又包括盈余分配劣后股和剩余财产分配劣后股等。

公司发行类别股，是一种市场化的选择，有利于股份有限公司采取更加灵活多样化的方式筹集公司资本，也利于满足具有不同偏好的投资者多样化的投资需求。本法不禁止股份有限公司发行类别股，但同时又在本条规定，公司可以按照章程规定发行国务院规定的其他类别股。在本条第二款中，我们可以看到，公开发行股份的公司不得发行表决权不同于普通股的类别股和转让受限的类别股，以保证其每一股份具有相同的表决权以及股份能自由流通，但公开发行前已经发行的类别股仍然有效。同时本条第三款还进一步规定公司发行表决权型类别股时，享有此类股份的股东在监事和审计委员会的选任上无法行使其特权。

第一百四十五条 发行类别股的公司，应当在公司章程中载明以下事项：

（一）类别股分配利润或者剩余财产的顺序；

（二）类别股的表决权数；

（三）类别股的转让限制；

（四）保护中小股东权益的措施；

（五）股东会认为需要规定的其他事项。

条文释义

本条是关于发行类别股的公司章程应记载的事项。

2023 年《公司法》第一百四十五条引入公司章程应载明类别股的特定内容的相关

规则，明确规定发行类别股的公司应在章程中规定类别股分配利润或者剩余财产的顺序、类别股的表决权数、类别股的转让限制、保护中小股东权益的措施以及股东会会议认为需要规定的其他事项。此条规范借鉴于 2022 年修订的《上市公司章程指引》第十六条，规定了三种类型的类别股，还赋予了国务院另行规定类别股的权力。类别股的种类多样，财产分配型类别股、表决权型类别股、限制转让型类别股是最典型的三种。股权内容的多样性使得类别股的设计者可以形成多种排列组合，因此如果完全允许公司自由设计类别股的内容，不仅容易误导投资者，甚至还有可能违反法律的强制性规定。

第一百四十六条 发行类别股的公司，有本法第一百一十六条第三款规定的事项等可能影响类别股股东权利的，除应当依照第一百一十六条第三款的规定经股东会决议外，还应当经出席类别股股东会的股东所持表决权三分之二以上通过。

公司章程可以对需经类别股股东会决议的其他事项作出规定。

条文释义 ├──────────────────────────

本条是对发行类别股公司在作出修改公司章程、增加或减少注册资本等可能影响类别股股东权利的重大事项时的表决程序的规定。

发行类别股的公司股东会在审议需要特别决议的事项时，该事项可能影响类别股的股东权利的，还需经出席类别股股东会的股东所持表决权三分之二以上通过。2018年《公司法》没有直接规定类别股，而是授权国务院可以对公司发行其他种类的股份另行作出规定，新修订《公司法》则在股份公司中直接引入类别股。根据 2018 年《公司法》的规定，除公司持有的本公司股份没有表决权外，股东出席股东会会议，所持每一股份有一表决权，即所谓同股同权。在引入类别股后，公司股份将可以不再是同股同权。类别股可以满足不同投资人多元化的投资需求，财务投资人可能会更关心利润分配和投资退出而要求有权优先分配或优先转让股份，而战略投资人可能更关心公司的业务和治理而要求更多表决权。

第一百四十七条 公司的股份采取股票的形式。股票是公司签发的证明股东所持股份的凭证。

公司发行的股票，应当为记名股票。

条文释义 ├──────────────────────────

本条是关于股份有限公司股份形式以及记名股票的规定。

按照反洗钱有关要求，并根据我国股票发行的实际情况，新修订《公司法》明确规定"公司发行的股票，应当为记名股票"。增加了股票发行的透明度，便于监管。

本条第一款是关于股票概念的规定，根据该款规定，股票是公司签发的证明股东所持股份的凭证。股票的概念包括以下几层含义：①作为法律概念的股份在具体生活中的表现形式是股票。股份是股票的价值内容，股票是股份的存在形式。②股票是证明股东权利的有价证券。股票通过其记载事项表明其所有人或者持有人在公司中所享有的权利。③股票是一种要式证券。按照本款和本法有关条款的规定，股票必须由公司签发，由公司的法定代表人签名、公司盖章。

记名股票，是指股票上记载有股东姓名或者名称的股票；无记名股票，是指股票上未记载股东姓名或者名称的股票。无记名股票仅以交付就可以发生转让的法律效力，流动性太大。为了便于对公司股份构成情况的了解，方便公司的运营，同时也有利于对公司的监管，本条规定了公司发行的股票，应当为记名股票。值得注意的是，本条规定针对的是股票发行，即要求在股票发行时，向发起人、法人发行的股票必须是记名股票，并不是限制发起人、法人只能持有记名股票。股票发行以后，发起人、法人在流通市场上通过转让或者其他方式获得无记名股票的，本法并没有禁止。

关联案例

彭某琼、黎某军等合同纠纷案[①]

案情：

上诉人彭某琼与被上诉人黎某军于 2009 年通过校内网相识。2016 年 12 月，被上诉人向上诉人表示现有诺某特的股票可以出售。上诉人向被上诉人转账购买 1.5 万股诺某特股票。该笔款项由被上诉人黎某军支付给第三人黄某，彭某琼购买的 1.5 万股诺某特股票亦由第三人黄某代持，第三人黄某确认其代为持有彭某琼购买的 1.5 万股诺某特股票。彭某琼认为黎某军虚构身份，骗取信任，将诺某特股票低买高卖给自己，黎某军存在欺诈，双方由此涉诉。法院认为，关于股票转让行为的效力问题。《公司法》规定："公司的股份采取股票的形式。""股东持有的股份可以依法转让。"本案中，被上诉人向上诉人推荐了诺某特股票后，双方就相关股票购买事宜进行了充分沟通，最终被上诉人购买 1.5 万股诺某特股票，无论是被上诉人亦或是第三人将股票转让给上诉人，均不违反法律、行政法规的强制性规定，转让行为应认定有效。

评析：

公司法规定，股份有限公司股东可以依法转让股份，股份采取股票的形式，股票是公司签发的证明股东所持股份的凭证。本案中，涉案股份经被上诉人依法出售给上诉人，上诉人依照规定缴纳股款，已具备涉案公司股东身份，持有涉案公司股份，转让行为应当有效。上诉人在交易行为完成后，又以自己不是合格投资者，主张股票转让行为无效，亦有违诚信原则。一审、二审法院在综合考虑现有证据以及双方当事人转让行为未违反法律强制性规定情况下确认双方之间的股份转让行为有效，判决合法合理。

第一百四十八条 面额股股票的发行价格可以按票面金额，也可以超过票面金额，但不得低于票面金额。

条文释义

本条是关于面额股股票发行价格的规定。

新修订《公司法》第一百四十八条改变了 2018 年《公司法》有关公司发行股份应

---

① 审理法院为广西壮族自治区贺州市中级人民法院，案号为（2022）桂 11 民终 818 号。

当采用面额股的规定，允许公司根据章程择一采用面额股或者无面额股，并可以根据公司章程的规定相互转换。股份公司在发行无面额股时，应当将发行股份所得股款的二分之一以上计入注册资本。

股份有限公司通过发行股票的形式进行股份的发行，来募集公司设立或者增资所必需的资本。每一股票的票面价值是相同的，所有发行的股票的票面价值总额就等同于股份有限公司设立或者增资所需要的资本总额。因此，从资本充实的角度出发，股票只有平价发行或者溢价发行，股份发行所募集到的资金才能够等于或者高于公司所需要的资本。而股票的折价发行，即按照低于股票的票面价值发行股票，即使股份全部得以发行，所筹集到的资金也必然低于公司所需资本总额，这实际上会造成公司资本的虚增，有可能损害公司及股东的利益。因此，本条规定，股票发行价格可以按票面金额，也可以超过票面金额，但不得低于票面金额。同时，按照本法的有关规定，股份有限公司以超过股票票面金额的发行价格发行股份所得的溢价款应当列入公司的资本公积金，用于转增公司资本。

关联案例

李某民与林某洪民间借贷纠纷案[①]

案情：

被告林某洪为贵州黄平某城实业有限公司控股股东。原告李某民与被告林某洪签订《合作协议书》，约定如下：①投资款完全由原告李某民提供，股份实际所有人为原告李某民，被告系根据协议代持股份。②若贵州黄平某城实业有限公司能够上市，原告李某民有权要求被告林某洪在成功挂牌的90天内为其套现。若该公司未能上市，原告李某民有权要求被告林某洪按照投资额的10%每一年向原告支付股权收益；协议签订后，原告李某民向被告林某洪转款30万元。后贵州黄平某城实业有限公司未上市，被告林某洪也未向原告李某民支付协议约定的相关款项。法院认为，股票发行价格可以按票面金额，也可以超过票面金额，但不得低于票面金额。若贵州黄平某城实业有限公司能够上市，原告可以依照协议约定要求被告支付超额回报。因此，不管贵州黄平某城实业有限公司能否上市，原告都能依照协议约定向被告主张协议约定的收益，原告不承担风险。该协议的内容不符合股权投资的特性，应认定为借贷合意。双方当事人应当按照该借款协议享有权利，全面履行义务。原告已经依约向被告提供了借款，被告应当按照借款合同的约定履行还款义务。贵州黄平某城实业有限公司未能上市，被告应当按照规定返还借款本金以及利息。

评析：

本案原被告签订的《合作协议书》不存在合同无效的情形，系双方当事人真实意思表示的产物。该协议约定了双方当事人的权利义务，原、被告本应当依照协议约定享有权利，依照协议约定履行己方义务。虽然协议约定的是代持股，但是从双方当事人的约定中可以看出，原告只享有取得投资回报的权利，不承担亏损风险，这不符合股权投资的特性，应当认定为民间借贷。

[①] 审理法院为贵州省黄平县人民法院，案号为（2020）黔2622民初1305号。

第一百四十九条 股票采用纸面形式或者国务院证券监督管理机构规定的其他形式。

股票采用纸面形式的，应当载明下列主要事项：

（一）公司名称；

（二）公司成立日期或者股票发行的时间；

（三）股票种类、票面金额及代表的股份数，发行无面额股的，股票代表的股份数。

股票采用纸面形式的，还应当载明股票的编号，由法定代表人签名，公司盖章。

发起人股票采用纸面形式的，应当标明发起人股票字样。

条文释义 |

本条是关于股票形式以及股票记载事项的规定。

传统的股票多采取纸面形式，即实物券式的股票。而当前我国现有的股份有限公司大多数是向社会公开发行股票的公司，股票一般是采取簿记券式，即以在证券登记结算机构记载股东账户的方式发行股票。随着科技的发展，股票的形式可以多种多样，不一定限于纸面形式和簿记券式这两种类型，如磁卡形式、电子形式。只要该种股票形式能够真实准确地记载股票的内容，方便股东持有，方便交易就可以了。

根据本条规定，股票的记载事项应当包括以下几种：①公司的基本情况，包括公司的名称和公司登记成立的日期。②股票的基本情况。其具体包括：股票的种类，即股票是普通股股票还是特别股股票；股票的票面金额。股票所代表的股份数，这是表明股东在公司享有多大权利的基本依据。

股票是公司签发的要式证券，因此本条要求股票采用纸面形式的，还应当载明股票的编号，股票必须由代表公司的法定代表人签名，并由公司盖章。代表公司在股票上签名的公司的法定代表人，根据本法有关条款的规定，可以是公司的董事长或者经理，具体由公司章程规定。本条还规定，如果发起人股票采用纸面形式，应当标明发起人股票的字样。

关联案例 |

黄某娜、郑某股权转让纠纷案①

案情：

被告孟某堡系某亚公司的股东。孟某堡将其持有的某亚公司的 13.5% 的股权作价 135 万元转让给两原告。某亚公司向二人出具了投资确认书。后郑某、黄某娜转让取得上述股权后，郑某作为某亚公司的董事参与了公司经营管理。法院认为，股份公司的资本由等额股份构成，且股票本身应当记载相应信息。本案中，某亚公司向原告签发的"投资确认书"，名称虽未明确表明为"股票"，但在记载事项上与公司法规定的要件一致，应当认定具备了股票的基本特征，故被告孟某堡已经履行了股权转让协议中

① 审理法院为贵州省安顺市中级人民法院，案号为（2018）黔 04 民终 965 号。

交付股票的义务，并无违约，而原告也已经取得股票作为股东身份的凭证，故其并不享有约定或法定的解除权利。

评析：

本案孟某堡将涉案股份转让给郑某、黄某娜，系双方真实意思表示，不违反法律法规的强制性规定，该行为合法有效。虽然，某亚公司向二人出具的《投资确认书》上未明确规定"股票"二字，但是其形式、内容与股票记载事项要件一致，符合股票的要式特征，郑某、黄某娜已经取得某亚公司的股东身份，在无法定解除协议的情形下，应当认定该股权转让行为有效。

第一百五十条 股份有限公司成立后，即向股东正式交付股票。公司成立前不得向股东交付股票。

条文释义

本条是关于股票交付的规定。

股份有限公司的股票是一种代表股东权利的有价证券，具有流通性，可以自由转让。因此，股票应当具有确定性，即股票所代表的权利应当是确定的、无瑕疵的，这样才能保证交易的安全，维护正常的交易秩序，保护交易双方的合法权益。因此，本条规定，股份有限公司只有在公司登记成立以后，才能向股东正式交付股票，公司登记成立前不得向股东交付股票。因为，如果允许公司在登记成立前就向股东交付股票，同时该股票在市场上进行了流通，一旦设立中的公司因为种种原因最后没有成立，该股票所代表的股东权利不存在，所有围绕该股票已经发生的交易都会受到影响，这种情况的发生将会严重影响市场的交易秩序。

关联案例

耿某藻与沈阳某科技发展股份有限公司股东资格确认纠纷案①

案情：

2000 年年底，原告耿某藻出资 3 万元加入被告沈阳某科技发展股份有限公司，并作为股东参与了被告初期销售经营工作，被告向原告出具了《股权证》正本，确认原告入股日期为 2001 年 1 月 8 日。经原告多次要求，被告拖延办理股权工商登记，原告为维护自身合法权益，将被告诉至法院。法院认为，股份有限公司成立后，即向股东正式交付股票。公司成立前不得向股东交付股票。被告公司 2001 年 2 月 20 日由沈阳某鼠害综合防制工程有限公司变更为沈阳某科技发展股份有限公司。被告变更企业性质为股份有限公司后亦向原告出具了《股权证》，即确认原告持有被告股份。关于原告主张被告及第三人协助原告办理持有被告 0.385% 股权的工商登记的诉讼请求，经向被告登记机关沈阳市市场监督管理局核实，工商机关针对股份有限公司确无该项诉请变更业务，故对该项诉请，法院不予支持。

评析： 本案中，原告购买被告的股份，被告向原告出具《股权证》，该《股权证》

① 审理法院为辽宁省沈阳经济技术开发区人民法院；（2019）辽 0191 民初 3999 号。

应认为具有股票性质。且根据被告公司企业性质变更登记可知，被告公司系变更后才向股东，即原告交付股票，符合《公司法》的规定，原告应合法持有被告公司股份。工商变更登记属于股权转让协议的附属义务，应由公司依照双方当事人之间的转让协议履行。工商登记即使未予变更的，并不影响股权转让协议的效力。

第一百五十一条 公司发行新股，股东会应当对下列事项作出决议：

（一）新股种类及数额；

（二）新股发行价格；

（三）新股发行的起止日期；

（四）向原有股东发行新股的种类及数额；

（五）发行无面额股的，新股发行所得股款计入注册资本的金额。

公司发行新股，可以根据公司经营情况和财务状况，确定其作价方案。

条文释义

本条是关于公司发行新股以及公司确定新股作价方案的规定。

本条第一款第五项新增发行无面额股的，新股发行所得股款计入注册资本的金额。根据本条规定，公司发行新股，由股东会对有关事项做出决议。需要股东会做出决议的新股发行事项包括：①新股种类及数额，即本次发行新股的类型；此次新股发行的数额。②新股发行价格。此次新股发行，是平价发行还是溢价发行，具体的发行价格是多少。③新股发行的起止日期，对于采用公开募集的方式发行新股的，按照《证券法》的有关规定，如果发行期限届满，向投资者出售的股票数量未达到拟公开发行股票数量的百分之七十的，为发行失败。④向原有股东发行新股的种类及数额。⑤发行无面额股的，新股发行所得股款计入注册资本的金额。本法第一百四十二条规定，采用无面额股的，应当将发行股份所得股款的二分之一以上计入注册资本。

按照本条第二款的规定，公司发行新股，可以根据公司的经营情况和财务状况，来确定其作价方案。在实际操作中，公司在确定新股作价方案时，需要考虑的因素很多，如公司的投资计划、公司的盈利状况、公司的发展前景等；通过公开发行的方式发行新股的，同时还要考虑股票市场的状况，如股票一级市场的供求情况以及二级市场的整体股价水平、股票市场的走势、股票的市盈率、同类股票的价格水平以及同期银行利率水平等因素。

关联案例

刘某琴、刘某廷等与河南丹某泉饮品股份有限公司等
新增资本认购纠纷、买卖合同纠纷案[①]

案情：

2018 年 11 月 13 日，原告刘某琴、刘某廷与三被告河南丹某泉饮品股份有限公司（以下简称丹某泉公司）签订《入股协议书》，约定两原告向丹某泉公司注资 100 万元，

---

① 审理法院为河南省淅川县人民法院，案号为（2020）豫 1326 民初 1675 号。

成为合法原始股东。但被告未按约定到工商部门办理股东登记手续。经清算，三被告向原告出具《还款协议》，约定在 2020 年 6 月 1 日前还清原告 1 361 268 元，逾期支付 20% 的违约金。到期后，被告仍未支付。无奈，两原告诉诸法院。法院认为，根据我国《公司法》的规定，股份有限公司增加注册资本发行新股，应当召开股东大会，对新股发行价格、种类、数额等作出决议，向新股东交付股票，并在公司登记机关办理变更登记、公告。本案原、被告在协议达成后，召开了股东大会，但并未对实质性新股价格、数额等作出决议，只是简单地变更了股东之间的持股比例，稀释了原发起人的股权比例且未按照法律规定完成新增资本和股东人员的变更登记，也未向刘某琴等人交付股票，故无论从实质、形式上均未完成公司新增资本的行为。故被告丹某泉公司并未能全面按约履行，应当承担相应的违约责任。

评析：

本案中，涉案《入股协议书》系原被告双方真实意思表示达成一致的结果，不违背法律、法规的强制性约定，该协议自成立时有效。同时，根据《公司法》规定，股份有限公司只有在公司登记成立以后，才能向股东正式交付股票，公司登记成立前不得向股东交付股票。被告新增注册资本发行新股，按照法律规定，应当召开股东会，对新股发行价格、种类、数额等作出决议，向新股东交付股票，但是被告丹泉股份有限公司虽召开股东会会议，但并未对实质性新股价格，数额等作出决议，也未向原告交付股票，未完全履行义务，应承担违约责任，法院的判决合法合理。

第一百五十二条 公司章程或者股东会可以授权董事会在三年内决定发行不超过已发行股份百分之五十的股份。但以非货币财产作价出资的应当经股东会决议。

董事会依照前款规定决定发行股份导致公司注册资本、已发行股份数发生变化的，对公司章程该项记载事项的修改不需再由股东会表决。

条文释义

本条是关于授权资本制的规定。

新修订《公司法》第一百五十二条引入授权资本制。第一款允许股份公司的章程或者股东会将股份发行的权限授予董事会，并细化规定授权期限、授权比例，同时明确由股东会审查非货币财产作价出资方式。第二款规定董事会发行股份后修改关于公司章程中的注册资本和已发行股份数的相关事项不需要股东会表决。授权资本制的优势在于：公司不必一次发行全部资本、股份，减轻了公司设立的难度；授权董事会自行决定发行资本，不需经股东会决议并变更公司章程，简化了公司增资程序；董事会根据公司经营情况发行资本，既灵活适应了公司经营的需要，又避免了资金的冻结、闲置，提高了投资效率。

第一百五十三条 公司章程或者股东会授权董事会决定发行新股的，董事会决议应当经全体董事三分之二以上通过。

本条是关于授权董事会发行新股程序的规定。

本条系新增条款。新修订《公司法》让授权资本制成为股份有限公司可以选择适用的一个选项，授权的形式可以是通过公司章程规定，也可以通过股东会决议作出。经授权后，董事会可以根据公司经营的实际需要决定是否发行新的股份，决定发行新股的，应当经董事会全体董事三分之二以上通过。授权资本制赋予公司董事会高度治理权限，极大地促进公司发行、募集资本的灵活性。公司和董事之间属于委任关系，从双方法律行为的角度看实为委托合同关系，授权资本制的引进，一方面简化了公司设立的程序；另一方面简化了发行新股的决策程序，有利于公司快速决断，降低了公司的代理成本，有利于增强公司在资本市场上募集资金的能力。

第一百五十四条 公司向社会公开募集股份，应当经国务院证券监督管理机构注册，公告招股说明书。

招股说明书应当附有公司章程，并载明下列事项：

（一）发行的股份总数；

（二）面额股的票面金额和发行价格或者无面额股的发行价格；

（三）募集资金的用途；

（四）认股人的权利和义务；

（五）股份种类及其权利和义务；

（六）本次募股的起止日期及逾期未募足时认股人可以撤回所认股份的说明。

公司设立时发行股份的，还应当载明发起人认购的股份数。

本条是关于公司公开募集股份应当遵守程序以及招股说明书载明事项的规定。

新股发行，包括向社会不特定对象公募发行和向特定对象私募发行两种方式。公开发行的判断标准，按照证券法的规定包括：向不特定对象发行证券；累计向超过二百人的特定对象发行证券；法律、行政法规规定的其他发行行为。股份有限公司以向社会公开募集的方式发行新股的，由于涉及公众投资者利益的保护问题，应当符合证券法的有关规定。因此，本条规定公司向社会公开募集股份，必须经国务院证券监督管理机构注册，公告招股说明书。

股份有限公司以向社会公开发行的方式发行新股时，为了便于广大投资者特别是公众投资者对新股发行的有关情况以及公司情况的了解，使其能够慎重做出投资决策，公司应当将有关信息进行披露。因此，本条规定，股份有限公司经核准向社会公开发行新股时，必须公告附有公司章程的招股说明书，说明新股的发行数量；面额股的票面金额和发行价格或者无面额股的发行价格；募集资金的用途；认股人的权利和义务；股份种类及其权利和义务；募股的起止日期及逾期未募足时认股人可以撤回所认股份的说明等情况。公司在设立之初发行股份的，还应当载明发起人认购的股份数。

王某发、韩某股权转让纠纷案 ①

案情：

上诉人王某发向被上诉人黄某雁借款共计 60 万元，用于资金周转。王某发按约定向黄某雁支付了借款利息，但未偿还上述借款本金，双方达成一致协议，王某发以在某壬公司所持有股份中的部分股份抵偿欠款。某壬公司于 2015 年 11 月 26 日出具《股权证明书》。王某发于 2017 年 7 月 13 日向法院申请向某壬公司调取证据，经一审法院出具调查令，要求某壬公司提供王某发与黄某雁签署的《债权登记申请表暨股权转让申请表》原件，以及王某发作为某壬公司股东的相关文件。某壬公司出具了相关复印件，仅加盖某壬公司的公章，仍不能提交相关文件的原件。后王某发诉至法院，请求黄某雁支付股权转让款及利息。法院认为，本案中，根据《证券法》规定，公开发行股票必须符合法律规定的条件，并依法报国务院证券监督管理机构或者国务院授权的部门核准或者审批。某壬公司是一家仅有二个自然人发起的非上市股份有限公司，其发行新的股份募集注册资金只能采取非公开发行，即面向少数特定的投资者，并且公司与投资人需要达成认股协议，并不能以投资人收到《股权证明书》代替认股协议，王某发不能提供成为某壬公司股东的相关证据，故法院不能确认王某发合法享有某壬公司的股东资格。王某发既不能证明具有合法的股东资格，在双方的股权转让行为又没有成立的情况下，王某发主张黄某雁支付股权转让款的请求，于法无据，不予支持。

评析：

股份有限公司向发起人以外的人公开募集股份，应经国务院证券监督管理机构注册，公告招股说明书。本案中，某壬公司作为非上市股份有限公司，发行新的股份募集只能采取非公开募集，面向少数特定的投资者，严格按照法律规定程序进行募集，制作相应的认股协议。且王某发不能提供证据证明其为某壬公司股东，故法院确认王某发不是某壬公司股东并无过错。既然王某发非某壬公司股东，其与黄某雁之间的股权转让行为自然不能成立，王某发自然无权要求黄某雁支付股权款。

第一百五十五条　公司向社会公开募集股份，应当由依法设立的证券公司承销，签订承销协议。

条文释义

本条是对公司向社会公开募集股份，应当依法签订承销协议的规定。

根据本条规定，发起人向社会公开募集股份，只能采取证券公司承销的方式。即发起人的募股申请，经国务院证券监督管理机构核准以后，发起人不能自己向社会公众发售股票，而应当通过依法设立的证券公司承销股票。根据《证券法》的规定，证券公司承销证券，应当对公开发行募集文件的真实性、准确性、完整性进行核查；发现有虚假记载、误导性陈述或者重大遗漏的，不得进行销售活动；已经销售的，必须

---

① 审理法院为贵州省高级人民法院，案号为（2017）黔民终 962 号。

立即停止销售活动，并采取纠正措施。即由证券公司承销向社会公开发行的证券，可以对发行人的发行文件进行审查。

根据《证券法》的规定，证券承销业务包括代销和包销两种方式。证券公司代销、包销期最长不得超过 90 日。所谓代销是指证券公司代发行人发售证券，在承销期结束时，将未售出的证券全部退还给发行人的承销方式。所谓包销是指证券公司将发行人的证券按照协议全部购入，或者在承销期结束时将售后剩余证券全部自行购入的承销方式。本条规定发起人应当同承销其股票的证券公司签订承销协议，对于上述法定应当载明的事项，发起人在与证券公司签订承销协议时，都应当在承销协议中做出约定。

第一百五十六条 公司向社会公开募集股份，应当同银行签订代收股款协议。

代收股款的银行应当按照协议代收和保存股款，向缴纳股款的认股人出具收款单据，并负有向有关部门出具收款证明的义务。

公司发行股份募足股款后，应予公告。

条文释义 ├──────────────────────────────

本条是对发起人向社会公开募集股份应当同银行签订代收股款协议以及募足股款后应予公告的规定。

根据本条规定，证券公司承销股票所得的股款，应当通过银行代收。因此，发起人向社会公开募集股份，不仅应当与证券公司签订承销协议，而且应当同银行签订代收股款的协议，由银行代发起人收取其向社会公开募集股份所得的股款。同时，代收股款的银行对向其缴纳股款的认股人负有出具收到该认股人已经缴纳股款的单据的义务，以使该认股人能够持有已经缴纳股款的凭据；代收股款的银行还负有向有关部门出具收款证明的义务，以使有关部门能够知悉公司的资金情况，便于有关部门对证券发行的管理，对所收股款的审核验资。

本条第三款规定募足股款后，应予公告。股份有限公司的股东人数较多，特别是公开发行股票的公司和上市公司，存在着众多的公众投资者。公司的情况，特别是资本变动情况应当为广大股东以及社会公众所了解。因此，本条规定，股份有限公司发行新股募足股款后，为了保护众股东的合法权益，应当将有关情况进行公告。

第二节 股份转让

第一百五十七条 股份有限公司的股东持有的股份可以向其他股东转让，也可以向股东以外的人转让；公司章程对股份转让有限制的，其转让按照公司章程的规定进行。

条文释义 ├──────────────────────────────

本条是关于股份有限公司股份转让的规定。

股份有限公司同有限责任公司相比，其最大的不同在于其股份转让的自由性，即股份有限公司的股份是可以自由转让的，既可以向其他股东转让，也可以向股东以外的人转让。有限责任公司属于资合性和人合性并存的公司，公司的设立和存在，除了依附于股东的出资，还依附于股东之间相互信任的关系。有限责任公司的股东向股东以外的人转让其股权，应当经其他股东过半数同意，其他股东对转让的股权享有优先购买权。只要股份有限公司的股份总数没有变化，资本总额没有变化，股份持有人的改变就不会影响公司的存在，也不会影响公司债权人的利益。

本条新增公司章程规定转让受限的股份，其转让按照公司章程的规定。也就是说，公司章程可以对股份转让限制进行规定，可以规定转让的比例、转让时间、转让程序等。按照本法有关条款的规定，《公司法》对股份有限公司股权转让的限制主要包括：①发起人持有的本公司股份，自公司成立之日起一年内不得转让。②公司公开发行股份在证券交易所上市交易的，公开发行股份前已经发行的股份自上市交易之日起一年内不得转让。③公司董事、监事、高级管理人员持有的本公司的股份，在其任职期间每年转让的股份不得超过其所持有本公司股份总数的百分之二十五，但公司股票在证券交易所上市交易的，自上市交易之日起一年内不得转让。上述人员离职后半年内，不得转让其所持有的本公司股份。同时授权公司章程可以对公司董事、监事、高级管理人员转让其所持有的本公司股份做出其他限制性规定。④除了法定情形外，公司不得收购本公司的股份，不得接受本公司的股票作为抵押权的标的。如果其他法律对股份有限公司的股权转让有规定的，也应依照执行。

关联案例

李某房、陈某设股权转让纠纷案①

案情：

2019 年 1 月 1 日，李某房（受让方）与陈某设（出让方）签订《转让协议》。2019 年 12 月 23 日，李某房（受让方）与陈某设（出让方）签订《某邦公司股权转让协议》约定："陈某设将其持有的某邦公司 50 万元股权转让给李某房。股权转让款及付款方式由双方另行约定，但签署本协议时，视为已完成股权转让的全部法律手续，并已实现股权交割，责任自负。"后陈某设未能按照合同约定在 2019 年 5 月 30 日前完成过户手续，且未能如约返还股权转让款，构成违约，李某房将陈某设诉至法院。法院认为，双方在《转让协议》中约定 2019 年 5 月 30 日内完成转让过户手续，否则由陈某设承担违约责任，合同终止。而当陈某设未依约办理转让过户手续时，李某房未作出解除合同的意思表示，而是再次与陈某设签订《某邦公司股权转让协议》。该新的协议约定对双方之前《转让协议》中办理转让过户的股权交割方式进行了变更约定，新的约定对双方具有约束力。故应视为双方已经完成股权转让，李某房已经取得股东身份，合同目的已经实现。根据《公司法》规定"股东持有的股份可以向其他股东转让"。股份有限公司股东身份的认定不以工商登记作为条件。某邦公司 2020 年 4 月 27 日的股东名册中记载有李某房的股东身份，表示公司对李某房股东身份的认可。故李某房实际已经取得股东身份，即使未办理工商变更登记，也并不导致股权转让合同目

---

① 审理法院为四川省成都市中级人民法院，案号为（2021）川 01 民终 7584 号。

的无法实现。因此，陈某设不存在违约行为，不应承担违约责任。

评析：

股东持有的股份可以依法转让。受让人依法获得转让的股份后，已获得股东身份，公司应当及时在股东名册上记载股东变动情况。因股份有限公司不同于有限责任公司，其更多体现的是资合性，其股权转让工商登记并非受让人获得股东身份的必要条件。双方就股权转让达成合意，是双方真实意思表示，不违反法律、行政法规强制性规定，应当合法有效，予以保护。本案中，双方签订的股权转让协议符合合同有效的要件，未进行工商登记并未导致合同目的不能实现，因此，原告不能仅以未进行工商登记为由解除协议并要求退回股权转让款。

第一百五十八条 股东转让其股份，应当在依法设立的证券交易场所进行或者按照国务院规定的其他方式进行。

条文释义

本条是关于股份有限公司股份转让场所的规定。

根据本条规定，股份有限公司的股东转让其股权应当在依法设立的证券交易场所进行。这里所说的依法设立的"证券交易场所"包括证券交易所和场外交易场所两种。证券交易所，是指依法设立的为上市公司股票提供集中竞价交易场所的组织，在我国目前是股份有限公司股份交易的主要场所。场外交易场所，是指依法设立的供非上市公司股票进行非集中竞价交易的场所。在场外交易场所进行交易的，一般为未上市的股份有限公司的股份，其交易价格不是通过集中竞价的方式产生的，而是通过交易双方协商产生的。

按照《公司法》的规定，不论股份有限公司的股份发行和交易方式有什么不同，其股份转让都必须在依法设立的证券交易场所进行。这其实是对股份有限公司股份转让的限制，特别是对于不公开发行股份的公司或者公开发行股份但尚未上市的公司。同时，股份有限公司发行的股票包括无记名股票，而依照无记名股票的性质，其转让以单纯交付就可以发生，对无记名股票的转让也要求在法定场所进行，实践中无法操作。因此，本条规定，股份有限公司的股份，除了在依法设立的证券交易场所进行外，还可以以其他适当的方式进行，具体的方式由国务院规定。

关联案例

姚某、许某芳股权转让纠纷案[①]

案情：

A 公司于 2015 年 5 月在全国中小企业股份转让系统挂牌交易，于 2019 年 3 月终止在全国中小企业股份转让系统（以下简称"新三板"）挂牌。A 公司章程规定，公司董事、监事和高级管理人员在任职期间每年转让的股份不得超过其持有的公司股份总数的 25%。2017 年 5 月，A 公司股东姚某与许某芳签订了股权转让协议。协议约定：

---

① 审理法院为江苏省无锡市中级人民法院，案号为（2021）苏 02 民终 4456 号。

第一，姚某将其持有的 A 公司 30 万股转让给许某芳（姚某当时共持有公司 70 万股，转让 30 万股超过了持有公司股份总数的 25%）。第二，姚某代许某芳持有该股份。双方签订股权转让协议后，许某芳一直未支付股权转让款。后姚某提起诉讼，请求法院判决许某芳支付股权转让款及相应利息。法院审理后认为案涉股份转让协议无效，姚某无权依据案涉股份转让协议要求许某芳支付股份转让款及相应利息。

评析：

本案中，姚某与许某芳签订股份转让协议时，A 公司是新三板挂牌公司，其股份转让应在全国中小企业股份转让系统中以公开集中竞价的方式进行。姚某与许某芳以"股份转让+代持"的模式明显是为了规避金额监管，该行为扰乱金融市场的正常秩序，损害不特定投资者的利益。此外，案涉股份转让协议违反《公司法》关于股份有限公司的董事、监事和高级管理人员股份转让份额的限制性规定，也不符合 A 公司章程的相关要求。故案涉股份转让协议应认定无效。

第一百五十九条 股票的转让，由股东以背书方式或者法律、行政法规规定的其他方式进行；转让后由公司将受让人的姓名或者名称及住所记载于股东名册。

股东会会议召开前二十日内或者公司决定分配股利的基准日前五日内，不得变更股东名册。法律、行政法规或者国务院证券监督管理机构对上市公司股东名册变更另有规定的，从其规定。

条文释义

本条是关于股票转让方式以及变更股东名册程序的规定。

本条将记名股票的转让方式修改为股票的转让方式，表明无论记名亦或是无记名股票转让，均需由股东以背书方式或者法律、行政法规规定的其他方式进行。所谓背书，是指有价证券转让的一种法定形式。就股票转让而言，就是指股票上所记载的股东作为背书人，在股票上签章，并在股票背面或者股票所粘附的粘单上记载受让人，即被背书人的名称或者姓名，以表示将该股票所代表的股东权利转让给受让人的行为。

按照本条第二款的规定，股票转让后，必须由公司将受让人姓名或者名称及住所记载于股东名册。股东按照股票的记载享有股东权利，但是这种权利的行使是以股票的记载与股东名册的记载相一致为前提的，在二者不一致的情况下，以股东名册的记载为依据。因此，在股票转让后，必须将有关事项记载于股东名册，否则公司有权拒绝受让人以股东的身份向公司主张行使股东权利。

本条规定在股东会召开前二十日内不得进行股东名册的变更登记。这段时间内，即使进行了股票的转让，受让人也不得要求公司在股东名册上对有关事项进行变更；仍由原股票的转让人作为股东，参加股东会，行使股东权利。同时，在公司确定利润分配方案，进行股利分配时，也需要保持股东的确定性，以有利于操作。因此，在公司决定分配股利的基准日前五日内，也不得进行股东名册的变更登记，这段时间内，即使进行了转让，仍然由股票的转让人，作为股东接受股利分配。当然，在股利分配结束后，股票的受让人可以依据股票转让合同的约定向转让人请求返还该部分股利。此外，基于上市公司的具体特点，本条还专门规定，法律、行政法规或者国务院证券监督管理机构对上市公司股东名册变更另有规定的，从其规定。

关联案例

前海某（深圳）基金管理有限公司、青岛某水生态科学研究院股份有限公司等股东资格确认纠纷案[①]

案情：

2019年1月18日，案外人姚某颖向张某转款500万元。前海某（深圳）基金管理有限公司（以下简称前海公司）出具姚某颖的代付声明一份，载明转账款项是姚某颖代前海公司支付的股权转让款，该款项所有权人为前海公司。2019年1月24日前海公司被记载入青岛某水生态科学研究院股份有限公司（以下简称某水公司）股东名册。前海公司购买的股权，虽未签订书面的股权转让协议，但变更了工商登记。前海公司诉至法院请求判令某水公司向前海公司签发股票。法院认为，本案中，前海公司购得某水公司股份后，某水公司已将前海公司记载于股东名册，并变更了工商登记。即某水公司已完成了将前海公司记载于股东名册并变更工商登记的法律义务。上诉人所请求的签发股票的义务系公司对于发起人或公司发行股票之时的义务，除非有反证证明被上诉人某水公司并未签发过相应股票，在被上诉人某水公司已经对有关工商登记进行了变更，且对上诉人的名称、所占有的股份数额已经明确记载的情况下，上诉人对于被上诉人的诉讼请求无法律依据。

评析：

股份有限公司的股东持有的股份可以向其他股东转让，也可以向股东以外的人转让。股份转让后，必须由公司将受让人姓名或者名称及住所记载于股东名册。因此，受让人受让股份后，公司有义务变更股东名册，以维护受让股东的合法权益。本案中，前海公司受让某水公司原股东的股份后，某水公司已经按照程序履行了将前海公司记载于股东名册并变更工商登记的法律义务，前海公司并非系某水公司的发起人或设立人，其要求某水公司签发股票并无法律依据。

第一百六十条 公司公开发行股份前已发行的股份，自公司股票在证券交易所上市交易之日起一年内不得转让。法律、行政法规或者国务院证券监督管理机构对上市公司的股东、实际控制人转让其所持有的本公司股份另有规定的，从其规定。

公司董事、监事、高级管理人员应当向公司申报所持有的本公司的股份及其变动情况，在就任时确定的任职期间每年转让的股份不得超过其所持有本公司股份总数的百分之二十五；所持本公司股份自公司股票上市交易之日起一年内不得转让。上述人员离职后半年内，不得转让其所持有的本公司股份。公司章程可以对公司董事、监事、高级管理人员转让其所持有的本公司股份作出其他限制性规定。

股份在法律、行政法规规定的限制转让期限内出质的，质权人不得在限制转让期限内行使质权。

① 审理法院为山东省青岛市中级人民法院，案号为（2022）鲁02民终6876号。

条文释义

本条是对公司股票在证券交易所交易的限制、公司董监高转让股份的限制以及股票出质的规定。

本条规定，公司公开发行股份前已发行的股份，自公司股票在证券交易所上市交易之日起一年内不得转让。同时，本条还规定，法律、行政法规或者国务院证券监督管理机构对上市公司的股东、实际控制人转让其所持有的本公司股份另有规定的，从其规定。进一步限制控股股东和实际控制人的股份转让。根据本条第二款的规定，对董事、监事、高级管理人员转让其所持有的本公司股份的限制包括以下内容：①董事、监事、高级管理人员应当向公司申报其所持有的本公司股份及变动情况，不得隐瞒。②董事、监事、高级管理人员在任职期间每年转让的股份不得超过其所持有的本公司股份总数的百分之二十五。③董事、监事、高级管理人员持有的本公司股份，自公司股票在证券交易所上市交易之日起一年内不得转让。④董事、监事、高级管理人员所持有的本公司股份，自上述人员从公司离职之日起半年内不得转让。⑤在上述限制以外，公司章程可以对董事、监事、高级管理人员转让其所持有的本公司股份做出其他限制性规定。

本条第三款增加了限售期内股份出质规定。股票在法律、行政法规规定的限制转让期限内出质的，质权人不得在限制转让期限内行使质权。2018年《公司法》对于限售期内股份是否可以出质、如何出质等事宜均未进行相关规定，新修订《公司法》对此进行了明确，明确规定股东可以将限售期内的股权进行出质，一定程度上实现了股份的经济价值。

关联案例

崔某斌诉胡某会股权转让案①

案情：

胡某会系某力欧公司董事长，同时为该公司股东，持有股份5 080万股。崔某斌系该公司董事，同时为该公司股东，持有股份700万股。2013年9月17日，崔某斌（甲方）与胡某会（乙方）签订内部股权协议，协议约定甲方将持有某力欧公司7%的股权（700万股）以700万转让给乙方。乙方承诺，700万元资金最晚在2013年10月31日前全部支付。内部股权协议签订后，胡某会并未依约支付股权转让款，双方亦未办理股权转让的相关变更登记。2017年9月12日，崔某斌与胡某会再行签订股份转让协议。协议签订后，胡某会未履行付款义务，双方也未办理股权变更登记。故崔某斌诉至法院。法院认为，根据《公司法》规定，董事、监事、高级管理人员在任职期间每年转让的股份不得超过其所持有的本公司股份总数的百分之二十五。该规定系对股份有限公司的发起人、公司董事、监事、高级管理人员转让股份作出的时间上的强行限制，而并未禁止股份转让，并不否定该民事行为的效力。故该条规定应属管理性强制性规定，而非效力性强制性规定。因此，崔某斌与胡某会的内部股权协议与股份转让

---

① 审理法院为北京市丰台区人民法院，案号为（2019）京0106民初29369号。

协议的效力并未违反法律、行政法规的效力性强制性规定，且系双方真实意思表示，故均应属有效。

评析：

公司法中关于股份有限公司董事、监事、高级管理人员股权转让限制的规定，意图在加重公司董事、监事、高级管理人员股东对公司的责任，通过拖延转让股份的时间，控制其谋取不法利益的可能性。同时，从法条内容看，在转让股份的数量以及时间上进行一定的限制，但并未限制上述人员转让股份，本案中，双方当事人签订的股权转让协议并未超出《公司法》规定的限制转让的比例以及时间，未违反法律、行政法规的效力性强制性规定，且系双方真实意思表示，应受到法律保护，应属合法有效。

第一百六十一条 有下列情形之一的，对股东会该项决议投反对票的股东可以请求公司按照合理的价格收购其股份，公开发行股份的公司除外：

（一）公司连续五年不向股东分配利润，而公司该五年连续盈利，并且符合本法规定的分配利润条件；

（二）公司转让主要财产；

（三）公司章程规定的营业期限届满或者章程规定的其他解散事由出现，股东会通过决议修改章程使公司存续。

自股东会决议作出之日起六十日内，股东与公司不能达成股份收购协议的，股东可以自股东会决议作出之日起九十日内向人民法院提起诉讼。

公司因本条第一款规定的情形收购的本公司股份，应当在六个月内依法转让或者注销。

条文释义

本条是关于股份有限公司股东在特殊情况下可以请求公司回购其股权而退出公司的规定。

本条新增了股份有限公司股东的异议股东回购权，但上市公司的股东无请求回购权。其规定借鉴了《公司法》关于有限责任公司异议股东回购权，但不包括公司分立、合并。另外，表述由"通过"改为"作出"，与《民法典》关于意思表示的用词衔接。本条规定在特殊情况下，股东可以请求公司按照合理的价格收购其股权。公司收购股权是股东转让股权的一种特殊方式，但由于收购者是本公司，其性质就不单纯是股权的转让，而是股东撤回投资退出公司的行为。本条是在"资本多数决"的情况下，赋予中小股东或少数股东维护自身权益的救济措施的制度设计。

实施本条规定有严格条件限制，在有下列三种情形之一，并且股东会在该股东投反对票的情况下依然做出了有效的决议，该投反对票的股东才可以请求公司按照合理的价格收购其股权。一是公司连续五年不向股东分配利润，而该公司连续五年盈利，并且符合本法规定的分配利润的条件。二是公司转让主要财产。尽管股东会按照"资本多数决"原则形成了合法的决议，但与少数表决权股东的意愿相反，改变了其在设立公司时的合理利益期待，应允许其退出公司。三是公司章程规定的营业期限届满或者章程规定的其他解散事由出现，股东会通过决议修改章程使公司存续。章程规定的营业期限届满或章程规定的其他解散事由出现时，公司本应解散，股东可以退出经营。

作为保护中小股东合理利益的救济措施，为实现救济手段的可操作性，本条规定了股东要求公司收购其股权的协议期限，即自股东会会议决议作出之日起六十日内。如果双方在该期限内不能达成股权收购协议，则本条赋予请求收购的股东向人民法院提起诉讼，以寻求司法救济的权利，诉讼时效为自股东会会议决议作出之日起九十日内。为了维持资本稳定性，本条第三款还规定收购的本公司股份，应当在六个月内依法转让或者注销。

关联案例

宋某军诉西安市某华餐饮有限公司股东资格确认纠纷案①

案情：

西安市某华餐饮有限公司（以下简称某华公司）由国有企业改制为有限责任公司，宋某军系某华公司员工，出资 2 万元成为某华公司的自然人股东。某华公司章程规定，"持股人若辞职、调离或被辞退、解除劳动合同的，人走股留，所持股份由企业收购……"。该公司章程经某华公司全体股东签名通过。2006 年 6 月 3 日，宋某军向公司提出解除劳动合同，并申请退出其所持有的公司股份。2007 年 1 月 8 日，某华公司召开股东大会，会议审议通过了宋某军等三位股东退股的申请并决议"其股金暂由公司收购保管，不得参与红利分配"。后宋某军以某华公司的回购行为违反法律规定为由，请求依法确认其具有某华公司的股东资格。法院认为，《公司法》所规定的异议股东回购请求权具有法定的行使条件，即只有在法定情形下，异议股东有权要求公司回购其股权，对应的是公司是否应当履行回购异议股东股权的法定义务。而本案属于某华公司是否有权基于公司章程的约定及与宋某军的合意而回购宋某军股权，对应的是某华公司是否具有回购宋某军股权的权利，二者性质不同，异议股东回购股权不能适用于本案。在本案中，宋某军手书的《退股申请》，应视为其真实意思表示。某华公司基于宋某军的退股申请，依照公司章程的规定回购宋某军的股权，程序并无不当。

评析：

国有企业改制为有限责任公司，其初始章程对股权转让进行限制，明确约定公司回购条款，只要不违反公司法等法律强制性规定，可认定为有效。有限责任公司按照初始章程约定，支付合理对价回购股东股权，且通过转让给其他股东等方式进行合理处置的，人民法院应予支持。

第一百六十二条 公司不得收购本公司股份。但是，有下列情形之一的除外：

（一）减少公司注册资本；

（二）与持有本公司股份的其他公司合并；

（三）将股份用于员工持股计划或者股权激励；

（四）股东因对股东会作出的公司合并、分立决议持异议，要求公司收购其股份；

（五）将股份用于转换上市公司发行的可转换为股票的公司债券；

---

① 审理法院为陕西省高级人民法院，案号为（2014）陕民二审字第 00215 号。

（六）上市公司为维护公司价值及股东权益所必需。

公司因前款第一项、第二项规定的情形收购本公司股份的，应当经股东会决议；公司因前款第三项、第五项、第六项规定的情形收购本公司股份的，可以按照公司章程或者股东会的授权，经三分之二以上董事出席的董事会会议决议。

公司依照本条第一款规定收购本公司股份后，属于第一项情形的，应当自收购之日起十日内注销；属于第二项、第四项情形的，应当在六个月内转让或者注销；属于第三项、第五项、第六项情形的，公司合计持有的本公司股份数不得超过本公司已发行股份总数的百分之十，并应当在三年内转让或者注销。

上市公司收购本公司股份的，应当依照《证券法》的规定履行信息披露义务。上市公司因本条第一款第三项、第五项、第六项规定的情形收购本公司股份的，应当通过公开的集中交易方式进行。

公司不得接受本公司的股票作为质押权的标的。

条文释义

本条是关于公司收购本公司股份的限制性规定。

公司收购自己的股份，将使公司成为自己的股东，混淆了公司与股东之间的法律关系，同时，允许公司拥有自己的股份，就使公司可以方便地利用其所掌握的内部消息进行股票操作、操纵公司股票价格、扰乱证券市场秩序、损害其他投资者特别是公众投资者的利益。此外，公司拥有本公司股份，将使该股份所代表的资本实际上处于虚置的地位，违反了公司资本充实的原则。

根据本条规定，公司在下列情形下，可以收购本公司股份：①减少公司注册资本。②与持有本公司股份的其他公司合并。③将股份用于员工持股计划或者股权激励。④股东因对股东会作出的公司合并、分立决议持异议，要求公司收购其股份。⑤将股份用于转换上市公司发行的可转换为股票的公司债券。⑥上市公司为维护公司价值及股东权益所必需。

公司因减少注册资本、与其他公司合并收购本公司股份的，按照本条第二款的规定，应当由股东会做出决议，这也是和股东会的职权相吻合的。当公司因推行员工持股计划或将股份转换为公司债权或者上市公司为维护公司价值及股东权益而收购本公司股份的，可以按照公司章程或者股东会的授权，经三分之二以上董事出席的董事会会议决议。将决议的主体进行放宽，公司章程可以对此三项事项进行规定，股东会也可以授权董事会作出相关决议。

《公司法》虽然允许公司在特定情况下收购本公司股份，但按照有关条款规定，回购的股份不享有表决权、不得参加红利分配。因此，本条第三款规定公司因减少注册资本而收购本公司股份的，应当自收购之日起十日内将该部分股份注销；公司因与其他公司合并或者公司合并、分立因股东行使回购请求权而收购本公司股份的，应当自收购之日起六个月内转让或者注销；公司为推行职工持股计划或将股份转换为公司债权，或者上市公司为维护公司价值及股东权益而收购本公司股份的，公司合计持有的本公司股份数不得超过本公司已发行股份总数的百分之十，并应当在三年内转让或者注销。

本条第四款是关于公司不得接受本公司的股票作为质押权标的的规定。本法规定，除了法定特殊情况外，公司是不得拥有本公司股份的。因此，本公司的股票是不能作为质押权标的和用来对公司债权进行担保的，即使设立了以本公司股票为质押权标的的担保，最后也无法实现。因此，本法禁止公司接受本公司的股票作为质押权标的。

关联案例

中国某发重点建设基金有限公司诉某联资本管理有限公司、汉中市汉台区人民政府股权转让纠纷案[①]

案情：

某联资本管理有限公司（以下简称某联公司）系某川公司大股东。2015年9月11日，中国某发重点建设基金有限公司（以下简称某发公司）与某联公司等签订《投资协议》，约定：某发公司对某川公司进行增资；投资期限内，如某川公司遇有关闭、解散、清算或破产之情形，某发公司有权要求某联公司或汉台区政府以不低于某发公司实缴出资额的价格收购股权。后某川公司进行破产重整。2017年12月，某发公司要求某联公司回购某发公司所持全部股权，但某联公司未予回购。某发公司遂提起本案诉讼。最高人民法院认为，案涉《投资协议》的性质为股权投资协议，是当事人的真实意思表示，且不违反法律、行政法规的禁止性规定。本案中，在投资期限内，某联公司、某发公司均是某川公司的股东，在《投资协议》约定的回购条款因某川公司破产而被触发后，某联公司应当按照合同约定承担支付股权回购款的义务。至于投资收益款及违约金，《投资协议》对此已有明确约定，当事人亦应依约履行，承担各自应当承担的义务。因此，一审判决《投资协议》某联公司向某发公司支付股权回购款、投资收益款及违约金是正确的。

评析：

对公司融资合同性质的认定应结合交易背景、目的、模式以及合同条款、履行情况综合判断。基金通过增资入股、逐年退出及回购机制等方式对目标公司进行投资，是其作为财务投资者的普遍交易模式，符合商业惯例。此种情况下的相关条款是股东之间就投资风险和收益所作的内部约定。在对合同效力认定上，应尊重当事人意思自治，正确识别行业监管规定，对合同无效事由严格把握，不轻易否定合同效力。

第一百六十三条 公司不得为他人取得本公司或者其母公司的股份提供赠与、借款、担保以及其他财务资助，公司实施员工持股计划的除外。

为公司利益，经股东会决议，或者董事会按照公司章程或者股东会的授权作出决议，公司可以为他人取得本公司或者其母公司的股份提供财务资助，但财务资助的累计总额不得超过已发行股本总额的百分之十。董事会作出决议应当经全体董事的三分之二以上通过。

违反前两款规定，给公司造成损失的，负有责任的董事、监事、高级管理人员应当承担赔偿责任。

---

① 审理法院为最高人民法院，案号为（2019）最高法民终355号。

本条是关于公司提供股票财务资助的限制。

2018 年《公司法》未明确规定公司能否实行财务资助，本次新修订《公司法》新增了该条文，一是原则上公司不得实行财务资助，例外情况是公司实施员工持股计划。二是特定情形下允许公司实行财务资助，但要求股东会决议或授权董事会决议，且受到总额的限制。本条规定了违法规定的、负有责任的董监事高人员应当承担赔偿责任。该条杜绝了股份公司以"股票赠与""股份转让及回购"等方式为他人提供融资等非经营性资金支出行为，将促使企业合法使用金融工具或员工持续计划，规范股票授予行为。同时也将财务资助的总额限制在发行股份总额的"百分之十"，避免过多消耗公司资本，影响外部债权人利益。

第一百六十四条 股票被盗、遗失或者灭失，股东可以依照《中华人民共和国民事诉讼法》规定的公示催告程序，请求人民法院宣告该股票失效。人民法院宣告该股票失效后，股东可以向公司申请补发股票。

本条是关于股票被盗、遗失或者灭失的处理规定。

根据本条和民事诉讼法的有关规定，股票被盗、遗失或者灭失，股东依照公示催告程序请求法院宣告该股票无效的，应经过以下程序：①提出申请，即股东向人民法院提出公示催告申请，并向人民法院递交申请书，写明股票的主要内容和申请的理由、事实。②人民法院决定受理申请的，应当同时通知公司停止该股票所代表股东权利的行使，并在三日内发布公告，催促利害关系人申报权利。公示催告的期间，由人民法院根据情况决定，但不得少于六十日。③有关利害关系人认为股东的公示催告请求与事实不符的，应当在公示催告期间，向人民法院申报。如申报该股票并不是被盗、遗失或者灭失，而是被合法转让给自己。④在公示催告期间，没有人申报的，人民法院即根据申请人的申请，作出判决，宣告该股票无效。人民法院通过公示催告程序宣告股票无效后，股东可以依据本条规定，请求公司向其补发股票。

国家铁路局某工程局机械筑路处、广东东阳某科技控股股份有限公司票据纠纷案①
案情：

2017 年 6 月 21 日，一审法院立案受理了国家铁路局某工程局机械筑路处提请的公示催告，依法于 2017 年 6 月 30 日发出公告，催促利害关系人在六十日内对《法人股股权确认书》申报权利。公示催告期间届满后无人向一审法院提出申报，一审法院遂作出（2017）粤 0232 民催 1 号民事判决书。判决宣告申请人国家铁路局某工程局机械筑路处持有的成都某刃具股份有限公司出具的《法人股股权确认书》无效。法院认为，

---

① 审理法院为广东省韶关市中级人民法院，案号为（2019）粤 02 民终 88 号。

本案系票据纠纷。涉案的《法人股股权确认书》记载事项不齐全，不具备股票和股权证的形式要件，不符合公司法所规定的记名股票的要件，亦不符合《股份有限公司规范意见》第二十八条所规定的股票形式。涉案的《法人股股权确认书》非可背书转让的股票或者是股权证，不符合《民事诉讼法》规定公示催告程序的条件。故一审法院作出的除权判决适用法律错误，应予撤销。

评析：

股票被盗、遗失或者灭失，股东可以依照《中华人民共和国民事诉讼法》规定的公示催告程序，请求人民法院宣告该股票失效。适用公示催告程序的前提是，被盗、遗失或者灭失的凭证须为股票。案涉《法人股股权确认书》因记载事项不齐全，不具备股票和股权证的形式要件，不符合公示催告的条件，因此撤销《法人股股权确认书》的公示催告完全符合法律规定而且有明确事实依据。

第一百六十五条　上市公司的股票，依照有关法律、行政法规及证券交易所交易规则上市交易。

条文释义

本条是关于上市公司股票交易的规定。

按照《证券法》的有关规定，股份有限公司申请其股票上市交易的，应当符合下列条件：①股票经国务院证券监督管理机构核准已公开发行；②公司股本总额不少于人民币三千万元；③公开发行的股份达到公司股份总数的百分之二十五以上；公司股本总额超过人民币四亿元的，公开发行股份的比例为百分之十以上；④公司最近三年无重大违法行为，财务会计报告无虚假记载。证券交易所可以规定高于前款规定的上市条件，并报国务院证券监督管理机构批准。

按照《证券法》的有关规定，上市公司的股票应当采用公开的集中交易方式或者国务院证券监督管理机构批准的其他方式进行。股票交易以现货交易和国务院规定的其他方式进行，公司应当依法保证其公司的信息持续公开、禁止进行内幕交易和其他不正当交易、对上市公司的收购应当符合法律规定的程序等。《证券法》的上述规定、有关证券监督的行政法规以及证券交易所的业务规则关于上市公司股票交易的规定，都是上市公司的股票进行交易时所必须遵守的。

第一百六十六条　上市公司应当依照法律、行政法规的规定披露相关信息。

条文释义

本条是关于上市公司披露相关信息的规定。

为了方便投资者进行投资决策、保护投资者的合法权益，上市公司应当将公司的相关信息及时、准确地予以披露。因此，本条规定，上市公司应当依照法律、行政法规的规定披露相关信息。

《证券法》对上市公司的信息披露，有着更详尽、更具体的规定，如规定股票上市交易的股份有限公司，应当在每一会计年度的上半年结束之日起两个月内，向国务院证券监督管理机构和证券交易所提交记载以下内容的中期报告，并予公告。同时，证券法还规定，发生可能对上市公司股票交易价格产生较大影响的重大事件、投资者尚未得知时，上市公司应当立即将有关该重大事件的情况向国务院证券监督管理机构和证券交易所提交临时报告，并予公告，说明事件的起因、目前的状态和可能产生的法律后果。

第一百六十七条 自然人股东死亡后，其合法继承人可以继承股东资格；但是，股份转让受限的股份有限公司的章程另有规定的除外。

条文释义

本条是关于股份有限公司自然人股东死亡后其合法继承人继承股东资格的规定。

股权就其本质属性来说，既包括股东的财产权，也包括基于财产权产生的身份权即股东资格，该身份权体现为股东可以就公司的事务行使表决权等有关参与公司决策的权利。就股权所具有的财产权属性而言，其作为遗产被继承是符合我国现行法律规定的。因股份有限公司具有资合性，而自然人股东死亡后，股东变更对其他股东的影响并不是很大，但为了资本充实，《公司法》规定自然人股东死亡后，其合法继承人可以继承股东资格。同时，赋予公司章程对转让受限的股份进行规定，避免了股东之间可能的纠纷。

自然人股东的合法继承人可以继承股东资格。这样规定考虑到股东身份即股东资格是基于股东的财产权而产生的。一般来说，其身份权应当随其财产权一同转让。公司章程只能限制继承人继承股东资格，不得违反继承法的基本原则，剥夺继承人获得与股权价值相适应的财产对价的权利。公司章程对股东资格继承的限制，也只能以合理为标准。这种合理，应当体现为公司利益、其他股东利益、已死亡股东生前的意愿及其继承人的利益之间的协调与平衡。

关联案例

北京某润出租汽车有限公司等与高某仿等股东资格确认纠纷案①

案情：

北京某润出租汽车有限公司（以下简称某润公司）股东为张某1等五人。其中张某1出资享有某润公司40%股权。被继承人张某1生前配偶为高某仿，两人生育了一个子女即女儿张某2；被继承人张某1名下有某润公司的股权，上述财产为张某1与高某仿婚姻关系存续期间取得，为其夫妻共同财产，其中属于张某1所有的部分为其遗产，高某仿明确表示自愿放弃上述财产的继承权。法院认为，自然人股东死亡后，其合法继承人可以继承股东资格；但是，公司章程另有规定的除外。本案中，张某1所持有的某润公司40%的股权系产生于其与高某仿婚姻关系存续期间，应当属于夫妻共同财产，即其中20%的股权应当由高某仿所有，剩余20%的股权属于张某1的遗产。高某仿自愿放弃对张某1所享有的某润公司股权的继承权，但并未表示放弃其基于夫

① 审理法院为北京市第二中级人民法院，案号为（2020）京02民终1505号。

妻共同财产所享有的某润公司 20% 股权的所有权。故法院认定高某仿与张某 2 系某润公司的股东，各享有某润公司 20% 的股权。

评析：

通常情况下，股东资格可以继承。自然人股东死亡后，除公司章程另有规定的，其合法继承人可以继承股东资格。夫妻关系存续期间，股权为夫妻共有。丈夫死亡后，其股东资格由其法定继承人继承，妻子放弃股权继承权，只是放弃对其丈夫所享有股权的继承，其丈夫股权由儿子继承；妻子并未放弃其所有的公司股权，公司应确认其股东资格。

第七章 | 国家出资公司组织机构的特别规定

第一百六十八条 国家出资公司的组织机构，适用本章规定；本章没有规定的，适用本法其他规定。

本法所称国家出资公司，是指国家出资的国有独资公司、国有资本控股公司，包括国家出资的有限责任公司、股份有限公司。

条文释义

最新《公司法》增设国家出资公司的特别规定专章，以修改现行《公司法》关于国有独资公司的相关规定。随着混合所有制改革和股权多元化改革的不断推进，传统意义上的国有独资公司将越来越少，国有企业更多的组织形态体现为国有全资公司、控股公司和参股公司，因此，用"国家出资公司"替代原来的"国有独资公司"，反映了国企改革成果。

旧《公司法》中将国有公司规则仅仅限定在"国有独资公司"，不仅无法与《企业国有资产法》进行衔接，同时也极大地限制了《公司法》对国有公司的适用范围，实践中，国有独资公司的数量也远远少于国有控股公司。本次修订，为深入总结国有企业改革成果，将适用范围由国有独资的有限责任公司，扩大到国有独资、国有控股的有限责任公司、股份有限公司。值得注意的是，《企业国有资产法》第五条规定的国家出资企业还包括了"国有资本参股公司"，这与新《公司法》中国家出资公司的范围并不一致。可以理解为新《公司法》规定的针对国有公司的特殊规则，不应当也无法完全适用于"国有资本参股公司"，故新《公司法》将"国家出资公司"扩大至国有独资、国有控股的有限责任公司、股份有限公司。

关联案例

江苏省某集团总公司申请破产清算一案①

案情：

江苏省某集团总公司（以下简称某集团公司）于 1993 年 10 月 28 日设立，登记机关为江苏省市场监督管理局，属全民所有制企业，公司主管部门江苏省人民政府。嘉沃公司曾以某集团公司不能清偿到期债务，且资产不足以清偿全部债务、明显缺乏清偿能力为由，于 2015 年 10 月 26 日申请某集团公司破产清算。根据江苏省人民政府下发的《批复》，省物资局转为某集团公司，某集团公司为国有公司（正厅级），直属省政府领导，原某集团公司直属企业全部划归某集团公司管理，省政府授权某集团公司对江苏省某料总公司等 23 个企业的国有资产进行经营管理。

评析：

根据江苏省政府国有资产监督管理委员会向一审法院出具的书面函件意见，某集团公司是由省政府设立、授权江苏省政府国有资产监督管理委员会履行出资人职责的国有独资企业，本案适用于旧《公司法》中关于国有独资企业的规定。但是旧《公司法》中将国有公司规则仅仅限定在"国有独资公司"。

第一百六十九条 国家出资公司，由国务院或者地方人民政府分别代表国家依法履行出资人职责，享有出资人权益。国务院或者地方人民政府可以授权国有资产监督管理机构或者其他部门、机构代表本级人民政府对国家出资公司履行出资人职责。

代表本级人民政府履行出资人职责的机构、部门，以下统称为履行出资人职责的机构。

条文释义

当前的现状是，经营性国有资产还没有实现集中统一管理。除了各级国资委，还有财政部门以及不少党政部门和事业单位都在管理国有企业，如金融国资、文化国资、高校国资等。旧《公司法》第六十五条规定，国有独资公司的出资人代表机构只有"本级人民政府国有资产监督管理机构"。所谓"国有资产监督管理机构"，按照国资法的规定，就是特指国资委系统，包括各级国资委（局、办），而不包括财政部门等，所以旧《公司法》的规定与现实情况不符，也与国资法的表述不统一，因此修订是有必要的。

最新《公司法》第一百六十九条突破了原有限制：除了国资监管机构，国务院或者地方人民政府还可以授权其他部门、机构代表本级人民政府对国家出资公司履行出资人职责。

一方面，本条修改体现了和谐统一的法律体系的建设。《企业国有资产法》第十一条第二款规定了，国务院和地方人民政府根据需要，可以授权其他部门、机构代表本级人民政府对国家出资企业履行出资人职责。也就是说，现行《公司法》与《企业国

---

① 审理法院为江苏省高级人民法院，案号为（2021）苏破终 16 号。

有资产法》存在一定不统一之处，修改后两者将保持一致。

另一方面，本条修改回应了现实的需要。实践操作中，一些政府部门已经在实际履行着国家出资公司出资人的职责，例如财政部履行着银行的出资人职责。国务院办公厅 2019 年发布的《国有金融资本出资人职责暂行规定》第三条规定，各级财政部门根据本级政府授权，集中统一履行国有金融资本出资人职责。新《公司法》立足于现实情况，顺应发展需要，吸收了实践中已有的做法和规范性文件中的内容，增加了国家出资的可操作性。

关联案例 ┠

福某集团有限公司、峰某公司债务纠纷①

案情：

福某集团有限公司（以下简称福某公司）由枣庄市某区国有资产事务中心投资设立，企业性质为有限责任公司（国有独资企业）。峰某公司由福某公司投资设立，企业性质为有限责任公司。一审诉讼中，福某公司与峰某公司均未能提供证明两公司财产相互独立的相关证据。福某公司提供《某区人民政府关于同意设立贵州峰某矿业有限公司的批复》打印件及微信聊天记录。微信聊天记录内容为峰某公司孙某才总监通过微信将上述批复，证明其公司经峰城区人民政府批准设立峰某公司，性质为国有独资企业。

评析：

本案中峰某公司并非公司法意义上的国有独资公司。根据旧《公司法》第六十四条第二款的规定，只有国家直接出资设立的公司才能被称为公司法意义上的"国有独资公司"。峰某公司系由福某公司全资出资，并非国家单独出资，也非当地人民政府授权的国有资产监管机构出资。福某公司提供的《批复》，虽然能够证明其公司设立峰某公司经过了当地人民政府的批准，但该批准系国有独资公司在实际经营中履行的行政审批手续，与峰某公司是否具备公司法意义上国有独资公司的要件并无直接关联。故，峰某公司实际仍属于一人有限责任公司，应适用公司法关于一人有限责任公司的相关规定。福某公司未提供任何证据证明峰某公司财产独立于福某公司财产，故应对峰某公司的债务承担连带责任。

第一百七十条 国家出资公司中中国共产党的组织，按照中国共产党章程的规定发挥领导作用，研究讨论公司重大经营管理事项，支持公司的组织机构依法行使职权。

条文释义 ┠

本条是新一轮国企改革过程中"两个一以贯之"精神的体现，明确了中国共产党对国家出资公司的领导，确立了党"研究讨论公司重大经营管理事项"的法定权利。公司重大经营管理事项将需要通过公司内中国共产党的组织研究讨论。否则，有关内部决策将可能存在合规管理风险、内部控制机制风险乃至决议效力存在重大瑕疵的法律风险。实践中，党的领导融入公司治理各个环节涉及多项改革措施，比如前置程序、

---

① 审理法院为江苏省无锡市中级人民法院，案号为（2021）苏 02 民终 5321 号。

三重一大制度、权责清单等。而且各家国有企业可以根据自身情况做一些具体的、个性化安排，所以由公司章程规定比较合适。因此，草案改为"国家出资公司中中国共产党的组织，按照中国共产党章程和公司章程的规定发挥领导作用"更符合实际情况。

第一百七十一条 国有独资公司章程由履行出资人职责的机构制定。

条文释义

本条是对国有独资公司章程制定和批准程序的规定。

公司章程是一个公司组织设立和进行活动必不可少的具有约束力的重要法律文件。公司章程在对公司外部关系中，表明该公司的法律形式、公司名称、经营范围、资本数额、公司住所等，是公司登记机关对申请设立公司据以审核的依据，也是交易相对人与该公司进行经济交往时据以了解公司情况的基本依据；公司章程在对公司内部关系中，表明股东就设立公司对重要事项达成一致协议，在公司存续期间，公司章程所载事项对公司股东、董事、监事及所聘任高级管理人员具有约束效力。

国有独资公司作为有限责任公司的一种特殊形式，其设立也必须依法制定公司章程。按照本条的规定，国有独资公司章程由履行出资人职责的机构制定。

第一百七十二条 国有独资公司不设股东会，由履行出资人职责的机构行使股东会职权。履行出资人职责的机构可以授权公司董事会行使股东会的部分职权，但公司章程的制定和修改，公司的合并、分立、解散、申请破产，增加或者减少注册资本，分配利润，应当由履行出资人职责的机构决定。

条文释义

此条规定，国有独资公司章程的制定和修改、申请破产、分配利润必须由履行出资人职责的机构决定。相较之前《公司法》第六十六条而言，必须由履行出资人职责的机构决定，而不得授权公司董事会决定的重大事项范围中增加了"公司章程的制定和修改""申请破产""分配利润"事项，删去了"发行公司债券"这一事项。

本条是对国有独资公司不设股东会和授权董事会职权范围及重要的国有独资公司重大事项审批程序的规定。公司制是现代企业制度的一种有效组织形式。公司法人治理结构是公司制的核心。要明确股东会、董事会、监事会和经理层的职责，形成各负其责、协调运转、有效制衡的公司法人治理结构。

所有者对企业拥有最终控制权。据此，国有独资公司应按照这一精神确保出资人对公司拥有最终控制权。国有独资公司的投资主体只有一个，即国家单独投资设立，并须接受经授权履行出资人职责的机构对公司中的国有资产的监督管理，因此，在公司内部组织机构上，没有设立股东会的必要。本条明确规定，国有独资公司不设股东会，由履行出资人职责的机构行使股东会职权。履行出资人职责的机构可以授权公司董事会行使股东会的部分职权，决定公司的重大事项。可以包括决定公司的经营方针和投资计划，审议批准公司的年度财务预算方案、决算方案，审议批准公司的利润分配方案和弥补亏损方案等，具体职权需要根据履行出资人职责的机构的授权确定。

某信泰公司与物资总公司申请破产清算一案裁定书①

案情:

物资总公司于1993年11月3日设立,登记机关为南京市市场监督管理局,属全民所有制企业,公司主管部门为南京市交通建设投资控股(集团)有限责任公司(以下简称交通集团)。另查明,原南京市某区人民法院作出判决判令南京市某市场10日内归还某实业银行南京分行借款70万元及偿付利息,物资总公司对上述还款付息承担连带责任等。后物资总公司、南京市某市场未能履行全部清偿义务。上述相关债权后通过多次债权转让辗转受让于某信泰公司。后申请人某信泰公司以被申请人物资总公司不能清偿到期债务,且明显缺乏清偿能力为由,向法院申请对物资总公司进行破产清算。

评析:

物资总公司系国有独资企业,主管部门为交通集团,交通集团系市属国有独资公司,承担南京市域重大交通基础设施项目的投资、融资、建设和运营管理任务,物资总公司破产应当报交通集团批准。交通集团向法院出具情况说明称,物资总公司名下尚有部分离退休职工需进一步协调安置等,希望在相关问题解决后再行决定物资总公司清算事宜,故在未经主管部门审核批准的情况下,某信泰公司对物资总公司的破产清算申请,法院不予受理。但是新《公司法》发布之后,公司的合并、分立、解散、申请破产,增加或者减少注册资本,分配利润,必须由履行出资人职责的机构决定。

第一百七十三条 国有独资公司的董事会依照本法规定行使职权。

国有独资公司的董事会成员中,应当过半数为外部董事,并应当有公司职工代表。

董事会成员由履行出资人职责的机构委派;但是,董事会成员中的职工代表由公司职工代表大会选举产生。

董事会设董事长一人,可以设副董事长。董事长、副董事长由履行出资人职责的机构从董事会成员中指定。

条文释义 |

本条加强国有独资公司董事会建设,要求国有独资公司董事会成员中外部董事应当超过半数;另外,还规定了董事会是公司的执行机构,并应当有公司职工代表。董事会成员由履行出资人职责的机构委派;但是,董事会成员中的职工代表由公司职工代表大会选举产生。相比之前《公司法》第六十七条的规定,还删除了每届董事任期不得超过三年的规定。

外部董事过半数的要求,是国有企业防止内部人控制的重要改革措施。国有企业的治理结构安排中,还要求决策权与执行权相分离。《关于进一步完善国有企业法人治理结构的指导意见》指出,董事会是决策机构,经理层是执行机构。

---

① 审理法院为江苏省南京市中级人民法院,案号为(2021)苏01破申38号。

但是，现行《民法典》与新《公司法》都明确董事会是"执行机构"。当然，新《公司法》与《指导意见》规定的"执行机构"的功能与作用，应该是有差异的。在治理模式上，新《公司法》的规定还体现了"董事会中心主义"，让董事会拥有一些"剩余权力"，这与国企改革中的落实董事会职权，增强董事会的独立性与权威性，是一致的。实行决策权与执行权相分离是国企改革的成果，应该在草案中有所体现。

关联案例

甘肃银行股份有限公司某支行、兰州某天投资控股股份有限公司等金融借款合同纠纷①

案情：

2016 年 3 月 14 日，某投公司作出《董事会决议》，主要载明：鉴于兰州某天投资控股股份有限公司在甘肃银行股份有限公司某支行办理的 12 000 万元、期限为三年的贷款，根据（兰国资产权〔2016〕32 号）批复，同意为上述贷款提供保证担保。股东会（董事会）成员：魏某克、王某国、杨某国、曹某芝、罗某武签字确认。上述人员经由兰州市国资委、人民政府印发的《任免通知》任命。

评析：

根据原《公司法》第六十七条第二款和第三款规定②，首先，结合某投公司工商登记信息，截至 2018 年 3 月 29 日之前，其市场主体类型仍为国有独资企业。其次，魏某克、王某国、杨某国、曹某芝、罗某武经由兰州市国资委印发的任命文件和兰州市人民政府印发任命文件，依法成为某投公司的董事会成员；再次，上述文件为国有资产监督管理机构印发，符合法律规定。某投公司应当遵照且亦于 2015 年至 2018 年切实执行。综上，魏某克、王某国、杨某国、曹某芝、罗某武于 2016 年 3 月 14 日召开某投公司董事会的董事会决议为有效决议，对外具有公示效力。

第一百七十四条 国有独资公司的经理由董事会聘任或者解聘。

经履行出资人职责的机构同意，董事会成员可以兼任经理。

条文释义

按照本条第一款的规定，国有独资公司设经理。经理作为辅助董事会执行业务的人员，其人选由公司董事会依法聘任或者解聘。在坚持党管干部原则并同市场化选聘企业经营管理者的机制相结合的情况下，董事会以经营知识、工作经验和创新能力等为标准，挑选和聘任适合本公司的经理，决定经理的报酬及其支付方法，并对经理的业绩进行考核和评价。董事会如果认为聘任的经理不适合本公司，就可以依法召开董事会会议决定解聘该经理。

国有独资公司的经理是在董事会领导下从事具体业务的管理人员，这同一般有限

---

① 审理法院为甘肃省兰州市中级人民法院，案号为（2021）甘 01 民初 605 号。

② 原《中华人民共和国公司法》第六十七条第二款规定："董事会成员由国有资产监督管理机构委派；但是，董事会成员中的职工代表由公司职工代表大会选举产生。"第三款规定："董事会设董事长 1 人，可以设副董事长。董事长、副董事长由国有资产监督管理机构从董事会成员中指定。"

责任公司的情况是相同的，因此，其依照本法关于一般有限责任公司经理职权的规定履行经理职务。依照新《公司法》第七十四条和一百二十六条的规定，经理对董事会负责，主要行使下列职权：主持公司的生产经营管理工作，组织实施董事会决议；组织实施公司年度经营计划和投资方案；拟订公司内部管理机构设置方案；拟订公司的基本管理制度；制定公司的具体规章；提请聘任或者解聘公司副经理、财务负责人；聘任或者解聘除应由董事会决定聘任或者解聘以外的负责管理人员；执行公司章程和董事会授予的其他职权。此外，经理列席董事会会议。

按照本条第二款的规定，经履行出资人职责的机构同意，董事会成员可以兼任经理。对一些国有独资公司，经履行出资人职责的机构同意，由董事会成员兼任经理，不再另行设立经理或者减少经理人数，这是从我国国有企业的实际情况出发，本着精简机构、人员和提高工作效率的原则做出的制度安排。因此，本条规定国有独资公司的董事会成员经履行出资人职责的机构同意，可以兼任经理。

第一百七十五条　国有独资公司的董事、高级管理人员，未经履行出资人职责的机构同意，不得在其他有限责任公司、股份有限公司或者其他经济组织兼职。

条文释义

本条是对国有独资公司董事、高级管理人员未经同意不得兼职的规定。

国有独资公司董事和高级管理人员是国有独资公司的经营管理者，行使国有独资公司的经营管理权，担负着使国有资产保值增值的重要任务，因此，国有独资公司的董事，包括董事长、副董事长、其他董事会成员、高级管理人员，既有对公司投资人尽忠实服务的义务，又有为国有资产的运营尽勤勉注意的义务。所以，必须专人专职，固定岗位，明确职责，忠于职守。除经过履行出资人职责的机构的同意，不得兼任其他公司或经济组织的负责人。据此，本条明确规定，国有独资公司的董事、高级管理人员，未经履行出资人职责的机构同意，不得在其他有限责任公司、股份有限公司或者其他经济组织兼职，这是完全必要的。

同时，按照本条的规定，只要经过履行出资人职责的机构的同意，国有独资公司的董事、高级管理人员也可以兼职。例如，从实际情况看，国有独资公司根据需要投资设立的子公司，或者与其他经济组织共同投资设立的其他公司或经济组织，国有独资公司作为法人股东，需要派出董事会成员或者经营管理者，参加所投资公司或经济组织的董事会或被任命为高级管理人员。总之，本条的规定既确立了不得兼职的原则，又允许了特殊情况下的例外。

关联案例

漯河市某和汽车运输有限公司与河南某捷专用汽车有限公司合同纠纷[①]
案情：
原告漯河市某和汽车运输有限公司（以下简称某和汽运公司）成立于 2009 年 4 月

---

① 审理法院为河南省漯河市郾城区人民法院，案号（2019）豫 1103 民初 6067 号。

22 日，负责人为陈某，之后原告的负责人多次进行变更，其中 2009 年 7 月 31 日至 2010 年 12 月 17 日、2012 年 8 月 9 日至 2012 年 8 月 29 日的负责人为李某安。2017 年 9 月 12 日，原告的投资人由李某安（占股 76%）、陈某（占股 24%）变更为李某安、丁志诚。被告河南某捷专用汽车有限公司（以下简称某捷汽车公司）于 2015 年 4 月核准设立，系有限责任公司（国有独资），李某安为法定代表人。2015 年 11 月 1 日，原告某和汽运公司（甲方）与被告某捷汽车公司（乙方）签订《合作经营协议》一份。

评析：

根据原《公司法》第六十九条规定①，被告某捷汽车公司为国有独资企业，法定代表人为李某安，根据上述法律规定，李某安未经国有资产监督管理机构同意，不得在原告某和汽运公司兼职。然而，涉案合作经营协议签订前，李某安曾两次为原告某和汽运公司的负责人，涉案合作经营协议签订时，李某安虽然不是原告某和汽运公司的负责人，但为原告某和汽运公司的控股股东，占股 76%。李某安作为国有独资企业公司高管与自己控制的企业进行交易，关联交易的倾向性十分明显。故涉案合作经营协议的签订，违反了法律、行政法规的强制性规定，系无效协议。

第一百七十六条 国有独资公司在董事会中设置由董事组成的审计委员会行使本法规定的监事会职权的，不设监事会或者监事。

条文释义

上述规定明确了国有独资公司可以采取单层制的公司治理结构，在《公司法》体系内对国有独资公司不再要求设监事会或者监事，明确建立了国有独资公司的特殊监督机制，即国有独资公司在董事会中设置由董事组成的审计委员会行使本法规定的监事会职权的，不设监事会或者监事。在未来的国有独资公司法人治理机制中，公司将需要建立外部董事机制以及审计委员会等专门委员会机制，调整原有的监事会或监事安排，并在公司章程中对审计委员会等专门委员会职权作出规定。

原《公司法》规定国有独资公司必须设立监事会，且成员不少于五人。但是，国有企业的监事会一直是块"鸡肋"。由于缺乏独立性，监督作用有限。后来实行外派监事会制度，但是很快又异化为一种外部监督机构，与审计、巡视等职能重合，无法作为一个公司治理主体，发挥常态化的监督作用，导致其最终被并入审计部门。目前审计部门很少向国有企业外派监事，导致很多国有企业的监事会主席长期空缺。所以，让董事会审计委员会承担监事会职能是可取的，毕竟董事是有投票权的，这一点比监事行使监督权的手腕更硬一些，也是国外常见的模式。

第一百七十七条 国家出资公司应当依法建立健全内部监督管理和风险控制制度，加强内部合规管理。

---

① 原《公司法》第一百六十九条规定："国有独资公司的董事长、副董事长、董事、高级管理人员，未经国有资产监督管理机构同意，不得在其他有限责任公司、股份有限公司或者其他经济组织兼职。"

　　新《公司法》新增规定："国家出资公司应当依法建立健全内部监督管理和风险控制制度，加强内部合规管理。"该条规定综合吸收了《企业国有资产法》《中央企业合规管理指引（试行）》《关于进一步深化法治央企建设的意见》等法律法规和规范性文件的精神，体现了立法层面对国有公司的管理要求。《企业国有资产法》第十七条已经提出了这一要求，即国家出资企业应当依法建立和完善法人治理结构，建立健全内部监督管理和风险控制制度。国务院国资委《中央企业合规管理指引（试行）》明确规定，推动中央企业全面加强合规管理，加快提升依法合规经营管理水平，着力打造法治央企，保障企业持续健康发展。

第八章 | 公司董事、监事、高级管理人员的资格和义务

第一百七十八条 有下列情形之一的,不得担任公司的董事、监事、高级管理人员:

(一)无民事行为能力或者限制民事行为能力;

(二)因贪污、贿赂、侵占财产、挪用财产或者破坏社会主义市场经济秩序,被判处刑罚,或者因犯罪被剥夺政治权利,执行期满未逾五年,被宣告缓刑的,自缓刑考验期开始之日起未逾二年;

(三)担任破产清算的公司、企业的董事或者厂长、经理,对该公司、企业的破产负有个人责任的,自该公司、企业破产清算完结之日起未逾三年;

(四)担任因违法被吊销营业执照、责令关闭的公司、企业的法定代表人,并负有个人责任的,自该公司、企业被吊销营业执照、责令关闭之日起未逾三年;

(五)个人因所负数额较大债务到期未清偿被人民法院列为失信被执行人。

违反前款规定选举、委派董事、监事或者聘任高级管理人员的,该选举、委派或者聘任无效。

董事、监事、高级管理人员在任职期间出现本条第一款所列情形的,公司应当解除其职务。

条文释义

本条是关于董事、监事、高级管理人员消极资格的规定。

本条规定的是公司董事、监事、高级管理人员的消极资格,即不得担任公司董事、监事、高级管理人员的情形。根据本条规定,有以下五种情形之一的人,不得担任公司董事、监事、高级管理人员:

(1)无民事行为能力或者限制民事行为能力。这是对公司董事、监事、高级管理人员的基本要求。董事、监事、高级管理人员要执行公司职务,独立行使权利、履行义务、承担责任,必须是完全民事行为能力人。

(2)因贪污、贿赂、侵占财产、挪用财产或者破坏社会主义市场经济秩序,被判

处刑罚，执行期满未逾五年或者因犯罪被剥夺政治权利，执行期满未逾五年。董事、监事、高级管理人员管理、监督的是公司财产的运营，应当有较高的诚信度，对于采取非法手段牟取私利的人，应当限制他们担任公司董事、监事、高级管理人员。因此，对于因贪污、贿赂、侵占财产、挪用财产或者破坏社会主义市场经济秩序，被判处刑罚或者因犯罪被剥夺政治权利的人员，在刑罚执行期满后的一定期限内，不宜担任公司领导职务。这里还增加了一条"被宣告缓刑的，自缓刑考验期开始之日起未逾二年"，原《公司法》没有考虑到缓刑的情况，但新《公司法》增加了缓刑的情况，思考更加周密了。

（3）担任因经营不善破产清算的公司、企业的董事、厂长、经理，并对该公司、企业的破产负有个人责任的，自该公司、企业破产清算完结之日起未逾三年。有这类情形的人员通常在经营管理能力方面有欠缺，应该让他们经过一段时间的重新实践，提高能力后，再从事公司经营管理工作。

（4）担任因违法被吊销营业执照、责令关闭的公司、企业的法定代表人，并负有个人责任的，自该公司、企业被吊销营业执照之日起未逾三年。这类人员属于对公司、企业的严重违法行为负有领导责任的人员，由于缺乏守法意识，应当让他们经过一段时间的反省改过，增强法律观念、培养守法意识后，再担任公司领导职务。

（5）个人因所负数额较大债务到期未清偿被人民法院列为失信被执行人。发生这类情形可能是由于当事人不信守承诺、到期不清偿债务，也可能是当事人无力偿还。不管属于哪种情况，聘请这类人员担任公司领导职务是有较大风险的。按原《公司法》第一百四十七条第五款"个人所负数额较大的债务到期未清偿。"但实践中判断这些人员的资质的操作难度极大。如果他们债务到期未清偿，被起诉的，还能通过法院网站来检索。如果未被起诉，几乎无从核查，只能让相关人员签署承诺，因此核查结果的客观性往往具有瑕疵。修订草案新增"被人民法院列为失信被执行人"，如果该条文落地，实务中核查相应人员的任职资质也变得更加方便。

根据本条第二款、第三款的规定，公司违反第一款规定所做出的选举、委派和聘任行为无效。在上述有关人员担任职务期间发现其不符合任职资格的，公司应撤销其职务，重新选任。

关联案例

陈某存等与北京某东方石业有限公司公司决议纠纷[①]

案情：

北京某东方石业有限公司（以下简称某东方公司）工商登记的法定代表人、执行董事为陈某存，经理为杜某辉、监事为洪某彬，股东为陈某存持股30%，泉州某博持股70%。但各方均知泉州某博公司和陈某存名下的股权为某丰集团公司持有，某丰集团公司才是某东方公司的唯一实际股东。后泉州某博向陈某存发函召开临时股东会会议，遭到了某丰集团的强烈反对。某丰集团认为作为代持股东的泉州某博公司不具备提议召开股东会会议并进行表决的资格和权利，并让陈某存不必理会泉州某博公司的

① 审理法院为北京市第二中级人民法院，案号为（2022）京02民终2675号。

要求。陈某存向泉州某博公司复函取消临时股东会会议后，泉州某博公司又向某东方公司的监事洪某彬发函，请求监事及时组织公司股东召开公司股东会会议。后泉州某博公司的授权代表杨洁、郑某川参加会议并形成决议：解除陈某存公司执行董事、法定代表人的职务，选举郑某川为公司新的执行董事和新的法定代表人。但陈某存认为该决议无效，且郑某川拖欠巨额债务而被列入失信被执行人名单，根本不符合《公司法》规定的任职资格。

评析：

根据原《中华人民共和国公司法》第三十二条第二款、第三款规定，虽某丰集团系某东方公司的实际股东，但在案涉股东会决议做出时以及本案审理期间，泉州某博公司均系某东方公司依法登记的持股 70% 的股东，故其有权据此行使股东权利。且泉州某博公司作为独立的法人主体，其股东的认定并不能当然否定其有权作为某东方公司的股东行使股东权利。

而对于"数额较大的债务"的认定，应当根据个人偿还能力进行判断。郑某川系因有能力但未履行生效判决中被执行债务而被列入失信名单，且本案一审审理期间，郑某川履行了所负债务，已从失信名单中被涤除。故根据现有证据，不足以证明现由郑某川担任某东方公司法定代表人存在严重违反法律强制性规定的情形。新《公司法》新增"个人因所负数额较大的债务到期未清偿被人民法院列为失信被执行人"，如果该条文落地，实务中核查相应人员的任职资质也变得更加方便。

第一百七十九条 董事、监事、高级管理人员应当遵守法律、行政法规和公司章程。

条文释义

本条是董事、监事、高级管理人员应当遵守法律、行政法规和公司章程的规定。

董事、监事、高级管理人员应当遵守法律、行政法规是理所当然的事。公司章程设立公司时依法制定的，公司章程约束五类人员，分别是公司、股东、董事、监事、高级管理人员。无论这五类人员是否同意或参与过公司章程的表决，均对其产生法律效力。

第一百八十条 董事、监事、高级管理人员对公司负有忠实义务，应当采取措施避免自身利益与公司利益冲突，不得利用职权牟取不正当利益。

董事、监事、高级管理人员对公司负有勤勉义务，执行职务应当为公司的最大利益尽到管理者通常应有的合理注意。

公司的控股股东、实际控制人不担任公司董事但实际执行公司事务的，适用前两款规定。

条文释义

本条是关于董事、监事、高级管理人员忠实和勤勉义务的规定。

公司董事是基于股东的信任由股东会选举产生的。董事组成董事会。董事会是公司经营决策机关，享有经营管理公司的权力。董事会的职权由董事集体行使。因此可以说，在法律和公司章程的范围内，董事被授予了广泛的参与管理公司事务和公司财产的权力。董事基于股东的信任取得了法律和公司章程赋予的参与公司经营决策的权力，就应当在遵循法律和公司章程的前提下，为公司的最大利益服务。为确保董事权力的正当行使，防止董事放弃、怠于行使权力或者为自己的利益滥用权力，保护公司利益和全体股东的共同利益，从法律上对董事的义务做了严格的规定，以约束董事执行公司职务的行为，是非常必要的。

大陆法系和英美法系国家的法律都对董事规定了严格的义务。从学理上讲，董事义务按其内容不同一般可分为注意义务和忠实义务两大类。注意义务又称为勤勉义务或善管注意义务，是指董事履行职责时，应当为公司的最佳利益，具有一个善良管理人的细心，尽一个普通谨慎之人的合理注意。忠实义务，是指董事应当忠实履行职责，其自身利益与公司利益发生冲突时，应当维护公司利益，不得利用董事的地位牺牲公司利益为自己或者第三人牟利。国外有关公司的法律中规定的董事义务，基本上都属于这两类义务的范畴。这次修订《公司法》，从完善我国公司治理规范出发，在本条中明确了董事负有忠实和勤勉义务。监事、高级管理人员也在公司中处于重要地位，在法律和公司章程的范围内被授予了监督或者管理公司事务等职权。他们同样应当为公司的最大利益行使权力，对他们也应当规定严格的义务，以约束他们执行公司职务的行为。因此，本条规定监事、高级管理人员也负有忠实和勤勉义务。具体而言，董事、监事、高级管理人员的忠实和勤勉义务，一方面要求不得利用职权谋取不正当利益，另一方面要求执行职务应当为公司的最大利益尽到管理者通常应有的合理注意。此外还规定，公司的控股股东、实际控制人不担任公司董事但实际执行公司事务的，适用前两款规定。

关联案例

北京某略国际贸易有限公司与佟某伟损害公司利益责任纠纷[①]

案情：

北京某略国际贸易有限公司（以下简称某略公司）于2012年7月3日成立，2014年，佟某伟入职某略公司，担任酒水部的部门经理。庭审中，双方均认可佟某伟为某略公司工作至2017年10月。在佟某伟任职期间，公司设有财务、奢侈品及酒水部三个部门，佟某伟为酒水部经理，张某、侯某洁先后担任公司财务负责人。某略公司怀疑佟某伟利用职务之便谋取私利，使某略公司的有形账户、无形账户都遭受了重大损害。

评析：

原《中华人民共和国公司法》第一百四十七条、第二百一十六条规定[②]判断公司相关人员是否为高级管理人员，并非从该人员在公司的地位、所担任职务的重要性等要素入手，而是要看其是否担任上述《公司法》规定的职务，以及公司章程是否将担任

[①] 审理法院为北京市第一中级人民法院，案号为（2022）京01民终6951号。

[②] 原《公司法》第一百四十七条："董事、监事、高级管理人员应当遵守法律、行政法规和公司章程，对公司负有忠实义务和勤勉义务。董事、监事、高级管理人员不得利用职权收受贿赂或者其他非法收入，不得侵占公司的财产。"第二百一十六条"高级管理人员，是指公司的经理、副经理、财务负责人，上市公司董事会秘书和公司章程规定的其他人员。"

其他职务的人员规定为高级管理人员。而综合全案证据，佟某伟系某略公司酒水部的部门经理，未担任《公司法》规定的经理、副经理及财务负责人。另，某略公司的公司章程中亦没有明确规定部门经理属于公司高级管理人员。故佟某伟不属于其公司高级管理人员。

第一百八十一条 董事、监事、高级管理人员不得有下列行为：

（一）侵占公司财产、挪用公司资金；

（二）将公司资金以其个人名义或者以其他个人名义开立账户存储；

（三）利用职权收受贿赂或者其他非法收入；

（四）接受他人与公司交易的佣金归为己有；

（五）擅自披露公司秘密；

（六）违反对公司忠实义务的其他行为。

条文释义

本条是关于董事、高级管理人员不得违反对公司忠实义务的具体规定。

根据新《公司法》第一百八十条的规定，董事、监事、高级管理人员对公司负有忠实勤勉义务。这项义务应当作为董事、监事、高级管理人员执行职务的行为标准，上述人员在执行职务时应当符合法定的行为准则，违反这项义务的行为应当予以禁止。在实际中，公司董事、高级管理人员违反忠实义务，利用职务便利牺牲公司利益为自己牟取利益的问题比较多，给公司的发展造成很大危害。为了更好地规范董事、高级管理人员的行为，有必要对违反忠实义务的行为做出严格的禁止性规定。

根据本条规定，公司董事、监事、高级管理人员的下列行为，属于违反忠实义务的行为，应当予以禁止：

（一）侵占公司财产，挪用公司资金。侵占公司财产，指董事、监事、高级管理人员利用分管、负责或者办理某项业务的权利或职权所形成的便利条件将公司的资金占为己有。挪用公司资金，是指董事、监事、高级管理人员利用分管、负责或者办理某项业务的权利或职权所形成的便利条件，擅自将公司所有或公司有支配权的资金挪作他用，主要是为其个人使用或者为与其有利害关系的他人使用。侵占公司财产及挪用公司资金，必然会影响公司资金的正常使用，从而影响公司正常的投资经营活动，同时这种行为也给公司的经营带来了不可预测的风险，对公司利益造成危害。这种行为是违反董事、高级管理人员对公司的忠实义务的，应当禁止。

（二）将公司资金以其个人名义或者以其他个人名义开立账户存储。在公司与个人没有发生正常交易的情况下，将公司资金以个人名义存储，极易造成公司财产的流失，应当禁止这种行为。

（三）利用职权收受贿赂或者其他非法收入。此种行为属于利用职权擅自将公司资金挪作他用，与挪用公司资金行为的性质基本相同，也应当是禁止的。

（四）接受他人与公司交易的佣金归为己有。董事、高级管理人员执行公司职务，应当代表公司的利益，不能收取他人支付的佣金。接受他人与公司交易的佣金归为己有，就是利用职务为自己牟取利益，这种行为违背了忠实义务，应当禁止。

（五）擅自披露公司秘密。公司秘密一般是具有商业价值的，公司秘密的披露往往会对公司的市场地位产生影响，有些公司秘密的披露甚至会使公司丧失竞争优势，从而给公司的利益造成重大损害。因此，董事、监事、高级管理人员擅自披露公司秘密是违反忠实义务的，应当禁止这种行为。

（六）违反对公司忠实义务的其他行为。除本条所列的上述五种行为外，实践中，可能还会有违反对公司忠实义务的其他行为，但法律中难以一一列举。因此，在本项概括地规定禁止违反对公司忠实义务的其他行为是必要的。

关联案例

冷某峰与谢某与公司有关的纠纷①

案情：

某创公司于 2015 年注册成立，注册资本为 2 000 万元，股东为谢某（持股 50%）、冷某峰（持股 50%）。冷某峰为某创公司的法定代表人，任执行董事兼总经理，谢某任某创公司的监事。2018 年重庆市人民检察院第五分院作出刑事申诉复查决定书，载明："某创公司经营过程中，冷某峰负责公司日常管理经营，谢某不参与。截至 2016 年年底，某创公司因某项目向云鼎公司支付共计 30 100 947 元工程款。云鼎公司收到上述款项后，通过李某容、罗某洪、喻某等人的个人账户向冷某峰私人账户回款 1 370 万元。随后，冷某峰以个人借款的名义将上述 1 370 万元转入某创公司用于公司日常经营"。

评析：

本案的争议焦点之一是冷某峰是否侵占某创公司利益或对某创公司造成损失。根据原《中华人民共和国公司法》第一百四十八条、第一百四十九条、第一百五十一条规定，冷某峰任某创公司执行董事兼总经理，属于公司高级管理人员。本案中，冷某峰作为某创公司的执行董事兼总经理，属于该条规定的高级管理人员，理应履行对公司的忠实义务。由于某创公司章程中没有允许董事、高级管理人员同本公司订立合同或者进行交易的明确规定，且冷某峰假借他人的名义与某创公司订立借款合同，出借资金给某创公司，并未经股东会同意或得到另一股东谢某的同意。冷某峰出借资金给某创公司并收取了高额利息，根据前述规定，冷某峰从某创公司所获得的利息收入应当归公司所有。谢某任某创公司监事，有权就公司高级管理人员违反忠实和勤勉义务给公司造成损失提起诉讼。

第一百八十二条 董事、监事、高级管理人员，直接或者间接与本公司订立合同或者进行交易，应当就与订立合同或者进行交易有关的事项向董事会或者股东会报告，并按照公司章程的规定经董事会或者股东会决议通过。

董事、监事、高级管理人员的近亲属，董事、监事、高级管理人员或者其近亲属直接或者间接控制的企业，以及与董事、监事、高级管理人员有其他关联关系的关联人，与公司订立合同或者进行交易，适用前款规定。

① 审理法院为重庆市高级人民法院，案号为（2020）渝民终 543 号。

条文释义

本条是加强对关联交易的监管的规定。

新《公司法》第一百八十二条详细规定，董事、监事和高级管理人员应直接或间接报告与本公司的任何合同或交易，并须经董事会或股东会决议。本规定还适用于董事、监事、高级管理人员的近亲属和其他关联方直接或间接控制的企业。本规定大大扩大了关联方的范围，终止了董事、监事、高级管理人员通过类似休眠合同进行的关联交易，明确要求增加关联交易的报告义务，坚决执行回避投票规则，这实际上对董事、监事、高级管理人员行使权力的能力和行为提出了更高的要求，有利于维护和保障股东、公司和债权人的合法利益。

关联案例

西安某汽轮机有限公司、高某华等公司关联交易损害责任纠纷①

案情：

2009年5月26日，西安某汽轮机有限公司（以下简称某汽轮机公司）注册成立，陈某民任公司法定代表人、董事长，高某华、姜某栋、颉某康、程某任公司董事，姜某栋被聘用为公司总经理。5月12日，某塘公司注册成立，黄某任公司法定代表人，股东黄某、高某华、程某和张某。

2010年至2015年5月，某汽轮机公司与某塘公司共签订采购合同近2 100份，总额约为250 000 000元。某汽轮机公司利润表显示，2011年净利润8 410 066.67元，2012年净利润10 820 922.03元，2013年净利润914 006.04元，2014年净利润13 183 500元，2015年净利润1 916 700元。

评析：

根据原《中华人民共和国公司法》第二百一十六条第四款规定，鉴于高某华、程某的双重身份和某汽轮机公司和某塘公司之间的交易行为，某汽轮机公司和某塘公司之间构成关联关系，其交易构成关联交易。

我国法律并不禁止关联交易，禁止的是利用关联关系损害公司利益。关联交易是否合法有效应当从交易信息是否充分披露、交易程序是否合法、交易对价是否公允等多个方面综合判断。本案中某汽轮机公司一直有利润进账，无法证明高某华、程某作为某汽轮机公司的董事、高级管理人员违反了忠诚的义务，关联交易并没有损害某汽轮机公司的利益。

第一百八十三条 董事、监事、高级管理人员，不得利用职务便利为自己或者他人谋取属于公司的商业机会。但是，有下列情形之一的除外：

（一）已经向董事会或者股东会报告，并按照公司章程的规定经董事会或者股东会决议通过；

（二）根据法律、行政法规或者公司章程的规定，公司不能利用该商业机会。

① 审理法院为最高人民法院，案号为（2021）最高法民再181号。

所谓商业机会，是赢得客户、获取商业利润的机会。在竞争日趋激烈的市场中，能否获得商业机会对公司的发展至关重要，如果公司董事、监事、高级管理人员利用职务便利抢占本属于公司的商业机会为自己或为他人牟取利益，无疑会给公司的利益造成损害。但是本条也规定了两项例外情形，第一类就是已经向董事会或者股东会报告，并按照公司章程规定经董事会或者股东会决议，说明这种情况下并不会对公司的利益造成损害；第二类是根据法律、行政法规或者公司章程的规定，公司不能利用该商业机会，此种情况下公司无法利用该商业机会，这两类情况下董事、监事和高级管理人员是可以谋取商业机会的。

路某熙、山东某氏和顺房地产开发有限公司损害公司利益责任纠纷①

案情：

某马乳山分公司成立于 2004 年 11 月 19 日，经营范围为"为总公司联系业务"，负责人为路某熙。山东某氏和顺房地产开发有限公司（以下简称某氏公司）于 2008 年 1 月 4 日成立，路某熙占 80% 股份，马某民（路某熙之妻）占 20% 股份，经营范围包括房地产开发经营、房地产中介服务等。

2008 年 1 月 16 日，某马乳山分公司（甲方）与某氏公司（乙方）签订土地转让协议一份，载明：甲方与某利亚公司签订协议获得的某滨海旅游度假村项目建设土地使用权，共有土地 117.4 亩，现自愿转让给乙方。路某熙将某马公司与某天酒店签订的房屋租赁合同中的权利义务，包括收取租金的权利转让给某氏公司。

评析：

路某熙作为某马公司的执行董事和法定代表人及某马乳山分公司的负责人，应诚信地履行对公司的职责，不得侵占公司的财产。即使某马公司章程规定，股东会会议由股东路某熙行使表决权，也不影响路某熙对某马公司及某马乳山分公司负有忠实和勤勉义务。然而，路某熙与其妻马某民成立了经营范围与某马公司同类的某氏公司，路某熙利用职务便利将某马公司的房租利益和某马乳山分公司的土地使用权转让至某氏公司名下，谋取了属于某马公司的商业机会，违反了《公司法》的规定，给某马公司造成了损失，一审法院判令路某熙和某氏公司对某马公司丧失的房屋租金和大乳山土地承担赔偿责任，是正确的。根据《公司法》第一百八十三条规定，本案也不属于董事、监事、高级管理人员可以谋取商业机会的情况。

第一百八十四条 董事、监事、高级管理人员未向董事会或者股东会报告，并按照公司章程的规定经董事会或者股东会决议，不得自营或者为他人经营与其任职公司同类的业务。

---

① 审理法院为山东省高级人民法院，案号为（2019）鲁民终 2060 号。

条文释义

董事、监事、高级管理人员自营或者为他人经营与其任职公司存在同类的业务，发生与公司争夺商业机会的道德风险会大大增加。因此，从事这类业务，应当向董事会或者股东会报告，并经董事会或者股东会决议，未向董事会或者股东会报告，并经董事会或者股东会决议，自营或者为他人经营与其任职公司同类的业务，是违反忠实义务的行为，应当予以禁止。

关联案例

某力传媒股份有限公司与陈某银损害公司利益责任纠纷①

案情：

某力传媒股份有限公司（以下简称某力公司）成立于 2005 年。某力公司章程载明，助理经理（助理总裁）为公司高级管理人员。公司经营范围包括制作发行动画片、设计、制作、代理、发布广告等。2016 年 7 月 1 日，陈某银与某力公司签订《劳动合同书》，约定某力公司于 2016 年 7 月 1 日至 2019 年 12 月 31 日聘用陈某银于河南公司部门担任助理总裁岗位工作。2016 年 7 月 1 日，陈某银（乙方）与某力公司（甲方）另签订《竞业限制协议》，约定未经甲方同意，乙方在甲方就职期间及离职后一年内不得自营或者为他人经营与甲方同类的行业。

2017 年 2 月 24 日，某宝公司成立，陈某银持股 60%。经询问，陈某银称某宝公司主营业务包括广告投放、节目策划、酒类产品营销策划，《某王中王》节目为其主营业务，该节目投资客户包括广告投放客户。

2017 年 11 月 30 日，某力公司向陈某银出具《离职证明》载明，陈某银因个人原因，双方同意于 2017 年 11 月 30 日正式解除劳动合同关系，某力公司决定在劳动关系解除后，不要求陈某银履行任何竞业限制义务。

评析：

本案中，陈某银于某力公司在职期间，投资设立与某力公司主营业务存在竞争关系的某宝公司确有不当，但某力公司要求陈某银就此不当行为赔偿的侵权损失并未发生。陈某银已提交充分证据证明，罗某记作为某力公司的法定代表人已经代表某力公司表示放弃《某王中王》项目，则《某王中王》项目于某力公司而言即不属于其应有的竞争机会，则包括陈某银在内的他人是否从事该项目，也不会导致某力公司失去竞争机会，不会造成某力公司的损失。

第一百八十五条 董事会对本法第一百八十二条至第一百八十四条规定的事项决议时，关联董事不得参与表决，其表决权不计入表决权总数。出席董事会的无关联关系董事人数不足三人的，应当将该事项提交股东会审议。

---

① 审理法院为北京市第一中级人民法院，案号为（2022）京 01 民终 5265 号。

该条是新公司法新增的利益冲突事项关联董事的回避表决的规定。

第一百八十六条 董事、监事、高级管理人员违反本法第一百八十一条至第一百八十四条规定所得的收入应当归公司所有。

条文释义

在实际中，公司董事、监事、高级管理人员违反忠实义务，利用职务便利牺牲公司利益为自己牟取利益的问题比较多，给公司的发展造成很大危害。为了更好地规范董事、监事、高级管理人员的行为，有必要对违反忠实义务的行为做出严格的禁止性规定。同时，董事、监事、高级管理人员违反本法第一百八十一条至第一百八十四条规定的，违反忠实义务的，从中获得的收入应当归公司所有。

关联案例

冷某峰与谢某与公司有关的纠纷[①]

案情：

某创公司股东为谢某、冷某峰。冷某峰为某创公司的法定代表人，任执行董事兼总经理，谢某任某创公司的监事。2017 年 4 月 26 日，冷某峰接受公安机关讯问时陈述："2016 年年初，某创公司急需资金，我想把钱借给某创公司用。但那段时间，谢某曾经向我借钱，我谎称自己没有钱，没有借给他，我怕他知道我有钱不借伤感情，就虚构了夏某平、陶某、李某容三个名字，以这三个人的名义把钱借给某创公司。某创公司陆续偿还本金和利息，但到现在还没有还完。"某创公司举示某创公司领（借）款申请单和费用报销单等证据，证明某创公司按照借条约定，向夏某平、陶某、李某容偿还借款全部本金和利息。支付利息共计 14 840 435 元。

评析：

根据原《中华人民共和国公司法》第一百四十八条规定[②]，冷某峰作为某创公司的执行董事兼总经理，属于该条规定的高级管理人员，理应履行对公司的忠实义务。由于某创公司章程中没有允许董事、高级管理人员同本公司订立合同或者进行交易的明确规定，且冷某峰假借他人的名义与某创公司订立借款合同，出借资金给某创公司，并未经股东会同意或得到另一股东谢某的同意。且冷某峰出借资金给某创公司并收取了高额利息，根据前述规定，冷某峰从某创公司所获得的利息收入应当归公司所有。

第一百八十七条 股东会要求董事、监事、高级管理人员列席会议的，董事、监事、高级管理人员应当列席并接受股东的质询。

[①] 审理法院为重庆市高级人民法院，案号为（2020）渝民终 543 号。

[②] 原《公司法》第一百四十八条："董事、高级管理人员除公司章程规定或者股东会同意外，不得与本公司订立合同或者进行交易。"

条文释义

本条优化公司组织机构，取消了"股东大会"的表述，修订草案结合我国国情，借鉴了国际经验，公司治理结构由双层制到"单、双"并行，与国际接轨，便于我国企业"走出去"。无论是股份有限公司还是有限责任公司，都不再区分"股东会"和"股东大会"，股份公司与有限公司的最高权力机构统一使用"股东会"的表述，股东会由全体股东组成。

本条是关于董事、监事、高级管理人员列席股东会的义务的规定。

法律和公司章程规定由股东会决议的事项，属于对公司特别重要的事项以及有关公司经营的基本事项，如修改公司章程，选举董事、监事。为了使股东能够在充分了解情况的基础上正确地行使表决权，更好地保障公司利益和股东利益，应当赋予股东在股东会上质询的权利。根据本条规定，股东会召开会议，可以要求董事、监事、高级管理人员列席会议；在股东会上，股东有权向列席股东会议的董事、监事、高级管理人员提出质询；股东质询权只能在股东会上行使；董事、监事、高级管理人员接到股东会提出的列席股东会议的要求后，应当按时列席股东会议，不得拒绝列席会议；在列席股东会议时，应当接受股东的质询。

第一百八十八条 董事、监事、高级管理人员执行职务违反法律、行政法规或者公司章程的规定，给公司造成损失的，应当承担赔偿责任。

条文释义

本条是关于董事、监事、高级管理人员赔偿责任的规定。和原《公司法》第一百五十条保持一致。

董事、监事、高级管理人员享有法律和公司章程授予的参与管理、监督公司事务的职权，同时负有对公司忠实和勤勉的义务，在执行公司职务时，应当依照法律和公司章程行使职权，履行义务，维护公司的利益。为促使董事、监事、高级管理人员依法为公司利益行使权力、履行义务，使公司的合法权益在受到侵害时能得到恢复或补偿，应当明确董事、监事、高级管理人员违法执行职务给公司造成损害所应承担的法律责任。本条是对董事、监事、高级管理人员给公司造成损害所应承担的民事赔偿责任的规定。根据这一规定，董事、监事、高级管理人员承担赔偿责任应当具备以下条件：一是必须有公司受到损害的事实存在。二是损害行为必须是行为人违反法律、行政法规或者公司章程执行公司职务的行为。因本法明确规定公司的董事、监事、高级管理人员对公司负有忠实义务和勤勉义务，因此，上述人员不履行忠实义务和勤勉义务的，也是违反法律的行为。三是违法行为与损害事实之间必须有因果关系。四是行为人必须有过错，也就是必须有过失或者故意。承担责任的方式，可以根据受侵害的公司权益的性质、具体情况的不同，采取不同的办法，主要是赔偿公司财产损失。

谢某君、黄某强等股东损害公司债权人利益责任纠纷①

案情：

某数字公司是 2018 年登记注册的有限责任公司，股东为谢某君（公司实际控制人）、广州某皮肤健康管理合伙企业（有限合伙）等，某数字公司的两位员工王某乐和何某分别在微信朋友圈发布内容涉及"399 元享超级会员特权"的直播促销活动消息，谢某君收取了这些货款。此外，谢某君还陈述其曾将钱借给公司员工刘某桦，用于支付员工工资。

评析：

根据原《中华人民共和国公司法》第二十条规定②，本案某数字公司的两位员工王某乐和何某分别在微信朋友圈发布内容涉及"399 元享超级会员特权"的直播促销活动消息的行为，证实某数字公司组织了一个 399 元享超级会员特权的直播促销活动。谢某君抗辩称两人在朋友圈发布上述消息的行为仅系王某乐和何某个人的经营行为，显然不足为信。而账单详情中有多笔转款备注 399 元套餐，且转款时间为促销活动时间，可以推定是上述 399 元享超级会员特权活动货款。由此证实谢某君收取过某数字公司的货款。

而谢某君还陈述其曾将钱借给公司员工刘某桦，用于支付员工工资。先不论该借款是否真实，即使谢某君陈述真实，其借钱给公司支付员工工资，正常应该将出借款直接转至公司账户，由公司账户支付员工工资，而谢某君却将钱转至一名普通员工账户，通过该普通员工账户支付员工工资，谢某君的此行为显然属于欲盖弥彰，进一步表明某数字公司的财产并不独立，甚至可能存在与普通员工财产混同的情况。以上情况表明，某数字公司与其股东和实际控制人谢某君存在财产高度混同。因此，谢某君应当对某数字公司涉案债务承担连带责任。

第一百八十九条 董事、高级管理人员有前条规定的情形的，有限责任公司的股东、股份有限公司连续一百八十日以上单独或者合计持有公司百分之一以上股份的股东，可以书面请求监事会向人民法院提起诉讼；监事有前条规定的情形的，前述股东可以书面请求董事会向人民法院提起诉讼。

监事会或者董事会收到前款规定的股东书面请求后拒绝提起诉讼，或者自收到请求之日起三十日内未提起诉讼，或者情况紧急、不立即提起诉讼将会使公司利益受到难以弥补的损害的，前款规定的股东有权为公司利益以自己的名义直接向人民法院提起诉讼。

他人侵犯公司合法权益，给公司造成损失的，本条第一款规定的股东可以依照前两款的规定向人民法院提起诉讼。

---

① 审理法院为广东省广州市中级人民法院，案号为（2022）粤 01 民终 6726 号。

② 《公司法》第二十条规定："公司股东应当遵守法律、行政法规和公司章程，依法行使股东权利，不得滥用公司法人独立地位和股东有限责任损害公司债权人的利益。公司股东滥用公司法人独立地位和股东有限责任，逃避债务，严重损害公司债权人利益的，应当对公司债务承担连带责任。"

公司全资子公司的董事、监事、高级管理人员有前款规定情形，或者他人侵犯公司全资子公司合法权益造成损失的，有限责任公司的股东、股份有限公司连续一百八十日以上单独或者合计持有公司百分之一以上股份的股东，可以依照前三款规定书面请求全资子公司的监事会、董事会向人民法院提起诉讼或者以自己的名义直接向人民法院提起诉讼。

条文释义

本条是关于股东代表诉讼的规定。

股东享有提起代表诉讼的权利，在董事、高级管理人员违反忠实和勤勉义务，给公司利益造成损害，而公司又不追究其责任时，股东可以代表公司提起诉讼，维护公司的合法权益。在实践中，大股东操纵董事、高级管理人员损害公司利益以及公司中小股东利益的情况时有发生，迫切需要强化对公司利益和中小股东利益的保护机制。赋予股东提起代表诉讼的权利，具有重要的实际意义。因此，本条对股东代表诉讼的权利做出了规定。

根据本条规定，股东提起代表诉讼应当符合以下法定要求：

（1）提起代表诉讼的股东资格。为防止出现个别股东随意使用此项诉讼权利，造成董事、监事、高级管理人员疲于应付诉讼，难以专注于公司事务的管理和监督，影响公司正常的生产经营活动，有必要对提起代表诉讼的股东资格做出限制。根据本条规定，有限责任公司的股东以及股份有限公司连续一百八十日以上单独或者合计持有公司百分之一以上股份的股东，有权提起股东代表诉讼。

（2）提起代表诉讼的前置条件。根据本法规定，董事会、监事会是法定的公司机关，依法代表公司行使权力，有权代表公司提起诉讼，当发生董事、监事、高级管理人员违反法定义务，损害公司利益的情形时，股东应当依法先向上述有关公司机关提出请求，请有关公司机关向人民法院提起诉讼。如果有关公司机关拒绝履行职责或者怠于履行职责，则股东为维护公司利益可以向人民法院提起代表诉讼。这样一方面符合法定程序，另一方面也可以对股东诉讼做适当限制，避免滥诉给公司造成不利影响。因此，本条规定，董事、高级管理人员有本法第一百八十八条规定的情形，监事有本法第一百八十八条规定的情形的，股东可以书面请求监事会、董事会向人民法院提起诉讼；监事会或者董事会收到前款规定的股东书面请求后拒绝提起诉讼，或者自收到请求之日起三十日内未提起诉讼，或者情况紧急、不立即提起诉讼将会使公司利益受到难以弥补的损害的，前款规定的股东有权为了公司的利益以自己的名义直接向人民法院提起诉讼。

（3）诉讼事由。股东代表诉讼主要是针对董事、监事、高级管理人员违反对公司的忠实和勤勉义务，给公司造成损害的行为提起的诉讼。对于公司董事、监事、高级管理人员以外的其他人侵犯公司合法权益，给公司造成损害的，股东也可以代表公司向人民法院提起诉讼。

（4）特别注意，新增"公司全资子公司的董事、监事、高级管理人员有前款规定情形，或者他人侵犯公司全资子公司合法权益造成损失的，有限责任公司的股东、股份有限公司连续一百八十日以上单独或者合计持有公司百分之一以上股份的股东，可以依照前三款规定书面请求全资子公司的监事会、董事会向人民法院提起诉讼或者以自己的名义直接向人民法院提起诉讼。"这一条文直接打开了母公司股东直接为子公司利益维权的大门，弥补了现行公司法对于"子公司的董事损害子公司的利益，母公司的股东能否提请子公司的董事会、监事会或者自己来代表子公司起诉子公司的董事？"这种问题的空白。

关联案例

江某诉吴某辉等损害公司利益纠纷案①
——二重派生诉讼适格原告要件的构建

案情：

江某宏和吴某辉均是媚某诗公司的股东，持股比例50%对50%，媚某诗公司设立了全资子公司寇某尔公司，股东吴某辉是寇某尔公司的董事长，实际控制着寇某尔公司。2007年4月，股东吴某辉未经寇某尔公司、媚某诗公司及股东江某宏同意，擅自将寇某尔公司面积为3 633平方米的厂房，以人民币353万元的低价出卖给被告某慈公司，且该款使用情况不明，为此江某宏作为原告将吴某辉、某慈公司作为被告，子公司寇某尔公司作为第三人，提起了诉讼。

评析：

根据原《公司法》相关规定，对董事损害公司利益的行为，有限责任公司的股东，在经书面请求监事会或者监事向人民法院提起诉讼遭拒绝，或者三十日内未提起诉讼的情况下，有权为了公司的利益以自己的名义直接向人民法院提起诉讼。本案中，第三人寇某尔公司是原告江某宏诉称的利益受到损害的公司，该公司的唯一股东是媚某诗公司，原告江某宏只是媚某诗公司的现任股东，并非第三人寇某尔公司的股东，故依据上述法律规定，法院认为，只有媚某诗公司才具有原告的诉讼主体资格，本案原告江某宏无权行使股东代表诉讼的权利。

按照上述判例母公司的股东不能直接代表子公司来起诉子公司的董事。但是根据新《公司法》第一百八十九条最后一款的规定，彻底改变了规则，第一百八十九条最后一款是这么规定的，公司全资子公司的董事、监事、高级管理人员有前款规定情形，或者他人侵犯公司全资子公司合法权益造成损失的，有限责任公司的股东、股份有限公司连续一百八十日以上单独或者合计持有公司百分之一以上股份的股东，可以依照前三款规定书面请求全资子公司的监事会、董事会向人民法院提起诉讼或者以自己的名义直接向人民法院提起诉讼。这一条文直接打开了母公司股东直接为子公司利益维权的大门。

第一百九十条 董事、高级管理人员违反法律、行政法规或者公司章程的规定，损害股东利益的，股东可以向人民法院提起诉讼。

---

① 审理法院为上海市第二中级人民法院，案号为（2008）沪二中民五（商）初字第21号。

条文释义

本条是关于股东直接诉讼的规定。

股东是公司的投资人，有权维护自己在公司的合法权益。公司董事、高级管理人员违反法律、行政法规或者公司章程的规定，损害股东利益的，股东有权为自己的利益向人民法院提起诉讼。本条对股东为维护自身权益向人民法院提起对董事、高级管理人员诉讼的规定，主要有以下内容：①每一个股东都可以在董事、高级管理人员损害其自身权益时提起诉讼。股东提起这类诉讼只要具备股东身份即可，没有具体的持股时间、持股数量的限制。②提起诉讼的事由，是董事、高级管理人员违反法律、行政法规或者公司章程的规定，损害了股东的利益。③提起诉讼的时间。本法未做限制，根据《中华人民共和国民法典》第一百八十八条，向人民法院请求保护民事权利的诉讼时效期间为三年。法律另有规定的，依照其规定。诉讼时效期间自权利人知道或者应当知道权利受到损害以及义务人之日起计算。法律另有规定的，依照其规定。但是，自权利受到损害之日起超过二十年的，人民法院不予保护，有特殊情况的，人民法院可以根据权利人的申请决定延长。

关联案例

吴某祥、陈某南诉翟某明专利权纠纷案[①]

案情：

第三人一某通公司于 2003 年 4 月 25 日成立，两原告吴某祥、陈某南及被告翟某明同为一某通公司的股东，同时被告翟某明还担任一某通公司的法定代表人。2004 年一某通公司前后分别与某市科技局、某区科技局签订两份《科技项目合同》。科技合同中明确研究内容是一某通数码锁、钥匙和钥匙设定器，项目负责人和主要研究人员都是被告翟某明。一某通公司为该项目的研究投入了大量的资金、设备等物质技术条件，技术成果应属一某通公司所有。后被告以自己的名义将上述技术成果申请了"一种由钥匙提供电源的微功耗电子锁具"的发明专利和实用新型专利这两项专利，两原告最终请求判令这两项专利的申请权归属一某通公司，并由被告承担诉讼费用和其他合理费用。

评析：

首先原告吴某祥、陈某南属于本案适格原告，根据原《公司法》第一百四十八条规定、第一百五十三条规定[②]，公司董事、高级管理人员或控股股东等人员违反法律、行政法规或者公司章程的规定，侵害公司利益，而公司在上述人员控制之下不能或怠于以自己的名义主张权利，导致其他股东利益受到损害的，其他股东为维护自身合法权益以及公司的利益，有权向人民法院提起诉讼。其次，被告翟某明没有涉案专利申

---

① 审理法院为江苏省高级人民法院，案号为（2006）苏民三终字第 0120 号。

② 原《公司法》第一百四十八条："董事、监事、高级管理人员应当遵守法律、行政法规和公司章程，对公司负有忠实义务和勤勉义务。董事、监事、高级管理人员不得利用职权收受贿赂或者其他非法收入，不得侵占公司的财产。"第一百五十三条："董事、高级管理人员违反法律、行政法规或者公司章程的规定，损害股东利益的，股东可以向人民法院提起诉讼。"

请权。理由是根据《中华人民共和国专利法》第六条的规定，执行本单位的任务或主要是利用本单位的物质技术条件所完成的发明创造为职务发明，职务发明创造申请专利的权利属于该单位。

第一百九十一条 董事、高级管理人员执行职务，，给他人造成损害的，公司应当承担赔偿责任；董事、高级管理人员存在故意或者重大过失的，也应当承担赔偿责任。

条文释义

本次公司法修订强化了控股股东和董监高责任，董事、监事、高级管理人员因执行职务给他人造成损害时，公司需要承担责任，而董事、高级管理人员因自身故意或者重大过失给他人造成损害的，董事、监事、高级管理人员对损害的发生有过错，除了公司要承担责任，董事、监事、高级管理人员也要为自己的过错承担责任。

关联案例

顾某骏、黄某香等与某美药业股份有限公司等证券虚假陈述责任纠纷案[①]
——不同类型信息披露义务人的责任承担

案情：

某美药业股份有限公司（以下简称某美药业）因在年报和半年报中存在虚假记载和重大遗漏，被中国证监会给予行政处罚。2021年2月18日，中国证监会又对负责某美药业财务审计的某珠江会计所和相关责任人员进行了行政处罚。4月8日，中证中小投资者服务中心受部分证券投资者的特别授权，向广州中院申请作为代表人参加诉讼。广州中院适用特别代表人诉讼程序审理，启动某美药业证券集体诉讼。

广州中院一审判决某美药业赔偿投资者损失24.59亿元，马某田及相关责任人员、某珠江会计所承担全部连带赔偿责任，某美药业部分董事、监事、高级管理人员分别承担连带赔偿责任。

评析：

全国首例证券集体诉讼案，某美药业股份有限公司因年报等虚假陈述侵权赔偿证券投资者损失24.59亿元，原董事长、总经理马某田及5名直接责任人员、某珠江会计师事务所及直接责任人员承担全部连带赔偿责任，13名相关责任人员按过错程度承担部分连带赔偿责任。其中5名曾任或在职的独立董事被判承担5%~10%的不等巨额连带赔偿责任，涉及金额为1.23亿元到2.46亿元。作出虚假陈述行为的上市公司的董事、监事、高级管理人员和有重大过错的审计机构及其合伙人，应当按照过错类型、在虚假陈述行为中所起的作用大小，承担相应的赔偿责任。

第一百九十二条 公司的控股股东、实际控制人指示董事、高级管理人员从事损害公司或者股东利益的行为的，与该董事、高级管理人员承担连带责任。

---

① 审理法院为广东省广州市中级人民法院，案号为（2020）粤01民初2171号。

条文释义 ├─────────────────────────────────

针对实践中控股股东、实际控制人滥用控制地位侵害公司及中小股东权益的突出问题，借鉴一些国家法律规定，明确：公司的控股股东、实际控制人指示董事、高级管理人员从事损害公司利益或者股东利益的行为，与该董事、高级管理人员承担连带责任。

关联案例 ├─────────────────────────────────

前面某美药业以及某数字公司的案例中我们看到了董事、监事、高管从事损害公司或者股东利益的行为要承担赔偿责任，但是通常董事、监事、高管都是听命于控股股东、实际控制人，所以新《公司法》第一百九十二条进一步明确了，这种情况下，控股股东、实际控制人要与董事、高管承担连带责任。

第一百九十三条 公司可以在董事任职期间为董事因执行公司职务承担的赔偿责任投保责任保险。

公司为董事投保责任保险或者续保之后，董事会应当向股东会报告责任保险的投保金额、承保范围及保险费率等内容。

条文释义 ├─────────────────────────────────

此条新增董事责任保险制度，有利于更好地保护董事的个人利益。

第九章

公司债券

第一百九十四条 本法所称公司债券，是指公司发行的约定按期还本付息的有价证券。

公司债券可以公开发行，也可以非公开发行。

公司债券的发行和交易应当符合《证券法》等法律、行政法规的规定。

条文释义

本条是关于公司债券的定义和发行条件的规定。公司债券是一种有价证券，是公司融资的重要手段。为了规范公司债券的发行和交易，从法律上对公司债券做出界定是必要的。而且明确公司债券可以非公开发行，将债券的交易纳入本条的调整范围。

根据本条规定，公司债券具有两个基本法律特征：

第一，公司债券是公司依照法定程序发行的有价证券。《证券法》对公司债券的发行程序做了规定，主要有以下内容：（1）向国务院授权的部门或者国务院证券监督管理机构提出公开发行公司债券的申请。根据《证券法》的规定，公开发行证券，必须经国务院证券监督管理机构或者国务院授权的部门核准；未经核准，任何单位和个人不得公开发行证券。（2）按照法律规定向核准机关提交申请文件。根据《证券法》的规定，公司申请公开发行公司债券，应当向核准机关报送下列文件：①公司营业执照；②公司章程；③公司债券募集办法；④资产评估报告和验资报告；⑤国务院授权的部门规定的其他文件。（3）聘请保荐人。《证券法》规定，采取承销方式公开发行可转换为股票的公司债券的，应当聘请具有保荐资格的机构担任保荐人，并且在向核准机关提出发行公司债券的申请时，应当向核准机关报送保荐人出具的保荐书。（4）公告公开发行募集文件。《证券法》要求公司债券的发行人在其发行申请经核准后，在证券公开发行前，公告公开发行募集文件，并将该文件置备于指定场所供公众查阅。发行人不得在公告发行募集文件前发行证券。

第二，公司债券是公司与债券持有人约定在一定期限内还本付息的债务凭证。公司债券与股票不同，债券持有人为公司的债权人，不享有参与公司经营决策、选择管理者的权利。但不论公司是否盈利，债券持有人都有权在债务期限届满时请求公司还本付息，并且在公司解散时，对公司财产享有优先于股东的受偿权。

《证券法》还对公司债券的公开发行规定了明确具体的条件，主要有以下三个方面的内容：

（1）一般公司债券的发行条件。①股份有限公司的净资产不低于人民币三千万元，有限责任公司的净资产不低于人民币六千万元；②累计债券余额不超过公司净资产的百分之四十；③最近三年平均可分配利润足以支付公司债券一年的利息；④筹集的资金投向符合国家产业政策；⑤债券的利率不超过国务院限定的利率水平；⑥国务院规定的其他条件。

（2）上市公司发行可转换为股票的公司债券的条件，除符合一般公司债券的发行条件外，还应当符合证券法关于公开发行股票的条件：①具备健全且运行良好的组织机构；②具有持续盈利能力，财务状况良好；③最近三年财务会计文件无虚假记载，无其他重大违法行为；④经国务院批准的国务院证券监督管理机构规定的其他条件。

（3）不得再次公开发行公司债券的情形。根据《证券法》的规定，有下列情形之一的，不得再次公开发行公司债券：①前一次公开发行的公司债券尚未募足；②对已公开发行的公司债券或者其他债务有违约或者延迟支付本息的事实，仍处于继续状态；③违反证券法规定，改变公开发行公司债券所募资金的用途。公司公开发行公司债券，必须符合证券法规定的上述条件。

第一百九十五条　公开发行公司债券，应当经国务院证券监督管理机构注册，公告公司债券募集办法。

公司债券募集办法应当载明下列主要事项：

（一）公司名称；

（二）债券募集资金的用途；

（三）债券总额和债券的票面金额；

（四）债券利率的确定方式；

（五）还本付息的期限和方式；

（六）债券担保情况；

（七）债券的发行价格、发行的起止日期；

（八）公司净资产额；

（九）已发行的尚未到期的公司债券总额；

（十）公司债券的承销机构。

条文释义

本条是关于公司发行公司债券，是向社会公众举借的长期债务的规定。

为使公司债券的募集规范进行，保护债券持有人的利益，法律要求公司制作明确的公司债券募集办法，并在提出发行公司债券的申请时，将公司债券募集办法报送核准机关。公司债券募集办法是核准机关对公司发行公司债券监管的重要内容。公司发行公司债券的申请经国务院授权的部门核准后，应当将公司制作的公司债券募集办法予以公告，作为公司向非特定的公司债券认购人发出的要约。公告公司债券募集办法：一是说明公司的基本情况以及将以何种条件发行公司债券，便于社会公众在了解公司背景、同意债券募集条件的前提下自愿认购；二是可以使公司债券的募集过程公开、透明，以确保公司债券的发行符合公平原则，防止发生欺诈；三是有利于社会公众对公司债券发行行为的监督和政府行政机关的监管。

为了规范公司债券的募集，保护债券持有人的利益，法律对公司债券募集办法的记载内容也提出了要求。根据本条规定，公司债券募集办法中应当载明下列主要事项：

（1）公司名称。这是为了确定公司债券的发行人，从而确定公司债券的偿债人。

（2）债券募集资金的用途。这是为了明确债券募集资金的使用方向，使债券认购人能够评估购买该公司债券的风险和收益，做出正确的判断，也便于行政管理机关的监管。

（3）债券总额和债券的票面金额。债券总额，是指当次发行的公司债券的总金额，不包括公司已发行的公司债券的余额。债券的票面金额，是指当次发行的公司债券票面上标明的金额。载明债券总额和债券票面金额，可以使债券认购人明确当次公司债券的发行规模以及债券的票面价值。

（4）债券利率的确定方式。这可以使债券认购人确定债券的预期收益。

（5）还本付息的期限和方式。这是公司对外承担偿债责任的依据，是社会公众决定是否购买公司债券的关键因素。

（6）债券担保情况。这是说明公司偿债风险的内容。

（7）债券的发行价格、发行的起止日期。这是对债券承销机构有约束力的条款。

（8）公司净资产额。

（9）已发行的尚未到期的公司债券总额。

（10）公司债券的承销机构。一般情况下，总金额比较大的债券发行往往采取由证券公司承销的方式，为使债券认购人了解第一部分释义发行人与承销的证券公司之间的委托关系，便于认购公司债券，应当在公司债券募集办法中载明公司债券的承销机构。

上述内容是公司债券募集办法中的法定记载事项，公司申请发行公司债券必须完整、真实、准确地做出记载。除上述事项外，公司也可以在债券募集办法中记载其他有关事项。

第一百九十六条 公司以纸面形式发行公司债券的，应当在债券上载明公司名称、债券票面金额、利率、偿还期限等事项，并由法定代表人签名，公司盖章。

条文释义

本条是关于公司债券实物券记载事项的规定。

公司债券是公司向债券认购人出具的债务凭证，是公司债券持有人向公司行使债权的依据。公司债券以实物券方式发行的，应当对表明公司与债券持有人之间债权债务关系的内容做出清楚明确的记载，以便于债券持有人行使权利。根据本条规定，纸面形式的公司债券上应当记载的事项与前条规定的公司债券募集办法中应当载明的主要事项相同，具体包括：公司名称、债券票面金额、利率、偿还期限等。这些事项记载于纸面形式的公司债券上，对作为发行人的公司具有法律约束力。同时，票面上的法定记载事项所载明的内容，应当依据公司股东会或者董事会所做出的决议，并且应当同公司债券募集办法、公司债券存根簿上所记载的内容相一致。

实物券形式的公司债券上应当由公司法定代表人签名，公司盖章。

关联案例

赵某胜、赵某强损害股东利益责任纠纷[①]

案情：

赵某胜、赵某强均为南通某卡纺织科技有限公司（以下简称某卡公司）股东，各持股50%，赵某强系某卡公司法定代表人。2014年赵某胜、赵某强曾共同委托审计机构对某卡公司进行审计，但赵某强对审计报告不认可。2016年原告赵某胜向法院申请对某卡公司进行清算，因赵某强拒绝配合清算工作、不提供财务账册，致清算无法进行。法院于2019裁定终结清算程序。在清算案件中，被告赵某强存在虚增400余万元债务、转移某卡公司资产等滥用股东权利的行为，造成原告损失3 451 332元。原告赵某胜向本院提交了一些证据：其中证据3为"南通市某信税务师事务所所出具的（2014）008号报告书、被告银行账户流水，拟证明被告存在将属于某卡公司的货款汇入其个人银行卡内的行为"。证据3虽是原件，但是南通市仁信税务师事务所审核人员未在报告书上签字，该事务所亦未盖章。原告提供证据4为"南通金某信会计师事务所出具的审计报告"，拟证明被告存在集中入账4 122 347.95元债务，但没有任何附件。

评析：

尽管法院在裁定终结某卡公司强制清算程序时，说明两股东可就出资及剩余财产分配而产生的纠纷可另行诉讼解决，但是在本案中，原告主张要求被告赔偿损失，应当对其享有某卡公司清算后的所有者权益，以及其权益因被告的行为受到侵害等事实进行举证。对于上述事实，原告主要以报告书和审计报告进行佐证，但是报告书因未签字盖章不能作为合法有效的证据使用，而审计报告未能提供原件无法确认其真实性，故原告主张的权益以及权益受到侵害的相关事实均无法证实。原告要求被告赔偿损失的诉讼请求，因证据不足，不能成立。

第一百九十七条 公司债券应当为记名债券。

条文释义

此前公司债券可以根据不同的标准分为许多种类，根据是否在公司债券上签署债权人的姓名，可以将公司债券分为记名债券和无记名债券。记名债券与无记名债券在确认权利人的方式、债券转让、债券兑付等方面适用不同的法律规则。

记名债券的基本特征是债券上明确记载认购人的姓名或名称、住所。相应地，在

[①] 审理法院为江苏省南通市崇川区人民法院，案号为（2020）苏0602民初5884号。

新公司法

实务教程

·198·

公司债券的存根簿上也应载明记名债券持有人的姓名或名称、住所、取得债券的日期及其债券编号。记名债券与公司债券存根簿上记载的债券持有人应当一致。当记名债券和公司债券存根簿上记载的债券持有人相同时，则该持有人是该债券的合法权利人，可以依法享有和行使债权人的权利。如果债券持有人将该债券转让，必须依法相应地变更记名债券上和公司债券存根簿上的持有人姓名或名称、住所，否则该转让不发生对抗公司的效力。

无记名债券的基本特征是债券上不记载认购人的姓名或名称、住所。相应地，公司债券存根簿上也不做相关记载。无记名债券依实际占有来确定其权利人，持有人即被视为债权人，可以依法享有并行使债权人的权利。

记名债券和无记名债券相比各有优劣。记名债券的权属性稳定，灭失或损毁时可以获得挂失、公示催告等法律救济，但转让需要办理变更持有人的手续，对流通有一定影响；无记名债券则便于流通，可以满足债权人随时变现的需要，但在灭失或损毁时无法得到挂失等救济，权属性上的风险大于记名债券。

但是《新公司》法取消了无记名债券，明确规定公司债券应当为记名债券。

第一百九十八条 公司发行公司债券应当置备公司债券持有人名册。

发行记名公司债券的，应当在公司债券持有人名册上载明下列事项：

（一）债券持有人的姓名或者名称及住所；

（二）债券持有人取得债券的日期及债券的编号；

（三）债券总额，债券的票面金额、利率、还本付息的期限和方式；

（四）债券的发行日期。

条文释义

本条是关于公司债券持有人名册的置备和记载事项的规定。

与原公司法相比，将"债券存根簿"统一修改为"债券持有人名册"；并配套删除无记名债券的债券存根簿内容相关规定。

公司债券持有人名册是公司发行公司债券的原始记录，是确定公司发行债券的规模以及公司与其发行的公司债券的持有人之间权利义务关系的原始依据，具有确认记名债券权利人的功能，因此，法律要求公司发行公司债券应当置备公司债券持有人名册，并且对公司债券持有人名册的记载事项做出了规定。根据本条规定，记名公司债券存根簿应当记载以下事项：①债券持有人的姓名或者名称及住所；②债券持有人取得债券的日期及债券的编号；③债券总额、债券的票面金额、债券的利率、债券的还本付息的期限和方式；④债券的发行日期。公司发行公司债券应当严格按照法律规定置备和记载公司债券持有人名册，不得有缺项和遗漏。除本条规定应当记载的事项外，发行公司债券的公司也可以根据实际需要，在公司债券持有人名册上记载其他事项。

陈某笑、福建某正新能源科技股份有限公司股东知情权纠纷①

案情：

陈某笑系福建某正新能源科技股份有限公司（以下简称某正公司）的股东，赵某娟系某正公司的董事长兼总经理、法定代表人。某正公司自 2010 年成立以来，连续向多家银行及母公司某正塑料集团有限公司借款，数额高达 1.5 亿多元；多年未召开股东大会，也从未提供年度财务会计报告供股东查阅；2018 年公司人员变动巨大，法定代表人、董事均更换，各项情况不明。陈某笑作为股东的知情权没有得到保障，在此情况下，2018 年 9 月 5 日，陈某笑向两被告寄送一份《查阅、复制有关资料的函》，要求查阅、复制某正公司成立以来的公司章程、所有股东会会议记录、所有董事会会议决议及所有财务会计报告；查阅公司会计账簿及原始凭证等。被告的法定代表人赵某娟于 2018 年 9 月 12 日签收了该函件，但对陈某笑的要求不予理会，也未作任何书面答复。另经法院查明，某正公司自成立以来并未发行公司债券。

评析：

根据原《公司法》第九十七条规定"股东有权查阅公司章程、股东名册、公司债券存根、股东大会会议记录、董事会会议决议、监事会会议决议、财务会计报告，对公司的经营提出建议或者质询"。故陈某笑可以要求查阅某正公司的公司章程、股东名册、股东大会会议记录、董事会会议决议、监事会会议决议、财务会计报告。关于陈某笑要求复制上述文件，并查阅某正公司会计账簿的主张，因原《公司法》明确规定股份有限公司股东行使知情权的方式表现为查阅权，查阅的范围限于该法第九十七条列举的项目，因此，陈某笑的该项请求超出了法律规定的股份有限公司股东行使知情权的范围，本院不予支持。同时依据原《公司法》第一百五十七条规定"公司发行公司债券应当置备公司债券存根簿……"，因某正公司并未发行公司债券，陈某笑未能提供证据证明某正公司有置备公司债券存根，陈某笑请求查阅、复制某正公司债券存根，缺乏事实依据，不能支持。

第一百九十九条 公司债券的登记结算机构应当建立债券登记、存管、付息、兑付等相关制度。

条文释义

本条是关于公司债券登记结算制度的规定。

公司债券是针对社会公众的、长期的、集团性的债务，有些公司债券是可以上市交易的。为了规范公司债券发行转让过程中涉及的登记、托管、结算业务，保护公司债券持有人的利益，法律设置了证券登记结算制度。《证券法》规定，上市交易的证券应当全部存管在证券登记结算机构。中国证券监督管理委员会于 2003 年制定了《证券公司债券管理暂行办法》，规定证券公司发行的债券应当由中国证券登记结算有限责任

---

① 审理法院为福建省福鼎市人民法院，案号为（2018）闽 0982 民初 2875 号。

公司负责登记、托管和结算；中央国债登记结算有限责任公司经批准也可以负责证券公司债券的登记、托管和结算。

《证券法》对证券登记结算机构的职能和基本业务规则做了规定。根据《证券法》，证券登记结算机构履行以下职能：①证券账户、结算账户的设立；②证券的存管和过户；③证券持有人名册登记；④证券交易所上市证券交易的清算和交收；⑤受发行人的委托派发证券权益；⑥办理与上述业务有关的查询；⑦国务院证券监督管理机构批准的其他业务。为了保证业务的正常进行，证券登记结算机构应当具有必备的服务设备和完善的数据安全保护措施，建立完善的业务、财务和安全防范等管理制度，建立完善的风险管理系统。证券登记结算机构应当按照规定以投资者本人的名义为投资者开立证券账户；应当妥善保存登记、存管和结算的原始凭证及有关文件和资料，保存期限不得少于二十年；为证券交易提供净额结算服务时，应当要求结算参与人按照货银对付的原则，足额交付证券和资金，并提供交收担保，交收完成前不得动用于交收的证券、资金和担保物；必须按照业务规则将收取的各类结算资金和证券存放于专门的清算交收账户，并将其用于成交的证券交易的清算交收。《证券法》的规定为证券登记结算机构建立证券登记、托管、结算等相关制度提供了法律基础，记名公司债券的登记结算机构应当依照本法和《证券法》的规定，建立债券登记、托管、付息、兑付等相关制度，以更好地保护公司债券持有人的合法权益。

第二百条　公司债券可以转让，转让价格由转让人与受让人约定。

公司债券的转让应当符合法律、行政法规的规定。

条文释义

本条是关于公司债券转让价格的规定。

公司依法发行的公司债券与股票等其他有价证券一样，具有流通性，可以转让。依法转让公司债券是债券持有人享有的民事权利。根据本条规定，公司债券的转让价格主要通过转让人与受让人约定。公司债券的转让一般应当遵循证券交易活动公平、自愿、等价、有偿的原则，由债券转让人与受让人协商决定。因此，一般通过协议转让公司债券的，债券转让价格，也就是债券的交易价格，由转让人与受让人约定。公司债券的转让应当符合法律、行政法规的规定。

第二百零一条　公司债券，由债券持有人以背书方式或者法律、行政法规规定的其他方式转让；转让后由公司将受让人的姓名或者名称及住所记载于公司债券持有人名册。

条文释义

本条是关于公司债券转让方式及效力的规定。

公司债券通过债券持有人的意思表示和债券的实际交付，成立转让。因此，公司债券的持有人转让其债权时，应当在债券票面上背书，记载转让人的转让意思，并将其所持债券交付受让人。除这种转让方式外，对公司债券，也可以采用法律、行政法规规定的其他方式转让。转让公司债券，必须在公司债券持有人名册上办理过户手续，也就是变更债券持有人的姓名或者名称及住所等记载事项才能产生转让效力，否则该转让不能对抗公司。

第二百零二条 　股份有限公司经股东会决议，或者经公司章程、股东会授权由董事会决议，可以发行可转换为股票的公司债券，并规定具体的转换办法。上市公司发行可转换为股票的公司债券，应当经国务院证券监督管理机构注册。

发行可转换为股票的公司债券，应当在债券上标明可转换公司债券字样，并在公司债券持有人名册上载明可转换公司债券的数额。

条文释义

本条是关于发行可转换为股票的公司债券的规定。

可转换为股票的公司债券的持有人，享有在一定期间后将所持有的公司债券转换成股票的权利，通过行使转换权取得公司股权，使其对公司的债权消灭。可以说，可转换公司债券潜在地拥有股票的性质。转换一股所需的公司债券的金额为转换价格，一般都以发行可转换公司债券时的股票价格为标准。债券持有人通常在经过一定时间后，根据股价行情选择是否行使转换权。如果股价上升，债券持有人可以获得将债券转换为股票的收益，反之，如果股价下跌，债券持有人则要自己承担投资风险。债券持有人如果不行使转换权，那么不管公司经营效益如何，都可以得到确定的利息收益。发行可转换公司债券，可以为具有不同投资偏好的认购人提供一种更加灵活的选择机制，有利于债券持有人回避风险、保障收益。同时，对发行公司来说，可转换公司债券的利率较一般公司债券利率低，公司可以降低发行债券的成本，而当股价上涨时，又可以吸引债券持有人投资于股票，减少公司负债，增加公司资本，提高公司的资本比率，改善财务状况。因此，发行可转换公司债券是公司筹资的重要手段。

为了规范可转换公司债券的发行，本条对发行程序做了原则性规定，主要包含以下内容：

（1）发行主体。根据中国证券监督管理委员会于1997年制定的可转换公司债券管理暂行办法的规定，上市公司和重点国有企业可以发行可转换为股票的公司债券。

（2）发行事项的决定。发行可转换公司债券应当经股东会决议，股东会做出的决议至少应包括发行规模、转股价格的确定及调整原则、债券利率、转股期、还本付息的期限和方式、赎回条款及回售条款、向原股东配售的安排、募集资金用途等事项。

（3）发行条件。上市公司发行可转换公司债券，除应当具备证券法规定发行股票的条件外，还应当符合国务院证券监督管理机构规定的以下条件：①经注册会计师核验，公司最近三个会计年度加权平均净资产利润率平均在百分之十以上；属于能源、原材料、基础设施类的公司可以略低，但是不得低于百分之七；经注册会计师核验，公司扣除非经常性损益后，最近三个会计年度的净资产利润率平均值原则上不得低于百分之六；最近三年内发生过重大重组的公司，重组后的业务以前年度经审计的盈利情况计算净资产利润率；上市不满三年的公司，以最近三个会计年度平均的净资产利润率与股份公司设立后会计年度平均的净资产利润率相比较低的数据为准。②可转换公司债券发行后，资产负债率不高于百分之七十。③累计债券余额不超过公司净资产额的百分之四十；本次可转换公司债券发行后，累计债券余额不得高于公司净资产额的百分之八十；公司的净资产额以发行前一年经审计的年报数据为准。④募集资金的投向符合国家产业政策。⑤可转换公司债券的利率不超过银行同期存款的利率水平。⑥可转换公司债券的发行额不少于人民币一亿元。

第二百零三条 发行可转换为股票的公司债券的，公司应当按照其转换办法向债券持有人换发股票，但债券持有人对转换股票或者不转换股票有选择权。法律、行政法规另有规定的除外。

条文释义

本条是关于公司债券转换为股票的规定。

公司发行可转换为股票的公司债券，即承担了按照约定条件向债券持有人换发股票的义务，而债券持有人则享有按照约定条件向公司要求将其持有的公司债券换发为股票的权利。公司在发行可转换公司债券时，都要根据法律要求在经核准并公告的公司债券募集办法中，对公司债券转换为股票的具体办法包括转换程序、转换条件、提出转换的期限等做出明确规定，因此，在可转换公司债券发行后，债券持有人提出转换股票的请求时，公司有义务按照公司债券募集办法中规定的转换办法为债券持有人换发股票。可转换公司债券转换为股票的行为应在债券持有人提出转换请求时进行并产生转换效力，公司债券转换股票行为生效后，债券持有人丧失债权人的地位，成为股东。

可转换公司债券为债券持有人提供的是由债权人转变为股东的选择权，但是法律、行政法规另有规定的除外。债券持有人可以根据自己的意愿选择如何处置自己的民事权利，公司不能强迫债券持有人将其持有的公司债券转换为股票。如果债券持有人在债券期限届满时不行使转换权，则可以要求公司按照公司债券募集办法的规定还本付息。

第二百零四条 公开发行公司债券的，应当为同期债券持有人设立债券持有人会议，并在债券募集办法中对债券持有人会议的召集程序、会议规则和其他重要事项做出规定。债券持有人会议可以对与债券持有人有利害关系的事项做出决议。

除公司债券募集办法另有约定外，债券持有人会议决议对同期全体债券持有人发生效力。

条文释义

本条是新《公司法》新增的关于债券持有人会议的相关规定。

本条对于公司发行债券的会议的召集程序等都有相应的要求，并规定除另有约定外，债券持有人会议决议对同期全体债券持有人发生效力。

第二百零五条　公开发行公司债券的，发行人应当为债券持有人聘请债券受托管理人，由其为债券持有人办理受领清偿、债权保全、与债券相关的诉讼以及参与债务人破产程序等事项。

条文释义

新《公司法》新增了债券受托管理人的规定。

第二百零六条　债券受托管理人应当勤勉尽责，公正履行受托管理职责，不得损害债券持有人利益。

受托管理人与债券持有人存在利益冲突可能损害债券持有人利益的，债券持有人会议可以决议变更债券受托管理人。

债券受托管理人违反法律、行政法规或者债券持有人会议决议，损害债券持有人利益的，应当承担赔偿责任。

条文释义

本条也是《公司法》新增的债券受托管理人的信义义务和法律责任。

第十章

公司财务、会计

第二百零七条 公司应当依照法律、行政法规和国务院财政部门的规定建立本公司的财务、会计制度。

条文释义

本条是对公司建立财务、会计制度的规定。

公司财务、会计制度是指以货币为主要计量形式，对公司的整个财务活动和经营状况进行记账、算账、报账，为公司管理者和其他利害关系人定期提供公司财务信息而形成的制度。公司财务会计活动的基本内容是编制和提供公司财务经营信息。公司财务会计人员通过对公司生产经营活动中大量的、日常的业务数据进行记录、分类和汇总，定期编制和披露反映公司在一定期间内的经营成果和财务状况的报表，如资产负债表、损益表、现金流量表，为有关利益主体提供公司的财务经营信息。公司财务、会计制度的基本要求是通过会计凭证、账簿、报表等会计资料，系统、真实、准确、全面地反映公司资金运动信息。公司财务会计的服务对象主要是与公司有利害关系的所有人，包括股东、债权人、潜在投资者、潜在的交易对方、政府财税机关等。与公司有利益关系的各主体通过分析公司财务会计报表，了解公司的基本经营状况，以此作为他们进行投资、交易、监督、管理活动的重要决策依据。因此，公司的财务会计行为就不能单纯被公司管理者所左右，而是必须按照法律、行政法规和财政部门的要求编制。这样财务会计报表才能取信于公司外部人员。

依法建立规范化的公司财务、会计制度，保证财务会计信息的真实、准确、完整，是股东了解公司财产运营状况，监督公司董事、经理行使职权，保护自身利益的重要途径。公司应当依照《中华人民共和国会计法》（以下简称《会计法》）及有关的行政法规和国务院财政部门关于会计核算、会计监督、会计机构、会计人员以及会计工作管理的有关规定，建立公司的财务、会计制度。

关联案例

淄博某园林有限公司、尹某春股东知情权纠纷①

案情：

淄博某园林有限公司（以下简称某园林公司）系依法设立的有限责任公司，成立日期为 2014 年 11 月 11 日，尹某春为该公司的股东。2015 年董事会决议确定尹某春作为公司财务总监。2017 年案外人赵某提起股东资格确认诉讼，确认赵某持有公司 75% 股权，尹某春持有公司 25% 股权。公司的财务会计账簿均由尹某春制作和管理。尤其是到了 2017 年 3 月 23 号，赵某把 68% 股份委托尹某春代持，尹某春持有公司 93% 的股份，期间一直把持公司的财务，所有的财务会计资料均在其手中。淄博某园林有限公司自成立以来曾经对公司成立之前的投资要求做申报入账。但账务一直由尹某春掌管和负责，因此该部分账目在尹某春那里。从税务机关调出的公司纳税申报，也表明公司一直没有经营收入，一直沿用过去财务管理人尹某春的报税零申报办法，一直没有形成完整的财务会计报告及会计账册。尹某春于 2021 年 4 月 27 日通过邮政特快专递向某园林公司邮寄会计账簿查阅函。公司未给予明确答复。

评析：

本案为股东知情权纠纷，被上诉人尹某春是上诉人淄博某园林有限公司股东，依法享有股东知情权。第一，根据被上诉人提交的证据，其已履行了法律规定的前置程序，就查阅公司相关文件材料等事项向上诉人发出书面要求，上诉人未能履行向被上诉人提供相关文件材料以供查阅的义务，被上诉人提起本案诉讼，要求对 2014 年 12 月至 2021 年 5 月的财务会计报告及会计账簿行使股东知情权，于法有据。第二，上诉人某园林公司主张公司账簿和会计账目由被上诉人尹某春掌控，未能提供有效证据证实；其又主张公司一直没有经营收入，并未形成完整的财务会计报告及会计账册，故无法提供有效证据，根据原《公司法》第一百六十三条、一百六十五条规定②，上诉人作为有限责任公司，有义务依照上述法律规定，建立本公司的财务、会计制度。

第二百零八条　公司应当在每一会计年度终了时编制财务会计报告，并依法经会计师事务所审计。

财务会计报告应当依照法律、行政法规和国家统一的会计制度制作。

条文释义

本条是对公司编制年度财务会计报告的规定。

公司的财务会计报告是反映公司生产经营的成果和财务状况的总结性书面文件。它由公司的会计报表（或会计表册）构成。所谓会计报表，是以货币形式综合反映公司在一定时期内（即会计期间）生产经营活动和财务状况的书面报告文件。它根据公

---

① 审理法院为山东省淄博市中级人民法院，案号为（2022）鲁 03 民终 2368 号。

② 原《公司法》第一百六十四条为"公司应当依照法律、行政法规和国务院财政部门的规定建立本公司的财务、会计制度"，第一百六十五条为"有限责任公司应当依照公司章程规定的期限将财务会计报告送交各股东。股份有限公司的财务会计报告应当在召开股东大会年会的二十日前置备于本公司，供股东查阅"。

司会计账簿的记录，按照规定的格式、内容和方法编制而成，是会计信息的载体，是会计信息系统向外界输出财务信息的主要形式。其目的在于系统地、有重点地、简明扼要地反映公司的财务状况和经营成果，向公司经营者、股东、债权人、潜在投资者、潜在交易方和政府有关部门等会计报表使用人提供必要的财务资料和会计信息。公司的财务会计报告包括资产负债表、损益表、财务状况变动表等财务会计报表以及财务会计报表附属明细表、财务会计报表附注等内容。

我国会计年度采用公历年制，即从公历 1 月 1 日起至 12 月 31 日止。公司应在每一会计年度终了时制作财务会计报告。公司制作的财务会计报告必须由公司有关负责人签名或者盖章。公司制作财务会计报告，编制财务报表，应做到数字真实、计算准确、内容完整，前后各期信息应具有可比性，并应及时编报。公司的财务会计报告依照法律、行政法规的规定应当由会计师事务所审计的，公司还应当将其财务会计报告交由会计师事务所审计，由会计师事务所作为独立第三方，对公司的财务会计报告做出公正客观的评价。

关联案例

北京某食文化发展有限公司与聂某等合同纠纷①

案情：

2018 年 8 月 19 日孙某瑄投资聂某、北京某食文化发展有限公司（以下简称某食文化公司）在三里屯的店面。但聂某、某食文化公司与二房东北京某利至餐饮管理有限公司（以下简称某利至公司）2018 年 8 月 11 日所签订的店铺租赁合同，不仅与某盈中心本身租赁要求相违背（不许转租），而且严重侵害了孙某瑄的投资利益。三里屯店铺因为经营决策失误，房租过高等原因，导致一直赔本。从 2018 年 10 月正式开张营业到 2019 年 3 月最终闭店，聂某、某食文化公司未进行过一次分红。在孙某瑄的要求下，聂某、某食文化公司仅于 2019 年 2 月 21 日发过三个品牌的财务报表。后了解这是一份假账。合同中约定双方均需要按照合同约定日期进行出资，未出资方需要支付每日万分之三的违约金。而聂某、某食文化公司一直未按照合同约定进行出资。

评析：

孙某瑄和某食文化公司签订的两份投资合作协议，均是双方当事人的真实意思表示，内容不违反我国法律、行政法规的强制性规定，应属合法有效，双方当事人均应依约全面履行各自的权利义务。孙某瑄已依约投资 55 万元，某食文化公司亦应依约履行其合同义务。根据原《公司法》第一百六十三、一百六十四条规定②，三个门店以某食文化公司名义由某食文化公司进行运营管理，某食文化公司应依约制作符合有关法律规定的，能反映门店交易项目的会计账簿。对于三个门店的经营状况，某食文化公司负有举证责任。但是某食文化公司在经营三个门店期间，无会计，无独立的财务账簿，未制作财务会计报告，只有其内部员工所记流水账，某食文化公司提交的证据并

---

① 审理法院为北京市第三中级人民法院，案号为（2022）京 03 民终 2796 号。

② 原公司法第一百六十三条规定：公司应当依照法律、行政法规和国务院财政部门的规定建立本公司的财务、会计制度。第一百六十四条规定：公司应当在每一会计年度终了时编制财务会计报告，并依法经会计师事务所审计。财务会计报告应当依照法律、行政法规和国务院财政部门的规定制作。

不能反映三个门店的真实经营状况，不能证明三个门店的实际收入和支出情况，对此某食文化公司承担不利法律后果。

第二百零九条 有限责任公司应当按照公司章程规定的期限将财务会计报告送交各股东。

股份有限公司的财务会计报告应当在召开股东会年会的二十日前置备于本公司，供股东查阅；公开发行股票的股份有限公司应当公告其财务会计报告。

条文释义

本条是保障股东对公司年度财务会计报告知情权的规定。

股东作为公司的投资者，有权利了解公司的经营情况和经营成果，并依据公司的经营情况和经营成果做出正确的决策。让公司的股东了解作为反映公司的经营情况和经营成果的年度财务会计报告，是公司应尽的义务。

依照本条规定，有限责任公司应当将公司的年度财务会计报告直接送交公司的股东。股份有限公司的年度财务会计报告应当在股东会年会的二十日前置备于公司，让股东能在股东会年会前查阅。公开发行股票的股份有限公司的社会投资者是不特定的，为了让他们了解公司的经营情况和经营成果，公司应当向社会公布公司的年度财务会计报告。

关联案例

郭某军与通化市某源生产资料有限责任公司股东知情权纠纷①

案情：

通化市某源生产资料有限责任公司（以下简称某源公司）注册成立，郭某军为公司股东之一。2018 年 3 月 8 日，郭某军以股东知情权纠纷提起诉讼，一审法院于 2018 年 4 月 17 日作出判决"某源公司提供其公司 2002 年至 2018 年 3 月的财务账簿、财务会计报告，给予郭某军三天时间（依某源公司工作期间），在公司办公室查阅"。某源公司不服，提起上诉，二审改判为"某源公司提供其公司 2002 年至 2018 年 3 月的财务账簿、财务会计报告、会计原始记账凭证，给予郭某军三天时间（依某源公司工作期间），在公司办公室查阅"。2018 年 7 月 25 日，一审法院向双方当事人下达执行通知书，2019 年 8 月 6 日一审法院作出结案通知书，以郭某军拒绝查阅某源公司资料为由，终结执行程序。

评析：

原《公司法》第三十三条规定②股东对公司相关资料享有查阅、复制的权利，查

---

① 审理法院为吉林省高级人民法院，案号为（2021）吉民申 121 号。

② 《公司法》第三十三条规定："股东有权查阅、复制公司章程、股东会会议记录、董事会会议决议、监事会会议决议和财务会计报告。股东可以要求查阅公司会计账簿。股东要求查阅公司会计账簿的，应当向公司提出书面请求，说明目的。公司有合理根据认为股东查阅会计账簿有不正当目的，可能损害公司合法利益的，可以拒绝提供查阅，并应当自股东提出书面请求之日起十五日内书面答复股东并说明理由。公司拒绝提供查阅的，股东可以请求人民法院要求公司提供查阅。"

阅、复制权享有的主体为股东，公司负有提供相关资料的协助的义务，并没有代替股东复制的义务。第一百六十五条规定，有限责任公司应当依照公司章程规定的期限将财务会计报告送交各股东。该条规定的是公司向股东公示财务会计报告的义务，适用前提是公司章程对公司送交给各股东的期限作了规定，但郭某军并未提供证据证明公司章程对上述期限作出了规定，故其主张公司未履行报送财务会计报告的义务，无事实依据。

第二百一十条 公司分配当年税后利润时，应当提取利润的百分之十列入公司法定公积金。公司法定公积金累计额为公司注册资本的百分之五十以上的，可以不再提取。

公司的法定公积金不足以弥补以前年度亏损的，在依照前款规定提取法定公积金之前，应当先用当年利润弥补亏损。

公司从税后利润中提取法定公积金后，经股东会决议，还可以从税后利润中提取任意公积金。

公司弥补亏损和提取公积金后所余税后利润，有限责任公司按照股东实缴的出资比例分配利润，全体股东约定不按照出资比例分配利润的除外；股份有限公司按照股东所持有的股份比例分配利润，公司章程另有规定的除外。

公司持有的本公司股份不得分配利润。

条文释义

本条是对公司税后利润分配的规定。

公司的税后利润，是公司在一定时期内生产经营的财务成果，分为营业利润、投资收益和营业外收支净额。营业利润，是指核算期内营业收入减去营业成本和有关费用，再减去营业收入应负担的税收后的数额。投资收益，是指公司对外投资取得的利润、股利、利息等扣除发生的投资损失后的数额。营业外收支净额，是指与公司生产经营无直接关系的各项收入减去各项支出后的数额。营业外收入包括固定资产盘盈、处理固定资产收益、罚款净收入等。营业外支出包括固定资产盘亏、处理固定资产损失、各项滞纳金和罚款支出、非常损失、职工劳动保险费支出、法定补偿金等。公司的税后利润应当按照下列顺序分配：

（1）弥补公司的亏损。公司亏损是指在一个会计年度内，公司的赢利低于公司的全部成本、费用及其损失的总和。在公司存续期间内，公司应当经常保持与其资本相当的实有财产。当公司有利润时，应当首先用利润弥补公司的亏损，使公司资本得以维持。

（2）提取法定公积金。公司当年的税后利润在弥补亏损后，如果仍有剩余，应当提取百分之十列入法定公积金。公司的法定公积金累计金额达到公司注册资本的百分之五十后，可以不再提取。公司不得削减法定公积金的提取比例。

（3）提取任意公积金。公司除了提取法定公积金以外，可以根据公司的实际情况，在提取了法定公积金后，由股东会决定另外再从税后利润中提取一定的公积金。此部分是公司自行决定提取的，不是法律强制要求的，被称为任意公积金。任意公积金提取多少，由公司自行决定。

（4）支付普通股股利。公司税后利润在进行以上分配后，如仍有剩余，可以按确定的利润分配方案向公司的普通股股东支付股利。有限责任公司，除了全体股东另有约定的外，按照股东实际缴纳的出资比例分取红利；股份有限公司，除了公司章程另有规定的外，按照股东持有的股份比例分配。

此外，本条还规定有限责任公司一般按照股东实缴的出资比例分配利润，但是全体股东约定不按照出资比例分配利润的除外。而股份有限公司一般是按照股东所持有的股份比例分配利润，但是公司章程另有规定的除外。

而且公司持有的本公司股份不得分配利润。公司为提高员工的积极性，给员工分配股份。可以买回本公司的一些股票。在买回股票后至分配给员工之前有一个时间差，这段时间公司持有自己公司的股票。但是这部分股票不可以分配利润。因为公司的利润归投资人所有，如果公司分配了利润，就还要将公司分得的这部分利润分配给股票持有人，会导致循环往复。

关联案例

韩某强、河南某置业有限公司等公司决议效力确认纠纷①

案情：

河南某置业有限公司成立于 2011 年。河南某置业有限公司章程第六十四条规定：公司从税后利润提取法定公积金、公益金、设备折旧费、提取的比例分别按税后利润的提 10%、5% 和 12% 执行。第六十五条规定：公司依法缴纳所得税和提起各项积金后的利润，应先偿还贷款。还贷数字不得少于纯利润的百分之三十。然后按照各方入股资金比例进行分配，分配方案由董事会商定。第六十六条规定：公司每年分配利润一次，每个会计年度后三月内公布利润方案及各方应分利润额。第六十七条规定：公司上一会计年度亏损未弥补前不得分配利润。上一个会计年度未分配的利润可并入本年度利润分配。

评析：

河南某置业有限公司股东会决议及协议书证明：该股东会决议及协议书内容实质为分配公司利润，但是在分配利润前，公司未提取法定公积金、公益金以及弥补公司上一会计年度亏损，这违反了公司章程规定和法律规定，应为无效。本案中河南某置业有限公司认可案涉股东会决议中分配利润时，并未按律规定提取法定公积金，也未提供证据证明其已经缴清相关税费。故该利润分配方案不符合法律规定，涉及该分配方案的决议内容亦应属无效。关于被告河南某置业有限公司与原告韩某强，第三人郭某民、潘某华、郝某梅、孙某勤、张某侠签订的协议书效力问题，因该份协议书内容与被告河南某置业有限公司股东会决议内容相同，均是对公司利润的分配，其内容亦因违反相关法律规定应属无效。

第二百一十一条 公司违反本法规定向股东分配利润的，股东应当将违反规定分配的利润退还公司；给公司造成损失的，股东及负有责任的董事、监事、高级管理人员应当承担赔偿责任。

---

① 审理法院为河南省商丘市梁园区人民法院，案号为（2022）豫 1402 民初 5625 号。

本条是对公司违法向股东分配利润后相关人员要承担的责任的规定。

如果公司的股东会或者董事会违反本法规定，在公司弥补亏损和提取法定公积金之前向股东分配利润，股东必须将违反规定分配的利润退还公司。如果还给公司造成损失的，股东及负有责任的董事、监事、高级管理人员应当承担赔偿责任。此条新增规定了股东及负有责任的董事、监事、高级管理人员的赔偿责任，有利于督促各相关主体切实履行责任、降低违规分红的情况发生。

汉中市某小额贷款有限公司、杨某保公司决议效力确认纠纷①

案情：

原告杨某保是被告汉中市某小额贷款有限公司的股东，持有被告公司 11.11% 的股份。2017 年 1 月被告公司召开股东会，审议公司 2016 年度利润分配方案议案，在未对公司的经营及财务情况进行审计的情况下，股东会表决通过了这个方案，并做出股东会决议。

2017 年 3 月 27 日，根据汉中某有限责任会计师事务所出具的审计报告，被告公司 2016 年截至 12 月 31 日的未分配利润为 -44 706.01 元，公司处于亏损状态，2016 年度未依法提取法定公积金。原告认为，首先，被告在公司未提取法定公积金且没有利润可供分配的情况下，做出分配利润的股东会决议，其内容首先违反了《公司法》第一百六十六条第一款和第二款、第五款的规定。其次，在此种情形下公司分配给股东的所谓利润实际是公司的注册资本金，这种行为实际造成了公司注册资本金的减少，属于抽逃注册资本金的行为。其违反了《公司法》第三十五条，公司成立后，股东不得抽逃出资的规定。因此根据《公司法》第二十二条第一款公司股东会或者股东大会、董事会的决议内容违反法律、行政法规的无效之规定，被告关于 2016 年度利润分配方案的股东会决议违反法律规定而无效。据此，原告依据《民事诉讼法》的相关规定诉至法院，请求法院确认上述股东会决议无效。

评析：

汉中市某小额贷款有限公司承认杨某保在本案中主张的事实，故对杨某保主张的事实予以确认。但是，本案中，股东会审议的是"2016 年度预分配方案"，从"股东会决议"的内容和"2016 年度预分配方案"的内容看，没有违反法律、行政法规或者公司章程的情形；其次原、被告也未提交证据证明股东会召集程序、表决方式违反法律、行政法规或者公司章程；结合被告公司已将向股东支付的分红款作为借款挂账处理的事实。原告要求确认被告公司关于 2016 年度利润分红方案的股东会决议无效的诉请，不予支持。

---

① 审理法院为陕西省汉中市中级人民法院，案号为（2022）陕 07 民终 983 号。

第二百一十二条 股东会作出分配利润的决议的，董事会应当在股东会决议作出之日起六个月内进行分配。

条文释义

本条系新增规定，增加了公司分配利润的时限。吸纳了《公司法司法解释（五）》关于公司利润分配时限的规定，但并非照搬，《公司法司法解释（五）》规定公司作出分配利润的决议后分配利润的时间不能超过一年。而本条规定，除公司章程或者股东会决议另有规定外，股东会作出分配利润的决议的，董事会应当在股东会决议作出之日起六个月内进行分配。

第二百一十三条 公司以超过股票票面金额的发行价格发行股份所得的溢价款、发行无面额股所得股款未计入注册资本的金额以及国务院财政部门规定列入资本公积金的其他收入，应当列为公司资本公积金。

条文释义

本条是关于资本公积金的规定。

资本公积金是指直接由资本或资产等原因形成的公积金。依照本条规定，股份有限公司的股票超过票额发行所得净溢价额以及国务院财政部门规定列入公积金的收入，如接受捐赠的财产，资产评估确认的价值或者合同、协议约定的价值与原账面净值的差额以及资本汇率折算差额，都应当按照规定列入资本公积金。

关联案例

无锡某久光伏玻璃有限公司、河南某华新材料股份有限公司合同纠纷①

案情：

2010 年 2 月现河南某华新材料股份有限公司（以下简称河南某华公司）、某通公司、陈某平签订合资协议书，欲成立江苏某华公司。协议书第四条载明，公司注册资本为 500 万元，股东出资总额为 1 000 万元，河南某华公司占出资比例 58%。

河南某华公司分四次汇入公司账户共计 580 万元，但在公司章程中载明其出资额为 255 万元，验资报告中亦载明实收 255 万元，所占注册资本比例为 51%，可以说明其并未按照 580 万元的数额及比例享有股东权利；河南某华公司将 325 万元汇入无锡某久光伏玻璃有限公司（以下简称某久公司）账户后，某久公司将其记入账目的应付款科目中，说明双方对该款项性质最终认定为某久公司对河南某华公司所负债务。

经过权利转让及公司增资，李某仁将出资额增加为 322.2 万元，说明李某仁及某久公司同意仅将 325 万元款项中的 67.2 万元转变为增资从而作为公司资产，增资后验资报告中仍未提及剩余的款项，而某久公司所提供的河南某华公司的验资报告对超出注册资本的款项明确约定为资本公积金，故从某久公司的公司章程和验资报告中可以看出双方争议的款项并未被认定为资本公积金。同时，某久公司成立后连续四年的资

---

① 审理法院为河南省高级人民法院，案号为（2019）豫民再 877 号。

产负债表显示，公司的资本公积金项目数额一栏为空白，视为不存在资本公积金，印证了双方争议款项并未被作为公司资产对待的事实。

经过河南某华公司与李某仁之间的债权转让，现河南某华公司要求某久公司返还作为公司债务的 257.8 万元（580 万—322.2 万元）。

评析：

根据原《公司法》第一百六十七条、财政部《企业财务通则》第十七条①规定，本案原股东河南某华公司、现股东李某仁出资超过注册资本的差额出资 257.8 万元，应依法认定为该公司的资本公积金，计入该公司财务账目的"资本公积"科目。某久公司财务账目将上述差额出资计入"其他应付款""长期应付款"科目，不符合财务制度的规定。故李某仁依据审计报告中会计科目将该 257.8 万元记载为应付款，主张该款为某久公司对股东所负债务理由不能成立。

原《公司法》第三十五条明确规定，公司成立后，股东不得抽逃出资。本案中，股东李某仁对于该 257.8 万元出资可以向某久公司主张所有者权益，但不能抽回，或以债权的方式转让。李某仁将本属于资本公积金的 257.8 万元作为债权擅自转让给河南某华公司，系抽逃出资的行为，应为无效。故河南某华公司主张某久公司返还该 257.8 万元并承担相应利息无事实和法律依据。

第二百一十四条 公司的公积金用于弥补公司的亏损、扩大公司生产经营或者转为增加公司资本。

公积金弥补公司亏损，应当先使用任意公积金和法定公积金；仍不能弥补的，可以按照规定使用资本公积金。

法定公积金转为增加注册资本时，所留存的该项公积金不得少于转增前公司注册资本的百分之二十五。

条文释义

本条是对公司公积金使用的规定。

由于公司的公积金是按照特定的目的提留的，使用时应当做到专款专用。如果公积金的使用违背提取目的，不仅将很难发挥应有的作用，并且会损害公司的股东或者债权人的利益。依照本条规定，公司公积金应当使用于以下几个方面：

（1）弥补公司的亏损。公司在生产或者经营过程中，有时赢利，有时亏损。如果公司赢利时完全分光，当公司出现暂时的亏损时会减少公司的资本，公司将很难发展。有了公积金作为储备金，当公司亏损时不仅可以弥补资本的亏空，而且还可以动用一部分作为红利进行分配，使公司在保持原有经营规模或者在相对稳定的情况下调整经营政策，尽快地扭亏为盈。公积金弥补亏损实际上起到了维护公司信誉和抗御经营风险的作用。公司应当首先动用公司的法定公积金弥补公司的亏损，当公司的法定公积

---

① 原《公司法》第一百六十七条规定："股份有限公司以超过股票票面金额的发行价格发行股份所得溢价款以及国务院财政部门规定列入资本公积金的其他收入，应当列为公司资本公积金。"财政部《企业财务通则》第十七条规定："对投资者实际缴付的出资超过注册资本的差额，企业应当作为资本公积管理。"

金不足以弥补时，用当年的利润弥补，当年的利润仍不足以弥补时，可以用公司的任意公积金弥补。

（2）扩大公司生产经营。公司在发展过程中扩大生产经营规模、增强公司的实力，这需要增加投入。如果公司对外募集扩大公司生产经营规模的资金，则手续复杂，成本较高。如果公司用公司的公积金来扩大公司的生产或者经营规模，则手续简单，成本也较低。

（3）增加公司的资本。增加公司的资本是指增加公司的注册资本。将公司的公积金用来增加公司的资本，有利于公司的发展和壮大。将公积金增加为公司的资本，实际上是增加股东的投资，对有限责任公司是按每个股东的出资比例增加其出资额；对股份有限公司，则按股东所持股份比例来增加其出资额，一种是增加公司的股份数，另一种是不改变公司的股份数，增加股份面值。

原《公司法》第一百六十九条规定资本公积金不得用于弥补公司的亏损。但是新《公司法》修订后改为，有条件地允许资本公积金弥补公司亏损。也就是本条规定的："公积金弥补公司亏损，应当先使用任意公积金和法定公积金；仍不能弥补的，可以按照规定使用资本公积金。"

资本公积金是企业非经营原因产生的资产增值，是非收益转化而形成的所有者权益，包括资本溢价（或股本溢价）、法定财产重估增值、接受捐赠、债务豁免、资本汇率折算差额及其他类型的资本公积金，资本公积金可以用来转增股本。我国早期公司法并未禁止资本公积金弥补亏损，2005年公司法修订后明确禁止资本公积金弥补亏损，现时修订草案又有条件地允许资本公积金弥补亏损，有回头的迹象。从国家在这个问题上的摇摆也可以看出这个问题的两面性或复杂性，允许资本公积金弥补公司亏损，既可能有消极的一面，也存在一些现实的需求。

证监会在《公司法》未禁止使用资本公积金弥补亏损前，曾规定公司当年对累计亏损的弥补，应按照任意盈余公积、法定盈余公积的顺序依次弥补，公司采用上述方式仍不足以弥补累计亏损的，可通过资本公积中的股本溢价、接受现金捐赠、拨款转入及其他资本公积明细科目部分加以弥补。在《公司法》修订并禁止使用资本公积金弥补亏损后，证监会随即废止了这一规定，以保持与新《公司法》一致。

弥补亏损通常是在利润分配环节进行的，法定公积金和任意公积金都是从公司的税后利润中提取的，属于留存收益，使用法定公积金和任意公积金弥补公司亏损是应有之举。但资本公积金不是由公司实现的利润转化而来，"无盈利不分配"是利润分配的一项普遍规则，资本公积不得用于分配股利，用资本公积弥补亏损为公司日后分配利润创造了条件，容易成为公司进行财务操纵的工具。但是商业现实又是多种多样的，资本公积的来源也是多种多样的，某些情形下又会存在使用资本公积弥补亏损的合理需要，比如公司存在累积巨额亏损和巨额资本公积，在公司进行重组引入新投资人时如完全禁止资本公积弥补亏损，则公司在完成重组后续多年扭亏为盈的情况下由于前期的亏损仍无法进行任何利润分配，这或许不是一个合理的现象，反过来会阻碍公司的重组，不利于市场的健康发展；又比如股本溢价、接受捐赠所得、债务豁免所形成的资本公积，从其性质上讲存在使用其弥补亏损的合理性；另外，有些公司利用资本公积金转增股本后，再减资弥补亏损，以寻求避开《公司法》关于资本公积补亏的禁令。所以一概禁止资本公积金用于弥补亏损可能并非最佳的法律选项，此次修订草案有条件地允许使用资本公积金弥补亏损可以说是回应了商业现实中的一些需求。

从新《公司法》的行文来看，"仍不能弥补的，可以按照规定使用资本公积金"，本条如正式通过，预计国家会出台相应规范文件对使用资本公积金弥补亏损加以规制。当然，如果允许使用资本公积弥补亏损，也应当对此加以监管和规制。

同时，为保证公司有一定数量的法定公积金用于弥补公司的亏损等，本条对将公司法定公积金用于增加公司的资本数量做出了限制，规定将法定公积金转为增加注册资本时，所留存的该项公积金不得少于转为资本前公司注册资本的百分之二十五。

第二百一十五条 公司聘用、解聘承办公司审计业务的会计师事务所，按照公司章程的规定，由股东会、董事会或者监事会决定。

公司股东会、董事会或者监事会就解聘会计师事务所进行表决时，应当允许会计师事务所陈述意见。

条文释义

本条是对公司聘用、解聘会计师事务所的规定。

原《公司法》的表述为"股东会、股东大会或者董事会决定"，新《公司法》的变化是取消了"股东大会"的表述，增加了监事会在此事项中的决定权。依照本条规定，公司聘用或解聘承办公司审计业务的会计师事务所，应当依照公司章程的规定，由股东会、董事会或者监事会决定。

公司经理或其他高级管理人员不得自行决定聘用或者解雇承办公司审计业务的会计师事务所。公司为明确此项决定权由哪个机构行使，应当在章程中对此做出规定。本条规定只适用于承办公司审计业务，即接受公司委托，对公司的财务会计报告进行独立审计，出具审计意见的会计师事务所。不适用于仅为公司提供会计咨询业务的会计师事务所。为了保证会计师事务所独立、客观、公正地进行审计，防止公司随便解聘会计师事务所，本条规定，在公司股东会、董事会或者监事会就解聘会计师事务所进行表决时，应当允许会计师事务所陈述自己的意见。

关联案例

刘某阳、长沙某绒纺织品有限公司民间借贷纠纷[1]

案情：

李某是长沙某绒纺织品有限公司（以下简称某绒公司）的法定代表人和实际控制人，湖南某程有限责任会计师事务所出具《审计报告》，某绒公司应付债权人李某应付款余额为 1 908 607.8 元。为证实《审计报告》中应付款项 1 908 607.8 元的构成，李某提供了一些证据，2013 年 2 月 5 日，黄某根在抬头为"代付款"的书面材料上签字，确认收到君某德公司代某绒公司支付莫某文利息 29 500 元；2014 年 1 月 27 日，黄某根在抬头为"代付款"的书面材料上签字，确认收到君某德公司代某绒公司支付莫某文

---

[1] 审理法院为湖南省高级人民法院，案号为（2019）湘民申 5108 号。

利息 24 000 元。2012 年 8 月 25 日《借支单》一张，内容载明某绒公司向君某德公司借款 5 万元用于发放工资；2012 年 8 月 27 日《借支单》一张，内容载明某绒公司向君某德公司借款 1 万元现金，"附证件"栏备注"9.1 已还"。上述两张《借支单》均只有李某签字，没有加盖某绒公司的公章。查明君某德公司的法定代表人系刘某阳，刘某阳与李某系夫妻关系。

评析：

再审申请人刘某阳主张案涉《审计报告》可以作为证明李某对某绒公司享有债权的专业鉴定依据，该《审计报告》虽是以某绒公司名义委托进行的审计，但李某当时是某绒公司的法定代表人和实际控制人，无法排除李某利用其特殊的优势地位以某绒公司的名义委托相应机构作出对其有利的审计报告，同时，依据原《公司法》第一百六十九条①之规定，再审申请人在原审中亦未提交证据证明案涉《审计报告》通过了某绒公司股东会的同意，故案涉《审计报告》不符合证据的高度概然性，其鉴定程序和内容不符合法律规定，不具有单独证明再审申请人债权的证明力，再审申请人主张以案涉《审计报告》作为证明李某对某绒公司享有债权的专业鉴定依据缺乏事实和法律依据，不予支持。

第二百一十六条 公司应当向聘用的会计师事务所提供真实、完整的会计凭证、会计账簿、财务会计报告及其他会计资料，不得拒绝、隐匿、谎报。

条文释义

本条是对公司向会计师事务所提供会计资料应当履行一定义务的规定。

会计师事务所对公司的财务进行审计，并做出审计报告，需要公司提供真实、准确、完整的会计凭证、会计账簿、财务会计报告及其他会计资料。所谓真实，是指会计凭证、会计账簿、财务会计报告及其他会计资料反映了实际情况，没有弄虚作假；所谓准确，是指会计凭证、会计账簿、财务会计报告及其他会计资料的数据应当与实际情况相符或者是合乎逻辑的推测；所谓完整，是指会计凭证、会计账簿、财务会计报告及其他会计资料没有遗漏。如果公司提供的会计资料不真实、不准确、不完整，将影响会计师事务所审计报告的公正性和客观性。为了保证会计师事务所能获得真实、正确、完整的会计资料，本条规定公司向会计师事务所提供会计凭证、会计账簿、财务会计报告及其他会计资料不得拒绝、隐匿、谎报。所谓拒绝，是指拒不提供全部或部分会计凭证、会计账簿、财务会计报告及其他会计资料；所谓隐匿，是指藏而不报；所谓谎报，是指以假充真、真账假做或假账真做。公司违反本条规定的义务，要受到相应的处罚。

原《公司法》规定有限责任公司的股东可以查阅公司会计账簿，没有规定股东可以查阅会计凭证，是个法律漏洞。实务中，原告股东提起行使知情权的诉讼，除了会

---

① 原《公司法》第一百六十九条规定："公司聘用、解聘承办公司审计业务的会计师事务所，依照公司章程的规定，由股东会、股东大会或者董事会决定。公司股东会、股东大会或者董事会就解聘会计师事务所进行表决时，应当允许会计师事务所陈述意见。"

提起查阅公司会计账簿的诉讼请求，往往会一并提起查阅会计凭证的诉讼请求。问题是，股东有没有权利查阅会计凭证，司法实践中并没有一个统一的处理口径，有的法院认为法律没有规定股东可以查阅会计凭证而予以驳回，有的法院则以会计凭证是登记会计账簿并加以验证的依据而予以支持，其中支持查阅会计凭证已经成为主流的司法裁判观点。新《公司法》将原《公司法》的该项漏洞填补上了，规定有限责任公司的股东可以查阅会计凭证。

关联案例 |————————————————————————

北京某安某兴科技开发有限责任公司与陈某股东知情权纠纷①

案情：

北京某安某兴科技开发有限责任公司（以下简称某安公司）成立于1999年6月30日，公司类型为其他有限责任公司，现法定代表人为潘某凤，现注册资本1 000万元，现投资人为潘某凤、陈某、刘某，出资额分别为潘某凤482.8万元、刘某387.9万元、陈某129.3万元。陈某起诉请求之一为，判令某安公司提供自2000年至2019年的会计账簿（包括总账、明细账、日记账和其他辅助性账簿）和会计凭证（包括记账凭证、银行流水、相关原始凭证及作为原始凭证附件入账备查的其他相关资料）置于其经营场所供陈某及其委托的律师、会计师查阅，查阅时间为十五个工作日。

评析：

原《公司法》第一百七十条可知会计凭证与会计账簿系并列关系。《会计法》第九条第一款规定：各单位必须根据实际发生的经济业务事项进行会计核算，填制会计凭证，登记会计账簿，编制财务会计报告；第十三条第一款规定：会计凭证、会计账簿、财务会计报告和其他会计资料，必须符合国家统一的会计制度的规定。据此，会计账簿与会计凭证、财务会计报告在会计法上系不同的财务文件资料，不存在包含关系。因此，在无某安公司章程另行规定的情况下，根据前述股东有权查阅公司财务资料的法定范围，股东无权查阅会计凭证。故，陈某该诉讼请求缺乏事实与法律依据，一审法院不予支持。

但是根据新公司法的规定，有限责任公司的股东可以查阅会计凭证，该案子的判决就会有所不同了。

第二百一十七条 公司除法定的会计账簿外，不得另立会计账簿。

对公司资金，不得以任何个人名义开立账户存储。

条文释义 |————————————————————————

本条是对公司会计账簿设立和账户开立的禁止性规定。

会计账簿是指记载和反映公司财产状况和营业状况的各种账簿、文书的总称。在法定会计账簿之外另立会计账簿，就是私设会计账簿。具体来讲，就是在法定的会计账簿、文书之外另设一套或者多套会计账簿、文书，将一项经济业务的核算在不同的

————————————

① 审理法院为北京市第二中级人民法院，案号为（2021）京02民终4465号。

会计账簿、文书之间采取种种手段做出不同的反映，或者将一项经济业务不通过法定的会计账簿、文书予以反映，而是通过另设的会计账簿、文书进行核算。会计账簿不仅是公司管理者准确掌握经营情况的重要手段，也是股东、债权人和社会公众了解公司财产和经营状况的主要途径，在国家税收管理和诉讼程序中还是决定税额的主要依据和重要的诉讼证据。私自设立会计账簿，不仅会损害公司的股东、债权人和社会公众的利益，还会损害国家的利益，是一种严重的违法行为。会计法明确规定，各单位发生的各项经济业务事项应当在依法设置的会计账簿、文书上统一登记、核算，不得违反会计法及国家统一会计制度的规定私设会计账簿、文书登记、核算。

将公司财产以个人名义存储于银行，不仅逃避了有关机关对公司经济往来的监管，也给一些人侵吞公司财产提供了机会。为了维护国家经济管理秩序，保证公司财产、股东权益和债权人利益不受侵害，本条明确规定禁止将公司资金以任何个人名义开立账户存储。

关联案例

徐某洲、陈某明等损害公司利益责任纠纷①

案情：

某雄汽车修配厂是于1994年设立的股份制合作企业，2020年经工商主管部门核准变更登记，登记股东为乐某东、胡某雄、陈某明、舒某、徐某洲；经理为徐某洲，法定代表人为乐某东，监事为胡某雄。

陈某明表示，2020年5月份，徐某洲以某雄汽车修配厂名义开单接待某雄汽车修配厂客户并私自收取客户的维修费。2020年5月7日进厂维修的鄂K车，徐某洲收取客户维修费1 870元。徐某洲作为股东兼经理，私自收取的客户维修款，尤其是在2020年5月8日股东会决议被罢免经理职务后，仍继续私自收取的客户维修款，明显违反了某雄汽车修配厂修车收款规定。

评析：

某雄汽车修配厂是股份制合作企业，具有法人资格，依法应当有独立的法人财产并享有法人财产权。但从该厂历年来的经营、交易模式以及起诉至一审法院的多起诉讼纠纷来看，该厂并未依法、依规建立相应健全、完整的财务会计制度，会计账簿设立不规范，财务管理混乱，存在以股东个人名义开立账户存储、收支公款从而导致股东个人财产和公司财产不分的情形。因此，对本案利益纠纷的引起，该厂的全体股东，均应当负有过错责任。

---

① 审理法院为广东省广州市中级人民法院，案号为（2021）粤01民终19312号。

第十一章 | 公司合并、分立、增资、减资

第二百一十八条 公司合并可以采取吸收合并或者新设合并。

一个公司吸收其他公司为吸收合并，被吸收的公司解散。两个以上公司合并设立一个新的公司为新设合并，合并各方解散。

条文释义

本条是关于公司合并方式的规定。

公司合并是指两个或者两个以上的公司通过订立合并协议，根据《公司法》等有关法律的规定，合并为一个公司的法律行为。公司的合并具有以下一些特点：

（1）公司的合并是两个或两个以上的公司合成为一个公司，是两个或两个以上的公司之间以订立合并协议的形式产生的。

（2）公司的合并必须依法定程序进行。公司的合并一般是公司之间自由的合并，但这种自由的前提必须是遵守法律，有些公司的合并还要经过有关部门的批准。

（3）公司合并是一种法律行为。公司合并属一种合同行为，作为合同行为来说，首先是合同各方达成协议；其次这种协议必须是依法订立的，否则这种行为无效。

公司合并的形式是指公司合并过程中合并各方以什么形式并为一个公司。根据本条的规定，公司合并可以采取以下两种形式：

（1）吸收合并。吸收合并又称存续合并，它是指两个或者两个以上的公司合并时，其中一个或者一个以上的公司并入另一个公司的法律行为。接受被合并公司的公司，应当于公司合并以后到公司登记机关办理变更登记手续，继续享有法人地位；被兼并的公司法人资格消灭，成为另一个公司的组成部分，应当宣告停业，并到公司登记机关办理注销手续。如果合并的几个公司强弱悬殊，一般会采取吸收合并的方式，由实力强大的公司吸收另一个或几个公司。

（2）新设合并。新设合并是指两个或者两个以上的公司组合成为一个新公司的法律行为。这种合并是以原来所有公司的法人资格消灭为前提的。以这种形式进行合并以后，原公司应当到公司登记机关办理注销登记手续。新设立的公司应当到公司登记

机关办理设立登记手续，取得法人资格。当然，新设立的公司应当符合公司法规定的设立公司的条件。当两个或者多个地位大致相同的公司同时存在，并且任何一个公司都不愿意被并入另一个公司时，新设合并就是比较可取的方式。

第二百一十九条 公司与其持股超过百分之九十的公司合并，被合并的公司不需经股东会决议，但应当通知其他股东，其他股东有权请求公司按照合理的价格收购其股权或者股份。

公司合并支付的价款不超过本公司净资产百分之十的，可以不经股东会决议；但是，公司章程另有规定的除外。

公司依照前两款规定合并不经股东会决议的，应当经董事会决议。

条文释义

本条新增简易合并制度和小规模合并制度，是新增的关于公司合并可以不经过股东会决议的法定情形。增加本条规定的原意是为了提高公司合并效率，但也有人认为这样的规定可能导致表决权差异下的前后逻辑冲突。

第二百二十条 公司合并，应当由合并各方签订合并协议，并编制资产负债表及财产清单。公司应当自作出合并决议之日起十日内通知债权人，并于三十日内在报纸上或者国家企业信用信息公示系统公告。债权人自接到通知之日起三十日内，未接到通知的自公告之日起四十五日内，可以要求公司清偿债务或者提供相应的担保。

条文释义

本条是关于公司合并程序和债权人异议权的规定，新增公司合并时通过国家企业信用信息公示系统向债权人公告的方式。

新《公司法》在公司合并、分立、减资、清算组通知债权人的公示方式上都增加了国家企业信用信息公示系统。公司合并涉及公司、股东和债权人等相关人的利益，应当依法进行。根据本条和本法其他条文的规定，公司合并的程序通常如下：

（1）签订公司合并协议。公司合并协议是指由两个或者两个以上的公司就公司合并的有关事项订立的书面协议。协议的内容应当载明法律、行政法规规定的事项和双方当事人约定的事项，一般来说应当包括以下内容：①公司的名称与住所。这里所讲公司的名称和住所包括合并前的各公司的名称与住所和合并后存续公司或者新设公司的名称与住所。公司名称应当与公司登记时的名称相一致，并且该名称应当是公司的全称；公司的住所应当是公司的实际住所。②存续或者新设公司因合并而发行的股份总数、种类和数量或者投资总额以及每个出资人所占投资总额的比例等。③合并各方现有的资本及对现有资本的处理方法。④合并各方所有的债权、债务的处理方法。⑤存续公司的公司章程是否变更、公司章程变更后的内容、新设公司的章程如何订立及其主要内容。⑥公司合并各方认为应当载明的其他事项。

（2）编制资产负债表和财产清单。资产负债表是反映公司资产及负债状况、股东权益的公司主要的会计报表。资产负债表是合并中必须编制的报表。合并各方应当真实、全面地编制此表，以反映公司的财产情况。解散的公司不得隐瞒公司的债权债务。公司还要编制财产清单，清晰地反映公司的财产状况。财产清单应当翔实、准确。

（3）合并决议的形成。公司合并应当在公司股东会做出合并决议后方能进行其他工作。公司合并会影响到股东利益，如股权结构的变化。

（4）向债权人通知和公告。公司应当自做出合并决议之日起十日内通知债权人，并于三十日内在报纸上或者国家信用信息公示系统公告。一般来说，对所有的已知债权人应当采用通知的方式告知，只有对那些未知的或者不能通过普通的通知方式告知的债权人才可以采取公告的方式。通知和公告的目的主要是告知公司债权人，以便让他们决定对公司的合并是否提出异议，此外，公告也可以起到通知未参加股东会的股东的作用。

（5）合并登记。合并登记分为解散登记和变更登记。公司合并以后，解散的公司应当到工商登记机关办理注销登记手续；存续公司应当到登记机关办理变更登记手续；新成立的公司应当到登记机关办理设立登记手续。公司合并只有进行登记后，才能得到法律上的承认。

本条还规定了公司债权人的异议权。公司合并会影响债权人的利益，如果是强强联合，会使得作为债权人债权总体担保的范围扩大，对债权人影响不大；如果是业绩一好一坏的公司合并时，原业绩好的公司的债权人可能会受到负面影响。根据本条规定，公司合并应当向债权人进行通知和公告。债权人自接到通知书之日起三十日内，未接到通知书的自公告之日起四十五日内，可以要求公司清偿债务或者提供相应的担保。如果公司债权人在法定的时间内不能提出异议，则可视为对公司合并的默认，对自己债务人更换的默认。

关联案例

刘某与北京市某商电力开发公司清算责任纠纷[①]

案情：

乙方刘某和甲方某彩公司签订劳务合同，就某建公司 200KVA 柱上变压器新装工程劳务合作一事达成一致。刘某提供加盖某彩公司公章的情况说明一份，其上记载"刘某某建公司工程中所承揽项目均已完工，由于该工程结算资金尚未到账，对于刘某按合同应该获得的工程款 108 000 元，本公司承诺在 2013 年 7 月 15 日前一次性以现金方式结清。"2012 年某彩公司的股东变更为华光公司（持股100%，）。2016 年甲方北京市某商电力开发公司（以下简称某商公司）与乙方某光公司签订《吸收合并协议》，2016 年 6 月 23 日，某光公司职工代表大会作出决议，同意某商公司吸收合并某光公司，吸收合并后，某商公司续存，某光公司注销；某光公司各项债权债务全部上缴某商公司承继；同意某光公司清算结果。2016 年 6 月 30 日，某光公司注销。"

评析：

法院确认刘某享有对某彩公司 108 000 元的债权，刘某系某彩公司的已知债权人。某光公司系某彩公司的唯一股东和清算组成员，某光公司又于 2016 年由某商公司吸收

[①] 审理法院为北京市平谷区人民法院，案号为（2022）京 0117 民初 1332 号。

合并，本案现有证据未能证明某彩公司清算注销过程中有通知刘某申报债权，亦未能证明在某商公司吸收合并某光公司过程中有通知刘某申报债权。综上，某光公司未依法履行通知义务，导致刘某未能及时申报债权，对其债权损失应予赔偿。现某光公司已注销，某商公司作为某光公司的吸收合并方和债权债务承继人，应承担相应的赔偿责任。

第二百二十一条 公司合并时，合并各方的债权、债务，应当由合并后存续的公司或者新设的公司承继。

条文释义

本条是关于公司合并前各方的债权、债务承继的规定。

债权、债务的承继，是指合并后存续的公司或者新设立的公司，必须无条件地接受因合并而消灭的公司对外债权与债务。公司进行生产经营，不可避免地会对外产生债权债务，而公司合并后，至少有一个公司丧失法人人格，而且存续的或者新设立的公司也与以前的公司不同，对于公司合并前的债权债务，必须要有人承继。根据主体的承继性原则，公司合并时，合并各方的债权、债务，应当由合并后存续的公司或者新设的公司承继。根据本条规定，合并后的公司有权对原来公司的债权进行清理并予以收取，同时必须接受原来公司的债务，有义务对债权人进行清偿。

关联案例

从前述刘某与北京市某商电力开发公司清算责任纠纷案中可以体现出本法条，某光公司已注销，某商公司作为某光公司的吸收合并方和债权债务承继人，应承担相应的赔偿责任。

第二百二十二条 公司分立，其财产作相应的分割。

公司分立，应当编制资产负债表及财产清单。公司应当自作出分立决议之日起十日内通知债权人，并于三十日内在报纸上或者国家企业信用信息公示系统公告。

条文释义

本条是关于公司分立财产分割和分立程序的规定。

公司分立是指一个公司依据法律、法规的规定，分成两个或者两个以上的公司的法律行为。公司分立具有以下特点：

（1）公司分立是公司本身的行为。公司本身的行为是指公司分立由公司的投资人来决定，不需要与任何第三人协商，只须由公司的股东会决定，做出分立决议即可。

（2）公司分立是依法进行的法律行为。公司分立要依照公司法及有关法律、法规的规定进行。否则，其分立无效。

（3）公司分立是公司变更的一种特殊形式。公司分立并不是公司的完全解体，公司分立后，有的是原来公司解散而成立新的公司，即所谓解散分立；有的是原有的公司分出一部分成立新的公司，原有的公司仍然存续，即所谓存续分立。

（4）依法分立的公司，各为独立的法人。

公司分立，其财产做相应的分割。公司分立时，应当就财产的分割问题达成一致协议。本条只规定了财产要做相应的分割，至于实践中具体如何做到"相应分割"，本法没有做明确的规定。这个问题主要由股东会讨论，通过分立决议，然后由分立各方就财产问题按照平等自愿的原则达成协议。需要说明的是，这里所说的"财产"是指广义的财产，既包括积极财产如债权，也包括消极财产如债务；既包括有形财产如设备，也包括无形财产如商誉。

公司分立的程序和公司合并的程序基本相同，应当编制资产负债表及财产清单，公司应当自做出分立决议之日起十日内通知债权人，并于三十日内在报纸上或者国家企业信用信息公示系统公告。

关联案例

某华公司、某源公司等与某厦公司债权债务概括转移合同纠纷①

案情：

2015年11月6日，某远公司股东许某、许某和、赵某召开股东会，决定对某远公司采取存续分立的方式，成立某源公司、国某公司、某源公司、某云公司、康某公司，并对资产及债务进行分割，某远公司的注册资本金从499万元减至274万元。同日，某远公司通过章程修正案，并在现代快报上刊登了分立公告及减资公告，但该分立情况未书面通知某厦公司（某厦公司作为某远公司唯一的债权人）。五上诉人以某厦公司与某远公司于2016年4月25日在执行中达成"调解协议"以及执行案卷中"某远公司分立公告""某远公司减资公告"的截图复印件和谈话笔录主张某厦公司在当时已知晓某远公司的分立，但对此某厦公司予以否认。2020年5月6日，某厦公司诉至一审法院，要求五上诉人对某远公司债务承担连带责任。

评析：

原《中华人民共和国公司法》第一百七十五条规定，公司应当自作出分立决议之日起十日内通知债权人。五上诉人应当举证证明某远公司已经依法就公司分立通知了债权人某厦公司，某厦公司对某远公司的分立情况知晓，但五上诉人未能提供充分证据证明某远公司履行了上述法定通知义务。《中华人民共和国民事诉讼法》第六十三条规定，企业法人分立的，因分立前的民事活动发生的纠纷，以分立后的企业为共同诉讼人。本案某远公司就公司分立未能依法通知某厦公司，某厦公司对某远公司分立五上诉人不知晓，故某厦公司在提起（2016）苏0982民初4293号案件时未能在该案中追加五上诉人为被告。某厦公司并未书面放弃对五上诉人的权利，在某厦公司知晓某远公司存在分立五上诉人的事实后，某厦公司提起本案诉讼要求五上诉人承担责任并无不当。

第二百二十三条 公司分立前的债务由分立后的公司承担连带责任。但是，公司在分立前与债权人就债务清偿达成的书面协议另有约定的除外。

---

① 审理法院为江苏省盐城市中级人民法院，案号为（2021）苏09民终992号。

条文释义

本条是关于公司分立前公司债务承担问题的规定。

公司分立一般会影响全体债权人的利益。这是因为：首先，公司分立会导致公司资产减少。其次，无论是解散分立还是存续分立，分立的公司原则上都可以自由决定如何分配公司财产，包括债权债务的分割。因此，分立的公司完全有可能单方面把债务分割给一个并不拥有与债务等值财产的公司。考虑到对债权人利益的保护，各国均对公司分立前债务的承担问题做了规定，例如德国规定，参与分立的公司对公司分立前的债务承担共同债务人责任，在分立合同中明确规定承揽债务的公司，为主债务人，对该债务承担无限清偿责任，没有分给债务的企业责任的期限为五年。

为了更好地保护债权人的利益，同时又不至于因保护债权人的利益而剥夺公司分立行为的自由，修订草案规定，公司分立前的债务由分立后的公司承担连带责任。但是，公司在分立前与债权人就债务清偿达成的书面协议另有约定的除外。

根据本条规定，分立后的公司对分立前的公司债务承担无限连带责任，债权人可以在诉讼时效内向任一公司主张权利，请求偿还债务，可以说法律对债权人的利益做了充分的保护。同时，根据意思自治原则，只要债权人同意，并与公司在分立前就债务清偿达成书面协议，可以免除其他分立后的公司的清偿责任，债权人一旦与分立的公司签订还债协议，就只能按照协议的约定来行使权利，其他分立后的公司不再承担责任。

关联案例

建行某北市分行、安徽省某德药业有限公司等金融借款合同纠纷①

案情：

2020 年 3 月 3 日安徽省某德药业有限公司（以下简称某德公司）因分立而存续，法定代表人为闫某光。2020 年 4 月 1 日分立成立某纬公司，法定代表人为闫某光。2019 年 3 月 18 日，安徽省某德药业有限公司（借款人，甲方）与原告建行某北市分行（贷款人，乙方）签订《人民币额度借款最高额抵押合同》。2020 年 3 月 24 日，某德公司（借款人，甲方）与建行某北市分行（贷款人，乙方）签订《人民币额度借款合同》。某纬公司提供的股东会决议、存续分立决议显示，某德公司存续分立前后与新设立的某纬公司股东均为本案被告闫某光、免某恒，且分立后的某德公司、某纬公司的法定代表人均为闫某光。

评析：

原《中华人民共和国公司法》第一百七十六条规定，公司分立前的债务由分立后的公司承担连带责任。本案中，某纬公司 2020 年 4 月 1 日因分立完成登记注册，某纬公司的成立日期应为 2020 年 4 月 1 日，案涉《人民币额度借款最高额抵押合同》《人民币额度借款合同》均签订于某纬公司注册成立前，且某德公司亦未提供证据证明其分立前已经通知并征得建行某北市分行的书面同意。另根据某纬公司提供的存续分立决

---

① 审理法院为安徽省淮北市杜集区人民法院，案号为（2021）皖 0602 民初 790 号。

议显示，某德公司存续分立前后与新设立的某纬公司股东均为本案被告闫某光、免某恒，且分立后的某德公司、某纬公司的法定代表人均为闫某光。综上，某纬公司应对案涉借款承担连带还款责任。

第二百二十四条 公司减少注册资本，应当编制资产负债表及财产清单。

公司应当自股东会作出减少注册资本决议之日起十日内通知债权人，并于三十日内在报纸上或者国家企业信用信息公示系统公告。债权人自接到通知之日起三十日内，未接到通知的自公告之日起四十五日内，有权要求公司清偿债务或者提供相应的担保。

公司减少注册资本，应当按照股东出资或者持有股份的比例相应减少出资额或者股份，法律另有规定、有限责任公司全体股东另有约定或者股份有限公司章程另有规定的除外。

条文释义

本条是关于公司减少注册资本的规定。

公司注册资本减少是指公司依法对已经注册的资本通过一定的程序进行削减的法律行为，简称减资。减资依公司净资产流出与否，分为实质性减资和形式性减资。实质性减资是指减少注册资本的同时，将一定金额返还给股东，从而也减少了净资产的减资形式，其实际上使股东优先于债权人获得了保护。形式性减资是指只减少注册资本额，注销部分股份，不将公司净资产流出的减资形式，这种减资形式不产生资金的流动，往往是亏损企业的行为，旨在使公司的注册资本与净资产水准接近。减资虽然可能危及社会交易安全，但是却有其合理性：一方面，公司运营过程中可能存在预定资本过多的情况，从而造成资本过剩。闲置过多的资本显然有悖于效率的原则，因此，如果允许减少注册资本，投资者就有机会将有限的资源转入生产更多利润的领域，从而能够避免资源的浪费，这是实质性减资的合理性所在。另一方面，公司的营业可能出现严重亏损，公司资本已经不能真实反映公司的实际资产，公司注销部分股份，而不返还股东，由股东承担公司的亏损，使得公司的注册资本与净资产水准相符，有利于昭示公司的真正信用状况，反而有利于交易的安全，这是形式减资的合理性所在。

对于注册资本的减少，原则上来说是不允许的，尤其是实行法定资本制的国家，资本维持原则一般不允许减少注册资本，但也不是说绝对地禁止。世界上大多数国家对减少注册资本采取认可的态度，只是要求比较严格，限制性的规定较多。根据本条规定，公司减少注册资本有以下几个程序：

（1）编制资产负债表和财产清单。公司减资无论是对公司股东还是公司债权人，影响都很大，本法赋予了股东和债权人在公司减资过程中进行自我保护的方法。但是，无论是股东进行投票，还是公司债权人要求公司清偿债务或者提供担保，前提都是对公司的经营状况尤其是财务状况有一定了解才可做出理智的决定，因此，本条规定，公司需要减少注册资本时，必须编制资产负债表及财产清单。

（2）股东会做出减资决议。公司减资，往往伴随着股权结构的变动和股东利益的调整，在公司不依股东持股比例减资尤其是在注销的情况下，更是如此。因此公司减资可能直接引发公司股东之间的利益冲突。为了保证公司减资能够体现绝大多数股东的意志，根据公司责任形式可分为以下几种情况：

就有限责任公司来讲，股东会的议事方式和表决程序，除本法有规定的外，由公司章程规定。股东会会议作出修改公司章程、增加或者减少注册资本的决议，以及公司合并、分立、解散或者变更公司形式的决议，必须经代表三分之二以上表决权的股东通过。

就股份有限公司来讲，股东出席股东会会议，所持每一股份有一表决权，类别股股东除外。公司持有的本公司股份没有表决权。股东会作出决议，必须经出席会议的股东所持表决权过半数通过。股东会作出修改公司章程、增加或者减少注册资本的决议，以及公司合并、分立、解散或者变更公司形式的决议，必须经出席会议的股东所持表决权的三分之二以上通过。

就国有独资公司来讲，国有独资公司不设股东会，由履行出资人职责的机构行使股东会职权。履行出资人职责的机构可以授权公司董事会行使股东会的部分职权，决定公司的重大事项，但公司章程的制定和修改，公司的合并、分立、解散、申请破产，增加或者减少注册资本，分配利润，必须由履行出资人职责的机构决定。

（3）向债权人通知和公告。公司应当自做出减少注册资本决议之日起十日内通知债权人，并于三十日内在报纸上或者统一的企业信息公示系统公告。这一程序与公司增资的规定相同，主要是为了保护公司债权人的利益。

（4）减资登记。公司减资以后，应当到工商登记机关办理变更登记手续，公司减资只有进行登记后，才能得到法律上的承认。

现行《公司法》中规定"公司减资后的注册资本不得低于法定的最低限额"。根据现行《公司法》第二十六条、第八十一条的规定，除法律、行政法规对注册资本的最低限额有较高规定的外，有限责任公司注册资本的最低限额为人民币三万元，股份有限公司注册资本的最低限额为人民币五百万元。最低注册资本限额是公司合法成立的必要条件，如果注册资本低于这一限额，公司就不再具备法定条件，应当变更企业形式。

但是修订过程中，各方面普遍认为这一规定数额过高，不利于民间资本进入市场。要求注册资本一次性缴足，也容易造成资金闲置。本次修订对此进行修改，取消了按照公司经营内容区分最低注册资本额的规定，所以也就合理删除了原《公司法》中规定的"公司减资后的注册资本不得低于法定的最低限额"。

此外，公司减资对债权人的影响甚大：公司的实质减资，导致公司净资产减少，等同于股东优先于债权人回收所投入的资本；公司的形式减资，也会减少应当保留在公司的财产数额，同样会导致公司责任财产的减少。因此，公司减资时一定要注重保护债权人的利益。根据本条规定，债权人自接到通知书之日起三十日内，未接到通知书的自公告之日起四十五日内，有权要求公司清偿债务或者提供相应的担保。如果债权人没有在此期间内对公司主张权利，公司可以将其视为没有提出要求。

杨某伦、广州某航校车服务有限公司等与公司有关的纠纷[1]

案情：

2017 年 7 月 13 日，杨某伦（甲方）、刁某强（乙方）、刁某金（丙方）、广州某航校车服务有限公司（以下简称某航公司）（丁方）签订《协议书》，甲、乙、丙、丁四方经协商，决定以减少丁方公司注册资本、乙方支付补偿金的方式，弥补丁方公司亏损，处理甲方退出事宜。甲、乙、丙、丁四方通过召开股东会方式同意减少公司注册资本 2 500 万元，将公司原注册资本 5 000 万元变更为 2 500 万元，没有进行其他的减资程序。

评析：

根据原《公司法》第一百七十七条规定[2]，某航公司系依法设立的有限责任公司，我国公司法采法定资本制，公司成立后，股东出资即转化为公司资产，原则上非因公司解散清算，股东不得取回其出资。在公司存续期间，股东虽可通过股权转让、公司减资等方式取回出资，但必须严格依照法定程序进行。（2018）粤 0114 民初 1316 号民事调解书第一项系根据杨某伦、刁某强、刁某金、某航公司 2018 年 5 月 29 日所签订《调解书》的约定，对某航公司尚未向杨某伦支付的减资款项的时间作出了处理，但某航公司并没有按照前述《公司法》第一百七十七条的规定完成减资程序，故（2018）粤 0114 民初 1316 号民事调解书的该部分内容不符合《公司法》第一百七十七条的规定。

第二百二十五条 公司依照本法第二百一十四条第二款的规定弥补亏损后，仍有亏损的，可以减少注册资本弥补亏损。减少注册资本弥补亏损的，公司不得向股东进行分配，也不得免除股东缴纳股款的义务。

依照前款规定减少注册资本的，不适用前条第二款的规定，但应当自股东会作出减少注册资本决议之日起三十日内在报纸上或者国家企业信用信息公示系统公告。

公司依照前两款的规定减少注册资本后，在法定公积金累计额超过公司注册资本百分之五十前，不得分配利润。

条文释义

本条系新增简易减资内容，针对本法规定"公积金弥补公司亏损，应当先使用任意公积金和法定公积金；仍不能弥补的，可以按照规定使用资本公积金"这种情况，增加了此公司亏损不能弥补情形下可以进行简易减资的规定，将原《公司法》第一百七十七条减资程序的规定，进行了细化与区分，更好地兼顾了效率与安全。

本条同时规定公司简易减资不得向股东进行分配，也不得免除股东缴纳股款的义

---

[1] 审理法院为广东省广州市中级人民法院，案号为（2021）粤 01 民终 28470 号。

[2] 《公司法》第一百七十七条："公司需要减少注册资本时，必须编制资产负债表及财产清单。公司应当自作出减少注册资本决议之日起十日内通知债权人，并于三十日内在报纸上公告。债权人自接到通知书之日起三十日内，未接到通知书的自公告之日起四十五日内，有权要求公司清偿债务或者提供相应的担保。"

务，简易减资不适用"公司应当自股东会作出减少注册资本决议之日起十日内通知债权人，并于三十日内在报纸上或者国家企业信用信息公示系统公告。债权人自接到通知之日起三十日内，未接到通知的自公告之日起四十五日内，有权要求公司清偿债务或者提供相应的担保"的规定，但应当在报纸上或者国家企业信用信息公示系统公告。也就是说简易减资虽不需要走这么多流程，但是公告流程还是要走的。并且规定公司简易减资后，在法定公积金累计额超过公司注册资本百分之五十前，不得分配利润。

总的来说，"简易减资"是在形式减资的情况下，适用简易程序进行减资的制度。"简易"主要体现在，无须"自股东会作出减少注册资本决议之日起十日内通知债权人，并于三十日内在报纸上或者国家企业信用信息公示系统公告"，而仅需"在报纸上或者国家企业信用信息公示系统公告"即可。但是也附加了诸多限制，如减少的公司资本不能流向股东、不免除股东缴纳股款义务，在法定公积金累积超过公司注册资本前不能分配利润等。

由以上规定可知，我国法律对于公司实质减资的限制仍然比较严苛，而对于形式减资则增加了简易减资制度。

之所以这样修改，可以达到以下法律效果：首先，在确保公司资本不流向股东、不免除股东缴纳股款义务的情况下适用简易减资程序，能够保证债权人不会因公司注册资本减少的发生而利益受损。其次，即使去除了繁杂的实质减资的限制，公司依然负有公告的责任，这也确保了即使公司试图佯装亏损走简易减资的程序，债权人也依旧享有最低的知情权。再次，通过对法定公积金数额的限制来对股东分配利润的权利进行限制，更是进一步确保了股东不会优于债权人获得分配。最后，也是最重要的一点，就是能够有效避免经营不善的公司陷入繁杂程序的泥潭导致不能自救，而失去扭亏为盈的机会。

因此，新《公司法》新增的简易减资，不仅在实体上使处于亏损状态下的公司有更为简便的方式可依据，保护了债权人的权益，提高了减资程序的效率；在程序上，对减资模式的细化和分类，也有利于通过注册资本更加真实地反映公司的经营情况，也使我国对公司减资制度的规定进一步趋于完善。

第二百二十六条 违反本法规定减少注册资本的，股东应当退还其收到的资金，减免股东出资的应当恢复原状；给公司造成损失的，股东及负有责任的董事、监事、高级管理人员应当承担赔偿责任。

条文释义

本条再次反映出新《公司法》的一个修改重点，即要求公司董事、监事及高级管理人员在其位谋其政，提高责任意识。本条规定，违反本法规定减少注册资本的，股东应当退还其收到的资金，减免股东出资的应当恢复原状；给公司造成损失的，股东及负有责任的董事、监事、高级管理人员应当承担赔偿责任。

上海德某西集团有限公司诉江苏博恩某高科有限公司、冯某、上海博恩某光电股份有限公司买卖合同纠纷案①

案情：

2011 年 3 月 29 日，原告上海德某西集团有限公司（以下简称德某西公司）与被告江苏博恩某高科有限公司（以下简称江苏博恩公司）签订《电气电工产品买卖合同》，合同约定，江苏博恩公司向德某西公司购买二十台高压开关柜、一台交流屏、一套直流屏等电气设备，合同总金额为 111 万元。合同签订生效后，德某西公司按合同约定交付了上述全部设备。江苏博恩公司向德某西公司支付货款 333 000 元，尚欠 777 000 元未付。2012 年 9 月，江苏博恩公司的股东召开股东会，通过减资决议，决定江苏博恩公司减资 19 000 万元，注册资本由 2 亿元减为 1 000 万元，并办理了工商变更登记，但江苏博恩公司在减资前未向德某西公司清偿前述债务。德某西公司认为，江苏博恩公司在减少注册资本前，应当对债务进行清偿，没有依法清偿的，其股东应当承担补充赔偿责任。故请求法院判令江苏博恩公司向德某西公司支付货款人民币 777 000 元；判令被告上海博恩公司、被告冯某在 19 000 万元减资范围内对江苏博恩公司应向德某西公司支付的货款共同承担补充赔偿责任。

评析：

这个是 2017 年第 11 期最高人民法院公报刊登的案例，公司不当减资与股东抽逃出资在本质上并无不同，初步确立了公司不当减资的法律规则：公司减资时对已知或应知的债权人应履行通知义务，不能在未先行通知的情况下直接以登报公告形式代替通知义务。公司减资时未依法履行通知已知或应知的债权人的义务，公司股东不能证明其在减资过程中对怠于通知的行为无过错的，当公司减资后不能偿付减资前的债务时，公司股东应就该债务对债权人承担补充赔偿责任。

第二百二十七条 有限责任公司增加注册资本时，股东在同等条件下有权优先按照实缴的出资比例认缴出资。但是，全体股东约定不按照出资比例优先认缴出资的除外。

股份有限公司为增加注册资本发行新股时，股东不享有优先认购权，公司章程另有规定或者股东会决议决定股东享有优先认购权的除外。

本条是关于有限责任公司和股份有限公司增加注册资本时股东优先认购权的规定。

股东作为投资人，其投资的目的就是为了获得利润。公司的利润，在缴纳各种税款及依法提取法定公积金之后，是可以向股东分配的红利。股东依法履行出资义务后，其依据自己的出资享有分取红利的权利受法律保护，任何人都不得非法限制或者剥夺股东的这项权利。根据公司法的一般原则，股东分取红利的比例应当与股东实缴的出资比例一致，也就是股东应当按照实缴的出资比例分取红利。所谓实缴的出资比例，

---

① 案例来源：《最高人民法院公报》2017 年第 11 期（总第 253 期）。

是指按股东实际缴纳的出资占公司资本总额的比例。在允许股东分期缴纳的情况下，规定股东按照实际缴付的出资比例分取红利的原则，有助于明晰股东的权利、义务，减少纠纷。同时，本条也给予股东对此的意思自治权。

对有限责任公司而言，本条延续了原《公司法》第三十五条规定，有限责任公司的股东有权优先认缴公司新增资本。公司设立后，可能会因经营业务发展的需要而增加公司资本。由于有限责任公司具有人合性质，其股东比较固定，股东之间具有相互信赖、比较紧密的关系，因此，在公司需要增加资本时，应当由本公司的股东首先认缴，以防止新增股东先认缴而打破公司原有股东之间的紧密关系。

但是，全体股东约定不按照出资比例优先认缴出资的除外。因为在有的情况下，为了表彰有特殊贡献的股东，改善股权结构，增强公司竞争力，吸引新的投资者，扩大公司规模等原因，考虑到有限责任公司的人合因素，本条允许股东之间也可以经过协商，由全体股东约定不按照出资比例分取红利或者不按照出资比例优先认缴出资。但程序上的规定较为严格，公司做出这样的决定，要经过全体股东的协商。

同时要注意的是，现有股东不认缴时，其他投资者认缴，增加新的股东。无论是现有股东还是其他投资者认缴公司新增资本，都必须遵守法律规定，履行如实足额缴付出资的义务。公司新增注册资本后要依法向公司登记机关办理变更登记，并向认缴新增资本的股东签发出资证明书。公司新增股东后，应在股东名册上做出记载。

对股份有限公司而言，股份有限公司为增加注册资本发行新股时股东不享有优先认购权的一般性规定，如公司章程规定股东享有优先认购权的，则赋予公司章程该项自治权。股东会决议决定股东享有优先认购权的也依照其规定。

关联案例

高某与北京某翔知识产权代理有限公司股东资格确认纠纷①

案情：

北京某翔知识产权代理有限公司（以下简称某翔公司）系成立于 2003 年 9 月 22 日的有限责任公司，某翔公司的公司章程载明，"公司利润分配按照《公司法》及有关法律、法规，国务院财政主管部门的规定执行"。高某于一审中提交的某翔公司 2014 年分红情况中载明"唐自 2013 年 8 月 14 日赴美，至年底共计 96 工作日不在公司上班……应扣除分红"。

某翔公司股东姜某成起草《合作协议》发送给高某，该《合作协议》内容显示：该协议系为保护全体合伙人合法权益并明确合伙人权利义务制定，合伙人共同出资设立某翔公司，共同经营、共享收益、共担风险，并以出资额为限对该公司的债务承担责任，合伙人姓名中包含原告高某，还约定了入伙、退伙、除名、退休、公司解散清算、违约责任等条款。某翔公司称该协议系姜某成起草，但最终并未签署。高某在二审庭审中称，某翔公司的股东均未在股东姜某成起草的《合作协议》上签名。高某上诉称其履行了出资义务，参与了公司管理并领取了分红，以及某翔公司的合伙人机制是某翔公司的实际股东会，合伙人是该公司的股东。

---

① 审理法院为北京市第一中级人民法院，案号为（2021）京 01 民终 9707 号。

评析：

根据原《公司法》第四十六条第三项规定："董事会对股东会负责，行使下列职权：决定公司的经营计划和投资方案。"由此可见，管理公司的机构并非一定是股东会，虽然某翔公司的内部合伙人机制享有部分公司管理职能，但合伙人并不能因具备管理职能而当然成为公司的股东。根据原《公司法》第三十四条规定①某翔公司的股东分配公司利润应按照实缴的出资比例分取红利，不能因缺勤而减少分红。某翔公司的合伙人分红并非按照实缴出资额分配公司利润。虽某翔公司股东姜某成起草了《合作协议》，但该公司股东均未签字确认，该协议未生效；而且高某身为某翔公司的商标部经理，某翔公司赋予其一定的管理职能，但并未赋予其股东身份。

第二百二十八条 有限责任公司增加注册资本时，股东认缴新增资本的出资，依照本法设立有限责任公司缴纳出资的有关规定执行。

股份有限公司为增加注册资本发行新股时，股东认购新股，依照本法设立股份有限公司缴纳股款的有关规定执行。

条文释义

本条是关于有限责任公司和股份有限公司增加注册资本的规定。

新《公司法》基本吸收了原《公司法》第一百七十九条规定，公司增加注册资本是指公司经股东会决议使公司的注册资本在原来的注册资本的基础上予以扩大的法律行为。公司为了扩大经营规模或者经营范围，或者为了与公司的实际资产相符，或者为了提高公司的资本信誉，有时需要增加注册资本。公司注册资本的增加不会损害公司债权人的利益，因此，没有必要履行保护债权人的程序，但是，资本增加却涉及股东的利益和公司本身财产的变化，因此，本法规定增资必须经过股东会做出特别决议才能进行。

新增资本的出资。股东认缴新增资本的出资，按照本法设立公司缴纳出资的有关规定执行。即股东可以用货币出资，也可以用法律、行政法规规定没有禁止作为出资的实物、知识产权、土地使用权等可以用货币估价并可以依法转让的非货币财产作价出资；对作为出资的非货币财产应当评估作价，核实财产，不得高估或者低估作价；全体股东的货币出资金额不得低于公司注册资本的百分之三十。股东以货币出资的，应当将货币出资足额存入公司在银行开设的账户；以非货币财产出资的，应当依法办理其财产权的转移手续。股东缴纳出资后，必须经法定的验资机构验资并出具证明。

关联案例

温某伦、山东龙口某维电器有限责任公司股东资格确认纠纷②

案情：

山东龙口某维电器有限责任公司（以下简称某维公司）系由穆某强等十八名自然

---

① 《公司法》第三十四条规定："股东按照实缴的出资比例分取红利；公司新增资本时，股东有权优先按照实缴的出资比例认缴出资。但是，全体股东约定不按照出资比例分取红利或者不按照出资比例优先认缴出资的除外。"

② 审理法院为山东省烟台市中级人民法院，案号为（2021）鲁06民终5988号。

人投资设立的有限责任公司，温某伦并非设立时的初始股东。2011年某维公司召开股东大会，审议通过新增张某东等九名同志为新股东，并通过了《增加注册资本的议案》，一致同意将公司原注册资本68万元增加为275.5万元。某维公司于2005年收取上诉人温某伦资金4万元，并向上诉人发放了《职工股金证》，认可其收取了上诉人该4万元款项，并认可该款在被上诉人公司的记账科目为实收资本。同时，某维公司还陈述其温某伦收取的该4万元进行过分红。

评析：

某维公司向温某伦发放股金证，并连续多年向上诉人温某伦分红。这表明温某伦有出资入股的意愿，但并不意味着被上诉人某维公司完成增资且上诉人温某伦取得股东资格。有限责任公司增资应召开股东会进行决议增资，且股东会决议应当合法有效。本案上诉人温某伦虽主张公司于2005年就增资事宜召开股东会并进行表决，并提交其自行记录的工作笔记，但上述证据并非法律意义上的股东会决议，不能代替工商登记的公示效力，亦无法否认公司新增九名新股东的决议。

且根据工商变更情况，某维公司系于2011年办理了增资207.5万元的工商变更登记，根据验资报告，涉案207.5万元新增注册资本中未包括上诉人的出资。故一审法院认定上诉人温某伦并未成为被上诉人某维公司的股东，不予支持上诉人关于将其股东身份在登记机关予以登记的诉请，并无不当。

第十二章

公司解散和清算

第二百二十九条　公司因下列原因解散：

（一）公司章程规定的营业期限届满或者公司章程规定的其他解散事由出现；

（二）股东会决议解散；

（三）因公司合并或者分立需要解散；

（四）依法被吊销营业执照、责令关闭或者被撤销；

（五）人民法院依照本法第二百三十一条的规定予以解散。

公司出现前款规定的解散事由，应当在十日内将解散事由通过国家企业信用信息公示系统予以公示。

条文释义

本条是对公司解散原因和公司解散公示的规定。

公司解散，是指已经成立的公司，因公司章程或者法定事由出现而停止公司的经营活动，并开始公司的清算，使公司法人资格消灭的法律行为。

公司解散是一个时间过程。公司解散虽然会导致公司法人归于消灭的结果，但是其法人的最终消灭还需要从法律上经历一定的期间，这一期间是公司最终消亡的前置步骤。在这一期间内，公司作为法人的资格并没有消灭，从法律上被视为为进行清算而存在的公司，这时公司行为能力受到限制，只能进行与清算有关的活动，不得开展与清算无关的经营活动。

公司解散是由一系列法律程序和法律行为构成的时间过程。将公司解散作为一个时间过程，是因为解散公司需要履行一系列法律程序和完成一系列的法律行为，包括依法进行清算、了结债权债务、向股东分配剩余财产、进行公司注销登记、注销营业执照等。这些行为涉及众多相关主体的利益，必须严格依照法律规定进行。随着规定程序的履行和法律行为的完成，公司最终消灭。

公司解散的原因包括：

（1）公司章程规定的营业期限届满或者公司章程规定的其他解散事由出现。公司的营业期限是公司存续的时间界限，公司章程可以规定公司的营业期限。公司法规定，公司营业执照签发日期是公司的成立日期，公司的营业期限从公司营业执照签发之日起计算。公司的营业期限届满，公司应当停止活动，进入解散阶段。如果公司的营业期限届满仍有存在的必要，经公司的权力机构修改公司章程中的营业期限，并向工商行政管理部门申请营业期限变更，经变更登记后，公司的解散事由消灭，可以继续经营。公司章程也可以根据本公司的具体情况，规定某些特定的事由作为公司解散的原因，一旦公司出现了公司章程中规定的应当解散的原因，公司就应当停止生产或者经营活动，进入公司解散程序。

（2）股东会决议解散。有限责任公司的权力机构是公司的股东会，股份有限公司的权力机构是公司的股东大会，此次修订将公司的权力结构统称为"股东会"。他们有权对公司的重要事务做出决议。公司停止经营活动，消灭法人资格是公司的重要事务，应当由公司的股东会做出决议。如果公司的股东会做出解散公司的决议，公司应当执行。有限责任公司的股东会对公司解散做出决议，必须经代表公司三分之二以上表决权的股东通过；股份有限公司的股东大会对公司的解散做出决议，必须经出席会议的股东所持表决权的三分之二以上通过。

（3）因公司合并或者分立需要解散。公司合并是指两个或者两个以上的公司订立合并协议，依照《公司法》的规定，不经过清算程序，直接合并为一个公司的法律行为。公司合并可以分为吸收合并和新设合并两种方式。吸收合并是指一个公司吸收其他公司，被吸收的公司解散；新设合并是指两个以上的公司合并设立一个新的公司，合并各方解散。因此，公司合并是公司解散的原因之一。公司分立是指一个公司通过签订协议，不经过清算程序，分为两个或者两个以上的公司的法律行为。公司分立可以分为存续分立和解散分立两种方式。存续分立是指一个公司分立成为两个以上公司，本公司继续存在，并设立一个以上新的公司；解散分立是指一个公司分解为两个以上公司，本公司解散，并设立两个以上新的公司。在前一种情况下，不会出现公司解散的情况，在后一种情况下，公司分立成为公司解散的原因之一。

（4）依法被吊销营业执照、责令关闭或者被撤销。公司被吊销营业执照，是工商行政主管部门对公司的一种行政处罚，营业执照被吊销后，不能再从事经营活动，但是其作为民事主体的资格并没有消灭，公司的债权债务仍由公司来承担：一是公司的营业执照被吊销后不能再从事经营活动，公司股东应当组织清算组进行清算；二是如果资不抵债，股东原则上不应承担债务清偿责任，除非有证据证明股东出资没有完全到位，或者出资后抽逃出资。公司被责令关闭的情形包括：一是生产经营者实施了比较严重的违法行为，其行为后果比较严重；二是从事加工、生产与人们的生命健康密切相关（如药品、食品、保健品等）的已经或可能威胁人们的生命健康的商品，或者出版发行对人们的精神生活产生不良影响的出版物、音像制品等违法行为。撤销是指工商行政主管部门或者其上级行政机关根据利害关系人的请求或者依据职权，作出的撤销行政行为的决定。公司被撤销设立登记是对已经完成的登记行为的否定，或者说是一种纠错行为，错误的登记丧失法律效力。它的前提是自始不符合登记条件，但通过非法情形取得了公司登记，比如登记人员滥用职权、违反法定程序，或者申请人提交虚假材料、隐瞒重要事实等，因此登记机关通过撤销来纠正这个登记错误。

（5）人民法院依照本法第二百三十一条的规定予以解散。

本条第二款新增了公司解散公示规定，当公司出现前款规定的解散事由时，应当在十日内将解散事由通过国家企业信用信息公示系统予以公示。

关联案例

阿某士公司与杨某耕之妻、杨某耕长等股东损害公司债权人利益责任纠纷案[①]

案情：

某克斯公司于2006年9月6日由杨某耕与韩国某克斯株式会社（以下简称某克斯株式会社）、苏州某赟机械设备有限公司（以下称某赟公司）共同设立，注册资本为50万美元，住所地江苏省苏州市某区某工业园。杨某耕担任该公司总经理及副董事长，郑某勋担任该公司董事长及法定代表人。2009年12月30日，某克斯公司被吊销营业执照。截至该日，杨某耕实缴资本仅2万美元，某赟公司实缴资本仅1万美元。某克斯公司被吊销营业执照后并未在公司法规定期限内进行清算。

评析：

杨某耕怠于履行其清算义务。根据《公司法》第一百八十条第（四）项及第一百八十三条规定，公司因"依法被吊销营业执照、责任关闭或者被撤销"而解散的，应当在解散事由出现之日起十五日内，成立清算组，开始清算。有限责任公司的清算组由股东组成。本案中，某克斯公司已于2009年12月30日被依法吊销营业执照而解散，杨某耕作为某克斯公司股东，应在此后十五日内成立清算组开始清算。但其未在法定期限内对某克斯公司进行清算，系怠于履行依法及时启动清算程序进行清算的义务。杨某耕对此主张，其为小股东，没有实际参与公司生产经营，没有怠于清算的故意，不应该承担清算义务。对此本院认为，法律规定有限责任公司的清算义务人系公司全体股东。有限责任公司股东的清算义务并不因持股比例而存在差异，股东亦不能以未参加实际经营公司作为逃避履行清算义务的理由，杨某耕的主张没有法律依据，本院不予支持。

第二百三十条　公司有前条第一款第一项、第二项情形，且尚未向股东分配财产的，可以通过修改公司章程或者经股东会决议而存续。

依照前款规定修改公司章程或者经股东会决议，有限责任公司须经持有三分之二以上表决权的股东通过，股份有限公司须经出席股东会会议的股东所持表决权的三分之二以上通过。

条文释义

本条是对公司依章程的规定本应解散而通过修改公司章程使其不解散的规定。

如果公司的章程规定了公司的营业期限，公司的营业期限届满，公司应当停止生产或者经营活动。同样，公司的章程规定了公司解散的事由，当公司出现这些事由时，公司也应当停止生产或者经营活动。本次修改增加了存续条件和程序，出现上述情形

① 审理法院为江苏省高级人民法院，案号为（2016）苏民终617号。

的，"且尚未向股东分配财产的"，可以通过修改公司章程或者"经股东会决议"而存续。即如果公司认为应当继续生产或者经营，可以修改公司章程规定的营业期限、修改公司章程规定的解散事由或经股东会会议，使公司继续存在。本次修改也增加了"股东会决议解散"作为公司可以续存情形之一。由于修改公司的章程是公司特别重大的事务，因此，在有限责任公司必须经过代表三分之二以上表决权的股东通过，在股份有限公司必须经过出席股东会会议的股东所持表决权的三分之二以上通过。

第二百三十一条　公司经营管理发生严重困难，继续存续会使股东利益受到重大损失，通过其他途径不能解决的，持有公司百分之十以上表决权的股东，可以请求人民法院解散公司。

条文释义

本条是对公司僵局出现时股东可以请求法院解散公司的规定。

公司经营管理出现严重困难，是指因股东间或者公司管理人员之间的利益冲突和矛盾导致公司的有效运行失灵，股东会或者董事会因对方的拒绝参加会议而无法有效召集，任何一方的提议都不被对方接受和认可，即使能够举行会议也无法通过任何议案，公司的一切事务处于一种瘫痪状态。此可以分为三大类：基于资本多数决导致公司的经营管理出现严重困难，即股东会因在表决中无法达到法定或者公司章程约定的资本多数而不能做出决议；基于人数多数决导致公司的经营管理出现严重困难，即董事会在表决中无法达到法定或者公司章程约定的表决人数而不能做出决议；基于全体一致决导致公司的经营管理出现严重困难，即股东会或者董事会因在表决中无法达到全部表决股份或者全体成员一致通过而不能做出决议。公司的经营管理出现严重困难，是公司内部的事情，应当先由公司内部解决。如果通过自力救济、行政管理、仲裁等手段能够解决公司经营管理出现的严重困难问题，公司无须解散。公司的经营管理出现严重困难，会使公司及其股东的利益受到损害。如果公司及其股东的利益受到损害不严重，解散公司是一种不利益的行为，只有在公司及其股东的利益会受到严重损害，并且通过其他途径不能解决时，才应当解散公司，保护公司及其股东的利益。

如果公司经营管理出现困难，任何股东在此时都可以申请公司解散，将使公司的经营处于不稳定中，不利于公司的发展和许多相关利益主体的利益。为了避免出现此种情况，本条规定，可以提出解散公司请求的应当是单独或者合并持有公司表决权百分之十以上的股东。上述股东提出解散公司，只能向人民法院提出。有管辖权的人民法院收到请求，应当受理，并根据公司的实际情况做出是否解散公司的裁决。

关联案例

列海权与广东省清远市利源环保科技有限公司等公司纠纷案[①]

案情：

2009年，李某受让韩某50%股权成为科技公司股东。后因双方重大分歧及民间借

---

①　审理法院为广东省高级人民法院，案号为（2015）粤高法民二终字第1040号。

贷纠纷，从 2014 年起公司处于停产状态，且亏损严重，公司亦从未召开股东会。李某诉请解散公司。

评析：

《公司法》第一百八十二条规定："公司经营管理发生严重困难，继续存续会使股东利益受到重大损失，通过其他途径不能解决的，持有公司全部股东表决权百分之十以上的股东，可以请求人民法院解散公司。"公司权力机制运行失灵，公司陷于僵局是公司经营管理发生严重困难的重要体现。科技公司章程规定，股东会议分为定期会议和临时会议，定期会议每年召开一次。李某受让韩某股份后，科技公司迄今既未召开定期股东会，亦未召开临时股东会，表明科技公司股东会机制运行失灵。人合性是有限公司设立和存续的基础，科技公司权力机制运行失灵，显示该公司人合性已发生重大危机。此外，李某与科技公司、韩某另有民间借贷纠纷，不能私下协商解决，因而诉至法院，进一步表明李某与韩某之间缺乏相互信任，科技公司股东之间的人合性基础已丧失，应认定科技公司经营管理发生严重困难。

第二百三十二条　公司因本法第二百二十九条第一款第一项、第二项、第四项、第五项规定而解散的，应当清算。董事为公司清算义务人，应当在解散事由出现之日起十五日内组成清算组进行清算。

清算组由董事组成，但是公司章程另有规定或者股东会决议另选他人的除外。

清算义务人未及时履行清算义务，给公司或者债权人造成损失的，应当承担赔偿责任。

条文释义

本条是对公司解散应当成立清算组进行清算的规定。

公司清算是指公司解散后，依照法定程序清理公司债权债务，处理公司剩余财产，待了结公司各种法律关系后，向公司登记机关申请注销登记，使公司法人资格消灭的行为。公司清算的目的是保护股东和债权人的利益，公司除因合并或者分立解散，其债权债务已全部由合并或者分立后存续或者新设的公司承继，不需要进行清算外，公司解散必须依法清算，清算是公司终止的必经程序。

公司清算包括普通清算和特别清算。普通清算是指由公司自行组织清算机构依法进行的清算。普通清算一般适用于自愿解散且公司资产能够抵偿其债务的情况。特别清算是指公司解散时不能自行组织清算，或者在普通清算过程中发生显著障碍，由有关政府部门或者法院介入进行的清算。特别清算一般适用于强制解散的情况。此外，公司清算还可分为破产清算和非破产清算。破产清算是指公司被依法宣布破产后，依照破产法的规定进行的清算。非破产清算是指破产清算以外的其他清算。

清算组是负责公司清算事务的组织，是在公司清算过程中依法成立的执行清算事务，并对外代表清算中的公司的机构。公司因公司章程规定的营业期限届满或者公司章程规定的其他解散事由出现，股东会或者股东大会决议解散，依法被吊销营业执照、责令关闭或者被撤销，人民法院依照本法第二百二十九条的规定予以解散，即进入清算阶段。由于组建清算组需要一定的时间，因此本条规定公司自解散之日起到此后的十五天内应当成立清算组，开始清算。

现行《公司法》及司法解释的正式条文中并没有清算义务人的表述。清算义务人的表述最早出现在《民法总则》中，《民法典》第七十条承继《民法总则》，规定：法人的董事、理事等执行机构或者决策机构的成员为清算义务人。本条新增董事为公司清算义务人，应当在解散事由出现之日起十五日内组成清算组进行清算。清算组由董事组成，但是公司章程另有规定或者股东会决议另选他人的除外。修订草案第一次在公司法层面明确使用了清算义务人的表述，并不再区分有限责任公司和股份有限公司，而是统一规定董事为清算义务人，非特别情况，清算组由董事组成。董事比股东更具独立性，还具有法定的忠实义务和勤勉义务，能更好地承担清算责任。

在《公司法》领域，公司清算义务人一直是股东而非董事，《公司法司法解释（二）》中的清算义务人是股东，《九民纪要》中的清算义务人也是股东（小股东有条件的排除），但在《民法典》中公司清算义务人是董事、理事等执行机构或决策机构的成员。此次修订草案再一次与《民法典》接轨，但变化也相当显著，清算义务人与清算责任挂钩，需引起重视。

关联案例

周某清与上海新汇工程项目管理有限公司等公司决议纠纷案[①]

案情：

2014年，经营期限届满的实业公司股东会决议自行解散，并决议组成由持股94%的投资公司、王某组成清算组进行清算。持股6%的周某清以其要求参与清算组被拒为由，诉请确认前述决议无效。

评析：

《公司法》第一百八十三条只对清算组组成人员身份作出了规定，即公司股东有进行清算的义务，该条文并未规定全体股东均应作为清算组成员。股东参加清算组权利属于股权中的共益权。股东在行使共益权时，多是在通过资本多数决的表决方式下形成一个有效的股东会决议，小股东意志未必得到满足。本案中，公司以绝大多数表决权同意通过的股东会决议，虽排除了小股东成为公司清算组成员，不符合该小股东意志，但该股东会决议合法有效，代表了占资本多数的股东的意志。公司自行解散时，股东具有对公司进行清算的义务，但股东履行清算义务不等于非要每一个股东都要参加清算组。当公司通过股东会决议组成由部分股东参加的清算组，清算组适当行使了清算事务，而未参加清算组股东参与了对清算组组成的表决，对财产分配方案、清算报告的审议和表决等事务，则可认为未参加清算组股东亦已履行清算义务。判决驳回周某清诉请。

第二百三十三条 公司依照前条第一款的规定应当清算，逾期不成立清算组进行清算或者成立清算组后不清算的，利害关系人可以申请人民法院指定有关人员组成清算组进行清算。人民法院应当受理该申请，并及时组织清算组进行清算。

[①] 审理法院为上海二中院，案号为（2015）二中民四（商）终字第569号。

公司因本法第二百二十九条第一款第四项的规定而解散的，作出吊销营业执照、责令关闭或者撤销决定的部门或者公司登记机关，可以申请人民法院指定有关人员组成清算组进行清算。

条文释义

本条是关于申请法院清算的规定。

为了保护利害关系人的合法利益，本条规定公司逾期不成立清算组进行清算或者成立清算组以后不清算的，利害关系人可以申请人民法院指定有关人员组成清算组进行清算。人民法院接到利害关系人的清算申请后，应当受理该申请，并及时组织清算组进行清算。可以申请法院清算的情形在原规定"逾期不成立清算组"基础上增加了"成立清算组后不清算"的情形。申请人由原规定的"债权人"修订为"利害关系人"。业界普遍认为，如果公司依法被吊销营业执照责令关闭或者被撤销设立登记的。登记机关市场监督管理局也可以作为利害关系人向法院申请公司成立清算组进行清算。小股东也是常见的请求成立清算组的利害关系人。

本次修改新增机构作为申请人，公司在章程规定的营业期限届满或者章程规定的其他解散事由出现的情形下解散的，作出吊销营业执照、责令关闭或者撤销决定的部门或者公司登记机关，可以申请人民法院指定有关人员组成清算组进行清算。

第二百三十四条 清算组在清算期间行使下列职权：

（一）清理公司财产，分别编制资产负债表和财产清单；

（二）通知、公告债权人；

（三）处理与清算有关的公司未了结的业务；

（四）清缴所欠税款以及清算过程中产生的税款；

（五）清理债权、债务；

（六）分配公司清偿债务后的剩余财产；

（七）代表公司参与民事诉讼活动。

条文释义

本条是对清算组职权的规定。

公司清算在经济上要公正地处分公司的财产，在法律上要消灭公司的法人资格，是一项工作量大并且复杂的工作。为了保证清算的各项工作顺利进行，提高清算效率，减少清算损失，维护债权人、股东及其他利益相关人的合法权益，赋予清算组必要的职权是应当的。

公司在清算期间行使下列职权：

（1）清理公司财产，分别编制资产负债表和财产清单。清算组成立以后，应当对公司的财产进行全面清理和核查。清算组查实公司的全部资产后，分别编制资产负债表和财产清单。资产负债表是指全面反映公司资产、负债和股东权益的会计报表，由公司资产、负债和股东权益三部分组成。财产清单是指公司全部资产的明细表，包括公司的固定资产、流动资产、无形资产和其他资产。查清公司的资产是公司进行清算的前提条件，没有查清公司的资产，清算工作无法继续进行。

（2）通知、公告债权人。公司解散，债权人的利益应当得到保护，因此应当将公司解散的情况通知其债权人，以便债权人及时行使权利。公司解散，公司的董事会停止行使职权，其职权由公司的清算组接管，通知公司债权人行使债权，应当是公司清算组的事情。对于住所明确的债权人，清算组应当及时书面通知其公司解散的情况；对于住所不明确的债权人，清算组应当发出公告，以便债权人尽快参与公司财产的清算和分配。

（3）处理与清算有关的公司未了结的业务。所谓与清算有关的公司未了结的业务，主要是指公司解散之前已经订立的，但是目前尚未履行的有关合同事项；拖欠公司职工的工资、劳动保险费用；未结算的债权、债务及有关的纳税事宜等。清算组在处理公司未了结的业务时，有权根据清算工作的需要决定进行或者停止进行一些公司业务。清算组决定不进行未了结的公司业务给对方造成损失的，应当从公司的财产中给予赔偿。清算组处理与清算有关的公司未了结的业务，应当遵守法律、行政法规的规定，并应当有利于保护公司债权人的合法权益，有利于尽快结束公司的业务，有利于减少股东的损失。

（4）清缴清算开始前所欠税款以及清算过程中产生的税款。税收是国家财政收入的主要来源，一切负有纳税义务的单位和个人都应当依法履行纳税义务。公司解散，清算组应当清查公司的纳税事项，发现应当缴纳的税款未缴纳的，应当报请有关税务部门查实，并依法将所欠的税款缴纳。公司在清算中产生的税款，清算组也应当依法缴纳。

（5）清理债权、债务。债权、债务是按照合同的约定或者依照法律的规定，在当事人之间产生的特定的权利和义务关系。债权人有权要求债务人按照合同的约定或者依照法律的规定履行义务。清算组清理公司的债权和债务，可以为公司的债务清偿做好准备。清理债权、债务涉及广大股东和债权人的利益，清算组应当依照本法的规定进行。

（6）分配公司清偿债务后的剩余财产。所谓公司的剩余财产，是指公司的财产在支付清算费用、职工的工资、社会保险费用和法定补偿金、缴纳公司所欠的税款、清偿公司债务后余下的财产。公司的剩余财产在有限责任公司按照股东的出资比例分配，在股份有限公司按照股东持有的股份比例分配。本次修改将"处理"改为"分配"，更加精确化、合理化。

（7）代表公司参与民事诉讼活动。在清算期间，清算组代表公司从事对外事务。如果解散公司要起诉或者被起诉，应由清算组代表公司进行。清算组在其职权范围内代表公司参与民事诉讼活动受法律的保护。

关联案例

某科技公司与王某清算责任纠纷案[①]

案情：

2008 年，某科技公司提供某装饰公司借款 215 万余元。2009 年，某装饰公司法定

① 审理法院为北京一中院，案号为（2013）一中民终字第 6082 号。

代表人李某去世。2010 年，法院判决某装饰公司返还某科技公司欠款本息。2011 年，某装饰公司被吊销营业执照，执行法院查明某装饰公司遗留财产不足以清偿债务，且公司财务账簿查无下落。2012 年，某科技公司诉请某装饰公司唯一股东，持股 40%的李某妻子王某承担清偿责任。王某抗辩称其未参与经营，并向法院提交了某装饰公司 2008 年、2009 年共计 5 张北京银行对账单，2008 年借条 1 张，称某装饰公司可据此进行清算。本案中，某装饰公司被工商管理部门依法吊销企业法人营业执照时起某装饰公司即已出现法定解散事由，应在被吊销之日起十五日内成立由某装饰公司股东组成的清算组开始清算。但时至今日，王某作为某装饰公司唯一股东仍未开始对某装饰公司进行清算。某装饰公司自注册成立至被吊销营业执照时止，共经营 6 年有余，但王某仅向法院提交了某装饰公司 2008 年、2009 年共计 5 张北京银行对账单，2008 年借条 1 张，称某装饰公司可据此进行清算。

评析：

《公司法》第一百八十一条规定："公司因下列原因解散……（四）依法被吊销营业执照、责令关闭或者被撤销"；第一百八十四条规定："公司因本法第一百八十一条第一项、第二项、第四项、第五项规定而解散的，应当在解散事由出现之日起十五日内成立清算组，开始清算。有限责任公司的清算组由股东组成。"。从某装饰公司经营时间长短评析，王某提交的上述材料显然并非某装饰公司全部财务账册，依最高人民法院《公司法〉若干问题的规定（二）》第十八条第二款"有限责任公司的股东、股份有限公司的董事和控股股东因怠于履行义务，导致公司主要财产、账册、重要文件等灭失，无法进行清算，债权人主张其对公司债务承担连带清偿责任的，人民法院应依法予以支持"规定，在王某无法提交某装饰公司全部账册、重要文件，另据生效判决认定的"因某装饰公司遗留财产不足以清偿而未能执行"等情况下，应认定某装饰公司目前无法正常进行公司清算，王某对此应承担相应法律责任，判决王某向某科技公司清偿到期债务。

第二百三十五条 清算组应当自成立之日起十日内通知债权人，并于六十日内在报纸上或者国家企业信用信息公示系统公告。债权人应当自接到通知之日起三十日内，未接到通知的自公告之日起四十五日内，向清算组申报其债权。

债权人申报债权，应当说明债权的有关事项，并提供证明材料。清算组应当对债权进行登记。

在申报债权期间，清算组不得对债权人进行清偿。

条文释义

本条是对公司债权人申报债权的规定。

公司清算的目的和重要内容之一，是清理和了结公司的对外债务，因此清算组成立后应当通知公司的债权人尽快申报债权，以便顺利清偿债务。清算组成立后，对于住所明确的债权人，应当从成立之日起十日内以书面的方式通知债权人申报债权；对于住所不明确的，应当在六十天内在报纸上或者国家企业信用信息公示系统公告公司解散事项，催促债权人申报债权。

公司的债权人应当从接到通知之日起三十天内，未接到通知的应当从公告之日起四十五天内，向公司的清算组申报债权。公司债权人在规定的期限内向公司清算组申报债权时，应当说明债权的有关事项，特别应当说明债权的产生日期、性质、数额和到期日期等事项，并提供如债券、借据或者其他债权凭证之类的证明材料。公司清算组应当对申报的债权逐项登记。债权人未被列入清算之列的，不能在清算组清理公司债务时主张其债权。但是，公司的财产在清偿全部已经申报的公司债务后，仍有剩余财产尚未分配给公司股东时，未按时申报债权的公司债权人可以就未分配的剩余财产提出清偿请求。

在公司的债权人申报债权期限没有结束之前，公司的债务还处于不明确之中，如果公司清算组在此时对公司已经明确的债权人进行清偿，有可能会造成后申报债权的债权人不能得到清偿。依照法律、行政法规的规定，一般债权人处于同一清偿顺序，为维护公司债务清偿的公平性，在申报债权期限结束之前，清算组不得对公司的债权人进行清偿。

关联案例

某装饰公司与詹某等清算责任案[①]

案情：

2009 年，法院判决确定某工贸公司应支付某装饰公司 49 万余元工程款期间，某装饰公司在报刊上刊发清算公告，但未采用书面方式向某装饰公司发出申报债权通知。2011 年，某装饰公司诉请某工贸公司清算组成员即股东詹某、李某，财务人员邱某承担连带清偿责任。

评析：

某工贸公司在股东会决议解散后，成立了清算组，其股东詹某、李某及财务人员邱某三人为清算组成员，负责开展清算工作。在清算期间，清算组仅登报刊发清算公告，并未采用书面方式向债权人某装饰公司发出申报债权通知。以致某装饰公司债权未能在某工贸公司清算期间获得清偿。某工贸公司清算组在清算工作中，未按《公司法》第一百八十五条及《公司法司法解释（二）》第十一条规定履行通知义务，给债权人某装饰公司造成了损失，侵犯了某装饰公司合法财产权，依法应对其损失承担连带赔偿责任。依《公司法司法解释（二）》第十一条规定，对于未依照法律规定履行通知和公告义务，导致债权人未及时申报债权而未获清偿的，全体清算组成员均应承担赔偿责任，而不仅仅是清算义务人才承担此侵权赔偿责任。故某工贸公司清算组虽由詹某、李某、邱某三人组成，邱某虽非某工贸公司股东，但邱某作为清算组成员仍应对某装饰公司损失承担连带赔偿责任。

王某森、青海某源矿业有限公司再审审查案[②]

案情：

王某森申请再审称，①王某森已依法履行了通知义务。②即使通知方式存在瑕疵，

---

① 审理法院为云南昆明中院，案号为（2011）昆民五终字第 38 号。
② 审理法院为最高人民法院，案号为（2020）最高法民申 5085 号。

清算责任赔偿纠纷本身是一种侵权责任纠纷，应该根据侵权责任的基本原则，判断王某森是否存在过错责任以及过错程度，确定相应赔偿责任，而不应承担全部责任。③本案第三人陈某刚系某和公司的控股股东，也是该公司的实际控制人，在注销某和公司时出现身份障碍，才将清算组成员更换为顾某娟，青海某源矿业有限公司（以下简称某源公司）仅要求王某森承担赔偿责任无法律依据。某源公司提交意见称，①王某森在明知债务尚未清偿，能够书面通知债权人的情况下而未通知，应当对虚假清算、恶意逃避债务的行为承担赔偿责任。②王某森作为清算义务人，虚假清算并办理公司注销，对未经清偿的债务作出承诺，应当承担清偿责任。

评析：

关于王某森是否履行了通知义务。王某森称其已向当地报纸刊登某和公司解散清算公告，履行了通知义务。《最高人民法院关于适用〈中华人民共和国公司法〉若干问题的规定（二）》第十一条规定："公司清算时，清算组应当按照公司法第一百八十五条的规定，将公司解散清算事宜书面通知全体已知债权人，并根据公司规模和营业地域范围在全国或者公司注册登记地省级有影响的报纸上进行公告"。据此，公司在解散清算时，清算组除需在报纸上刊登公告外，还应书面通知全体已知债权人，王某森自认清算组未向某源公司书面告知某和公司解散清算事宜，因此认定其未履行通知义务。

第二百三十六条 清算组在清理公司财产、编制资产负债表和财产清单后，应当制订清算方案，并报股东会或者人民法院确认。

公司财产在分别支付清算费用、职工的工资、社会保险费用和法定补偿金，缴纳所欠税款，清偿公司债务后的剩余财产，有限责任公司按照股东的出资比例分配，股份有限公司按照股东持有的股份比例分配。

清算期间，公司存续，但不得开展与清算无关的经营活动。公司财产在未依照前款规定清偿前，不得分配给股东。

条文释义

本条是对公司的清算方案、剩余财产分配比例和公司清算期间法律地位的规定。

公司尚未清理公司的财产，也没有编制公司的资产负债表和财产清单，说明清算组还没有弄清公司的财产及债权债务的状况，这时制定清算方案可能会和公司的实际情况不相符。因此，清算组必须在清理了公司的财产、编制了公司的资产负债表和财产清单后，制订公司的清算方案。制订公司的清算方案，是清算组的一项义务。所谓清算方案，是指清算组据以处理公司清算事务、了结公司债权、债务的法定文件。其主要内容包括：公司资产和负债情况、财产清单、财产作价依据，债权、债务清单和债权、债务处理办法以及剩余财产分配办法等。清算组制定的清算方案，有限责任公司和股份有限公司应当报股东会确认，人民法院组织清算组进行清算的，应当报人民法院确认。股东会或者人民法院认为清算方案有瑕疵，不予以确认的，清算组应当修改清算方案，直到股东会或者人民法院认可。清算方案经过股东会或者人民法院确认，清算组应当执行。清算方案没有经过股东会或者人民法院的确认，不具有法律效力，清算组不能执行，否则，应当承担相应的法律责任。

公司清算组通过清理公司财产、编制资产负债表和财产清单后，确认公司现有的财产大于公司所欠债务，并且能偿还公司全部债务的时候，应当依照本条规定的顺序进行清偿。首先，应当支付公司清算费用，包括公司财产的评估、保管、变卖和分配等所需的费用，公告费用，清算组成员的报酬，委托注册会计师、律师的费用以及诉讼费用等；其次，支付职工的工资、劳动保险费用和法定补偿金；再次，缴纳所欠税款；从次，偿还其他公司债务；最后，将公司剩余财产分配给股东。取得公司剩余财产的分配权，是公司股东自益权的一项重要内容，是公司股东的基本权利。因此，本条规定，有限责任公司按照各个股东的出资比例进行分配，股份有限公司按照各个股东持有的股份比例进行分配。公司财产是债权人利益的总担保，如果公司清算时不先清偿债务而先向股东分配公司的财产，股东会在清算时争先恐后地瓜分公司的财产，而后逃之夭夭，这将严重损害公司债权人的利益。因此，公司财产进行分配时，应当严格依照法律、行政法规的规定进行，不得有违背法律、行政法规的行为。本条对公司财产的清偿顺序做了明确的规定，清算组不得在公司债权人的利益没有得到保障时，将公司的财产分配给股东。

公司解散并不意味着公司法人资格立即消灭。公司于清算期间被称为"清算中的公司"，又称清算法人，仍然维持法人的地位，但是公司从事经营活动的权利已被剥夺，其职能只限定在清算目的的范围内。对"清算中的公司"的法律地位，学者有不同看法：一是，"拟制存续说"。认为公司解散即消灭了公司的法人资格，只是为了清算的目的，而拟制公司的存在。在公司清算期间，"清算人代表公司"，可以以"清算中的公司"的名义参与诉讼。二是，"同一法人说"。认为公司在解散事由出现后直至清算结束办理注销登记的期间，公司的法律地位不变，只不过权利能力受到限制，公司仍具有独立的法律人格。三是，"清算法人说"。认为公司因解散事由出现而被消灭主体资格，会导致公司财产无主化，为防止出现"权利真空"，法律专为公司清算目的而设立清算法人。清算法人不依附于原公司而独立存在。本条规定采"同一法人说"。即公司在清算期间，法人的地位仍然存在，但行为能力受到限制，只能从事与清算有关的业务，不能开展与清算无关的经营活动。

第二百三十七条 清算组在清理公司财产、编制资产负债表和财产清单后，发现公司财产不足清偿债务的，应当依法向人民法院申请破产清算。

人民法院受理破产申请后，清算组应当将清算事务移交给人民法院指定的破产管理人。

条文释义

本条是对公司财产不足清偿债务时，清算组应当依法申请公司破产的规定。

公司解散时，应当收取各种债权，清偿各种债务。当公司的财产大于公司的债务时，公司债权人的利益都能够得到保障，清算组应当继续进行清算工作。然而公司解散时，公司的财产并不总是大于公司的债务，也有可能少于公司的债务。当公司的财产少于公司的债务时，公司的财产已经不足以清偿公司的债务，公司已经处于资不抵债的境地。又由于公司在清算期限内的行为能力受到限制，无法开展与清算无关的经营活动，公司已经无法挽回损失。事实上，此时的公司已经不能清偿到期债务。也就是说此时的公司已经处于破产的界限，应当予以破产。

清算组在清理了公司财产、编制了资产负债表和财产清单后，公司是否能够清偿自己的债务已十分清楚。如果公司能够清偿债务，清算组可以继续进行清算工作；如果公司不能清偿债务，那么公司已经处于破产状态，应当进入破产程序。为保护公司债权人的利益，清算组发现公司财产不足以清偿债务时，应当立即依法向人民法院申请公司破产清算。

人民法院接到清算组或债权人的破产申请后，应依法进行审判。如果公司经法院裁定宣告破产，清算组应当将清算事务移交给人民法院，由人民法院依照有关破产法的规定重新组成破产清算组进行清算。

第二百三十八条 清算组成员履行清算职责，负有忠实义务和勤勉义务。

清算组成员怠于履行清算职责，给公司造成损失的，应当承担赔偿责任；因故意或者重大过失给债权人造成损失的，应当承担赔偿责任。

条文释义

本条是对清算组成员义务和法律责任的规定。

清算组成员应当依法履行清算职责，负有忠实义务和勤勉义务。权利和义务往往是一致的，享有一定的权利，必须承担相应的义务。清算组在清算期限内享有清算的职权，同时也应当承担相应的义务。在清算期限内，清算组成员应当履行清算职责，负有忠实义务和勤勉义务。所谓依法履行清算职责，是要求清算组成员严格依照法律、行政法规的有关规定处理清算事务。所谓忠实义务，忠实义务是指清算组在执行清算事务时，忠于职守，保护相关权利人利益。所谓勤勉义务又称注意义务，是指清算组应该表现得谨慎、勤勉和技能。本条明确了清算组成员的"忠实勤勉义务"。

清算组成员不得利用职权收受贿赂或者其他非法收入，不得侵占公司财产。清算组成员利用职权收受贿赂或者其他非法收入，会影响公正处理清算事务，为法律所禁止。公司的财产属于公司，任何人包括清算组成员都不得侵占。如果清算组成员在清算期限内利用职权收受贿赂或者其他非法收入，侵占公司财产，任何知情者都可以向司法机关举报，由司法机关予以查处。

清算组成员怠于履行清算职责，给公司造成损失的，应当承担赔偿责任。清算组成员因故意或者重大过失给债权人造成损失的，应当承担赔偿责任。所谓故意，是指清算组成员明知自己的行为会产生损害公司或者债权人利益的后果，而希望或者放任这种结果发生。所谓重大过失，是指清算组成员处理清算事务，法律做出了要求其特别注意的规定，但是清算成员因为疏忽大意，没有对该法律规定引起注意，或者虽然注意了，轻信可能避免，以致发生了不该发生的法律后果。由此给公司和债权人造成损失的，该清算组成员应当对公司和受损失的债权人承担赔偿责任。造成"公司"损失赔偿前提由"因故意或者重大过失"修改为"怠于履行清算职责"，强化了清算组成员义务和责任。

关联案例

邹某英诉孙某根、刘某工伤事故损害赔偿纠纷上诉案①

案情：

原告邹某英系某威电器职工，2007年3月23日，原告在公司工作过程中不慎受伤，2007年12月4日，原告的伤情经仪征市劳动和社会保障局认定为工伤。事故发生后，某威电器支付了原告的医疗费以及2007年4月17日至2007年7月底的护理费、营养费共计3180元。2008年6月30日，经扬州市劳动能力鉴定委员会鉴定，原告邹某英的伤残等级为十级。

评析：

被上诉人孙某根在组织公司清算过程中，明知上诉人邹某英构成工伤并正在进行工伤等级鉴定，却未考虑上诉人工伤等级鉴定后的待遇给付问题，从而给上诉人的利益造成了重大损害，此行为明显构成重大过失，根据《公司法》第一百九十条的规定，清算组成员因故意或者重大过失给公司或者债权人造成损失的，应当承担赔偿责任。对此，孙某根应依法承担赔偿责任。被上诉人刘某系某威电器的股东之一，也是清算组成员，在该公司解散清算过程中，刘某对于实际存在的上诉人工伤事实未能及时查知，显然未尽到清算组成员应尽的责任，也无证据证明孙某根对其故意隐瞒了上诉人工伤的事实，故对于上诉人工伤待遇损失，刘某的行为也构成重大过失，应与孙某根承担连带赔偿责任。如果刘某认为相关责任人对此存在过错，可在承担责任后，依法向相关责任人主张权利。

第二百三十九条 公司清算结束后，清算组应当制作清算报告，报股东会或者人民法院确认，并报送公司登记机关，申请注销公司登记。

条文释义

本条是关于公司清算结束的规定。

本条详细指出了公司在清算结束以后应当进行的流程，先由清算组制作清算报告，然后报股东会或者人民法院确认，并报送公司登记机关，最后申请注销公司登记。

第二百四十条 公司在存续期间未产生债务，或者已清偿全部债务，经全体股东承诺，可以通过简易程序注销登记。

通过简易程序注销登记，应当通过国家企业信用信息公示系统予以公告，公告期限不少于二十日。公告期限届满后，未有异议的，公司可以在二十日内向公司登记机关申请注销公司登记。

公司通过简易程序注销登记的，股东对本条第一款规定的内容承诺不实的，应当对注销登记前的债务承担连带责任。

① 参见《最高人民法院公报》2010年第3期（总第161期）。

条文释义 ┤

本条是关于经全体股东对债务履行作出承诺，通过简易程序注销登记的规定。

法人人格否认，有基石就有例外。这次修订，从立法技术上区分了滥用股东权利和滥用公司法人人格。法人人格否认是公司制度的严格例外，要审慎适用，这是原则，轻易使用会动摇公司制度的基石，所以限制会比较严格。在法人人格否认方面，有两个新增内容：一是横向混同，见《修订草案》的第二十一条，公司出现人格混同，也就是没有独立人格时，会导致法人人格否认。但此前的混同一般是纵向，也就是股东对公司的控制使其失去人格，股东承担连带责任。现在增加了横向混同，股东控制的各公司之间混同的，各公司承担连带责任。二是公司简易注销后股东的连带责任，即本条所新增内容。

本条第一款规定简易程序注销登记的条件，公司在存续期间没有产生债务，或已清偿全部债务的情形下，经全体股东承诺，可以通过简易程序注销登记。第二款规定了简易程序注销登记的流程。通过简易程序注销登记，应当通过国家企业信用信息公示系统予以公告，公告期限不少于二十日。公告期限届满后，未有异议的，公司可以在二十日内向公司登记机关申请注销公司登记。第三款规定简易程序注销登记的责任。在通过简易程序注销登记时，全体股东应当对注销登记前的债务承担连带责任。

这是根据审判实践确定的。注销公司，根据公司法规定，应当将公司解散清算事宜公告并书面通知全体已知债权人。简易注销如果没有书面通知全部债权人，实际是滥用法人人格，股东承担连带责任是情理之中。注意，这不是在认缴出资的范围内承担补充责任，无论出资比例，都要对公司债务承担连带责任。

第二百四十一条 公司被吊销营业执照、责令关闭或者被撤销，满三年未向公司登记机关申请注销公司登记的，公司登记机关可以通过国家企业信用信息公示系统予以公告，公告期限不少于六十日。公告期限届满后，未有异议的，公司登记机关可以注销公司登记。

依照前款规定注销公司登记的，原公司股东、清算义务人的责任不受影响。

条文释义 ┤

本条为新增条款，是对公司强制注销制度的规定。

该制度源于我国市场主体退出制度改革，借鉴了部分省份强制注销试点经验。

主要依据为《中华人民共和国行政许可法》（以下简称《行政许可法》）第七十条第四项规定。该规定完善了我国的公司注销制度，为公司登记机关履行注销职责提供民事法律依据，有助于清理市场上大量已不具备经营资格的"名存实亡"企业，也有利于划清债权债务边界，及时追究股东或者清算义务人的法律责任。

第二百四十二条 公司被依法宣告破产的，依照有关企业破产的法律实施破产清算。

本条是对破产清算的规定。

破产是指债务人不能清偿到期债务，经人民法院裁定宣告破产后，以其全部资产依照法律的规定进行清偿，清偿不足的部分不再进行清偿。公司因不能清偿到期债务被宣告破产，依照《中华人民共和国企业破产法（试行）》或者《中华人民共和国民事诉讼法》中第十九章企业法人破产还债程序的规定进行清算。目前立法机关正在研究制定新的《中华人民共和国企业破产法》（以下简称《企业破产法》）。在新的《企业破产法》施行后，应依照该法规定进行破产清算。

公司被宣告破产后，应当按照法律规定的程序即破产清算程序进行清算，以了结债务人与债权人之间的财产关系。在破产清算程序中，主要包括两方面的内容：一是破产清算组在收集管理破产财产的基础上，对破产财产进行估价和处理；二是用变卖破产财产的价款支付破产费用，清偿优先受偿人，然后将剩余金额在所有破产债权人之间进行分配。

第十三章

外国公司的分支机构

第二百四十三条 本法所称外国公司，是指依照外国法律在中华人民共和国境外设立的公司。

条文释义

本条是对外国公司含义的规定。

本法对外国公司的分支机构做出规定，既参照了世界上市场经济国家的通常立法例，也充分考虑了我国的实际情况。在国外有关公司的民商事法律中，一般是从外国公司的角度来进行规范的，我国《公司法》从国情出发，为了使人们能够更准确地理解法律规定的内容，直接对外国公司的分支机构做出规定，这样既便于实务操作，也便于监督管理。

依照本法设立的外国公司分支机构具有以下特征：①外国公司的分支机构是依据《公司法》在中华人民共和国境内设立的；②虽然外国公司的分支机构是依照中国法律在中华人民共和国境内设立的，但是由于该分支机构隶属于某一外国公司，因此该分支机构与设立该分支机构的外国公司具有相同国籍；③外国公司的分支机构不具有中国法人资格。外国公司的分支机构没有独立的财产，没有法定的、完整的组织机构，不能以自己的名义对外享有权利和承担责任，是该外国公司的组成部分，因此不具有中国法人资格；④设立外国公司的分支机构，必须向中国主管机关提出申请，经批准后，向公司登记机关办理登记，领取营业执照。

需要指出的是，外国公司在中华人民共和国境内设立分支机构，应当符合法律规定的条件，并按照本法及国务院的有关规定办理审批和登记手续，方可在我国境内从事生产经营活动，不得擅自在中国境内设立分支机构，从事有关活动。对于外国公司违反本法规定，擅自在中国境内设立分支机构的，有关机关有权责令其改正或者予以关闭，并可处以罚款。

按照本条的规定，本法所称外国公司是指依照外国法律在中华人民共和国境外登记成立的公司。外国公司的分支机构是以外国公司的存在为前提的，没有外国公司也就没有外国公司的分支机构。所谓外国公司是相对内国公司而言的，是指依据所在的其他国家的法律，取得所在国公司法人资格的公司。外国公司的分支机构则是指外国公司依照中国法律在中华人民共和国境内设立的分支机构。通常情况下，前者被称为本公司或总公司，后者被称为分公司或者本公司的分支机构。总之，我国《公司法》和其他国家的《公司法》一样，对外国公司的分支机构做出规定，目的是对外国公司在本国的活动进行规范，而并不是为了规范外国公司本身。

第二百四十四条 外国公司在中华人民共和国境内设立分支机构，必须向中国主管机关提出申请，并提交其公司章程、所属国的公司登记证书等有关文件，经批准后，向公司登记机关依法办理登记，领取营业执照。

外国公司分支机构的审批办法由国务院另行规定。

条文释义

本条是对外国公司在中国境内设立分支机构的批准和登记程序的规定。

按照本条第一款的规定，外国公司在中华人民共和国境内设立分支机构必须经过批准和登记两道程序。为了对外国公司在中华人民共和国境内设立分支机构实施必要的监督管理，明确外国公司在我国的法律地位，凡是在中华人民共和国境内设立分支机构的外国公司，都必须就该设立行为向我国主管机关申请批准。外国公司申请批准必须提交其公司章程、所属国主管机关签发的公司登记证书等文件，以明确该公司的国籍及该外国公司的责任形式。我国主管机关对外国公司提交的有关证明文件依法进行审查后，对符合我国法律规定条件的，依法予以批准。外国公司在获得设立批准后，持批准文件及有关证明文件，向公司登记机关申请办理登记手续，经公司登记机关审查批准后，即可领取营业执照，营业执照是外国公司的分支机构在中华人民共和国境内从事经营活动的合法凭证，自领取营业执照之日起，外国公司的分支机构即告成立。

按照本条第二款的规定，外国公司分支机构的审批办法由国务院另行规定。本法授权国务院另行规定外国公司分支机构的审批办法，主要有以下考虑：一是有关主管机关对外国公司分支机构市场准入的审批权限需由国务院在具体审批办法中加以确定；二是考虑到某些行业或地区不宜设立外国公司的分支机构，或者某些行业目前暂时不允许设立外国公司的分支机构，这些具体限制规定也需要由国务院根据我国的实际情况进行规定，并且根据情况变化进行适时的调整。

目前外国公司在中华人民共和国境内设立分支机构从事生产经营活动，主要包括下列情形：①外国公司在中华人民共和国境内设立从事生产经营的分公司、外国银行在中华人民共和国境内设立的分行等；②外国公司在中华人民共和国境内设立从事勘探、承包经营，承包建筑安装、仓储、转运等作业场所或经营场所；③外国公司在中华人民共和国境内设立从事业务活动的代表机构、代理机构或者联络机构等。

第二百四十五条 外国公司在中华人民共和国境内设立分支机构，必须在中华人民共和国境内指定负责该分支机构的代表人或者代理人，并向该分支机构拨付与其所从事的经营活动相适应的资金。

对外国公司分支机构的经营资金需要规定最低限额的，由国务院另行规定。

条文释义 ├──

本条是对外国公司在中华人民共和国境内设立分支机构应当具备条件的规定。

按照本条第一款的规定，外国公司在中华人民共和国境内设立分支机构，必须在中华人民共和国境内指定负责该分支机构的代表人或者代理人。外国公司在中华人民共和国设立分支机构，并通过该机构从事生产经营活动，必须由设立该分支机构的外国公司的法定代表人签署授权证书或者委托书，在中华人民共和国境内指定代表人或者代理人。这里的代表人是指外国公司指定的、代表该外国公司分支机构行使职权的负责人；这里的代理人是指由外国公司授权其负责该外国公司分支机构的人。由于外国公司的分支机构是一个机构或者场所，所以它本身不可能去从事各种活动，必须要由一个自然人代表它去从事各种活动，这个人就是外国公司分支机构的代表人或者经外国公司授权的代理人。同时，外国公司的分支机构作为一个机构或者场所，也必须有进行内部管理的负责人。因此，本法规定外国公司在中华人民共和国境内设立分支机构，必须在中华人民共和国境内指定负责该分支机构的代表人或者代理人。需要指出的是，该代表人或者代理人作为该分支机构的负责人，可以是中国公民，也可以是非中国公民。该代表人或者代理人对外代表该外国公司在中国的分支机构，参加民事活动和诉讼活动。在我国，有关主管部门对外国公司分支机构的代表人或者代理人有一定的资格要求。

本条第一款同时规定，外国公司在中华人民共和国境内设立分支机构，必须向该分支机构拨付与其所从事的经营活动相适应的资金。资金是经济活动的基础，有了一定数量的资金，才能够进行正常的经济活动，所以外国公司的分支机构在中华人民共和国境内从事生产经营活动，必须有与其所从事的经营活动相适应的资金。如果外国公司的分支机构没有与其所从事的生产经营活动相适应的资金，而设立外国公司分支机构的外国公司又在中华人民共和国境外，其主要财产都在中华人民共和国境外，中国法律对该外国公司的效力要受到地域的限制，这样就容易增加交易风险，因此为了使外国公司的分支机构在中华人民共和国境内具有实际的财产，保障交易相对人的安全，有必要规定外国公司必须对该分支机构拨付相应的资金。外国公司不拨付一定的资金的，不得在中华人民共和国境内设立分支机构。

按照本条第二款的规定，对外国公司分支机构的经营资金需要规定最低限额的，由国务院另行规定。由于从事不同行业、不同规模的生产经营活动所需要的资金数量是不同的，为合理配置资源，防止经营欺诈，保障交易安全，外国公司分支机构的经营资金，并不是外国公司决定向分支机构拨付多少就是多少，外国公司在中华人民共和国境内设立分支机构，所需要的资金规模最低限额应当区分不同情况由国务院规定，以保证外国公司分支机构不但具有实实在在的财产，而且其数量也必须与其所从事的经营活动相适应。对于外国公司拨付的资金达不到国务院规定的最低限额的，也不得在中华人民共和国境内设立分支机构。

第二百四十六条　外国公司的分支机构应当在其名称中标明该外国公司的国籍及责任形式。

外国公司的分支机构应当在本机构中置备该外国公司章程。

条文释义

本条是对外国公司分支机构的名称要求及在本机构中置备公司章程的规定。

按照本条第一款的规定，外国公司的分支机构应当在其名称中标明该外国公司的国籍及责任形式。外国公司分支机构的名称是该分支机构区别于其他民事主体的标志。没有名称，外国公司分支机构就无法参与经济活动，为了使交易对象准确了解其法律性质，本条规定外国公司的分支机构应当在其名称中标明该外国公司的国籍及责任形式。公司的国籍也就是指一个公司具有的某一个国家的法人资格，一般情况下，公司依据哪国法律在哪国境内登记设立该公司即具有该国国籍，而不论该公司的资金来源于何处。公司的责任形式主要包括有限责任公司、股份有限公司、无限公司、两合公司等几种，外国公司的分支机构应当根据本条的规定，在其名称中对该外国公司的责任形式予以标明。此外，由于其为外国公司的分支机构，因此其名称通常还应包括该分支机构所属的外国公司的名称字样。总之，外国公司分支机构的名称必须完整、清楚、明确，符合法律要求，不得含糊、不得缺项。

按照本条第二款的规定，外国公司的分支机构应当在本机构中置备该外国公司章程。外国公司分支机构成立以后，应当在本机构中置备该外国公司的章程，以使要与之进行交易的相对人能够了解该外国公司的责任形式、资信情况、内部组织机构等，并根据章程所载明的情况做出自己的判断，从而决定是否与该外国公司的分支机构发生经济关系。同时，外国公司分支机构在本机构中置备该外国公司的章程，也有利于加强对该外国公司分支机构的管理，便于公司登记机关、税务机关及其他有关管理机关检查该分支机构的有关情况。因此，外国公司的分支机构必须在本机构所在地置备该外国公司的章程，以备查阅或查验。

第二百四十七条　外国公司在中华人民共和国境内设立的分支机构不具有中国法人资格。

外国公司对其分支机构在中华人民共和国境内进行经营活动承担民事责任。

条文释义

本条是对外国公司分支机构的法律地位及外国公司对其分支机构的经营活动承担民事责任的规定。

按照本条第一款的规定，外国公司属于外国法人，其在中华人民共和国境内设立的分支机构不具有中国法人资格。依照本法设立的外国公司分支机构具有以下法律特征：①外国公司分支机构是所属外国公司的一个组成部分，是外国法人在中国设立的派出机构，它不是外国公司依据中国法律在中华人民共和国境内单独登记注册成立的子公司法人；②外国公司分支机构没有独立的财产，不进行独立核算，它与其总公司在财务上合为一体，其经营收入与业务开支核算纳入总公司统一进行核算；③外国公司分支机构不具有独立公司法人的内部组织机构，一般由总公司委派代表人或者代理人作为负责人，而不实行独立的股东会、董事会、监事会制度；④外国公司分支机构的名称不使用与其总公司相区别的独立的名称；⑤外国公司分支机构不独立承担民事责任，而是以外国公司的名义享受权利、承担义务。根据我国《民法典》的规定，法人是指具有民事权利能力和民事行为能力，依法独立享有民事权利和承担民事义务的组织。法人应当具备下列条件：①依法成立；②有必要的财产或者经费；③有自己的名称、组织机构和场所；④能够独立承担民事责任。由于外国公司的分支机构不具有上述法人应当具备的条件，因此它不具有中国法人资格。

按照本条第二款的规定，外国公司对其分支机构在中华人民共和国境内进行经营活动承担民事责任。根据外国公司分支机构的法律特征，由于外国公司的分支机构不具有中国法人资格，它在中华人民共和国境内从事经营活动是以外国公司的名义进行的，由此产生的权利和义务均归属于设立该分支机构的外国公司，其民事责任理应也由所属外国公司来承担。实践中外国公司的分支机构在中华人民共和国境内从事经营活动产生债务时，一般首先由分支机构来进行清偿，当分支机构不能清偿时，再由所属外国公司来进行清偿。所属外国公司也可以直接清偿。

第二百四十八条 经批准设立的外国公司分支机构，在中华人民共和国境内从事业务活动，必须遵守中国的法律，不得损害中国的社会公共利益，其合法权益受中国法律保护。

条文释义

本条是对外国公司分支机构的权利和义务的规定。

外国公司在中华人民共和国境内设立的分支机构虽不具有中国法人资格，但其所有在中华人民共和国境内从事的业务活动都必须遵守中国的法律。我国法律一方面保护外国公司分支机构从事生产经营活动过程中的合法权益；另一方面也要求外国公司分支机构应当遵守我国的法律，在法律允许的范围内开展业务活动，不得损害我国的社会公共利益。

按照本条的规定，经批准设立的外国公司分支机构在中华人民共和国境内从事业务活动，必须遵守中国的法律。外国公司的分支机构在中华人民共和国境内从事业务活动，必须接受中国法律的管辖，在中国法律允许的范围内进行生产经营活动，这是国家主权所决定的。中国作为一个主权国家，除享有外交特权和豁免权的人以外，其法律对领域内的所有人都发生效力，任何单位和个人都不得例外。只要在中华人民共和国境内从事有关的行为，就必须遵守中国的法律。外国公司分支机构在中华人民共和国境内从事业务活动，同中国的单位和个人一样，也必须遵守中国的法律，否则要承担相应的法律责任。

不得损害中国的社会公共利益，这也是外国公司分支机构在中华人民共和国境内从事经营活动应当遵守的一项重要法律原则。社会公共利益是指全体社会成员的共同利益，对社会公共利益的损害，意味着对整个社会秩序的破坏，这在任何社会都是不被允许的，在中国也不例外。外国公司分支机构在中华人民共和国境内从事业务活动，不得损害中国的社会公共利益。

本条同时规定，外国公司分支机构的合法权益受中国法律保护。法律作为一种行为规范，不仅为人们的活动提供行为准则，对违反法律的行为进行制裁，而且要对人们依法应当享有的权益进行保护，这样才能有效地维护社会公共秩序和公共利益，促进经济和社会的健康发展。因此，外国公司分支机构的行为在受到中国法律约束的同时，其在中华人民共和国境内从事业务活动中的合法权益当然受中国法律保护。外国公司分支机构合法的经营活动不受侵害，外国公司分支机构对侵害其合法权益的行为，可以要求法律上的保护。

第二百四十九条 外国公司撤销其在中华人民共和国境内的分支机构时，必须依法清偿债务，依照本法有关公司清算程序的规定进行清算。未清偿债务之前，不得将其分支机构的财产转移至中华人民共和国境外。

条文释义

本条是对外国公司分支机构撤销时必须依法进行清算的规定。

外国公司的分支机构在中国经过一定时期的经营，可能会由于某些原因被撤销。如：其所属外国公司自愿撤销，把在中华人民共和国境内的分支机构关闭，不再由该分支机构在中华人民共和国境内从事生产经营活动；或者因外国公司分支机构在中华人民共和国境内从事了违反中国法律的活动，中国的有关机关依法责令其关闭，收回营业执照。无论由于上述哪种原因被撤销，外国公司分支机构都必须依法清偿债务。由于外国公司分支机构不具有中国的法人资格，不具有独立的财产，其债权债务由该外国公司享有和承担。因此，为了保证外国公司分支机构被撤销后仍存在的债务得到应有的清偿，本条明确规定，外国公司撤销其在中国境内的分支机构时，必须依法清偿债务，按照本法有关公司清算程序的规定进行清算。

具体来讲，外国公司分支机构的清算是指分支机构被撤销后，为了终结其现存的各种法律关系，了结分支机构债务，而对分支机构所发生的债权债务进行清理处分的行为。外国公司分支机构的清算，按照本法有关公司清算程序的规定进行，主要包括成立清算组织、通知和公告债权人、债权申报和登记、清理财产和债权债务、制定清算方案、执行清算方案、制作清算报告以及注销登记等程序。

需要指出的是，在中华人民共和国境内的外国公司分支机构的债务，实质上是该外国公司的债务，因此，用于清偿分支机构债务的财产不限于该分支机构的现有财产，如果分支机构的现有财产不足以清偿所欠债务时，债务人有权向该分支机构所属的外国公司请求偿还。因为外国公司的设立地在境外，其主要机构和财产也在境外，所以当外国公司撤销其在中华人民共和国境内的分支机构时，应当首先就该分支机构的财产及债务进行清算，否则一旦该分支机构将财产转移到境外，其未偿还的债务就很难执行，故外国公司对其分支机构的清算未完成之前，不得将该分支机构的财产转移至中国境外，以防止逃避债务，损害债权人及有关利害关系人的利益。

马某解散中外合资公司案①

案情:

2010 年,龙某与外籍人士马某成立中外合资经营的机械公司。2014 年,双方因股权转让价款发生纠纷并召开公司董事在线会议。随后,马某以龙某实际控制公司,董事会决议无法实施为由诉请解散公司。

评析:

本案系中外合资经营企业解散纠纷,应适用中国法律审理本案。2014 年机械公司三位董事通过网络在线形式召开了董事会,并形成了一致决议,董事会会议记录亦通过电子邮件形式经过马某确认,表明机械公司董事会机制并未失灵。马某认为董事会召开形式不符合公司章程关于召开董事会及会议笔录的要求,还认为董事会决议内容并未真正实施、部分内容违法,但一方面,通过网络在线形式召开董事会,及会议笔录通过电子邮件形式确认不违背公司章程关于召开董事会的程序要求,另一方面,与本案相关的问题并非董事会决议内容实施与否及决议是否有效问题,而是确定董事会能否正常召开的问题,故马某以董事会决议未实施、决议部分内容违法为由来否定董事会正常召开的抗辩理由不成立。

---

① 审理法院为浙江宁波中院,案号为(2015)甬商外终字第 45 号。

第十四章

法律责任

第二百五十条 违反本法规定，虚报注册资本、提交虚假材料或者采取其他欺诈手段隐瞒重要事实取得公司登记的，由公司登记机关责令改正，对虚报注册资本的公司，处以虚报注册资本金额百分之五以上百分之十五以下的罚款；对提交虚假材料或者采取其他欺诈手段隐瞒重要事实的公司，处以五万元以上二百万元以下的罚款；情节严重的，吊销营业执照；对直接负责的主管人员和其他直接责任人员处以三万元以上三十万元以下的罚款。

条文释义

本条是关于虚报注册资本、提交虚假材料或者采取其他欺诈手段隐瞒重要事实取得公司登记应当承担的法律责任的规定。

本条所涉及的违法行为，其实质是一种欺诈行为。所谓"欺诈"，是指当事人在办理公司登记时，故意隐瞒有关的重要事实、制造假象、掩盖真相，使公司登记机关受蒙骗、发生错误认识而取得了公司登记。构成本条所指的具有欺诈性质的违法行为，具有以下三个特点：第一，欺诈行为应当出于当事人的故意；第二，当事人实施欺诈行为有明确的骗取公司登记的目的；第三，公司登记机关进行的登记，完全是由于上述认识上的错误而进行的，如果公司登记机关了解事实真相就不会对虚假申请进行公司登记。需要指出的是，这里的"公司登记"不仅包括设立登记，还包括变更登记、注销登记以及设立分公司的登记等公司登记。本条涉及的违法行为有以下三种：

（1）虚报注册资本。这里的"虚报"主要是指为骗取公司登记而故意夸大资本数额，实际上根本就没有出资或者没有全部出资。这里的"注册资本"，是指在公司登记机关登记的资本数额，包括设立时股东认缴的出资额，也包括成立后增加的资本额。

（2）提交虚假材料。本条中所说的"虚假材料"，主要是指设立（变更、注销）登记申请书、公司章程、验资证明等文件和从事法律、行政法规规定须报经有关部门审批的业务所提交的有关部门的批准文件是虚假的，比如说设立申请书中股东出资额的验资证明是虚构的，或者从事特种行业所提交的有关部门的批准文件是伪造的等。

（3）采取其他欺诈手段隐瞒重要事实。本条中所谓"其他欺诈手段"，是指采用其他隐瞒事实真相的方法欺骗公司登记机关的行为。

本条规定的对违法行为法律责任的追究，主要属于行政处罚：

（1）实施本条规定的行政处罚的主体为公司登记机关，即工商行政管理部门。

（2）按照本条的规定，违反本法规定，采取欺诈手段取得企业登记的，由公司登记机关责令改正，根据违法行为的情况处以罚款和撤销公司登记或者吊销营业执照。①责令改正。对任何一种违法行为，均应当予以改正，所以行政处罚法并未将责令改正包括在行政处罚的种类之中，但是在行政机关实施行政处罚时，首先应当责令当事人改正违法行为或者限期改正违法行为，然后才是给予行政处罚。②罚款。罚款是行政处罚的一种方式。由公司登记机关对虚报注册资本的公司，处以虚报注册资本金额百分之五以上百分之十五以下的罚款；对提交虚假材料或者采取其他欺诈手段隐瞒重要事实的公司，处以五万元以上二十万元以下的罚款。③吊销营业执照。吊销营业执照是公司登记机关强行收回违法当事人营业执照并予以注销的一种行政处罚。

2018年《公司法》第一百九十八条规定了虚假登记的法律责任，2023年《公司法》第二百五十条将虚假登记的罚款上限从五十万元调整为二百万元，删除情节严重时撤销公司登记的后果，改为处以罚款并吊销营业执照。同时新增对直接责任人员处以三万元以上三十万元以下罚款的规定。本条吸收了《市场主体登记管理条例》第四十四条的规定。实践中对于情节严重时能否吊销营业执照并处罚款存在争议，此次修订明确了可以吊销营业执照并处以罚款。2023年《公司法》第三十九条已就撤销公司登记作出单独规定，且撤销公司登记是对违法行为的纠正，不属于行政处罚，本条是对法律责任的规定，撤销登记不属于该范围，故删去了撤销登记的规定。公司虚假登记实际是由公司内部人员主导实施的，在处罚公司时也要强调行为人的个人责任，因此新增了对虚假登记直接责任人的处罚，在全面推行形式审查标准的背景下，有利于打击冒用他人身份信息等虚假登记行为。

关联案例

某县天某泉饮品有限公司不服被告某县市场监督管理局撤销登记决定及某市市场监督管理局行政复议决定案①

案情：

某县市场监督管理局于2019年8月6日作出渭市监撤字〔2019〕01号撤销登记决定，认定张某林在办理某县天某泉饮品有限公司（以下简称天某泉公司）的营业执照时提交虚假材料的行为违反了《行政许可法》第三十一条的规定，依据《行政许可法》第六十九条第二款规定，决定撤销天某泉公司于2018年11月13日在原某县工商局取得的公司登记事项。天某泉公司不服，向某市市场监督管理局申请行政复议。某市市场监督管理局于2020年5月6日作出定市监复决字〔2020〕3号行政复议决定，维持前述撤销登记决定。

---

① 审理法院为甘肃省定西市安定区人民法院，案号为（2020）甘1102行初25号。

评析：

本案系原告天某泉公司对被告某县市场监督管理局作出的撤销工商登记行政行为及某市市场监督管理局作出的行政复议决定不服提起的行政诉讼。关于被诉撤销登记决定的性质，根据《全国人大常委会法工委关于公司法第一百九十八条"撤销公司登记"法律性质问题的答复意见》（法工委复〔2017〕2号）"行政许可法第六章监督检查第六十九条第一款对行政机关违法履行职责而准予行政许可的撤销作了规定，第二款对被许可人以欺骗、贿赂等不正当手段取得行政许可的撤销作了规定。第七章法律责任第七十九条规定，被许可人以欺骗、贿赂等不正当手段取得行政许可的，行政机关应当依法给予行政处罚。依照行政许可法的上述规定，撤销被许可人以欺骗等不正当手段取得的行政许可，是对违法行为的纠正，不属于行政处罚"的答复，被告某县市场监督管理局作出的被诉撤销登记决定，系对违法行为的纠正，而非行政处罚。因此，对原告天某泉公司诉称被诉撤销登记决定系行政处罚的主张，应不予采纳。

第二百五十一条 公司未依照本法第四十条规定公示有关信息或者不如实公示有关信息的，由公司登记机关责令改正，可以处以一万元以上五万元以下的罚款。情节严重的，处以五万元以上二十万元以下的罚款；对直接负责的主管人员和其他直接责任人员处以一万元以上十万元以下的罚款。

条文释义

本条是未公示或者不如实公示相关企业信息的法律责任的规定。

2023年《公司法》第二百五十一条为保障本法第四十条的公司的企业信息公示义务的落实，特别新设此条，即公司未公示或者不如实公示相关企业信息的法律责任。

作为年检制度替代机制的企业信息公示制度，以安全和效率作为其基本价值选择。通过企业信息公示，市场主体可以方便地了解企业的经营信息，从而对其信用作出评估，对交易风险作出判断，进而使交易安全得到保障；而通过信息公示这一较低的制度实施成本而达到保障交易安全的立法目的，无疑也是符合效率的。但仅有新《公司法》第四十条的义务性规定显然"独木难支"，因此新《公司法》特于第十四章的法律责任部分新设未公示或者不如实公示相关企业信息的法律责任。违法情节轻微的，处以数额较低的罚款；情节严重的，处以高额罚款。同时，直接的责任人（主要是自然人）也会被处以罚款。

第二百五十二条 公司的发起人、股东虚假出资，未交付或者未按期交付作为出资的货币或者非货币财产的，由公司登记机关责令改正，可以处以五万元以上二十万元以下的罚款；情节严重的，处以虚假出资或者未出资金额百分之五以上百分之十五以下的罚款；对直接负责的主管人员和其他直接责任人员处以一万元以上十万元以下的罚款。

条文释义

本条是关于虚假出资法律责任的规定。

拥有一定的资金是一个公司存在的必要条件，而公司的最初资金就来源于股东或者发起人的出资。公司的发起人、股东故意违反本法关于出资缴纳的规定，未交付或者未按期交付作为出资的货币或者非货币财产而假冒已经出资的，即构成虚假出资行为，应当承担相应的责任。

依据本条追究虚假出资行为的法律责任包括：

（1）责令改正。公司登记机关应当及时责令虚假出资的公司发起人、股东履行其出资义务，改正虚假出资行为。

（2）罚款。公司发起人、股东虚假出资，总是为追求一定的经济利益。因此，有关主管机关对行为人除责令改正外，同时处以罚款是必要的，以使行为人承担经济责任，受到惩罚和教育。

2023年《公司法》第二百五十二条关于虚假出资的法律责任规定对2018年《公司法》的责任配置进行了更精细化的设计。

2018年《公司法》对于虚假出资的罚款数额是统一以虚假出资金额比例确定的，即处以虚假出资金额百分之五以上百分之十五以下的罚款，但公司出资金额有时会达到上千万，以此比例统一确定公司发起人和股东的责任难免出现罚过失衡的局面。因此，2023年《公司法》对虚假出资的法律责任进行了梯度设计，即情节不严重的，处以五万元以上二十万元以下的罚款；情节严重的，处以虚假出资或者未出资金额百分之五以上百分之十五以下的罚款；对直接负责的主管人员和其他直接责任人员处以一万元以上十万元以下的罚款。由此实现罚过相当的责任配置原则。

关联案例

陈某侠与重庆某光物业发展有限公司股东资格确认纠纷上诉案①

案情：

重庆某光物业发展有限公司（以下简称某光公司）于1997年1月20日成立，注册资本为600万元，法定代表人为曹某。1997年1月4日，某光公司向工商行政管理部门提交了公司设立登记申请书，申请设立某光公司。某光公司工商登记资料中记载：某光公司设立时的股东为陈某侠、曹某及程某友，其中，曹某出资270万元，占注册资本的45%；陈某侠出资200万元，占注册资本的33.3%；程某友出资130万元，占注册资本的21.7%。2001年5月8日，某光公司申请增加注册资本至860万元，曹某的出资额增加至530万元，陈某侠及程某友的出资额不变。某光公司工商登记资料中留存有陈某侠、曹某及程某友的身份证复印件。2009年1月15日，某光公司因未依法参加2006年检被吊销了营业执照。

评析：

本案中，根据既有证据和当事人陈述，虽然陈某侠被登记为某光公司的股东，但是，该登记所使用的与陈某侠有关的资料（包括身份证复印件、签名等）均不是陈某侠本人直接向某光公司（包括曹某或其代办人或代理人等）提供或亲自所为，也不能证明是陈某侠授权他人所为。某光公司及其法定代表人、实际控股股东曹某陈述，因

---

① 审理法院为重庆市第五中级人民法院，案号为（2020）渝05民终4732号。

曹某与陈某侠之间之前有其他合作关系而保存有陈某侠的身份证复印件，办理公司登记以及将陈某侠登记为股东，陈某侠不知情，也没有实际出资；程某友本人在一审中也陈述其并不清楚陈某侠对上述事实是否知情，而在二审中认可陈某侠关于其不是某光公司股东、其身份证被冒用等事实。综合而言，既有证据结合当事人陈述，足以证明：陈某侠对其身份证被冒用或其本人被冒名而不知情；陈某侠没有持有某光公司股份的真实意思表示；陈某侠并未实际出资并且也没有参与公司的管理。因此，本院认为，陈某侠并非某光公司的股东。某光公司的工商登记信息与实际情况不符。

第二百五十三条 公司的发起人、股东在公司成立后，抽逃其出资的，由公司登记机关责令改正，处以所抽逃出资金额百分之五以上百分之十五以下的罚款；对直接负责的主管人员和其他直接责任人员处以三万元以上三十万元以下的罚款。

条文释义

本条是关于公司发起人、股东抽逃出资、协助股东抽逃出资相关人员法律责任的规定。

出资构成的注册资本是公司信誉及其承担责任的物质基础。因此，本法规定公司发起人、股东出资后，不得抽回出资。公司的发起人、股东在公司成立后，抽逃其出资，是对公司债权人、社会公众和公司登记机关的欺骗，应当承担相应的法律责任。

根据本条的规定，抽逃出资行为的主体为公司发起人和股东，其抽逃出资行为是一种故意的行为。对抽逃出资行为的客观方面，可以从行为的时间及方式两点上把握：抽逃出资行为只发生在公司成立之后，这就与虚报注册资本、虚假出资等行为在时间上有所区别；抽逃出资，是指公司发起人、股东非法抽回自己的出资，减少公司的资本总额，其手段可以是各种各样的。

依据本条追究抽逃出资行为的法律责任包括责令改正和罚款。公司的发起人、股东在公司成立后，抽逃其出资的，由公司登记机关责令改正，处以所抽逃出资金额百分之五以上百分之十五以下的罚款。本条新增协助股东抽逃出资相关人员责任。规定了对直接负责的主管人员和其他直接责任人员处以三万元以上三十万元以下的罚款。

关联案例

史某文与石家庄某达建筑体系有限公司、盘锦某达建筑体系有限公司股东出资纠纷案①

案情：

设备购置合同的签订双方为史某文、石家庄某达建筑体系有限公司（以下简称石家庄某达公司），但基于史某文之前就是盘锦某达建筑体系有限公司（以下简称盘锦某达公司）的经理，对公司有一定的管理控制权，之后又变更为盘锦某达公司的法定代表人，设备款的支付和设备的接收都是盘锦某达公司，故应当认定设备购置合同的实际履行双方是石家庄某达公司与盘锦某达公司。基于三方的身份关系，合同履行的实

---

① 审理法院为辽宁省高级人民法院，案号为（2014）辽民二终字第00135号。

际相对人三方都应当是明知的。按照设备购置合同，盘锦某达公司应当向石家庄某达公司支付700万元的设备款，三方没有争议的为2011年3月12日的200万元和2011年4月11日的100万元，争议的是2011年3月12日的300万元。该300万元史某文主张为石家庄某达公司利用股东变更之际抽逃注册资本，盘锦某达公司认可史某文主张；石家庄某达公司认为属于盘锦某达公司支付设备款。

评析：

本案中的汇款虽然在银行汇款结算申请书中记载为投资款，但由于史某文的身份关系，其对于汇款具有一定的管理决策权，盘锦某达公司尚欠石家庄某达公司设备款的事实，即使盘锦某达公司以投资款的形式支付给石家庄某达公司，石家庄某达公司也可以主张与设备购置款相互抵销，抵销之后只是扣减了盘锦某达公司尚欠的设备款，而不能认定石家庄某达公司抽逃了注册资本。史某文提供的工商部门调查材料，与史某文、石家庄某达公司向法院提供的证据材料基本一致，因工商部门未对石家庄某达公司是否构成抽逃注册资本做出认定和处罚，可以据此认定相关事实，不能作为认定石家庄某达公司是否构成抽逃注册资本的有效证据。故史某文的诉讼请求没有事实依据，不应支持。

关联案例

程某爱与北京某环铁房地产开发有限公司合同纠纷执行案①

案情：

北京某环铁房地产开发有限公司（以下简称某环铁公司）注册资本为2亿元，首期出资5 000万元应于2013年7月12日缴付。该5 000万元出资经验资，确认已实际缴付到位，其中朗某实缴出资650万元。但从某环铁公司2014年7月18日第一届第一次股东会议决定、第一届第二次股东会议决定和转让协议记载的内容看，全部股东的实际出资额仅为3 050万元，其中朗某实缴600万元，待缴1 400万元。从上述股东会决议内容可以看出，朗某并未实际缴纳650万元出资，还差50万元。故申请追加朗某为被执行人，在出资未到位的50万元范围内，对某环铁公司所欠债务承担连带清偿责任。

评析：

在司法实践中，裁判者应针对抽逃出资的实质要件的把握对股东抽逃出资的行为进行认定，简单而言，即无正当理由将应已完成的出资行为抽回，损害公司和债权人利益的行为即可认定为股东抽逃出资。本案中，公司决议在没有正当理由的情况下，将股东朗某已经实缴的出资650万元设置为600万元，导致其已经实缴的50万元被抽回。虽然公司的总注册资本和股东朗某的出资份额在明面上没有变化，但是将实缴出资变为待缴付出资行为在客观上造成了公司资产的不当减少，对某环铁公司的资本充实造成了妨害，该情形应属于《公司法解释（三）》第十二条中其他未经法定程序将出资抽回的行为。

① 张凯华. 股东不当减少实缴出资可被追加为被执行人［J］. 人民司法·案例, 2020（32）：103.

第二百五十四条　有下列行为之一的，由县级以上人民政府财政部门依照《会计法》等法律、行政法规的规定处罚：

（一）在法定的会计账簿以外另立会计账簿；

（二）提供虚假记载或者隐瞒重要事实的财务会计报告。

条文释义

本条是关于违反公司财务管理制度另立会计账簿法律责任和提供虚假财会报告等材料的法律责任的规定。

会计账簿是记载和反映公司财务状况和营业状况的各种账簿、文书的总称。公司应当依照法律、行政法规和国务院财政部门的规定建立本公司的财务、会计制度，并不得在法定的会计账簿以外另立会计账簿。公司违反本法规定另立会计账簿行为有以下特点：一是另立会计账簿行为的主体为公司，因此只能是法人而非自然人。二是另立会计账簿行为的主观方面，大多是为逃避有关主管机关监督、检查或者逃避公司的法定义务，目的与动机十分明确，因而行为的主观方面是故意。三是另立会计账簿行为的客观方面主要表现为公司违反了法律、行政法规和国务院财政部门关于设立会计账簿的规定，在法定的会计账簿之外设立了另外一套会计账簿。

公司的财务会计报告是用货币形式综合反映公司在生产经营活动和财务状况的一种书面报告文件。它根据公司会计账簿的记录，按照规定的格式、内容和方法编制而成。其目的在于系统地、有重点地、简明扼要地反映公司的财务状况和经营成果，向公司机关、股东债权人、潜在投资者、政府有关部门等会计报表使用人提供必要的财务资料和会计信息。股东和社会公众主要就是通过公司的财务会计报告来了解公司的经营情况及其成果，并在此基础上维护自己的合法权益，并决定今后投资的意向。因此，本法禁止在公司向有关主管部门提供的财务会计报告等材料上作虚假记载或者隐瞒重要事实。认定提供不真实的财务会计报告行为应当注意以下几个方面：

（1）提供不真实的财务会计报告行为的主体。从形式上看，该行为的主体是公司，是公司向股东和社会公众提供了不真实的财务会计报告。但是操纵这一行为的主体是公司中直接负责的主管人员和其他直接责任人员。因此，这两类人员才是该行为的真正幕后指挥者，应当承担本条的法律责任。

（2）提供不真实的财务会计报告行为的主观方面。公司中直接负责的主管人员和其他直接责任人员，通过公司向股东和社会公众提供不真实的财务会计报告，是行为人在某种不法目的与动机驱动之下的一种故意行为。提供虚假财会报告与工作过失造成财务会计报告失实行为在客观上有相同之处，即财务会计报告虚假或遗漏。但二者区别的关键在于主观方面的不同，本行为主观上表现为行为人故意提供虚假的或者隐瞒重要事实的财务会计报告，而后者在主观上则是行为人由于业务能力、工作经验和态度等方面的原因，使其所制作的财务会计报告中有错算、错记、漏记等情形，即由工作过失造成财务会计报告失实的情况。

（3）提供不真实的财务会计报告行为的客观方面。主要表现是违反了其如实提供财务会计报告的义务；提供的财务会计报告是虚假的或者隐瞒了重要事实。

2023年《公司法》第二百五十四条关于另立会计账簿、财务会计报告失真的法律责任规定整合了 2018 年《公司法》第二百零一条和二百零二条的两条规定，同时将处罚权交由县级以上人民政府财政部门，并允许其依照《会计法》等法律、行政法规的规定处罚，不在《公司法》做具体的责任设定。《会计法》第六章专设会计法的法律责任规定。

《公司法》中的财务会计制度是现代公司治理的核心，不仅是财务数字和报表，还是公司一切行为必要的记录及营业报告要求。

关联案例

魏某与优某公司损害公司利益责任纠纷案[①]

案情：

优某公司为有限责任公司，法定代表人为魏某，股东为魏某（出资比例 70%）、周某（出资比例 30%），企业工商信息登记公司监事为周某。优某公司章程约定股东会的职权包括选举和更换由股东代表出任的监事、决定有关监事的报酬等。公司设监事一名，由股东会决定选派。优某公司工商内档显示该公司于 2015 年 4 月 22 日作出股东会决议，选举周某为公司监事、任期为三年。诉讼中，魏某认为工商内档不能证明周某的合法监事身份，并称公司 2017 年 3 月 27 日已作出股东会决议对监事进行重新选举，公司监事变更为钟某。魏某提交的优某公司 2017 年 3 月 27 日的《股东会决议》及《股东会决议会议纪要》载明，出席会议股东为魏某，代表公司股东 70% 的表决权，决议设立监事 1 名，选举钟某为公司监事。股东魏某在上述文件上签名确认，但其不能举证证实有通知周某参加股东会，周某对该股东会决议不予确认，并认为系伪造。另查明，魏某在公司经营中存在通过个人账户收取公司经营款项的事实。

评析：

关于周某是否有权代表优某公司提起本案诉讼的问题。首先，优某公司只有魏某和周某两名股东，其中魏某占股 70%，是公司的法定代表人，在公司的管理和控制上处于优势地位，在其没有任何证据证明公司有通知股东周某参加 2017 年 3 月 27 日召开的股东会会议的情况下，如果认可该股东会决议的效力，实际上剥夺了周某作为股东的相关权利，不利于对中小股东的保护，也不符合公平正义的法律原则；其次，魏某主张 2017 年 3 月 27 日召开股东会，决议变更公司监事为钟某，但没有证据显示此后优某公司曾申请变更工商登记，该主张与常理不符。因此，该次股东会所作决议对周某不发生法律效力，周某作为优某公司监事，有权代表优某公司提起本案诉讼。关于魏某个人账户收取的公司款项应否返还的问题，根据公司法第一百七十一条规定，公司除法定的会计账簿外，不得另立会计账簿。对公司资产，不得以任何个人名义开立账户存储。该规定是禁止性规定，魏某用个人账户收取公司款项违反了该规定，也侵害了公司的法人独立性，应当予以返还。

① 广州中院（2019）粤 01 民终 8671 号民事判决书。

第十四章 法律责任

第二百五十五条　公司在合并、分立、减少注册资本或者进行清算时，不依照本法规定通知或者公告债权人的，由公司登记机关责令改正，对公司处以一万元以上十万元以下的罚款。

条文释义

本条是关于公司合并、分立、减少注册资本或者进行清算违反本法有关规定的法律责任的规定。

为了防止公司逃避债务，保护债权人的利益，如果公司不按照本法规定通知或者公告债权人，会损害债权人的利益，应当承担相应的法律责任。根据本条规定，公司在合并、分立、减少注册资本或者进行清算时，不按照本法规定通知或者公告债权人的，由公司登记机关责令改正，即要求公司尽快将公司合并、分立、减少注册资本或者进行清算的情况通知债权人，同时对公司处以一万元以上十万元以下的罚款。

关联案例

曲阳某物流公司诉中储某实业公司买卖合同纠纷一案①

案情：

中储某控股公司系中储某实业公司（以下简称某实业公司）的法人股东。2015年11月12日，某实业公司经股东会决议将注册资本由37 000万元减少至1 000万元之前，曲阳某物流公司（以下简称某物流公司）已于2015年8月20日将该公司诉至法院，请求其偿还所欠3 000余万元债务，某实业公司对欠付某物流公司案涉债务应属明知。2016年2月19日，某实业公司作出《关于减少注册资本的股东会决议》，公司自决议之日起30内在《文汇报》上刊登减资公告，并于登报之日起45日后向公司登记机关申请注册资本变更登记。随后公司刊登了减资公告。某实业公司于2016年4月6日出具《有关债务清偿及担保情况说明》。

评析：

本案系因公司减资而引起的纠纷，由于公司减资减少了以公司资产承担责任的能力，直接影响到公司债权人的利益，因此《公司法》对于公司减资比增资规定了更为严格的法律程序，其目的在于有效保护债权人的利益。根据《公司法》第一百七十七条的规定，公司减资时，应当采取及时有效的方式通知债权人，以确保债权人有机会在公司责任财产减少之前作出相应的权衡并作出利益选择，公司则根据债权人的要求进行清偿或者提供担保。上述行为既是公司减资前对债权人应当履行的义务，同时也是股东对公司减资部分免责的前提。本案中，该公司仅在报纸上刊登减资公告，未就减资事项采取及时、有效的方式告知某物流公司，未向工商登记部门如实报告其负有大额债务未清偿的事实就办理了工商变更登记，其刊登公告的行为不能构成对已知债权人某物流公司的通知，其并未完成法定的通知义务，其行为不符合公司减少注册资本的法定程序，故中储某控股公司提出某物流公司不是已知债权人。

---

① 审理法院为最高人民法院，案号为（2017）最高法民终422号。

第二百五十六条　公司在进行清算时，隐匿财产，对资产负债表或者财产清单作虚假记载，或者在未清偿债务前分配公司财产的，由公司登记机关责令改正，对公司处以隐匿财产或者未清偿债务前分配公司财产金额百分之五以上百分之十以下的罚款；对直接负责的主管人员和其他直接责任人员处以一万元以上十万元以下的罚款。

条文释义

本条是关于公司清算时法律责任的规定。

公司清算与公司股东以及其他债权人、债务人有着直接的利害关系。为保护债权人利益，《公司法》规定公司解散时必须依法成立清算组对公司的财产进行清理，并规定清算组的组成和具体的清算活动都要严格依照法律规定的程序和条件进行。行为人如果在清算组进行清算期间，为了隐匿财产而制作虚假的资产负债表或财产清单，或者在公司债务尚未清偿之前私自分配公司财产的，不仅会造成公司清算工作失去真实的、客观的依据，给公司清算工作增加难度，更为严重的是妨害了对公司财产的清理，侵害了债权人或其他人的合法权益。根据本条第二款的规定，违法清算行为的基本特点有：第一，违法清算行为的主体为公司，但是要追究直接负责的主管人员和其他直接责任人员的法律责任。第二，违法清算行为主要有：隐匿财产；对资产负债表或者财产清单作虚假记载；未清偿债务前分配公司财产。公司在进行清算时有上述违法行为的，由公司登记机关责令改正，对公司处以隐匿财产或者未清偿债务前分配公司财产金额百分之五以上百分之十以下的罚款；对直接负责的主管人员和其他直接责任人员处以一万元以上十万元以下的罚款。这里的"责令改正"应针对违法清算行为的具体情况：公司清算时隐匿了财产的，责令交出财产；公司对资产负债表或者财产清单作虚假记载的，责令予以更正；公司在未清偿债务前分配公司财产的，责令收回已分配的财产，先清偿公司债务。本款规定的处以罚款的违法清算行为有两种，即隐匿财产或者未清偿债务前分配公司财产的行为；被处以罚款的对象也有两类，即直接负责的主管人员和其他直接责任人员；罚款的计算方式也有两种，就是由公司登记机关对公司处以隐匿财产或者未清偿债务前分配公司财产金额百分之五以上百分之十以下的罚款，对直接负责的主管人员和其他直接责任人员处以一万元以上十万元以下的罚款。

第二百五十七条　承担资产评估、验资或者验证的机构提供虚假材料的或者提供有重大遗漏的报告的，由有关部门依照《中华人民共和国资产评估法》（以下简称《资产评估法》）、《中华人民共和国注册会计师法》（以下简称《注册会计师法》）等法律、行政法规的规定处罚。

承担资产评估、验资或者验证的机构因其出具的评估结果、验资或者验证证明不实，给公司债权人造成损失的，除能够证明自己没有过错的外，在其评估或者证明不实的金额范围内承担赔偿责任。

条文释义

本条是关于承担资产评估、验资或者验证的机构的法律责任的规定。

2023 年《公司法》第二百五十七条第一款关于承担资产评估、验资或者验证的机构提供重大遗漏报告的法律责任规定对 2018 年《公司法》第二百零七条的第一和第二款进行了整合。详言之，新《公司法》第二百五十七条不再具体规定资产评估、验资或者验证的机构提供虚假材料或者提供有重大遗漏报告的法律责任，而是交由有关部门依照《资产评估法》《注册会计师法》等法律、行政法规的规定处罚。

承担资产评估、验资或者验证的机构作为违法主体，提供虚假材料或者提供有重大遗漏的报告的判断很多时候涉及更加专业的学科知识。各公司之间的经营业务不同。那么他们所接触的承担资产评估、验资或者验证的机构所提供的服务也自然会有所不同，所提交的材料和报告的要求同样不具有完全一致性的标准，因此在公司法中不宜千篇一律地规定相同的处罚，交由《资产评估法》《注册会计师法》等法律、行政法规处理违法行为将更为效。

关联案例

山东黄河河务局滨州黄河河务局、山东某慧会计师事务所有限公司等股东出资纠纷案①

案情：

黄河建安工程处于 2003 年 4 月 15 日登记设立，为全民所有制企业，出资人为滨州黄河河务局，成立时注册资金 2 300 万元，均为实物出资。某慧事务所对滨州黄河河务局设立登记的注册资金实收情况进行审验，并于 2003 年 3 月 19 日出具编号为鲁东会师综字（×××）第×××号验资报告，报告载明"经我们审验，截至 2003 年 3 月 19 日，贵单位已收到滨州市黄河河务局缴纳的实物出资注册资金合计人民币 2 300 万元整。"庭审中，各方当事人均认可涉案三条船舶未办理产权登记。

评析：

根据《公司法》第二百零七条第三款规定，资产评估机构因出具验资报告不实给公司债权人带来损失的，除能证明自己没有过错外，应在不实的金额范围内承担赔偿责任。本案中，某慧事务所在鲁东会师综字（2003）第 41 号验资报告中载明滨州黄河河务局已缴纳实物出资，但本案已查明滨州黄河河务局存在出资不到位情形，某慧事务所亦未能在本案审理中提交证据证明自己不存在过错，故某慧事务所出具的意见不符合客观事实，且不具有免责情形。某慧事务所在滨州黄河河务局出资不实的金额范围内应承担赔偿责任。

第二百五十八条 公司登记机关对不符合本法规定条件的登记申请予以登记，或者对符合本法规定条件的登记申请不予登记的，对直接负责的主管人员和其他直接责任人员，依法给予政务处分。

条文释义

本条是关于公司登记机关违法登记行为的法律责任的规定。

根据本法的有关规定，设立公司，应当依法向公司登记机关申请设立登记，符合

---

① 审理法院为山东省高级人民法院，案号为（2022）鲁民终 593 号。

本法规定的设立条件的，由公司登记机关分别登记为有限责任公司或者股份有限公司；不符合本法规定的设立条件的，不得登记为有限责任公司或者股份有限公司。法律、行政法规规定设立公司必须报经批准的，应当在公司登记前依法办理批准手续。公司登记机关在办理公司设立登记事项时：一是审查申请人向公司登记机关提交的设立申请文件，包括设立申请书、公司章程、验资证明等文件是否齐备、真实、合法；二是审查公司拟从事的经营业务是否为法律、行政法规所禁止经营的业务，或者是否是法律、行政法规规定须报经有关部门审批的业务。对设立公司的申请，登记机关应当在法定期限内做出是否登记的决定，对不予登记的，还应当做出书面答复并说明理由。如果登记机关违法履行职责，对符合本法规定条件的企业不予登记，则侵害了当事人的合法权益，损害了登记机关的威信。如果登记机关违法履行职责，对不符合本法规定条件的企业予以登记，特别是对从事法律、行政法规禁止经营的业务的设立申请予以登记的，或者对所从事的业务有严格条件限制，需要有关部门审查批准的设立申请审查不严，对不符合条件者予以登记的，就可能会损害国家、个人和其他组织的合法权益，破坏社会经济秩序。

根据本条规定，公司登记机关对不符合本法规定条件的登记申请予以登记，或者对符合本法规定条件的登记申请不予登记的，应当对直接负责的主管人员和其他直接责任人员，依法给予政务处分。

第二百五十九条 未依法登记为有限责任公司或者股份有限公司，而冒用有限责任公司或者股份有限公司名义的，或者未依法登记为有限责任公司或者股份有限公司的分公司，而冒用有限责任公司或者股份有限公司的分公司名义的，由公司登记机关责令改正或者予以取缔，可以并处十万元以下的罚款。

条文释义

本条是关于假冒有限责任公司或者股份有限公司及其分公司名义的法律责任的规定。

根据本法规定，申请设立公司的，符合本法规定的设立条件的，由公司登记机关分别登记为有限责任公司或者股份有限公司；不符合本法规定的设立条件的，不得登记为有限责任公司或者股份有限公司。依照本法设立的公司，必须在公司名称中标明有限责任公司或者股份有限公司字样。公司设立分公司的，同样应当向公司登记机关申请登记，领取营业执照。公司营业执照签发日期为公司成立日期。这就是说，依法登记是公司取得民事主体资格的形式条件。首先，这表明登记后公司就得到了法律的承认。其次，只有经过登记公司才可以开始以自己的名义从事经营活动。再次，登记保证了公司的设立符合国家法律的统一要求。最后，登记也有利于国家和社会对企业的监督及维护社会经济秩序的稳定。而营业执照则是工商行政管理机关给核准登记的公司颁发的从事符合规定范围生产经营活动的合法凭证，取得营业执照是公司成立的标志。在领取营业执照前，任何人不得以公司或者分公司的名义从事经营活动。行为人冒用有限责任公司或者股份有限公司或者其分公司的名义，在主观方面是故意的，即明知自己没有依法登记为有限责任公司或者股份有限责任公司或者公司的分公司，而使用虚假的、不真实的有限责任公司或者股份有限公司或者公司的分公司的名义，有扰乱市场经济秩序的可能，也是对和其进行交易的善意第三人利益的损害，应当禁止。需要指出的是，本条规定的违法主体具有多样性，可能是自然人、法人，也可能是其他企业；可能是有限责任公司，也可能是股份有限公司。不论是谁，违反了上述规定的，都应当依法由公司登记机关责令改正或者予以取缔，并可处以十万元以下的罚款。

第二百六十条 公司成立后无正当理由超过六个月未开业的，或者开业后自行停业连续六个月以上的，公司登记机关可以吊销营业执照，但公司依法办理歇业的除外。

公司登记事项发生变更时，未依照本法规定办理有关变更登记的，由公司登记机关责令限期登记；逾期不登记的，处以一万元以上十万元以下的罚款。

条文释义

本条是关于逾期未开业、停业连续六个月以上或者不依法办理变更登记的法律责任的规定。

按照本法规定，公司非依法登记不得成立，公司营业执照的签发日期，为公司的成立日期。公司成立后，随之就应该开业，着手开展各项生产经营活动。修订后的公司法对公司的设立采取了比较宽松的态度，但国家仍然要对它进行必要的监督管理，这也是维护正常的社会经济秩序所必需的。如果公司成立后无正当理由超过六个月未开业或者开业后自行停业连续六个月以上的，依法可以给予吊销营业执照的行政处罚，即由公司登记机关收回公司营业执照并予以注销，依法取消其民事主体资格。新增"但公司依法办理歇业的除外"。需要指出的是，"未开业"是指没有正式对外营业；"无正当理由"是一种原则性表述，至于何为正当理由，何为不正当理由，要靠公司登记机关根据具体情况来认定，由于现实生活中公司成立后未开业或者开业后自行停业的情况十分复杂，而吊销营业执照又是一种最为严厉的行政处罚，所以公司登记机关在执法过程中应非常慎重，要通过深入细致的调查了解掌握公司成立后未开业或者开业后自行停业的真实原因，在实践中不断总结经验，做到不纵不枉，保护权益和规范经营。

根据本法和有关法律法规的规定，公司登记事项发生变更时，应依法办理变更登记。所谓公司登记事项是指向公司登记机关登记的有关公司的主要事项。根据本法和《公司登记管理条例》的规定，公司登记事项主要有：公司名称和住所、公司经营范围、公司注册资本和实收资本、公司的法定代表人等事项。一般来说，公司一经公司登记机关核准登记，领取了营业执照以后，公司的各个重要事项——名称、住所、注册资本、经营范围和组织机构等都不得随意变更，以保证法律的严肃性和企业的稳定性，维护正常的社会秩序。但是社会经济情况总是在不断发展变化，为了适应这种变化，便于公司生产经营活动的顺利进行，应当允许公司能够通过一定的法律程序进行变更。由于公司的设立是经登记而生效的，所以公司要变更也只能采取相同的法律程序，撤销设立时所登记的事项，进行新的变更后的事项登记，变更才能发生法律效力。变更登记与设立登记一样是公司登记法律制度的重要组成部分，它一方面适应了公司变化的需要，有利于保护与变更公司有关的其他当事人的合法权益；另一方面也便于国家对公司实行监督管理，及时掌握公司的各种变化动态。如果公司登记事项发生变更时，不按照本法的规定办理有关的变更登记，显然就违反了法律的义务性规范，公司登记机关应责令限期登记；对于逾期仍不登记的，处以一万元以上十万元以下的罚款。

责令限期登记实际上是责令改正的一种形式，针对不依法申请办理变更登记的行为，首先就是应责令当事人限期改正不办理有关变更登记的违法行为，如果公司在限期内办理了变更登记，也就不再给予行政处罚；如果公司逾期仍不办理有关变更登记的，公司登记机关在继续责令其限期登记的同时，应给予必要的经济上的处罚，即处以一万元以上十万元以下的罚款。

第二百六十一条　外国公司违反本法规定，擅自在中华人民共和国境内设立分支机构的，由公司登记机关责令改正或者关闭，可以并处五万元以上二十万元以下的罚款。

条文释义 ┠────────────────────────────

本条是关于外国公司擅自在中华人民共和国境内设立分支机构的法律责任的规定。

外国公司是指依照外国法律在中华人民共和国境外登记成立的公司。外国公司在我国设立分支机构，首先，要经我国有关主管机关批准，并依法办理核准登记手续。其次，公司登记主管机关对其递交的申请文件进行审查后，认为材料齐全，符合中国法律、法规的，准予登记，发给其在中国营业的执照。最后，外国公司的分支机构领取营业执照后方可开始营业。根据本条规定，外国公司违反本法规定，擅自在中华人民共和国境内设立分支机构的，由公司登记机关责令改正或者关闭，并可以处以一万元以上十万元以下的罚款。对于情节不太严重的外国公司违法在中华人民共和国境内设立分支机构的，公司登记机关可以责令改正，改正的形式可以是要求其依法补办有关设立分支机构的手续，也可以要求其自行停止设立的分支机构。对于不符合设立分支机构条件或者主观恶性较大的，公司登记机关有权关闭外国公司违法设立的分支机构。对于外国公司违法在中华人民共和国境内设立分支机构的行为，公司登记机关在做出上述任何一种处理以后，还可并处罚款，罚款的幅度为五万元以上二十万元以下。

第二百六十二条　利用公司名义从事危害国家安全、社会公共利益的严重违法行为的，吊销营业执照。

条文释义 ┠────────────────────────────

本条是关于利用公司名义从事危害国家安全、社会公共利益的严重违法行为的法律责任的规定。

本条主要是针对不法分子利用公司的掩护作用、从事非法活动的现象而增加的规定。这些不法分子成立公司不是想进行正常的市场经济活动，而是想利用公司的外壳进行危害国家安全、社会公共利益的活动，逃避有关部门的监管和法律的制裁。例如黑社会性质组织成立公司洗钱等。对待这样的公司必须吊销其营业执照。对从事犯罪活动的，应依法追究刑事责任。

第二百六十三条 公司违反本法规定，应当承担民事赔偿责任和缴纳罚款、罚金的，其财产不足以支付时，先承担民事赔偿责任。

条文释义

本条是关于民事赔偿优先原则的规定。

公司某一违法的行为，可能构成犯罪，按照《刑法》的有关规定被判处罚金、没收财产等刑罚；可能侵犯公民、法人或者其他组织的财产权或者人身权，按照民事法律规范，需要承担民事赔偿责任；同时按照本法和有关法律、行政法规的规定可能被处以罚款，这样就造成了民事赔偿责任、行政责任、刑事责任的竞合。在这种情况下，可能在执行罚款或罚金外，可支付民事赔偿的财产很少或没有了，不利于债权人利益的保护。为此，本条规定，在违法的公司既应承担民事赔偿责任，又要承担行政责任和刑事责任、缴纳罚款或罚金的情况下，如果其财产不足以同时支付的，应当先行承担民事赔偿责任。公司用以承担民事赔偿责任的财产，应当是公司的合法财产。

第二百六十四条 违反本法规定，构成犯罪的，依法追究刑事责任。

条文释义

本条是关于违反本法规定，构成犯罪的，依法追究刑事责任的规定。

所谓犯罪行为，依照《刑法》的规定，是指一切危害国家主权、领土完整和安全，危害无产阶级专政制度，破坏社会主义市场经济秩序，破坏社会秩序，侵犯全民所有的财产或者劳动群众集体所有的财产，侵犯公民私人所有的合法财产，侵犯公民的人身权利、民主权利及其他权利以及其他危害社会、依照法律应当受刑事处罚的行为。所谓刑事责任，是指行为人实施了《刑法》所禁止的行为即犯罪行为而必须承担的法律后果。

违反本法规定，依照《刑法》构成犯罪，需要追究刑事责任的行为主要有：①在办理公司登记时虚报注册资本、提交虚假证明文件或者采取其他欺诈手段隐瞒重要事实取得公司登记，情节严重的；②公司的发起人、股东虚假出资，未交付或者未按期交付作为出资的货币或者非货币财产，情节严重的；③公司的发起人、股东在公司成立后抽逃其出资，情节严重的；④公司向有关主管部门提供虚假的或者隐瞒重要事实的财务会计报告等材料，情节严重的；⑤清算组不按本法规定向公司登记机关报送清算报告，或者报送清算报告隐瞒重要事实或者有重大遗漏，情节严重的；⑥承担资产评估、验资或者验证的机构提供虚假证明文件，情节严重的；⑦利用公司名义从事危害国家安全、社会公共利益的严重违法行为的；⑧其他违反本法规定，构成犯罪的行为。

第十五章

附则

第二百六十五条　本法下列用语的含义：

（一）高级管理人员，是指公司的经理、副经理、财务负责人，上市公司董事会秘书和公司章程规定的其他人员。

（二）控股股东，是指其出资额占有限责任公司资本总额百分之五十以上或者其持有的股份占股份有限公司股本总额百分之五十以上的股东；出资额或者持有股份的比例虽然不足百分之五十，但依其出资额或者持有的股份所享有的表决权已足以对股东会的决议产生重大影响的股东。

（三）实际控制人，是指通过投资关系、协议或者其他安排，能够实际支配公司行为的人。

（四）关联关系，是指公司控股股东、实际控制人、董事、监事、高级管理人员与其直接或者间接控制的企业之间的关系，以及可能导致公司利益转移的其他关系。但是，国家控股的企业之间不仅因为同受国家控股而具有关联关系。

条文释义

本条是关于本法一些用语含义的规定。

本法中的高级管理人员，就是指公司管理层中担任重要职务、负责公司经营管理、掌握公司重要信息的人员，主要包括经理、副经理、财务负责人，上市公司董事会秘书和公司章程规定的其他人员。这里的经理、副经理，是指本法第五十条和第一百一十四条规定的经理、副经理，在实际中，就是公司的总经理、副总经理。经理由董事会决定聘任或者解聘，对董事会负责；副经理由经理提请董事会决定聘任或者解聘。这里的财务负责人是指由经理提请董事会决定聘任或者解聘的财务负责人员。这里的上市公司董事会秘书是本法第一百二十四条规定的上市公司必设的机构，负责上市公司股东大会和董事会会议的筹备、文件保管以及公司股东资料的管理，办理信息披露等事务。至于"公司章程规定的其他人员"则是为了赋予公司自治的权利，允许公司自己选择管理方式，聘任高级管理人员，但是，这些人员（职位）必须在公司章程中明文加以规定。上述高级管理人员应当符合本法第六章关于公司高级管理人员任职资格的规定，并履行法律和章程规定的义务。

控股股东是公司的股东，而且是能够控制公司重大决策的股东。股东对公司的影响力主要表现在表决权上，因此，股东如果想控制公司重大决策，就必须要想办法控制一定比例的表决权。根据本条规定，控股股东依其直接控股的多少分为绝对控股股东和相对控股股东。绝对控股股东是指其出资额占有限责任公司资本总额百分之五十以上或者其持有的股份占股份有限公司股本总额百分之五十以上的股东。相对控股股东是指其出资额或者持有股份的比例虽然不足百分之五十，但依其出资额或者持有的股份所享有的表决权已足以对股东会、股东大会的决议产生重大影响的股东。从理论上评析，公司中当股东所持有的股份或者股权占公司有表决权的股份或者股权总数百分之五十以上时，便可以根据资本简单多数决的原则在公司的股东会或者股东大会上做出各种有利于自己的决议，从而享有绝对的控制权。因此，早期各国对控股股东的认定以在公司控股百分之五十以上为绝对形式标准。但是，在现代大规模的股份公司中，由于股权分散，使得控股股东往往以低于百分之五十的表决权就可以行使对公司事务的控制，即相对的控制权。许多股东并不拥有公司一半以上的股份，却依然可以对公司经营决策产生支配性影响，抑或通过联合而控制公司。可见，判断某个股东或者某些股东是否对公司具有控制权，是否成为公司控股股东的标准，并非完全以其所持股份是否达到某一比例为绝对标准，而事实上是以单个股东或联合股东是否具有对公司实质上的持续性影响力与决定力而定。各国立法与司法实践不仅重视对控股股东实质标准的认定，而且亦采用灵活的形式标准。如美国投资公司法规定，"任何持有公司有表决权股票百分之二十五以上者，被认为控制该公司"。而"一公司被认为对他公司的控制达到使他公司立于其代理人的地位，或沦为经营工具者，即为控制股东"的实质标准。德国法亦认为，如果一个公司直接或间接地受到了另一公司所施加的控制性影响，那么该公司就具有附属性。考虑到我国的实际情况，本法将控股股东分为绝对控股股东和相对控股股东是适宜的。不论是绝对控股股东还是相对控股股东，都必须遵守法律、行政法规和公司章程，依法行使股东权利，不得滥用股东权利损害公司或者其他股东的利益，不得利用其关联关系损害公司利益。

既然称之为实际控制人，是指通过投资关系、协议或者其他安排，能够实际支配公司行为的人。其控制公司的手段必然比较隐蔽，不宜被直接轻易察觉。如果不是通过表决权来控制公司，他人要想控制公司，就必须通过其他手段，根据本条规定，实际控制人一般是通过投资关系、协议或者其他安排，来实现实际支配公司行为的目的。通过投资关系控制公司，是指实际控制人通过投资的方式，包括对目标公司采取直接投资方式，或者通过多层的投资方式来直接或者间接地控制目标公司，例如控制目标公司的控股股东来控制目标公司。通过协议来控制目标公司，例如目标公司的生产经营活动必须有控制人提供的特许权利（包括工业产权、专业技术等）才能正常进行的；目标公司生产经营购进的原材料、零部件等（包括价格及交易条件等）是由实际控制人所供应并控制的；通过协议取得目标公司的控股股东的表决权等。通过其他安排来控制目标公司的手段比较复杂，如人事关系、亲属关系等。

本法中所称的关联关系，主要是指可能导致公司利益转移的各种关系，包括公司控股股东、实际控制人、董事、监事、高级管理人员与其直接或者间接控制的企业之间的关系，以及可能导致公司利益转移的其他关系。根据本条规定，关联关系的主要形式有：公司控股股东与其直接或者间接控制的企业之间的关系；公司实际控制人与其直接或者间接控制的企业之间的关系；公司董事、监事、高级管理人员与其直接或者间接控制的企业之间的关系；其他可能导致公司利益转移的其他关系，如同一控股股东或者实际控制人控制下的公司之间的关系，合营企业之间的关系，联营企业之间的关系，主要投资者个人、关键管理人员或与其关系密切的家庭成员和公司之间的关系，受主要投资者个人、关键管理人员或与其关系密切的家庭成员直接控制的其他企业和公司之间的关系等。同时，考虑到我国国企的实际情况，本条特别增加了但书规定，即"国家控股的企业之间不仅仅因为同受国家控股而具有关联关系"。

第二百六十六条 本法自 2024 年 7 月 1 日起施行。

条文释义 ┤

本条是关于本法生效时间的规定。

新《公司法》对有限责任公司认缴登记制进行了完善，明确全体股东认缴的出资额由股东按照公司章程的规定自公司成立之日起五年内缴足；同时，新《公司法》施行前已登记设立的公司，出资期限超过本法规定期限的，除法律、行政法规或者国务院另有规定外，应当逐步调整至本法规定的期限以内；对于出资期限、出资数额明显异常的，公司登记机关可以依法要求其及时调整。具体实施办法由国务院另行规定。

►► 参考文献

法律出版社,2024. 中华人民共和国公司法 [M]. 北京:法律出版社.

中国法制出版社,2021. 中华人民共和国公司法:附公司法司法解释(一)、(二)、(三)、(四)、(五)[M]. 北京:中国法制出版社.

李建伟,2022. 公司法学(第五版)[M]. 北京:中国人民大学出版社.

人民法院出版社法规编辑中心,2019. 公司法司法解释及司法观点全编 [M]. 北京:人民法院出版社.

人民法院出版社,2018. 最高人民法院公司法司法解释理解与适用简明版及配套规定 [M]. 北京:人民法院出版社.

最高人民法院民事审判第二庭,2015. 最高人民法院关于公司法司法解释(一、二)理解与适用 [M]. 北京:人民法院出版社.

奚晓明,2014. 最高人民法院关于公司法解释(三)、清算纪要理解与适用 [M]. 北京:人民法院出版社.

杜万华,2017. 最高人民法院公司法司法解释(四)理解与适用 [M]. 北京:人民法院出版社.

钱玉林,2023. 公司法案例教程 [M]. 北京:法律出版社.

中国法制出版社,2023. 最高人民法院 最高人民检察院指导性案例全书(第3版)[M]. 北京:中国法制出版社.

何建民,2022. 商事指导性案例参照适用研究法律 [M]. 北京:法律出版社.

何建,2024. 公司法条文对照与适用要点 [M]. 北京:法律出版社.